MongoDB
The Definitive Guide
몽고DB 완벽 가이드 3판

몽고DB 완벽 가이드(3판)

실전 예제로 배우는 NoSQL 데이터베이스 기초부터 활용까지

초판 1쇄 발행 2011년 5월 30일
개정2판 1쇄 발행 2014년 4월 28일
개정3판 1쇄 발행 2021년 3월 22일
개정3판 4쇄 발행 2023년 12월 29일

지은이 크리스티나 초도로, 섀넌 브래드쇼, 오언 브라질 / **옮긴이** 김인범 / **펴낸이** 전태호
펴낸곳 한빛미디어(주) / **주소** 서울시 서대문구 연희로2길 62 한빛미디어(주) IT출판2부
전화 02-325-5544 / **팩스** 02-336-7124
등록 1999년 6월 24일 제25100-2017-000058호 / **ISBN** 979-11-6224-406-7 93000

총괄 송경석 / **책임편집** 서현 / **기획** 홍성신 / **편집** 최민이
디자인 박정화 / **전산편집** 이경숙
영업 김형진, 장경환, 조유미 / **마케팅** 박상용, 한종진, 이행은, 김선아, 고광일, 성화정, 김한솔 / **제작** 박성우, 김정우

이 책에 대한 의견이나 오탈자 및 잘못된 내용에 대한 수정 정보는 한빛미디어(주)의 홈페이지나 아래 이메일로 알려주십시오. 잘못된 책은 구입하신 서점에서 교환해드립니다. 책값은 뒤표지에 표시되어 있습니다.

한빛미디어 홈페이지 www.hanbit.co.kr / **이메일** ask@hanbit.co.kr

지금 하지 않으면 할 수 없는 일이 있습니다.
책으로 펴내고 싶은 아이디어나 원고를 메일(writer@hanbit.co.kr)로 보내주세요.
한빛미디어(주)는 여러분의 소중한 경험과 지식을 기다리고 있습니다.

MongoDB
The Definitive Guide

몽고DB 완벽 가이드 3판

O'REILLY® 한빛미디어 Hanbit Media, Inc.

지은이 · 옮긴이 소개

지은이 **크리스티나 초도로** Kristina Chodorow

몽고DB 코어 소프트웨어 엔지니어. 전 세계 밋업과 콘퍼런스에서 몽고DB를 주제로 강연하며 기술을 주제로 블로그(www.kchodorow.com)를 운영한다. 현재 구글에서 근무한다.

지은이 **섀넌 브래드쇼** Shannon Bradshaw

몽고DB 교육 부사장. 몽고DB 유니버시티와 몽고DB 프로페셔널 인증 프로그램을 통해 제공되는 교육 프로그램을 관리한다. 아이오와 대학교 경영대학원 조교수이자 드루 대학교 컴퓨터 공학과 부교수였다. 학계에서 경력을 쌓으며 여러 기업과 소프트웨어 엔지니어로 기술 상담을 했다.

지은이 **오언 브라질** Eoin Brazil

몽고DB 시니어 엔지니어. 몽고DB 기술 서비스 지원부에서 다양한 직책을 맡다가 몽고DB 유니버시티에서 온라인 및 강사용 교육을 담당하고 있다. 몽고DB에 합류하기 전에는 학술 연구 부문 모바일 서비스 및 고성능 컴퓨팅 팀을 이끌었다.

옮긴이 **김인범** thinker.chris.kim@gmail.com

SK 주식회사 C&C 클라우드 컴퓨팅 기술팀, 클라우드 아키텍트 유닛, CNCITY 에너지 AI 솔루션팀을 거쳐 현재는 RSQUARE 백엔드 개발팀에서 데이터 엔지니어로 근무하고 있다. 몽고DB 코리아(몽고DB 사용자 그룹, web.facebook.com/groups/krmug) 운영진으로 활동하며 NoSQL, 실시간 분산 처리, 딥러닝, DW와 같은 분야에 관심을 두고 있다.

몽고DB는 애플리케이션 현대화에 크게 기여하고 있다. 이 책은 몽고DB 최신 정보에 발맞추어 3판까지 개정판을 출간하는 유일한 실전 입문서다. 저자와 역자는 다년간의 사용 경험을 바탕으로 몽고DB에 대한 유용한 정보를 제공한다.

책에서는 기초뿐 아니라 전반적인 개발 과정에 필요한 다양한 기능을 배울 수 있다. 개발자에게는 데이터베이스에 대한 지식을, 데이터베이스 관리자에게는 도큐먼트 지향 데이터베이스에 대한 개념을, 운영자에게는 고가용성과 분산 환경 경험을 제공한다. 독자는 몽고DB를 사용해 개발 시간을 단축하고 유연한 스키마를 설계함으로써 빠르게 변화하는 비즈니스에 대응하고 새로운 사업의 가능성을 확인할 수 있을 것이다.

책의 역자는 다년간 몽고DB를 운영해왔으며, 국내 최대 몽고DB 커뮤니티 운영자로서 몽고DB에 대한 높은 이해도를 갖추었다. 다른 몽고DB 번역서나 NoSQL 번역서보다 원서 내용을 우리나라에 맞는 기술 용어로 번역했다.

원저자들과 같은 몽고DB의 직원으로서 국내에서 활동하면서 국내 시장에서 MERN 스택(몽고DB, 익스프레스, 리액트, 노드)에 대한 수요는 높지만 엔지니어가 많이 부족함을 느낀다. 팬데믹과 언택트 시대에 부합하는 현대화된 애플리케이션 응용개발자로서, 엔지니어들이 개인 역량을 강화해 보다 나은 서비스를 개발할 수 있도록 이 책을 통해 동기와 기본기를 얻어가길 바란다.

김동한
몽고DB 코리아 시니어 컨설팅 엔지니어

옮긴이의 말

몽고DB를 처음 접했던 2012년부터 지금까지 몽고DB는 지속적이면서 혁신적인 발전을 거듭해왔다. "제품도 아니다"라는 혹평을 들었던 1.x 버전부터 지금에 이르기까지 몽고DB는 수많은 시행착오를 거쳐 이 시대의 가장 현대적인 데이터베이스라는 찬사를 듣는 제품으로 변모할 수 있었다.

신기술의 평균적인 라이프사이클이 2~3년 정도인 것과 대조적으로 몽고DB는 클라우드와 빅데이터 시대를 넘어 AI 시대에서도 다양하게 활용되는 사례를 보여준다. 끊임없이 변화하는 사업 환경에도 가치 있게 사용되는 몽고DB의 미래를 기대한다.

몽고DB 완벽가이드 3판 번역 과정에서 아래 분들의 피드백과 도움을 받았다. 특정 기술을 통해 도움을 주고받을 수 있는 인연에 감사드린다.

ARM 서버 만드는 명환 형
메가존 GCC 종민 형, 학범 형
현대자동차 Airs Company 책임연구원 & 평생 친구 김용덕
한빛미디어 홍성신 팀장님, 서현 팀장님, 최민이 님
골든래빗 공동 창립자 & 프로 에디터 최현우 님
몽고DB 코리아 시니어 컨설팅 엔지니어 김동한 님
넷마블 TPM실 기술분석팀장 추숙 님
프로메디우스 개발팀장 이재호 님
레이풀플러스 이사/본부장 박승현 님
오픈에스지 수석컨설턴트 원형섭 님
그리고
RSQUARE 백엔드 개발팀 모두

2021년 3월
김인범

이 책에 대하여

총 6개의 부와 부록으로 구성되어 있으며 개발, 관리, 배포에 관한 내용을 다룬다.

몽고DB 시작

1장에서는 몽고DB가 만들어진 배경과 지향점, 몽고DB를 선택해야 하는 이유를 설명한다. 2장에서는 몽고DB의 핵심 개념과 용어를 알아보고, 데이터베이스와 셸을 실행하는 방법을 다룬다. 다음 두 장에서는 몽고DB를 사용할 때 개발자가 알아야 할 기본적인 내용을 다룬다. 3장에서는 기본적인 쓰기 연산 방법을 알아보는데, 안전성과 속도에 따른 방법도 포함한다. 4장에서는 도큐먼트를 검색하는 방법과 복잡한 쿼리를 생성하는 방법을 설명한다. 또한 제한, 건너뛰기, 정렬 옵션과 더불어 결과 셋을 이루는 방법을 알아본다.

몽고DB 개발

5장에서는 인덱스의 개념과 몽고DB 컬렉션에서 인덱스를 사용하는 방법을 다룬다. 6장에서는 여러 유형의 인덱스와 컬렉션을 사용하는 방법을 설명한다. 7장에서는 카운트, 고유한 값 찾기, 도큐먼트 그룹화하기, 집계 프레임워크, 그리고 이러한 결과를 컬렉션에 쓰기 등 데이터 집계를 위한 기술을 다룬다. 8장에서는 트랜잭션을 다룬다. 트랜잭션의 개념, 애플리케이션에 가장 적합하게 사용하는 방법 및 조정하는 방법 등을 살펴본다. 마지막으로 9장에서 몽고DB 와 잘 연동되는 애플리케이션을 작성하는 팁을 알아본다.

복제

10장에서는 복제 셋을 구축하고 활용 가능한 설정 옵션을 다루는 방법을 제공한다. 11장에서는 복제와 관련된 다양한 개념을 다룬다. 12장에서는 복제가 어떻게 애플리케이션과 상호작용하는지 살펴보고, 13장에서는 관리자 측면에서 복제 셋을 운영하는 방법을 알아본다.

샤딩

14장에서는 샤딩에 관한 간단한 설정을 다룬다. 15장에서는 클러스터 구성 요소의 전반적인 면을 살펴보고 어떻게 설정하는지 알아본다. 16장에서는 다양한 애플리케이션에서 샤드 키를 고르는 방법을 다룬다. 17장에서는 샤드 클러스터를 운영하는 방식을 살펴본다.

애플리케이션 관리

18, 19장에서는 애플리케이션 관점에서 몽고DB 관리의 여러 측면을 다룬다. 18장에서는 몽고DB가 어떤 작업을 하는 중인지 살펴보는 방법을 알아보며, 19장에서는 몽고DB의 보안과 더불어 배포를 위한 인증 및 권한을 구성하는 방법을 다룬다. 그리고 20장에서는 몽고DB가 어떻게 데이터를 견고하게 저장하는지 설명한다.

서버 관리

6부에서는 서버 관리에 초점을 맞춘다. 21장에서는 몽고DB를 구동하고 멈출 때의 일반적인 옵션을 다루고, 22장에서는 모니터링할 때 무엇을 봐야 하며 어떻게 기록을 읽는지 알아본다. 23장에서는 각 유형별 배포에 대해 백업하고 복구하는 방법을 다룬다. 24장에서는 몽고DB를 배포할 때 유의해야 하는 여러 시스템 설정을 살펴본다.

부록

부록 A에서는 몽고DB 버전 부여 방식과 윈도우, 맥 OS X, 리눅스에서 몽고DB를 설치하는 방법을 설명한다. 부록 B에서는 몽고DB의 내부 작동 방식과 관련된 스토리지 엔진, 데이터 포맷, 와이어 프로토콜 등을 다룬다.

CONTENTS

PART Ⅰ 몽고DB 시작

CHAPTER 1 몽고DB 소개

CHAPTER 2 몽고DB 기본

CONTENTS

CHAPTER **3** 도큐먼트 생성, 갱신, 삭제

CHAPTER **4 쿼리**

CONTENTS

PART II 몽고DB 개발

CHAPTER 5 인덱싱

CHAPTER 6 특수 인덱스와 컬렉션 유형

CHAPTER 7 집계 프레임워크

CONTENTS

CHAPTER 8 트랜잭션

CHAPTER 9 애플리케이션 설계

PART **III** 복제

CHAPTER **10** 복제 셋 설정

CONTENTS

CHAPTER 11 복제 셋 구성 요소

CHAPTER 12 애플리케이션에서 복제 셋 연결

CONTENTS

CHAPTER 16 샤드 키 선정

CHAPTER 17 샤딩 관리

CONTENTS

PART V 애플리케이션 관리

CHAPTER 18 애플리케이션 작업 확인

CONTENTS

CHAPTER 23 백업

CHAPTER 24 몽고DB 배포

CONTENTS

APPENDIX A 몽고DB 설치

APPENDIX B 몽고DB 내부

몽고DB 시작

1장에서는 몽고DB가 만들어진 배경과 지향점, 몽고DB를 선택해야 하는 이유를 설명한다. 2장에서는 몽고DB의 핵심 개념과 용어를 알아보고, 데이터베이스와 셸을 실행하는 방법을 다룬다. 다음 두 장에서는 몽고DB를 사용할 때 개발자가 알아야 할 기본적인 내용을 다룬다. 3장에서는 기본적인 쓰기 연산 방법을 알아보는데, 안전성과 속도에 따른 방법도 포함한다. 4장에서는 도큐먼트를 검색하는 방법과 복잡한 쿼리를 생성하는 방법을 설명한다. 또한 제한, 건너뛰기, 정렬 옵션과 더불어 결과 셋을 이루는 방법을 알아본다.

Part I

몽고DB 시작

## CHAPTER 1

몽고DB 소개

몽고DB는 강력하고 유연하며 확장성 높은 범용 데이터베이스다. 보조 인덱스[secondary index], 범위 쿼리[range query], 정렬[sorting], 집계[aggregation], 공간 정보 인덱스[geospatial index] 등을 확장 기능과 결합했다. 이 장에서는 몽고DB를 만든 주요 디자인 결정이 무엇인지 알아본다.

1.1 손쉬운 사용

몽고DB는 관계형 데이터베이스[relational database]가 아니라 **도큐먼트 지향** 데이터베이스[document-oriented database]다. 관계형 모델을 사용하지 않는 주된 이유는 분산 확장[scale-out]을 쉽게 하기 위함이지만 다른 이점도 있다.

도큐먼트 지향 데이터베이스에서는 행 개념 대신에 보다 유연한 모델인 도큐먼트[document]를 사용한다. 내장 도큐먼트와 배열을 허용함으로써 도큐먼트 지향 모델은 복잡한 계층 관계[hierarchical relationship]를 하나의 레코드로 표현할 수 있다. 이 방식은 최신 객체 지향 언어를 사용하는 개발자의 관점에 매우 적합하다.

또한 몽고DB에서는 도큐먼트의 키와 값을 미리 정의하지 않는다. 따라서 고정된 스키마가 없다. 고정된 스키마가 없으므로 필요할 때마다 쉽게 필드를 추가하거나 제거할 수 있다. 덕분에 개발 과정을 빠르게 반복할 수 있어서 개발 속도가 향상된다. 또한 모델을 실험해보기도 쉽다. 개발자는 수십 개의 데이터 모델을 시도해본 후 최선의 모델을 선택할 수 있다.

1.2 확장 가능한 설계

애플리케이션 데이터셋dataset의 크기는 놀라운 속도로 증가하고 있다. 가용 대역폭available bandwidth 과 값싼 스토리지의 증가로 인해 작은 애플리케이션에도 현재 데이터베이스의 한계를 넘어서는 데이터를 저장하게 됐다. 과거에는 흔치 않았던 테라바이트 수준의 데이터도 이제는 꽤 흔하게 접한다.

저장할 데이터가 증가함에 따라 개발자는 '데이터베이스를 어떻게 확장할 것인가'와 같은 어려운 의사 결정을 해야 하는 상황에 직면한다. 데이터베이스의 확장은 결국 더 큰 장비machine로 성능 확장scale-up할지 혹은 여러 장비에 데이터를 나눠 분산 확장할지 결정해야 하는 갈림길에 서게 한다. 일반적으로 성능 확장이 더 편한 길이지만 단점이 있다. 대형 장비는 대체로 가격이 비싸고 결국에는 더는 확장할 수 없는 물리적 한계에 부딪히고 만다. 반면에 분산 확장은 저장 공간을 늘리거나 처리량throughput을 높이고 서버를 구매해서 클러스터에 추가하는 방법이다. 따라서 경제적이고 확장이 용이하다. 하지만 수천 대의 장비를 운영해야 하기 때문에 하나의 장비만 관리할 때보다 관리가 더 어려워진다.

몽고DB는 분산 확장을 염두에 두고 설계됐다. 도큐먼트 지향 데이터 모델은 데이터를 여러 서버에 더 쉽게 분산하게 해준다. [그림 1-1]처럼 도큐먼트를 자동으로 재분배하고 사용자 요청을 올바른 장비에 라우팅함으로써 클러스터 내 데이터 양과 부하를 조절할 수 있다.

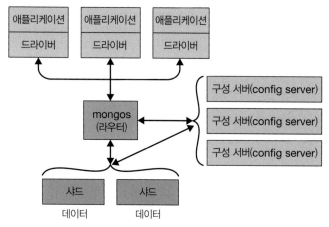

그림 1-1 여러 서버에 걸쳐 샤딩을 사용한 몽고DB 확장

몽고DB 클러스터의 토폴로지^{topology}나 데이터베이스 연결의 다른 쪽 끝에 단일 노드가 아닌 클러스터가 있는지는 애플리케이션에서 분명히 알 수 있다. 따라서 개발자는 애플리케이션 확장이 아닌 프로그래밍에 집중할 수 있다.

더 큰 부하를 지원하도록 기존에 배포된 애플리케이션의 토폴로지를 변경할 때도 마찬가지로 애플리케이션 로직은 그대로 유지할 수 있다.

1.3 다양한 기능

몽고DB는 범용 데이터베이스로 만들어졌기 때문에 데이터의 생성, 읽기, 변경, 삭제 외에도 데이터베이스 관리 시스템^{database management system}(DBMS)의 대부분의 기능과 더불어 다음과 같은 기능을 제공한다.

인덱싱

몽고DB는 일반적인 보조 인덱스를 지원하며 고유^{unique}, 복합^{compound}, 공간 정보, 전문^{full-text} 인덱싱 기능도 제공한다. 중첩된 도큐먼트^{nested document} 및 배열과 같은 계층 구조의 보조 인덱스도 지원하며, 개발자는 모델링 기능을 자신의 애플리케이션에 가장 적합한 방식으로 최대한 활용할 수 있다.

집계

몽고DB는 데이터 처리 파이프라인 개념을 기반으로 한 집계 프레임워크를 제공한다. 집계 파이프라인^{aggregation pipeline}은 데이터베이스 최적화를 최대한 활용해, 서버 측에서 비교적 간단한 일련의 단계로 데이터를 처리함으로써 복잡한 분석 엔진^{analytics engine}을 구축하게 해준다.

특수한 컬렉션 유형

몽고DB는 로그와 같은 최신 데이터를 유지하고자 세션이나 고정 크기 컬렉션(제한 컬렉션 ^{capped collection})과 같이 특정 시간에 만료해야 하는 데이터에 대해 유효 시간^{Time-to-Live}(TTL)

컬렉션을 지원한다. 또한 기준 필터criteria filter와 일치하는 도큐먼트에 한정된 부분 인덱스partial index를 지원함으로써 효율성을 높이고 필요한 저장 공간을 줄인다.

파일 스토리지

몽고DB는 큰 파일과 파일 메타데이터를 편리하게 저장하는 프로토콜을 지원한다.

관계형 데이터베이스에 공통적으로 사용되는 일부 기능, 특히 복잡한 조인join은 몽고DB에 존재하지 않는다. 몽고DB는 3.2에 도입된 $lookup 집계 연산자를 사용함으로써 매우 제한된 방식으로 조인하도록 지원한다. 3.6 버전에서는 관련 없는 서브쿼리subquery뿐만 아니라 여러 조인 조건으로 보다 복잡한 조인도 할 수 있다. 두 가지 기능 모두 분산 시스템에서 효율적으로 제공하기 어렵기 때문에, 몽고DB의 조인은 더 큰 확장성을 허용하기 위한 아키텍처적인 결정이었다.

1.4 고성능

몽고DB의 주요 목표인 성능은 몽고DB 설계에 지대한 영향을 미쳤다. 몽고DB에서는 동시성 concurrency과 처리량을 극대화하기 위해 와이어드타이거WiredTiger 스토리지 엔진storage engine에 기회적 락opportunistic locking을 사용했다. 따라서 캐시처럼 제한된 용량의 램으로 쿼리에 알맞은 인덱스를 자동으로 선택할 수 있다. 요약하자면 몽고DB는 모든 측면에서 고성능을 유지하기 위해 설계됐다.

몽고DB는 강력한 성능을 제공하면서도 관계형 시스템의 많은 기능을 포함한다. 하지만 관계형 데이터베이스의 작업을 전부 하려는 것은 아니다. 일부 기능의 경우 데이터베이스 서버는 처리와 로직을 클라이언트 측에 오프로드한다(드라이버 또는 사용자의 애플리케이션 코드에 의해 처리된다). 이러한 간소한 설계 덕분에 몽고DB는 뛰어난 성능을 발휘한다.

1.5 몽고DB의 철학

이제 각 장에서 몽고DB의 개발 과정에서 내린 결정의 동기와 이유를 살펴본다. 이를 통해 몽고DB의 철학이 공유되기를 바란다. 결국 몽고DB 프로젝트의 주 관심사는 확장성이 높으며 유연하고 빠른, 즉 완전한 기능을 갖춘 데이터 스토리지를 만드는 일이다.

## CHAPTER 2

몽고DB 기본

몽고DB는 매우 강력하면서도 진입장벽이 낮다. 이 장에서는 몽고DB의 기본 개념을 소개한다.

- 몽고DB 데이터의 기본 단위는 **도큐먼트**이며, 이는 관계형 데이터베이스의 행과 유사하다(하지만 더 다양한 자료 표현이 가능하다).
- 같은 맥락에서 **컬렉션**collection은 동적 스키마dynamic schema가 있는 테이블과 같다.
- 몽고DB의 단일 인스턴스는 자체적인 컬렉션을 갖는 여러 개의 독립적인 **데이터베이스**를 호스팅한다.
- 모든 도큐먼트는 컬렉션 내에서 고유한 특수키인 "_id"를 가진다.
- 몽고DB는 **몽고 셸**The mongo Shell이라는 간단하지만 강력한 도구와 함께 배포된다. mongo 셸은 몽고DB 인스턴스를 관리하고 몽고DB 쿼리 언어로 데이터를 조작하기 위한 내장 지원을 제공한다. 또한 사용자가 다양한 목적으로 자신의 스크립트를 만들고 로드load할 수 있는 완전한 기능의 자바스크립트 해석기JavaScript interpreter다.

2.1 도큐먼트

몽고DB의 핵심은 정렬된 키와 연결된 값의 집합으로 이뤄진 **도큐먼트**다. 도큐먼트 표현 방식은 프로그래밍 언어마다 다르지만 대부분의 언어는 맵map, 해시hash, 딕셔너리dictionary와 같이 도큐먼트를 자연스럽게 표현하는 자료구조를 가진다. 예를 들어 자바스크립트에서 도큐먼트는 객체로 표현된다.

```
{"greeting" : "Hello, world!"}
```

이 간단한 도큐먼트는 "greeting"이라는 키에 연결된 "Hello, World!"라는 값을 가진다.
대부분의 도큐먼트는 이보다 복잡한 다중 키/값 쌍을 가진다.

```
{"greeting" : "Hello, world!", "views" : 3}
```

위 예제에서 볼 수 있듯 도큐먼트의 값은 단지 blob형이 아니다. 값은 데이터형이어야 한다
(또는 내장 도큐먼트 전체가 되기도 한다. 2.6.4 '내장 도큐먼트' 참조). 예제에서 "greeting"
의 값은 문자열이며 "views"의 값은 정수다.

도큐먼트의 키는 문자열이다. 다음 예외 몇 가지를 제외하면 어떤 UTF-8 문자든 쓸 수 있다.

- 키는 \0(null 문자)을 포함하지 않는다. \0은 키의 끝을 나타내는 데 사용된다.
- .과 $ 문자는 몇 가지 특별한 속성을 가지며 이후 장에서 설명할 특정 상황에만 사용해야 한다. 이 문자들은 보통 예약어reserved word로 취급해야 하며 부적절하게 사용하면 드라이버에서 경고를 발생한다.

몽고DB는 데이터형과 대소문자를 구별한다. 예를 들어 다음 두 도큐먼트는 서로 다르다.

```
{"count" : 5}
{"count" : "5"}
```

다음 예제도 마찬가지다.

```
{"count" : 5}
{"Count" : 5}
```

또한 몽고DB에서는 키가 중복될 수 없음을 기억하자. 예를 들어 다음 도큐먼트는 올바른 도큐
먼트가 아니다.

```
{"greeting" : "Hello, world!", "greeting" : "Hello, MongoDB!"}
```

2.2 컬렉션

컬렉션은 도큐먼트의 모음이다. 몽고DB의 도큐먼트가 관계형 데이터베이스의 행에 대응된다면 컬렉션은 테이블에 대응된다고 볼 수 있다.

2.2.1 동적 스키마

컬렉션은 **동적 스키마**를 가진다. 하나의 컬렉션 내 도큐먼트들이 모두 다른 구조를 가질 수 있다는 의미다. 예를 들어 다음 도큐먼트들을 하나의 컬렉션에 저장할 수 있다.

```
{"greeting" : "Hello, world!", "views": 3}
{"signoff": "Good night, and good luck"}
```

도큐먼트들의 키, 키의 개수, 데이터형의 값은 모두 다르다. 다른 구조의 도큐먼트라도 같은 컬렉션에 저장할 수 있는데 '왜 별도의 컬렉션이 필요하지?'라고 생각할 수 있다. 도큐먼트에 별도의 스키마가 필요 없는데 왜 하나 이상의 컬렉션이 필요할까? 몇 가지 합당한 이유가 있다.

- 같은 컬렉션에 다른 종류의 도큐먼트를 저장하면 개발자와 관리자에게 번거로운 일이 생길 수도 있다. 각 쿼리가 특정 스키마를 고수하는 도큐먼트를 반환하는지, 혹은 쿼리한 코드가 다른 구조의 도큐먼트를 다룰 수 있는지 확실히 확인하자. 예를 들어 블로그 게시물을 쿼리한 데이터 중 작성자 데이터만 제거하려면 상당히 번거롭다.

- 컬렉션별로 목록을 뽑으면 한 컬렉션 내 특정 데이터형별로 쿼리해서 목록을 뽑을 때보다 훨씬 빠르다. 예를 들어 "요약", "전체", "뚱뚱이 원숭이"와 같은 컬렉션형을 값으로 하는 "type" 키가 도큐먼트 내에 있다면, 단일 컬렉션에 들어 있는 값을 찾기보다 세 컬렉션 중에서 올바른 컬렉션을 쿼리하는 편이 훨씬 빠르다.

- 같은 종류의 데이터를 하나의 컬렉션에 모아두면 데이터 지역성data locality에도 좋다. 블로그 게시물 여러 개를 뽑는 경우, 게시물과 저자 정보가 섞인 컬렉션보다 게시물만 들어 있는 컬렉션에서 뽑을 때 디스크 탐색 시간이 더 짧다.

- 인덱스를 만들면 도큐먼트는 특정 구조를 가져야 한다(고유 인덱스일 경우 특히 더 그렇다). 이러한 인덱스는 컬렉션별로 정의한다. 같은 유형의 도큐먼트를 하나의 컬렉션에 넣음으로써 컬렉션을 효율적으로 인덱싱할 수 있다.

스키마를 만들고 관련된 유형의 도큐먼트를 그룹화하는 데는 타당한 이유가 있다. 애플리케이션 스키마는 기본적으로 필요하지는 않지만 정의하면 좋다. 몽고DB의 도큐먼트 유효성 검사 기능document validation functionality과 객체–도큐먼트 매핑 라이브러리object–document mapping library를 이용하며, 이는 많은 프로그래밍 언어에서 사용 가능하다.

2.2.2 네이밍

컬렉션은 이름으로 식별된다. 컬렉션명은 어떤 UTF–8 문자열이든 쓸 수 있지만 몇 가지 제약조건이 있다.

- 빈 문자열("")은 유효한 컬렉션명이 아니다.
- \0(null 문자)은 컬렉션명의 끝을 나타내는 문자이므로 컬렉션명에 사용할 수 없다.
- system.으로 시작하는 컬렉션명은 시스템 컬렉션에서 사용하는 예약어이므로 사용할 수 없다. 예를 들어 system.users 컬렉션에는 데이터베이스 사용자 정보가, system.namespaces 컬렉션에는 데이터베이스 내 모든 컬렉션의 정보가 들어 있다.
- 사용자가 만든 컬렉션은 이름에 예약어인 $를 포함할 수 없다. 시스템에서 생성한 몇몇 컬렉션에서 $ 문자를 사용하므로 데이터베이스에서 사용하는 다양한 드라이버가 $ 문자를 포함하는 컬렉션명을 지원하기는 한다. 이런 컬렉션에 접근access할 때가 아니라면 $를 컬렉션명에 사용해서는 안 된다.

서브컬렉션

서브컬렉션subcollection의 네임스페이스namespace에 . (마침표) 문자를 사용해 컬렉션을 체계화한다. 예를 들어 블로그 기능이 있는 애플리케이션은 blog.posts와 blog.authors라는 컬렉션을 가질 수 있다. 이는 단지 체계화를 위함이며 blog 컬렉션이나 자식 컬렉션child collection과는 아무런 관계가 없다(심지어 blog 컬렉션은 없어도 된다).

서브컬렉션은 특별한 속성은 없지만 여러 몽고DB 툴에서 지원하므로 유용하다.

- 큰 파일을 저장하는 프로토콜인 GridFS는 콘텐츠 데이터와 별도로 메타데이터를 저장하는 데 서브컬렉션을 사용한다(GridFS에 대한 정보는 6장을 참조한다).
- 대부분의 드라이버는 특정 컬렉션의 서브컬렉션에 접근하는 몇 가지 편리한 문법을 제공한다. 예를 들어 데이터베이스 셸에서 db.blog는 blog 컬렉션을, db.blog.posts는 blog.posts 컬렉션을 보여준다.

서브컬렉션은 몽고DB의 데이터를 체계화하는 훌륭한 방법이다.

2.3 데이터베이스

몽고DB는 컬렉션에 도큐먼트를 그룹화할 뿐 아니라 데이터베이스에 컬렉션을 그룹 지어 놓는다. 몽고DB의 단일 **인스턴스**는 여러 데이터베이스를 호스팅할 수 있으며, 각 데이터베이스를 완전히 독립적으로 취급할 수 있다. 한 애플리케이션의 데이터를 동일한 데이터베이스에 저장하는 것은 좋은 방식이다. 데이터베이스를 나누면 하나의 몽고DB 서버에서 여러 애플리케이션이나 여러 사용자 데이터를 저장할 때 유용하다.

데이터베이스는 컬렉션과 마찬가지로 이름으로 식별된다. 데이터베이스 이름에는 어떤 UTF-8 문자열이든 쓸 수 있지만 몇 가지 제약 조건이 있다.

- 빈 문자열("")은 유효한 데이터베이스 이름이 아니다.
- 데이터베이스 이름은 다음 문자를 포함할 수 없다. /, \, ., ' ', *, <, >, :, |, ?, $, (단일 공간single space), \0(null 문자)
- 데이터베이스 이름은 대소문자를 구별한다.
- 데이터베이스 이름은 최대 64바이트다.

와이어드타이거 스토리지 엔진을 사용하기 전에는 파일시스템에서 데이터베이스 이름대로 파일이 만들어졌다. 하지만 현재는 그렇지 않으므로 위와 같은 제약이 따른다.

또한 직접 접근할 수는 있지만 특별한 의미론semantics을 갖는 예약된 데이터베이스 이름도 있다.

admin

  admin 데이터베이스는 인증authentication과 권한 부여authorization 역할을 한다. 또한 일부 관리 작업을 하려면 이 데이터베이스에 대한 접근이 필요하다. admin 데이터베이스에 대한 자세한 내용은 19장을 참조하자.

local

  local 데이터베이스는 단일 서버에 대한 데이터를 저장한다. 복제 셋replica set에서 local은 복제replication 프로세스에 사용된 데이터를 저장한다. local 데이터베이스 자체는 복제되지 않는다(복제 및 local 데이터베이스에 대한 자세한 내용은 10장을 참조하자).

config

샤딩^{sharding}된 몽고DB 클러스터(14장 참조)는 config 데이터베이스를 사용해 각 샤드^{shard}
의 정보를 저장한다.

컬렉션을 저장하는 데이터베이스의 이름을 컬렉션명 앞에 붙이면 올바른 컬렉션명인 네임스페
이스를 얻는다. 예를 들어 cms 데이터베이스의 blog.posts 컬렉션을 사용한다면 컬렉션의 네
임스페이스는 cms.blog.posts가 된다. 네임스페이스의 최대 길이는 120바이트지만 실제로
는 100바이트보다 짧아야 한다. 몽고DB 네임스페이스와 컬렉션의 내부 표현 방식에 대한 자
세한 내용은 부록 B를 참조한다.

2.4 몽고DB 시작

서버를 시작하려면 원하는 유닉스 명령행 환경에서 mongod 실행 파일을 실행한다.

```
$ mongod
2016-04-27T22:15:55.871-0400 I CONTROL [initandlisten]  MongoDB starting :
pid=8680 port=27017 dbpath=/data/db 64-bit host=morty
2016-04-27T22:15:55.872-0400 I CONTROL [initandlisten]  db version v4.2.0
2016-04-27T22:15:55.872-0400 I CONTROL [initandlisten]  git version:
34e65e5383f7ea1726332cb175b73077ec4a1b02
2016-04-27T22:15:55.872-0400 I CONTROL  [initandlisten]  allocator: system
2016-04-27T22:15:55.872-0400 I CONTROL  [initandlisten]  modules: none
2016-04-27T22:15:55.872-0400 I CONTROL  [initandlisten]  build environment:
2016-04-27T22:15:55.872-0400 I CONTROL  [initandlisten]  distarch: x86_64
2016-04-27T22:15:55.872-0400 I CONTROL  [initandlisten]  target_arch: x86_64
2016-04-27T22:15:55.872-0400 I CONTROL  [initandlisten]  options: {}
2016-04-27T22:15:55.889-0400 I JOURNAL  [initandlisten]
journal dir=/data/db/journal
2016-04-27T22:15:55.889-0400 I JOURNAL  [initandlisten] recover :
no journal files
present, no recovery needed
2016-04-27T22:15:55.909-0400 I JOURNAL [durability] Durability thread started
2016-04-27T22:15:55.909-0400 I JOURNAL [journal writer] Journal writer thread
started
2016-04-27T22:15:55.909-0400 I CONTROL [initandlisten]
```

```
2016-04-27T22:15:56.777-0400 I NETWORK [HostnameCanonicalizationWorker]
Starting hostname canonicalization worker
2016-04-27T22:15:56.778-0400 I FTDC [initandlisten] Initializing full-time
diagnostic data capture with directory '/data/db/diagnostic.data'
2016-04-27T22:15:56.779-0400 I NETWORK [initandlisten] waiting for connections
on port 27017
```

윈도우라면 다음과 같이 실행한다.

```
> mongod.exe
```

TIP 시스템에 몽고DB를 설치하는 방법은 부록 A 또는 몽고DB 설명서(https://oreil.ly/5WP5e)를 참조하자.

mongod는 인수argument 없이 실행하면 기본 데이터 디렉터리로 /data/db(윈도우에서는 \data\db\)를 사용한다. 데이터 디렉터리가 존재하지 않거나 쓰기 권한이 없을 때는 서버가 시작되지 않는다. 몽고DB를 시작하기 전에 데이터 디렉터리를 생성하고(예를 들면 mkdir -p /data/db/) 해당 디렉터리에 쓰기 권한이 있는지 반드시 확인하자.

시작할 때 서버는 버전과 시스템 정보를 출력한 후 클라이언트의 연결을 기다린다. 몽고DB는 기본적으로 27017번 포트에서 소켓 연결을 기다린다. 포트가 사용할 수 없는 상태일 때는 서버가 시작되지 않는데, 이러한 문제는 보통 다른 몽고DB 인스턴스가 실행 중이기 때문에 발생한다.

TIP 항상 mongod 인스턴스를 보호해야 한다. 몽고DB 보안에 대한 자세한 내용은 19장을 참조하자.

mongod 서버를 실행한 셸에서 Ctrl + C 를 누르면 mongod가 안전하게 중지된다.

TIP 몽고DB 시작과 중지에 대한 자세한 내용은 21장을 참조하자.

2.5 몽고DB 셸 소개

몽고DB는 명령행에서 몽고DB 인스턴스와 상호작용하는 자바스크립트 셸을 제공한다. **셸**은 관리 기능이나, 실행 중인 인스턴스를 점검하거나 간단한 기능을 시험하는 데 매우 유용하다. mongo 셸은 몽고DB를 사용하는 데 매우 중요한 도구이며 책 전반에 걸쳐 광범위하게 사용한다.

2.5.1 셸 실행

mongo를 실행해 셸을 시작한다.

```
$ mongo
MongoDB shell version: 4.2.0
connecting to: test
>
```

셸은 시작하면 자동으로 로컬 장비에서 실행 중인 몽고DB 서버에 접속을 시도하므로 셸을 시작하기 전에 **mongod**를 시작했는지 먼저 확인하자.

셸은 완전한 자바스크립트 해석기이며 임의의 자바스크립트 프로그램을 실행한다. 기본적인 연산 몇 가지를 살펴보자.

```
> x = 200;
200
> x / 5;
40
```

또한 표준 자바스크립트 라이브러리의 모든 기능을 활용할 수 있다.

```
> Math.sin(Math.PI / 2)
1
> new Date("20109/1/1");
ISODate("2019-01-01T05:00:00Z")
> "Hello, World!".replace("World", "MongoDB");
Hello, MongoDB!
```

심지어 자바스크립트 함수를 정의하고 호출할 수도 있다.

```
> function factorial (n) {
... if (n <= 1) return 1;
... return n * factorial(n - 1);
...}
> factorial(5);
120
```

여러 줄의 명령도 작성할 수 있다. 엔터 키를 누르면 셸은 자바스크립트 구문이 완료됐는지 감지한다. 구문이 완료되지 않았으면 다음 줄에서 계속 명령어를 입력할 수 있다. 엔터 키를 3회 연속 누르면 작성하던 명령을 취소하고 > 프롬프트를 반환한다.

2.5.2 몽고DB 클라이언트

임의의 자바스크립트를 실행하는 기능이 유용하긴 하지만 셸의 진수는 독자적으로 쓸 수 있는 몽고DB 클라이언트다. 셸은 시작할 때 몽고DB 서버의 **test** 데이터베이스에 연결하고, 데이터베이스 연결을 전역 변수 db에 할당한다. 셸에서는 주로 이 변수를 통해 몽고DB에 접근한다.

현재 **db**에 할당된 데이터베이스를 확인하려면 **db**를 입력한다.

```
> db
test
```

셸은 자바스크립트 구문으로는 유효하지 않지만 SQL 셸 사용자에게 친숙한 추가 기능을 포함한다. 추가 기능은 다른 확장 기능은 없지만 편리한 문법을 제공한다. 예를 들어 중요한 작업인 데이터베이스 선택을 살펴보자.

```
> use video
switched to db video
```

다음과 같이 **db** 변수는 video 데이터베이스를 가리킨다.

```
> db
video
```

자바스크립트 셸이므로 변수 이름을 입력하면 표현식^{expression}으로 평가된다. 그런 다음 값(여기서는 데이터베이스 이름)이 출력된다.

다음과 같이 **db** 변수에서 컬렉션에 접근한다.

```
> db.movies
```

현재 데이터베이스의 **movies** 컬렉션을 반환한다. 이제 셸에서 컬렉션에 접근하고 거의 모든 데이터베이스 작업을 수행할 수 있다.

2.5.3 셸 기본 작업

셸에서 데이터를 조작하거나 보려면 생성^{create}, 읽기^{read}, 갱신^{update}, 삭제^{delete}의 네 가지 기본적인 작업(CRUD)을 한다.

생성

insertOne 함수는 컬렉션에 도큐먼트를 추가한다. 예를 들어 영화를 저장한다고 가정하자. 우선 도큐먼트를 나타내는 자바스크립트 객체인 **movie**라는 지역 변수$^{local\ variable}$를 생성한다. **movie** 변수는 **"title"**, **"director"**, **"year"**(상영된 연도)와 같은 키를 가진다.

```
> movie = {"title" : "Star Wars: Episode IV - A New Hope",
... "director" : "George Lucas",
... "year" : 1977}
{
    "title" : "Star Wars: Episode IV - A New Hope",
    "director" : "George Lucas",
    "year" : 1977
}
```

이 객체는 유효한 몽고DB 도큐먼트이며 **insertOne** 함수를 이용해 **movies** 컬렉션에 저장할 수 있다.

```
> db.movies.insertOne(movie)
{
    "acknowledged" : true,
    "insertedId" : ObjectId("5721794b349c32b32a012b11")
}
```

영화가 데이터베이스에 저장됐다. 컬렉션에 find를 호출해서 확인하자.

```
> db.movies.find().pretty()
{
    "_id" : ObjectId("5721794b349c32b32a012b11"),
    "title" : "Star Wars: Episode IV - A New Hope",
    "director" : "George Lucas",
    "year" : 1977
}
```

"_id" 키가 추가됐고 다른 키/값 쌍들은 입력한 대로 저장됐다. 갑자기 "_id" 필드가 나타난 이유는 2.6.5 '_id와 ObejctId'에서 설명한다.

읽기

find와 findOne은 컬렉션을 쿼리하는 데 사용한다. 컬렉션에서 단일 도큐먼트를 읽으려면 findOne을 사용한다.

```
> db.movies.findOne()
{
    "_id" : ObjectId("5721794b349c32b32a012b11"),
    "title" : "Star Wars: Episode IV - A New Hope",
    "director" : "George Lucas",
    "year" : 1977
}
```

find와 findOne은 **쿼리 도큐먼트**query document 형태로 조건 전달도 가능하다. 따라서 쿼리에서 일치하는 도큐먼트로 결과를 제한한다. 셸은 find와 일치하는 도큐먼트를 20개까지 자동으로 출력하지만 그 이상도 가져올 수 있다. 쿼리에 대한 자세한 내용은 4장을 참조한다.

갱신

게시물을 갱신하려면 updateOne을 사용한다. updateOne의 매개변수는 최소 두 개다. 첫 번째는 수정할 도큐먼트를 찾는 기준이고, 두 번째는 갱신 작업을 설명하는 도큐먼트다. 앞서 만든 영화에서 리뷰 기능을 사용하기로 결정했다고 가정하자. 도큐먼트에 새 키 값으로 리뷰 배열을 추가한다.

갱신하려면 갱신 연산자update operator인 set을 이용한다.

```
> db.movies.updateOne({title : "Star Wars: Episode IV - A New Hope"},
... {$set : {reviews: []}})
WriteResult({"nMatched": 1, "nUpserted": 0, "nModified": 1})
```

이제 도큐먼트에는 "reviews" 키가 생겼다. find를 호출해 새로운 키를 확인하자.

```
> db.movies.find().pretty()
{
    "_id" : ObjectId("5721794b349c32b32a012b11"),
    "title" : "Star Wars: Episode IV - A New Hope",
    "director" : "George Lucas",
    "year" : 1977,
    "reviews" : [ ]
}
```

도큐먼트 갱신에 대한 자세한 내용은 3.3 '도큐먼트 갱신'을 참조한다.

삭제

deleteOne과 deleteMany는 도큐먼트를 데이터베이스에서 영구적으로 삭제한다. 두 함수 모두 필터 도큐먼트로 삭제 조건을 지정한다. 예를 들어 다음은 방금 생성한 영화 도큐먼트를 삭제한다.

```
> db.movies.deleteOne({title : "Star Wars: Episode IV - A New Hope"})
```

필터와 일치하는 모든 도큐먼트를 삭제하려면 deleteMany를 사용한다.

2.6 데이터형

이 장의 도입부에서는 도큐먼트의 개념과 기초를 다뤘다. 이제 몽고DB를 실행하고 셸에서 다양한 시도를 하며 더 깊이 있게 살펴보자. 몽고DB는 도큐먼트의 값으로 다양한 데이터형을 지원한다. 책에서는 지원되는 모든 데이터형의 개요를 설명한다.

2.6.1 기본 데이터형

몽고DB에서 도큐먼트는 자바스크립트 객체와 개념적으로^{conceptually} 닮았다는 점에서 'JSON과 닮았다'라고 생각할 수 있다. JSON(http://www.json.org 참조)은 데이터의 간단한 표현이다. 명세는 한 단락 정도로 설명되며 여섯 가지 데이터형만을 열거한다. 따라서 이해하고, 구문을 분석하고^{parse}, 기억하기가 쉬워 여러 방면에서 유용하다. 한편으로는 데이터형이 null, 불리언, 숫자, 문자열, 배열, 객체만 지원하기 때문에 JSON의 표현력은 제한적이다.

이러한 타입들은 꽤 다양한 표현을 지원하지만 대부분의 애플리케이션에는, 특히 데이터베이스와 연동할 때는, 중요한 타입이 몇 가지 더 있다. 예를 들어 JSON은 날짜형이 없어 날짜 다루기가 일반적인 경우보다 더 성가시다. 숫자형이 있기는 하지만 한 가지뿐이다. 부동소수점형^{float}과 정수형을 표현하는 방법은 없으며 32비트와 64비트도 구별되지 않는다. 함수나 정규 표현식^{regular expression}과 같은 흔히 쓰는 데이터형을 표현하는 방법도 없다.

몽고DB는 JSON의 키/값 쌍 성질을 유지하면서 추가적인 데이터형을 지원한다. 각 데이터형 값을 표시하는 방식은 언어에 따라 다르지만, 다음 목록은 흔히 지원되는 데이터형이 셸에서 어떻게 도큐먼트의 일부로 표현되는지 나타낸다. 가장 일반적인 데이터형은 다음과 같다.

null

 null 값과 존재하지 않는 필드를 표현하는 데 사용한다.

```
{"x" : null}
```

불리언

 참과 거짓 값에 사용한다.

```
{"x" : true}
```

숫자

셸은 64비트 부동소수점 수를 기본으로 사용한다. 따라서 다음 수들은 셸에서 정상이다.

```
{"x" : 3.14}
{"x" : 3}
```

4바이트 혹은 8바이트의 부호 정수signed integer는 각각 NumberInt 혹은 NumberLong 클래스를 사용한다.

```
{"x" : NumberInt("3")}
{"x" : NumberLong("3")}
```

문자열

어떤 UTF-8 문자열이든 문자열형으로 표현할 수 있다.

```
{"x" : "foobar"}
```

날짜

몽고DB는 1970년 1월 1일부터의 시간을 1/1000초 단위로 나타내는 64비트 정수로 날짜를 저장한다. 표준 시간대time zone는 저장하지 않는다.

```
{"x" : new Date()}
```

정규 표현식

쿼리는 자바스크립트의 정규 표현식 문법을 사용할 수 있다.

```
{"x" : /foobar/i}
```

배열

값의 셋set이나 리스트list를 배열로 표현할 수 있다.

```
{"x" : ["a", "b", "c"]}
```

내장 도큐먼트

도큐먼트는 부모 도큐먼트의 값으로 내장된 도큐먼트 전체를 포함할 수 있다.

```
{"x" : {"foo" : "bar"}}
```

객체 ID

객체 ID는 도큐먼트용 12바이트 ID다.

```
{"x" : ObjectId()}
```

자세한 내용은 2.6.5 '_id와 ObejctId'를 참조한다.

다음은 상대적으로 덜 사용되는 데이터형 목록이다.

이진 데이터

이진 데이터는 임의의 바이트 문자열이며 셸에서는 조작이 불가능하다. 이진 데이터는 데이터베이스에 UTF-8이 아닌 문자열을 저장하는 유일한 방법이다.

코드

쿼리와 도큐먼트는 임의의 자바스크립트 코드를 포함할 수 있다.

```
{"x" : function() { /* ... */ }}
```

내부적으로 흔히 사용되는(혹은 다른 타입으로 대체되는) 몇 가지 데이터형이 더 있지만 필요에 따라 그때그때 설명한다.

몽고DB의 데이터형에 대한 자세한 내용은 부록 B를 참조한다.

2.6.2 날짜

자바스크립트에서 Date 클래스는 몽고DB의 날짜를 표현하는 데 사용한다. 새로운 Date 객체를 생성할 때는 항상 Date()가 아닌 new Date()를 호출해야 한다. 함수로 생성자를 호출하면(new가 포함되지 않은 것) 실제 Date 객체가 아닌 날짜의 문자열 표현을 반환한다. 이는 몽고DB가 아니라 자바스크립트의 작동 방식 때문이다. 항상 Date 생성자를 사용하도록 주의하지 않으면 문자열과 날짜가 뒤범벅된다. 문자열과 날짜는 서로 일치하지 않으므로 삭제, 수정, 쿼리 등 거의 모든 작업에서 문제를 일으킬 수 있다. 자바스크립트의 Date 클래스와 생성자에서 받아들이는 형태에 대한 설명은 ECMAScript 명세(https://www.ecma-international.org/publications-and-standards/standards/ecma-262)를 참조한다.

셸에서는 날짜가 현지 시간대 설정을 이용해 표시된다. 하지만 데이터베이스의 날짜는 1970년 1월 1일부터의 시간을 1/1000초 단위로 저장하며 표준 시간대 정보는 없다(물론 표준 시간대 정보는 또 다른 키 값으로 저장할 수 있다).

2.6.3 배열

배열은 정렬 연산ordered operation(리스트, 스택stack, 큐queue)과 비정렬 연산unordered operation(셋)에 호환성 있게 사용 가능한 값이다.

다음 도큐먼트에서 "things" 키는 배열값을 가진다.

```
{"things" : ["pie", 3.14]}
```

예제에서 볼 수 있듯 배열은 서로 다른 데이터형(여기서는 문자열과 부동소수점)을 값으로 포함할 수 있다. 사실 배열값은 일반적인 키/값 쌍을 지원하는 어떤 데이터형 값이든 될 수 있으며, 심지어는 중첩 배열nested array도 될 수 있다.

도큐먼트 내 배열의 장점으로 몽고DB가 배열의 구조를 '이해한다'는 점과, 배열의 내용에 작업을 수행하기 위해 내부에 도달하는 방법을 안다는 점이 있다. 따라서 배열에 쿼리하거나 배열의 내용을 이용해 인덱스를 만들 수 있다. 예를 들어 앞 예시에서 몽고DB는 3.14가 "things" 배열의 요소element인 모든 도큐먼트를 쿼리할 수 있다. 자주 쓰는 쿼리라면 "things" 키에 인덱스를 생성해 쿼리 속도를 향상시킬 수도 있다.

몽고DB에서는 배열 내부에 도달해서 원자적으로 (예를 들면 "pie" 값을 pi로) 배열의 내용을 수정할 수 있다. 책 전반에 걸쳐 이러한 종류의 예제를 더 살펴본다.

2.6.4 내장 도큐먼트

도큐먼트는 키에 대한 값이 될 수 있는데 이를 **내장 도큐먼트**라고 한다. 내장 도큐먼트를 사용해 데이터를 키/값 쌍의 평면적인 구조보다는 좀 더 자연스러운 방법으로 구성할 수 있다.

예를 들어 한 사람의 정보를 나타내는 도큐먼트에 그의 주소를 저장하려면 정보를 "address" 내장 도큐먼트로 중첩한다.

```
{
    "name" : "John Doe",
    "address" : {
        "street" : "123 Park Street",
        "city" : "Anytown",
        "state" : "NY"
    }
}
```

예제에서 "address" 키에 대한 값은 "street", "city", "state"의 키/값 쌍을 갖는 내장 도큐먼트다.

배열과 마찬가지로 몽고DB는 내장 도큐먼트의 구조를 '이해'하고, 인덱스를 구성하고, 쿼리하며, 갱신하기 위해 내장 도큐먼트 내부에 접근한다.

앞의 기본적인 예제를 통해 내장 도큐먼트가 어떻게 데이터를 다루는 방법을 바꾸는지 확인할 수 있다(스키마 설계는 9장에서 더 깊이 다룬다). 관계형 데이터베이스에서는 이 도큐먼트가 두 개의 테이블(people과 addresses)에 분리된 두 개의 행으로 모델링된다. 몽고DB에서는 "people" 도큐먼트 내에 바로 "addresses" 도큐먼트를 내장할 수 있다. 내장 도큐먼트를 적절히 사용하면 좀 더 자연스럽게 정보를 표현할 수 있다.

하지만 몽고DB에서는 더 많은 데이터 반복[data repetition]이 생길 수 있다는 단점이 있다. 관계형 데이터베이스에서 addresses가 분리된 테이블에 있고 주소의 오타를 고쳐야 한다고 가정하자. people과 addresses를 조인하면 같은 주소를 갖는 모든 사람의 주소를 수정할 수 있다.

몽고DB에서는 각 사람의 도큐먼트에서 오타를 수정해야 한다.

2.6.5 _id와 ObjectId

몽고DB에 저장된 모든 도큐먼트는 "_id" 키를 가진다. "_id" 키 값은 어떤 데이터형이어도 상관없지만 "ObjectId"가 기본이다. 하나의 컬렉션에서 모든 도큐먼트는 고유한 "_id" 값을 가지며, 이 값은 컬렉션 내 모든 도큐먼트가 고유하게 식별되게 한다. 다시 말해 두 개의 컬렉션이 있다면 각 컬렉션은 "_id" 값이 123인 도큐먼트를 가질 수 있다. 그러나 각 컬렉션은 "_id"가 123인 도큐먼트를 한 개만 가질 수 있다.

ObjectIds

ObjectId는 "_id"의 기본 데이터형이다. ObjectId 클래스는 가벼우면서도, 여러 장비에 걸쳐 전역적으로 고유하게(유일하게) 생성하기 쉽게 설계됐다. 자동 증가하는 기본 키처럼 전통적인 것이 아닌 ObjectId를 사용하는 주요 이유는 몽고DB의 분산 특성 때문이다. 여러 서버에 걸쳐 자동으로 증가하는 기본 키를 동기화하는 작업은 어렵고 시간이 걸린다. 몽고DB는 분산 데이터베이스로 설계됐기 때문에 샤딩된 환경에서 고유 식별자$^{unique identifier}$를 생성하는 것이 매우 중요했다.

ObjectId는 12바이트 스토리지^{storage}를 사용하며 24자리 16진수 문자열 표현이 가능하다. 바이트당 2자리를 사용한다. 이는 ObjectId를 더 커 보이게 해 사람들을 다소 불안하게 한다. ObjectId가 흔히 거대한 16진수 문자열로 표현되긴 하지만 실제로 문자열은 저장된 데이터의 두 배만큼 길다는 점을 알아두자.

여러 개의 새로운 ObjectId를 연속으로 생성하면 매번 마지막 숫자 몇 개만 바뀐다. 몇 초 간격을 두고 생성하면 ObjectId의 중간 숫자 몇 개가 바뀐다. 이는 ObjectId가 생성되는 방식 때문이다.

ObjectId 12바이트는 다음과 같이 생성된다.

```
 0   1   2   3   4   5   6   7   8   9   10  11
타임스탬프      랜덤          카운터 (랜덤 시작 값)
```

`ObjectId`의 첫 4바이트는 1970년 1월 1일부터의 시간을 1/1000초 단위로 저장하는 타임스탬프timestamp다. 타임스탬프는 몇 가지 유용한 속성을 제공한다.

- 타임스탬프는 그 다음 5바이트(잠시 후에 설명한다)와 묶일 때 초 단위의 유일성을 제공한다.
- 타임스탬프가 맨 처음에 온다는 것은 `ObjectId`가 대략 입력 순서대로 정렬된다는 의미다. 이는 확실히 보장되지는 않지만, `ObjectId`를 효율적으로 인덱싱하는 등 다소 멋진 특성이 있다.
- 이 4바이트에는 각 도큐먼트가 생성된 때의 잠재적인implicit 타임스탬프가 존재한다. 대부분의 드라이버는 `ObjectId`로부터 이런 정보를 추출하는 방법을 제공한다.

`ObjectId`에서 현재 시간이 사용되기 때문에 일부 사용자는 서버 시각을 동기화해야 하지 않나 걱정한다. 다른 목적으로 동기화하는 것은 좋지만(24.5.1 '시간 동기화하기' 참조) 타임스탬프의 실제 값은 `ObjectId`와 상관없다. 단지 자주 새로(1초에 한 번씩) 생성되고 증가할 뿐이다. 그러므로 반드시 동기화를 해야 하는 것은 아니다.

`ObjectId`의 다음 5바이트는 랜덤 값이다. 최종 3바이트는 서로 다른 시스템에서 충돌하는 `ObjectId`들을 생성하지 않도록 랜덤 값으로 시작하는 카운터다.

`ObjectId`의 앞 9바이트는 1초 동안 여러 장비와 프로세스에 걸쳐 유일성을 보장한다. 마지막 3바이트는 단순히 증분하는 숫자로, 1초 내 단일 프로세스의 유일성을 보장한다. 고유한 `ObjectId`는 **프로세스당** 1초에 256^3(1677만 7216)개까지 생성된다.

_id 자동 생성

도큐먼트를 입력할 때 "_id" 키를 명시하지 않으면 입력된 도큐먼트에 키가 자동으로 추가된다. 이는 몽고DB 서버에서 관리할 수 있지만 일반적으로는 클라이언트 쪽 드라이버에서 관리한다.

2.7 몽고DB 셸 사용

이 절에서는 셸을 명령행 도구의 일부로 사용하는 방법, 커스터마이징하는 방법, 고급 기능을 사용하는 방법을 다룬다.

2.5절에서는 로컬 mongod 인스턴스에 연결했지만 사용자 시스템에서 연결할 수 있는 어떤 몽

고DB 인스턴스든 셸을 연결할 수 있다. 다른 장비나 포트에 **mongod**를 연결하려면 셸을 시작할 때 호스트명, 포트, 데이터베이스를 명시해야 한다.

```
$ mongo some-host:30000/myDB
MongoDB shell version: 4.2.0
connecting to: some-host:30000/myDB
>
```

db는 이제 **some-host:30000**의 **myDB** 데이터베이스를 참조한다.

mongo 셸을 시작할 때 **mongod**에 연결하지 않는 것이 편할 때도 종종 있다. 셸을 --**nodb** 옵션을 주어 시작하면 어디에도 연결되지 않은 채 시작된다.

```
$ mongo --nodb
MongoDB shell version: 4.2.0
>
```

시작한 후 원하는 때에 **new Mongo**(호스트명)를 실행함으로써 **mongod**에 연결한다.

```
> conn = new Mongo("some-host:30000")
connection to some-host:30000
> db = conn.getDB("myDB")
myDB
```

이 두 명령어를 실행하면 기본적으로 **db**를 사용할 수 있으며, 다른 데이터베이스나 서버에 언제든지 연결할 수 있다.

2.7.1 셸 활용 팁

mongo는 단순하게 보면 자바스크립트 셸이므로 온라인 자바스크립트 문서를 참조하면 유용하다. 또한 **help**를 입력하면 셸에 내장된 도움말을 볼 수 있다.

```
> help
   db.help()                   help on db methods
   db.mycoll.help()            help on collection methods
```

```
  sh.help()                  sharding helpers
  ...

  show dbs                   show database names
  show collections           show collections in current database
  show users                 show users in current database
  ...
```

데이터베이스 수준의 도움말은 **db.help()**로, 컬렉션 수준의 도움말은 **db.foo.help()**로 확인한다.

함수의 기능을 알고 싶으면 함수명을 괄호 없이 입력하면 된다. 그러면 함수의 자바스크립트 소스코드가 출력된다. 예를 들어 **update** 함수가 어떻게 작동하는지 궁금하거나 매개변수 순서가 기억나지 않을 때는 다음과 같이 입력한다.

```
> db.movies.updateOne
function (filter, update, options) {
    var opts = Object.extend({}, options || {});

    // 갱신문의 첫 번째 키가 $를 포함하는지 확인한다.
    var keys = Object.keys(update);
    if (keys.length == 0) {
        throw new Error("the update operation document must contain at
        least one atomic operator");
    }
...
```

2.7.2 셸에서 스크립트 실행하기

셸을 대화형으로^{interactively} 사용하는 방법 외에 다음과 같이 자바스크립트 파일을 셸로 전달해 실행할 수도 있다. 단순히 명령행에 **스크립트**만 넘기면 된다.

```
$ mongo script1.js script2.js script3.js
MongoDB shell version: 4.2.1
connecting to: mongodb://127.0.0.1:27017
MongoDB server version: 4.2.1
```

```
loading file: script1.js
I am script1.js
loading file: script2.js
I am script2.js
loading file: script3.js
I am script3.js
...
```

mongo 셸은 각 스크립트를 실행하고 빠져나온다.

기본값으로 지정되지 않은 호스트나 포트 mongod에 연결해 사용하는 스크립트를 실행하려면 먼저 주소를 지정한 뒤 스크립트를 지정한다.

```
$ mongo server-1:30000/foo --quiet script1.js script2.js script3.js
```

예제는 server-1:30000에서 foo 데이터베이스로 설정된 db를 사용해서 세 개의 스크립트를 실행한다.

앞 스크립트처럼 스크립트 안에서 print 함수를 이용해 표준 출력^{stdout}으로 출력할 수 있다. 이는 셸을 명령어 파이프라인의 일부로 사용할 수 있음을 보여준다. 만약 셸 스크립트의 결과물을 다른 명령으로 전송하는 것을 고려한다면 결과물에서 "MongoDB shell version v4.2.0" 배너가 보이지 않도록 --quiet 옵션을 사용한다. 또한 load 함수를 사용해 대화형 셸에서 스크립트를 실행할 수도 있다.

```
> load("script1.js")
I am script1.js
true
>
```

스크립트는 db 변수에 대한(다른 전역 변수와 마찬가지로) 접근 권한을 가진다. 하지만 use db나 show collections와 같은 셸 보조자^{shell helper}는 파일에서 작동하지 않는다. [표 2-1]은 이들 각각에 대응되는(같은 의미의) 유효한 자바스크립트 용법을 나타낸다.

표 2-1 셀 보조자와 대응하는 자바스크립트 용법

셀 보조자	같은 의미의 자바스크립트
use video	db.getSisterDB("video")
show dbs	db.getMongo().getDBs()
show collections	db.getCollectionNames()

스크립트를 사용해 셀에 변수를 입력할 수도 있다. 예를 들어 일반적으로 사용하는 보조자 함수helper function를 간단히 초기화하는 스크립트가 있을 수 있다. 다음 스크립트는 책의 3부와 4부에서 유용하다. 스크립트는 주어진 포트에서 로컬로 실행되는 데이터베이스에 연결하고 해당 연결에 db를 설정하는 connectTo 함수를 정의한다.

```
// defineConnectTo.js

/**
 * 데이터베이스에 연결하고 db를 설정
 */
var connectTo = function(port, dbname) {
    if (!port) {
        port = 27017;
    }

    if (!dbname) {
        dbname = "test";
    }

    db = connect("localhost:"+port+"/"+dbname);
    return db;
};
```

이 스크립트를 셀에 로드하면 connectTo가 비로소 정의된다.

```
> typeof connectTo
undefined
> load('defineConnectTo.js')
> typeof connectTo
function
```

보조자 함수를 더하는 작업 외에도 자주 하는 작업이나 관리 작업을 자동화하는 데 셸을 사용한다.

기본적으로 셸은 셸을 시작한 디렉터리에서 스크립트를 찾는다(셸을 시작한 디렉터리가 어느 것인지 확인하려면 run("pwd") 명령어를 사용한다). 스크립트가 현재 디렉터리에 없다면 셸에 상대relative 또는 절대 경로absolute path를 제공하면 된다. 예를 들어 ~/my-scripts 폴더 안에 셸 스크립트를 넣었다면 load("/home/myUser/my-scripts/defineConnectTo.js")로 defineConnectTo.js 스크립트를 로드한다. load만 입력하면 스크립트를 로드할 수 없다.

셸에서 명령행 프로그램을 실행시키려면 run 함수를 사용한다. 인수를 함수에 매개변수로 전달한다.

```
> run("ls", "-l", "/home/myUser/my-scripts/")
sh70352¦ -rw-r--r-- 1 myUser myUser 2012-12-13 13:15 defineConnectTo.js
sh70532¦ -rw-r--r-- 1 myUser myUser 2013-02-22 15:10 script1.js
sh70532¦ -rw-r--r-- 1 myUser myUser 2013-02-22 15:12 script2.js
sh70532¦ -rw-r--r-- 1 myUser myUser 2013-02-22 15:13 script3.js
```

일반적으로 이 방법은 출력이 이상한 형태로 나타나며 파이프를 지원하지 않기 때문에 제한적으로 사용된다.

2.7.3 .mongorc.js 만들기

자주 로드되는 스크립트를 (셸이 시작할 때마다 실행되는) .mongorc.js 파일에 넣을 수 있다.

예를 들어 로그인할 때 사용자를 맞이하는 셸을 가정하자. 홈 디렉터리에 .mongorc.js 파일을 만들고 다음을 추가한다.

```
// .mongorc.js

var compliment = ["attractive", "intelligent", "like Batman"];
var index = Math.floor(Math.random()*3);

print("Hello, you're looking particularly "+compliment[index]+" today!");
```

그러면 셸을 시작할 때마다 다음과 같은 문구가 뜬다.

```
$ mongo
MongoDB shell version: 4.2.1
connecting to: test
Hello, you're looking particularly like Batman today!
>
```

이 스크립트로 사용하고 싶은 전역 변수를 설정하고, 긴 별칭을 짧게 만들고^{alias}, 내장 함수를 재정의^{override}한다. .mongorc.js의 일반적인 용법 중 하나는 더 '위험한' 셸 보조자를 제거하는 것이다. dropDatabase나 deleteIndexes 같은 함수가 아무것도 수행하지 않게 재정의하거나 모두 선언 해제한다.

```
var no = function() {
    print("Not on my watch.");
};

// 데이터베이스 삭제 방지
db.dropDatabase = DB.prototype.dropDatabase = no;

// 컬렉션 삭제 방지
DBCollection.prototype.drop = no;

// 인덱스 삭제 방지
DBCollection.prototype.dropIndex = no;

// 인덱스 삭제 방지
DBCollection.prototype.dropIndexes = no;
```

이제 이러한 함수들 중 어떤 것이라도 호출하려고 하면 오류 메시지가 출력된다. 이는 악의적인 사용자로부터 보호하는 기능이 아니며, 의도치 않게 키를 잘못 눌러 명령을 실행했을 때 도움을 줄 뿐이다.

셸을 시작할 때 --norc 옵션을 사용해 .mongorc.js의 로딩을 비활성화할 수 있다.

2.7.4 프롬프트 커스터마이징하기

기본 셸 프롬프트는 문자열이나 함수에 **prompt** 변수를 설정해 재정의한다. 예를 들어 완료되는 데 몇 분이 걸리는 쿼리를 실행할 때, 마지막 작업이 완료된 시각을 얻으려면 현재 시각을 출력하는 프롬프트를 만든다.

```
prompt = function() {
    return (new Date())+"> ";
};
```

또는 현재 사용하는 데이터베이스를 보여주는 프롬프트를 만든다.

```
prompt = function() {
    if (typeof db == 'undefined') {
        return '(nodb)> ';
    }

    // 마지막 db 연산 확인
    try {
        db.runCommand({getLastError:1});
    }
    catch (e) {
        print(e);
    }
    return db+"> ";
};
```

프롬프트 함수는 문자열을 반환한다는 점을 기억하고, 예외를 잡는 데 주의를 기울여야 한다. 프롬프트가 예외 상황으로 바뀌면 매우 복잡해진다.

일반적으로 프롬프트 함수는 **getLastError** 호출을 포함해야 한다. 그러면 셸의 연결이 끊겼을 때 쓰기에서의 오류를 감지해서 자동으로 다시 연결해준다(예를 들어 **mongod**를 재시작할 때).

항상 사용자 정의 프롬프트를 사용하려면(또는 셸 간에 전환할 수 있는 몇 가지 프롬프트를 구성할 때) **.mongorc.js** 파일은 사용자의 프롬프트를 설정하기에 좋은 위치다.

2.7.5 복잡한 변수 수정하기

셸에서 다중행multiline 지원은 다소 제한적이며 이전 행들을 편집할 수 없다. 예를 들어 열다섯 번째 줄에서 작업하던 도중에 첫 번째 줄에 오타가 있다는 걸 깨달으면 매우 번거로워진다. 따라서 코드나 객체 블록이 크면 편집기editor에서 편집하면 좋다. 셸에서 EDITOR 변수를 설정하자(또는 작업 환경에서 EDITOR 변수를 설정한다).

```
> EDITOR="/usr/bin/emacs"
```

이제 'edit 변수명' 형식으로 변수를 편집해보자. 예를 들어 다음처럼 편집한다.

```
> var wap = db.books.findOne({title: "War and Peace"});
> edit wap
```

변경을 완료했으면 저장하고 편집기를 종료한다. 그러면 변수는 구문 분석되고 셸에 다시 로드된다.

EDITOR="EDITOR 경로"를 .mongorc.js 파일에 추가하고 나면 더는 설정에 대해 걱정할 필요 없다.

2.7.6 불편한 컬렉션명

컬렉션명이 예약어가 아니거나 유효하지 않은 자바스크립트 속성명이 아니라면 db.collectionName 구문으로 컬렉션을 항상 가져올 수 있다.

예를 들어 version이라는 컬렉션에 접근한다고 가정하자. db.version은 db의 메서드이므로 db.version이라고 쓸 수 없다(실행 중인 몽고DB 서버의 버전을 반환한다).

```
> db.version
function () {
    return this.serverBuildInfo().version;
}
```

실제로 version 컬렉션에 접근하려면 getCollection 함수를 사용해야 한다.

```
> db.getCollection("version");
test.version
```

또한 foo-bar-baz나 abc123과 같이 자바스크립트 속성명에 유효하지 않은 문자(자바스크립트 속성명은 오로지 문자, 숫자, $, _만을 포함할 수 있고, 숫자로 시작할 수 없다)로 컬렉션명을 만들었을 때도 사용된다.

또 다른 방법으로, 배열 접근 구문array-access syntax을 사용해 유효하지 않은 속성명을 피할 수 있다. 자바스크립트에서 x.y는 x['y']와 동일하다. 이는 서브컬렉션이 상수 이름뿐 아니라 변수를 이용해서도 접근할 수 있음을 의미한다. 따라서 어떤 작업을 모든 blog 서브컬렉션에 대해 수행해야 하는 경우 다음과 같은 코드를 사용해 반복한다.

```
var collections = ["posts", "comments", "authors"];

for (var i in collections) {
    print(db.blog[collections[i]]);
}
```

for 루프를 사용하는 대신에 다음과 같이 print를 세 번 호출하는 방법도 있다.

```
print(db.blog.posts);
print(db.blog.comments);
print(db.blog.authors);
```

test.blog.posts가 아닌 test.blog.i로 해석될 수 있는 db.blog.i는 사용할 수 없다. i가 변수로 해석되려면 db.blog[i] 구문을 사용해야 한다. 접근하려는 컬렉션의 이름이 다루기 힘든 경우에 다음과 같은 방법을 사용한다.

```
> var name = "@#&!"
> db[name].find()
```

db.@#&!와 같이 조회하면 컬렉션명이 적합하지 않기 때문에 작동하지 않지만 db[name]과 같이 조회하면 잘 작동한다.

## CHAPTER 3

도큐먼트 생성, 갱신, 삭제

이 장에서는 다음을 포함한 데이터베이스에서의 기본적인 데이터 입출력을 다룬다.

- 컬렉션에 새 도큐먼트 추가하기
- 컬렉션에서 도큐먼트 삭제하기
- 기존 도큐먼트 갱신하기
- 연산operation을 수행할 때 안전성과 속도 중 맞는 수준 선택하기

3.1 도큐먼트 삽입

삽입은 몽고DB에 데이터를 추가하는 기본 방법이다. 도큐먼트를 삽입하려면 컬렉션의 insertOne 메서드를 사용한다.

```
> db.movies.insertOne({"title" : "Stand by Me"})
```

그러면 도큐먼트에 "_id" 키가 추가되고(제공하지 않는 경우) 도큐먼트가 몽고DB에 저장된다.

3.1.1 insertMany

여러 도큐먼트를 컬렉션에 삽입하려면 insertMany로 도큐먼트 배열을 데이터베이스에 전달한다. 코드가 삽입된 각 도큐먼트에 대해 데이터베이스로 왕복하지 않고 도큐먼트를 대량 삽입bulk insert하므로 훨씬 더 효율적이다.

셸에서 시험해보자.

```
> db.movies.drop()
true
> db.movies.insertMany([{"title" : "Ghostbusters"},
...                       {"title" : "E.T."},
...                       {"title" : "Blade Runner"}]);
{
          "acknowledged" : true,
          "insertedIds" : [
                    ObjectId("572630ba11722fac4b6b4996"),
                    ObjectId("572630ba11722fac4b6b4997"),
                    ObjectId("572630ba11722fac4b6b4998")
          ]
}
> db.movies.find()
{ "_id" : ObjectId("572630ba11722fac4b6b4996"), "title" : "Ghostbusters" }
{ "_id" : ObjectId("572630ba11722fac4b6b4997"), "title" : "E.T." }
{ "_id" : ObjectId("572630ba11722fac4b6b4998"), "title" : "Blade Runner" }
```

수십, 수백, 심지어는 수천 개의 도큐먼트를 한 번에 전송하면 도큐먼트 삽입이 매우 빨라진다.

insertMany는 여러 도큐먼트를 단일 컬렉션에 삽입할 때 유용하다. 데이터 피드data feed나 MySQL 등에서 원본 데이터raw data를 임포트하는 경우에는 일괄 삽입batch insert 대신 쓸 수 있는 mongoimport 같은 명령행 도구가 있다. 한편으로는 데이터를 몽고DB에 저장하기 전에 날짜를 날짜형으로 바꾸거나 따로 만든 "_id"를 추가하는 식으로 가공해두면 편리하게 insertMany를 할 수 있다.

몽고DB의 현재 버전은 48메가바이트보다 큰 메시지를 허용하지 않으므로 한 번에 일괄 삽입할 수 있는 데이터의 크기에는 제한이 있다. 48메가바이트보다 큰 삽입을 시도하면 많은 드라이버는 삽입된 데이터를 48메가바이트 크기의 일괄 삽입 여러 개로 분할한다.

insertMany를 사용해 대량 삽입할 때 배열 중간에 있는 도큐먼트에서 특정 유형의 오류가 발생하는 경우, 정렬 연산을 선택했는지 혹은 비정렬 연산을 선택했는지에 따라 발생하는 상황이 달라진다. insertMany에 대한 두 번째 매개변수로 옵션 도큐먼트options document를 지정할 수 있다. 도큐먼트가 제공된 순서대로 삽입되도록 옵션 도큐먼트에 "ordered" 키에 true를 지정한다. false를 지정하면 몽고DB가 성능을 개선하려고 삽입을 재배열할 수 있다. 순서가 지정되지 않았다면 정렬된 삽입ordered insert이 기본값이다. 정렬된 삽입의 경우 삽입에 전달된 배열이 삽입 순서를 정의한다. 도큐먼트가 삽입 오류를 생성하면, 배열에서 해당 지점을 벗어난 도큐먼트는 삽입되지 않는다. 정렬되지 않은 삽입unordered insert의 경우 몽고DB는 일부 삽입이 오류를 발생시키는지 여부에 관계없이 모든 도큐먼트 삽입을 시도한다.

다음 예에서는 정렬된 삽입이 기본값이므로 처음 두 개의 도큐먼트만 삽입된다. "_id"가 동일한 도큐먼트를 두 개 이상 삽입할 수 없으므로 세 번째 도큐먼트가 오류를 발생시킨다.

```
> db.movies.insertMany([
... {"_id" : 0, "title" : "Top Gun"},
... {"_id" : 1, "title" : "Back to the Future"},
... {"_id" : 1, "title" : "Gremlins"},
... {"_id" : 2, "title" : "Aliens"}])
2019-04-22T12:27:57.278-0400 E QUERY    [js] BulkWriteError: write
error at item 2 in bulk operation :
BulkWriteError({
    "writeErrors" : [
        {
            "index" : 2,
            "code" : 11000,
            "errmsg" : "E11000 duplicate key error collection:
            test.movies index: _id_ dup key: { _id: 1.0 }",
            "op" : {
                "_id" : 1,
                "title" : "Gremlins"
            }
        }
    ],
    "writeConcernErrors" : [ ],
    "nInserted" : 2,
    "nUpserted" : 0,
    "nMatched" : 0,
    "nModified" : 0,
    "nRemoved" : 0,
    "upserted" : [ ]
```

```
})
BulkWriteError@src/mongo/shell/bulk_api.js:367:48
BulkWriteResult/this.toError@src/mongo/shell/bulk_api.js:332:24
Bulk/this.execute@src/mongo/shell/bulk_api.js:1186:23
DBCollection.prototype.insertMany@src/mongo/shell/crud_api.js:314:5
@(shell):1:1
```

다음과 같이 정렬되지 않은 삽입을 지정하면 배열의 첫 번째, 두 번째, 네 번째 도큐먼트가 삽입된다. 세 번째 도큐먼트만 중복된 "_id" 오류 때문에 삽입에 실패했다.

```
> db.movies.insertMany([
... {"_id" : 3, "title" : "Sixteen Candles"},
... {"_id" : 4, "title" : "The Terminator"},
... {"_id" : 4, "title" : "The Princess Bride"},
... {"_id" : 5, "title" : "Scarface"}],
... {"ordered" : false})
2019-05-01T17:02:25.511-0400 E QUERY    [thread1] BulkWriteError: write
error at item 2 in bulk operation :
BulkWriteError({
  "writeErrors" : [
    {
      "index" : 2,
      "code" : 11000,
      "errmsg" : "E11000 duplicate key error index: test.movies.$_id_
      dup key: { : 4.0 }",
      "op" : {
        "_id" : 4,
        "title" : "The Princess Bride"
      }
    }
  ],
  "writeConcernErrors" : [ ],
  "nInserted" : 3,
  "nUpserted" : 0,
  "nMatched" : 0,
  "nModified" : 0,
  "nRemoved" : 0,
  "upserted" : [ ]
})
BulkWriteError@src/mongo/shell/bulk_api.js:367:48
BulkWriteResult/this.toError@src/mongo/shell/bulk_api.js:332:24
Bulk/this.execute@src/mongo/shell/bulk_api.js:1186.23
```

```
DBCollection.prototype.insertMany@src/mongo/shell/crud_api.js:314:5
@(shell):1:1
```

예제에서 삽입을 위한 두 호출의 결과를 보면, 삽입을 제외한 다른 작업 또한 대량 쓰기^{bulk write}에 지원됨을 알 수 있다. insertMany는 삽입 이외의 작업은 지원하지 않지만, 몽고DB는 한 번의 호출로 여러 유형의 작업을 일괄 처리하는 대량 쓰기 API^{Bulk Write API}를 지원한다. 이는 이 장의 범위를 벗어나므로 몽고DB 설명서에서 대량 쓰기 API(https://docs.mongodb.org/manual/core/flash-write-properties)를 참고하자.

3.1.2 삽입 유효성 검사

몽고DB는 삽입된 데이터에 최소한의 검사를 수행한다. 도큐먼트의 기본 구조를 검사해 "_id" 필드가 존재하지 않으면 새로 추가하고, 모든 도큐먼트는 16메가바이트보다 작아야 하므로 크기를 검사한다. 크기 제한은 다소 상대적이다(최대 크기는 나중에 커질 수 있다). 이는 대개 나쁜 스키마 설계를 예방하고 일관된 성능을 보장한다. doc라는 도큐먼트의 Binary JSON(BSON) 크기(바이트 단위)를 보려면 셸에서 object.bsonsize(doc)를 실행한다.

16메가바이트 데이터가 어느 정도인지 느낌이 오지 않을 수도 있다. 톨스토이 소설 『전쟁과 평화』는 3.14메가바이트에 불과하다.

최소한의 검사를 하는 이유는 유효하지 않은 데이터가 입력되기 쉽기 때문이다. 그러므로 애플리케이션 서버와 같은 신뢰성 있는 소스만 데이터베이스에 연결해야 한다. 모든 주요 언어용 드라이버와 대부분의 비주류 언어용 드라이버는 데이터를 데이터베이스에 보내기 전에 다양한 유효성 검증을 한다. 도큐먼트가 너무 크지 않은지, UTF-8이 아닌 문자열을 쓰는지, 인식할 수 없는 데이터형을 포함하는지 등을 확인한다.

3.1.3 삽입

몽고DB 3.0 이전 버전에서는 도큐먼트를 몽고DB에 삽입하는 주된 방법이 insert였다. 몽고DB 드라이버는 몽고DB 3.0 서버 릴리스와 동시에 새로운 CRUD API를 선보였다. 몽고DB 3.2의 경우 mongo 셸도 이 API를 지원하는데, insertOne과 insertMany뿐 아니라 다른 여러 방법을 포함한다. 현재 CRUD API의 목표는 모든 CRUD 작업의 의미론을 드라이버와 셸 전체에 걸쳐 일관되고 명확하게 하는 일이다. 도큐먼트를 만들 때 insert와 같은 방법은 이전 버전과의 호환성을 위해 여전히 지원된다. 하지만 향후 애플리케이션에서는 대신 insertOne과 insertMany를 사용하자.

3.2 도큐먼트 삭제

이제 데이터베이스에 있는 데이터를 삭제해보자. 이를 위해 CRUD API는 deleteOne과 deleteMany를 제공한다. 두 메서드 모두 필터 도큐먼트를 첫 번째 매개변수로 사용한다. 필터는 도큐먼트를 제거할 때 비교할 일련의 기준을 지정한다. "_id" 값이 4인 도큐먼트를 삭제하려면 다음과 같이 mongo 셸에서 deleteOne을 사용하자.

```
> db.movies.find()
{ "_id" : 0, "title" : "Top Gun"}
{ "_id" : 1, "title" : "Back to the Future"}
{ "_id" : 3, "title" : "Sixteen Candles"}
{ "_id" : 4, "title" : "The Terminator"}
{ "_id" : 5, "title" : "Scarface"}
> db.movies.deleteOne({"_id" : 4})
{ "acknowledged" : true, "deletedCount" : 1 }
> db.movies.find()
{ "_id" : 0, "title" : "Top Gun"}
{ "_id" : 1, "title" : "Back to the Future"}
{ "_id" : 3, "title" : "Sixteen Candles"}
{ "_id" : 5, "title" : "Scarface"}
```

"_id" 값이 컬렉션에서 고유하기 때문에 여기서는 하나의 도큐먼트만 일치시킬 수 있는 필터를 사용했다. 그러나 컬렉션 내 여러 도큐먼트와 일치하는 필터도 지정할 수 있다. 이때 deleteOne은 필터와 일치하는 첫 번째 도큐먼트를 삭제한다. 어떤 도큐먼트가 먼저 발견되는지는 도큐먼트가 삽입된 순서, 도큐먼트에 어떤 갱신이 이뤄졌는지(일부 스토리지 엔진의 경우), 어떤 인덱스를 지정하는지 등 몇 가지 요인에 따라 달라진다. deleteOne을 사용하면 데이터에 어떤 영향을 미치는지 확인해보자.

필터와 일치하는 모든 도큐먼트를 삭제하려면 deleteMany를 사용한다.

```
> db.movies.find()
{ "_id" : 0, "title" : "Top Gun", "year" : 1986 }
{ "_id" : 1, "title" : "Back to the Future", "year" : 1985 }
{ "_id" : 3, "title" : "Sixteen Candles", "year" : 1984 }
{ "_id" : 4, "title" : "The Terminator", "year" : 1984 }
{ "_id" : 5, "title" : "Scarface", "year" : 1983 }
> db.movies.deleteMany({"year" : 1984})
{ "acknowledged" : true, "deletedCount" : 2 }
> db.movies.find()
{ "_id" : 0, "title" : "Top Gun", "year" : 1986 }
{ "_id" : 1, "title" : "Back to the Future", "year" : 1985 }
{ "_id" : 5, "title" : "Scarface", "year" : 1983 }
```

보다 현실적인 사례로 "opt-out" 값이 true인 mailing.list 컬렉션에서 모든 사용자를 제거한다고 가정해보자.

```
> db.mailing.list.deleteMany({"opt-out" : true})
```

몽고DB 3.0 이전 버전에서는 도큐먼트를 삭제하는 데 remove를 주로 사용했다. 몽고DB 드라이버는 몽고DB 3.0 서버 릴리스와 동시에 deleteOne과 deleteMany 등 여러 메서드를 소개했으며, 셸은 몽고DB 3.2에서 이런 메서드를 지원하기 시작했다. remove는 이전 버전과의 호환성을 위해 여전히 지원되지만 애플리케이션을 개발할 때는 deleteOne과 deleteMany를 사용하자. 현재 CRUD API는 보다 명확한 의미론 셋을 제공하며, 특히 다중 도큐먼트 운영의 경우 이전 API를 사용할 때 흔히 나타나는 함정들을 피할 수 있다.

3.2.1 drop

deleteMany를 사용해 컬렉션의 모든 도큐먼트를 제거한다.

```
> db.movies.find()
{ "_id" : 0, "title" : "Top Gun", "year" : 1986 }
{ "_id" : 1, "title" : "Back to the Future", "year" : 1985 }
{ "_id" : 3, "title" : "Sixteen Candles", "year" : 1984 }
{ "_id" : 4, "title" : "The Terminator", "year" : 1984 }
```

```
{ "_id" : 5, "title" : "Scarface", "year" : 1983 }
> db.movies.deleteMany({})
{ "acknowledged" : true, "deletedCount" : 5 }
> db.movies.find()
```

일반적으로 도큐먼트를 제거하는 작업은 꽤 빠르다. 그러나 전체 컬렉션을 삭제하려면 다음과
같이 drop을 사용하는 편이 더 빠르다.

```
> db.movies.drop()
true
```

그리고 빈 컬렉션에 인덱스를 재생성한다.

데이터는 한 번 제거하면 영원히 사라진다. 이전에 백업된 데이터를 복원하는 방법 외에
delete 또는 drop 작업을 취소하거나 삭제된 도큐먼트를 복구하는 방법은 없다. 몽고DB 백
업 및 복원에 대한 자세한 내용은 23장을 참조하자.

3.3 도큐먼트 갱신

도큐먼트를 데이터베이스에 저장한 후에는 updateOne, updateMany, replaceOne과 같은 갱
신 메서드를 사용해 변경한다. updateOne과 updateMany는 필터 도큐먼트를 첫 번째 매개변
수로, 변경 사항을 설명하는 수정자 도큐먼트modifier document를 두 번째 매개변수로 사용한다.
replaceOne도 첫 번째 매개변수로 필터를 사용하지만 두 번째 매개변수는 필터와 일치하는
도큐먼트를 교체할 도큐먼트다.

갱신은 원자적으로 이뤄진다. 갱신 요청 두 개가 동시에 발생하면 서버에 먼저 도착한 요청이
적용된 후 다음 요청이 적용된다. 따라서 여러 개의 갱신 요청이 빠르게 발생하더라도 결국 마
지막 요청이 최후의 '승리자'가 되므로 도큐먼트는 변질 없이 안전하게 처리된다. 기본 동작을
원치 않으면 도큐먼트 버저닝 패턴The Document Versioning pattern(9.1.1 '스키마 디자인 패턴' 참조)을
고려하자.

3.3.1 도큐먼트 치환

replaceOne은 도큐먼트를 새로운 것으로 완전히 치환한다. 이는 대대적인 스키마 마이그레이션schema migration에 유용하다(9.6 '스키마 마이그레이션' 참조). 예를 들어 사용자 도큐먼트를 다음과 같이 큰 규모로 변경한다고 가정하자.

```
{
    "_id" : ObjectId("4b2b9f67a1f631733d917a7a"),
    "name" : "joe",
    "friends" : 32,
    "enemies" : 2
}
```

"friends"와 "enemies" 필드를 "relationships"라는 서브도큐먼트subdocument로 옮겨보자.
셸에서 도큐먼트의 구조를 수정한 후 replaceOne을 사용해 데이터베이스의 버전을 교체한다.

```
> var joe = db.users.findOne({"name" : "joe"});
> joe.relationships = {"friends" : joe.friends, "enemies" : joe.enemies};
{
    "friends" : 32,
    "enemies" : 2
}
> joe.username = joe.name;
"joe"
> delete joe.friends;
true
> delete joe.enemies;
true
> delete joe.name;
true
> db.users.replaceOne({"name" : "joe"}, joe);
```

findOne 함수를 실행하면 갱신된 도큐먼트의 구조를 보여준다.

```
{
    "_id" : ObjectId("4b2b9f67a1f631733d917a7a"),
    "username" : "joe",
    "relationships" : {
        "friends" : 32,
```

```
        "enemies" : 2
    }
}
```

흔히 하는 실수로, 조건절로 2개 이상의 도큐먼트가 일치되게 한 후 두 번째 매개변수로 중복된 "_id" 값을 갖는 도큐먼트를 생성하는 경우가 있다. 이때 데이터베이스는 오류를 반환하고 아무것도 변경하지 않는다.

모르고 동일한 "name" 값을 갖는 도큐먼트를 여러 개 만들었다고 가정하자.

```
> db.people.find()
{"_id" : ObjectId("4b2b9f67a1f631733d917a7b"), "name" : "joe", "age" : 65}
{"_id" : ObjectId("4b2b9f67a1f631733d917a7c"), "name" : "joe", "age" : 20}
{"_id" : ObjectId("4b2b9f67a1f631733d917a7d"), "name" : "joe", "age" : 49}
```

두 번째 Joe의 생일이 돼 그의 "age" 값을 높이려면 다음처럼 한다.

```
> joe = db.people.findOne({"name" : "joe", "age" : 20});
{
    "_id" : ObjectId("4b2b9f67a1f631733d917a7c"),
    "name" : "joe",
    "age" : 20
}
> joe.age++;
> db.people.replaceOne({"name" : "joe"}, joe);
E11001 duplicate key on update
```

무슨 일이 발생할까? 갱신을 요청하면 데이터베이스는 {"name" : "joe"}와 일치하는 도큐먼트를 찾는다. 첫 번째로 65세 Joe를 발견하게 된다. 치환하려는 도큐먼트와 같은 "_id"를 갖는 도큐먼트가 이미 컬렉션에 있음에도 현재 joe 변수 내 도큐먼트를 치환하려 시도한다. 그런데 "_id"의 값은 고유해야 하므로 갱신에 실패한다. 이런 상황을 피하려면 "_id" 키로 일치하는 고유한 도큐먼트를 찾는 방법처럼, 고유한 도큐먼트를 갱신 대상으로 지정하는 것이 좋다. 예제에서 올바른 갱신 방법은 다음과 같다.

```
> db.people.replaceOne({"_id" : ObjectId("4b2b9f67a1f631733d917a7c")}, joe)
```

"_id" 값이 컬렉션 기본 인덱스의 기초를 형성하므로 필터에 "_id"를 사용해도 효율적이다. 기본 인덱스^{primary index}, 보조 인덱스, 인덱싱이 갱신 및 기타 작업에 어떤 영향을 미치는지는 5장에서 자세히 알아본다.

3.3.2 갱신 연산자

일반적으로 도큐먼트의 특정 부분만 갱신하는 경우가 많다. 부분 갱신에는 원자적 **갱신 연산자**^{update operator}를 사용한다. 갱신 연산자는 키를 변경, 추가, 제거하고, 심지어 배열과 내장 도큐먼트를 조작하는 복잡한 갱신 연산을 지정하는 데 사용하는 특수키다.

컬렉션에 웹사이트 분석 데이터를 저장하고, 누군가가 페이지를 방문할 때마다 카운터가 증가하게 해보자. 갱신 연산자로 카운터를 원자적으로 증가시킨다. 페이지마다 URL은 "url" 키로, 조회수는 "pageviews" 키로 도큐먼트에 저장돼 있다고 하자.

```
{
    "_id" : ObjectId("4b253b067525f35f94b60a31"),
    "url" : "www.example.com",
    "pageviews" : 52
}
```

누군가가 페이지를 방문할 때마다 URL로 페이지를 찾고 "pageviews" 키의 값을 증가시키려면 "$inc" 제한자^{modifier}를 사용한다.

```
> db.analytics.updateOne({"url" : "www.example.com"},
...{"$inc" : {"pageviews" : 1}})
{ "acknowledged" : true, "matchedCount" : 1, "modifiedCount" : 1 }
```

이제 findOne으로 도큐먼트를 찾아보자. "pageviews" 값이 1만큼 증가했다.

```
> db.analytics.findOne()
{
    "_id" : ObjectId("4b253b067525f35f94b60a31"),
    "url" : "www.example.com",
    "pageviews" : 53
}
```

연산자를 사용할 때 "_id" 값은 변경할 수 없다(변경하려면 도큐먼트 전체를 치환한다). 그 외 다른 키 값은 모두(고유하게 인덱싱된 키를 포함해) 변경할 수 있다.

"$set" 제한자 사용하기

"$set"은 필드 값을 설정한다. 필드가 존재하지 않으면 새 필드가 생성된다. 이 기능은 스키마를 갱신하거나 사용자 정의 키^{user-defined key}를 추가할 때 편리하다. 예를 들어 간단한 사용자 정보가 다음과 같이 저장돼 있다고 가정하자.

```
> db.users.findOne()
{
    "_id" : ObjectId("4b253b067525f35f94b60a31"),
    "name" : "joe",
    "age" : 30,
    "sex" : "male",
    "location" : "Wisconsin"
}
```

매우 기본적인 사용자 정보다. 사용자가 좋아하는 책을 프로필에 추가하려면 "$set"을 사용한다.

```
> db.users.updateOne({"_id" : ObjectId("4b253b067525f35f94b60a31")},
...{"$set" : {"favorite book" : "War and Peace"}})
```

이제 도큐먼트는 "favorite book" 키를 가진다.

```
> db.users.findOne()
{
    "_id" : ObjectId("4b253b067525f35f94b60a31"),
    "name" : "joe",
    "age" : 30,
    "sex" : "male",
    "location" : "Wisconsin",
    "favorite book" : "War and Peace"
}
```

사용자가 다른 책을 좋아한다고 하면 "$set"으로 값을 변경한다.

```
> db.users.updateOne({"name" : "joe"},
... {"$set" : {"favorite book" : "Green Eggs and Ham"}})
```

"$set"은 키의 데이터형도 변경할 수 있다. 예를 들어 변덕스러운 사용자가 좋아하는 책이 여러 권이라고 할 경우 "favorite book" 키 값으로 배열을 입력한다.

```
> db.users.updateOne({"name" : "joe"},
... {"$set" : {"favorite book" :
...     ["Cat's Cradle", "Foundation Trilogy", "Ender's Game"]}})
```

사용자가 책을 좋아하지 않는다는 것을 깨닫게 되면 "$unset"으로 키와 값을 모두 제거한다.

```
> db.users.updateOne({"name" : "joe"},
... {"$unset" : {"favorite book" : 1}})
```

이제 도큐먼트는 예제의 시작 부분과 같아진다.

"$set"은 내장 도큐먼트 내부의 데이터를 변경할 때도 사용한다.

```
> db.blog.posts.findOne()
{
    "_id" : ObjectId("4b253b067525f35f94b60a31"),
    "title" : "A Blog Post",
    "content" : "...",
    "author" : {
        "name" : "joe",
        "email" : "joe@example.com"
    }
}
> db.blog.posts.updateOne({"author.name" : "joe"},
... {"$set" : {"author.name" : "joe schmoe"}})

> db.blog.posts.findOne()
{
    "_id" : ObjectId("4b253b067525f35f94b60a31"),
    "title" : "A Blog Post",
    "content" : "...",
    "author" : {
        "name" : "joe schmoe",
```

```
        "email" : "joe@example.com"
    }
}
```

키를 추가, 변경, 삭제할 때는 항상 $ 제한자를 사용해야 한다. 다음은 초보자가 흔히 범하는 오류로, 갱신하다가 키 값을 다른 값으로 바꾸는 경우다.

```
> db.blog.posts.updateOne({"author.name" : "joe"},
... {"author.name" : "joe schmoe"})
```

이럴 때는 오류가 생긴다. 갱신 도큐먼트는 갱신 연산자를 포함해야 한다. 이전 버전의 CRUD API는 이런 유형의 오류를 포착하지 못했기 때문에 전체 도큐먼트가 바로 교체돼버렸다. 함정을 피하기 위해 새로운 CRUD API가 만들어졌다.

증가와 감소

"$inc" 연산자는 이미 존재하는 키의 값을 변경하거나 새 키를 생성하는 데 사용한다. 분석, 분위기, 투표 등과 같이 자주 변하는 수치 값을 갱신하는 데 매우 유용하다.

게임을 저장하고 점수를 갱신하는 게임 컬렉션을 생성한다고 가정하자. 사용자가 핀볼^{pinball}이라는 게임을 시작하면, 게임 이름과 플레이어로 게임을 식별하는 도큐먼트를 하나 삽입한다.

```
> db.games.insertOne({"game" : "pinball", "user" : "joe"})
```

게임에서는 공이 범퍼에 부딪치면 플레이어의 점수가 증가한다. 점수는 꽤 쉽게 얻을 수 있고 기본 단위가 50이라고 하자. 플레이어의 점수에 50을 더하는 데 "$inc" 제한자를 사용한다.

```
> db.games.updateOne({"game" : "pinball", "user" : "joe"},
... {"$inc" : {"score" : 50}})
```

이와 같이 갱신한 후 도큐먼트를 확인해보면 다음과 같다.

```
> db.games.findOne()
{
    "_id" : ObjectId("4b2d75476cc613d5ee930164"),
```

```
        "game" : "pinball",
        "user" : "joe",
        "score" : 50
    }
```

처음에 **"score"** 키는 존재하지 않았지만 **"$inc"**에 의해 생성되고 50만큼 증가했다.

공이 '보너스' 슬롯에 들어가면 10000점을 추가한다고 하자. **"$inc"**에 다른 값을 전달한다.

```
> db.games.updateOne({"game" : "pinball", "user" : "joe"},
... {"$inc" : {"score" : 10000}})
```

이제 **games** 컬렉션을 살펴보면 다음과 같다.

```
> db.games.findOne()
{
    "_id" : ObjectId("4b2d75476cc613d5ee930164"),
    "game" : "pinball",
    "user" : "joe",
    "score" : 10050
}
```

기존에 있던 숫자형 값을 갖는 **"score"** 키에 서버가 10000을 더했다.

"$inc"**는 **"$set"과 비슷하지만 숫자를 증감하기 위해 설계됐다. **"$inc"**는 int, long, double, decimal 타입 값에만 사용할 수 있다. null, 불리언, 문자열로 나타낸 숫자와 같이 여러 언어에서 숫자로 자동 변환되는 데이터형의 값에는 사용할 수 없다.

```
> db.strcounts.insert({"count" : "1"})
WriteResult({ "nInserted" : 1 })
> db.strcounts.update({}, {"$inc" : {"count" : 1}})
WriteResult({
  "nMatched" : 0,
  "nUpserted" : 0,
  "nModified" : 0,
  "writeError" : {
    "code" : 16837,
    "errmsg" : "Cannot apply $inc to a value of non-numeric type.
    {_id: ObjectId('5726c0d36855a935cb57a659')} has the field 'count' of
```

```
    non-numeric type String"
  }
})
```

또한 "$inc"의 키 값은 무조건 숫자여야 한다. 문자, 배열 등 숫자가 아닌 값은 증감할 수 없기 때문이다. 숫자가 아닌 값으로 증감을 시도하면 'Modifier "$inc" allowed for numbers only'라는 오류 메시지가 뜬다. 다른 데이터형을 반환하려면 "$set"이나 다음에 설명할 배열 연산자array operator를 사용한다.

배열 연산자

배열을 다루는 데 갱신 연산자를 사용할 수 있다. 배열은 일반적이고 강력한 데이터 구조다. 연산자는 리스트에 대한 인덱스를 지정할 수 있을 뿐 아니라 셋처럼 이중으로 쓸 수 있다.

요소 추가하기

"$push"는 배열이 이미 존재하면 배열 끝에 요소를 추가하고, 존재하지 않으면 새로운 배열을 생성한다. 예를 들어 블로그 게시물에 배열 형태의 "comments" 키를 삽입한다고 가정하자. 존재하지 않던 "comments" 배열이 생성되고 댓글이 추가된다.

```
> db.blog.posts.findOne()
{
    "_id" : ObjectId("4b2d75476cc613d5ee930164"),
    "title" : "A blog post",
    "content" : "..."
}
> db.blog.posts.updateOne({"title" : "A blog post"},
... {"$push" : {"comments" :
...     {"name" : "joe", "email" : "joe@example.com",
...     "content" : "nice post."}}})
{ "acknowledged" : true, "matchedCount" : 1, "modifiedCount" : 1 }
> db.blog.posts.findOne()
{
    "_id" : ObjectId("4b2d75476cc613d5ee930164"),
    "title" : "A blog post",
    "content" : "...",
    "comments" : [
        {
```

```
            "name" : "joe",
            "email" : "joe@example.com",
            "content" : "nice post."
        }
    ]
}
```

댓글을 더 추가하려면 **"$push"**를 다시 사용하면 된다.

```
> db.blog.posts.updateOne({"title" : "A blog post"},
... {"$push" : {"comments" :
...     {"name" : "bob", "email" : "bob@example.com",
...     "content" : "good post."}}})
{ "acknowledged" : true, "matchedCount" : 1, "modifiedCount" : 1 }
> db.blog.posts.findOne()
{
    "_id" : ObjectId("4b2d75476cc613d5ee930164"),
    "title" : "A blog post",
    "content" : "...",
    "comments" : [
        {
            "name" : "joe",
            "email" : "joe@example.com",
            "content" : "nice post."
        },
        {
            "name" : "bob",
            "email" : "bob@example.com",
            "content" : "good post."
        }
    ]
}
```

예제는 단순히 추가하는 형태지만 더 복잡한 배열 기능에도 사용한다. 몽고DB 쿼리 언어는 **"$push"**를 포함해 일부 연산자에 제한자를 제공한다. **"$push"**에 **"$each"** 제한자를 사용하면 작업 한 번으로 값을 여러 개 추가할 수 있다.

```
> db.stock.ticker.updateOne({"_id" : "GOOG"},
... {"$push" : {"hourly" : {"$each" : [562.776, 562.790, 559.123]}}})
```

이는 배열에 새로운 요소 세 개를 추가한다.

배열을 특정 길이로 늘이려면 "$slice"를 "$push"와 결합해 사용한다. 배열이 특정 크기 이상으로 늘어나지 않게 하고 효과적으로 'top N' 목록을 만들 수 있다.

```
> db.movies.updateOne({"genre" : "horror"},
... {"$push" : {"top10" : {"$each" : ["Nightmare on Elm Street", "Saw"],
...                         "$slice" : -10}}})
```

예제는 배열에 추가할 수 있는 요소의 개수를 10개로 제한한다.

추가 후에 배열 요소의 개수가 10보다 작으면 모든 요소가 유지되고, 10보다 크면 마지막 10 개 요소만 유지된다. 따라서 "$slice"는 도큐먼트 내에 큐를 생성하는 데 사용할 수 있다.

마지막으로, 트리밍trimming하기 전에 "$sort" 제한자를 "$push" 작업에 적용할 수 있다.

```
> db.movies.updateOne({"genre" : "horror"},
... {"$push" : {"top10" : {"$each" : [{"name" : "Nightmare on Elm Street",
...                                     "rating" : 6.6},
...                                    {"name" : "Saw", "rating" : 4.3}],
...                         "$slice" : -10,
...                         "$sort" : {"rating" : -1}}}})
```

"rating" 필드로 배열의 모든 요소를 정렬한 후 처음 10개 요소를 유지한다. "$each"를 반드시 포함해야 함을 밝혀둔다. "$slice"나 "$sort"를 배열상에서 "$push"와 함께 쓰려면 반드시 "$each"도 사용해야 한다.

배열을 집합으로 사용하기

특정 값이 배열에 존재하지 않을 때 해당 값을 추가하면서, 배열을 집합처럼 처리하려면 쿼리 도큐먼트에 "$ne"를 사용한다. 예를 들어 인용 목록에 저자가 존재하지 않을 때만 해당 저자를 추가하려면 다음처럼 한다.

```
> db.papers.updateOne({"authors cited" : {"$ne" : "Richie"}},
... {$push : {"authors cited" : "Richie"}})
```

"$addToSet"을 사용할 수도 있다. "$addToSet"은 "$ne"가 작동하지 않을 때나 "$addToSet"을 사용하면 무슨 일이 일어났는지 더 잘 알 수 있을 때 유용하다.

예를 들어 사용자 정보 도큐먼트가 있다고 가정하자. 도큐먼트에는 사용자가 입력한 이메일 주소 셋이 있다.

```
> db.users.findOne({"_id" : ObjectId("4b2d75476cc613d5ee930164")})
{
    "_id" : ObjectId("4b2d75476cc613d5ee930164"),
    "username" : "joe",
    "emails" : [
        "joe@example.com",
        "joe@gmail.com",
        "joe@yahoo.com"
    ]
}
```

다른 주소를 추가할 때 "$addToSet"을 사용하면 중복을 피할 수 있다.

```
> db.users.updateOne({"_id" : ObjectId("4b2d75476cc613d5ee930164")},
... {"$addToSet" : {"emails" : "joe@gmail.com"}})
{ "acknowledged" : true, "matchedCount" : 1, "modifiedCount" : 0 }
> db.users.findOne({"_id" : ObjectId("4b2d75476cc613d5ee930164")})
{
    "_id" : ObjectId("4b2d75476cc613d5ee930164"),
    "username" : "joe",
    "emails" : [
        "joe@example.com",
        "joe@gmail.com",
        "joe@yahoo.com",
    ]
}
> db.users.updateOne({"_id" : ObjectId("4b2d75476cc613d5ee930164")},
... {"$addToSet" : {"emails" : "joe@hotmail.com"}})
{ "acknowledged" : true, "matchedCount" : 1, "modifiedCount" : 1 }
> db.users.findOne({"_id" : ObjectId("4b2d75476cc613d5ee930164")})
{
    "_id" : ObjectId("4b2d75476cc613d5ee930164"),
    "username" : "joe",
    "emails" : [
        "joe@example.com",
```

```
            "joe@gmail.com",
            "joe@yahoo.com",
            "joe@hotmail.com"
    ]
}
```

고유한 값^{unique value}을 여러 개 추가하려면 **"$addToSet"**과 **"$each"**를 결합해 사용한다. 이는 **"$ne"/"$push"** 조합으로는 할 수 없는 작업이다. 예를 들어 이메일 주소를 2개 이상 추가하려면 다음과 같이 연산자를 사용한다.

```
> db.users.updateOne({"_id" : ObjectId("4b2d75476cc613d5ee930164")},
... {"$addToSet" : {"emails" : {"$each" :
...     ["joe@php.net", "joe@example.com", "joe@python.org"]}}})
{ "acknowledged" : true, "matchedCount" : 1, "modifiedCount" : 1 }
> db.users.findOne({"_id" : ObjectId("4b2d75476cc613d5ee930164")})
{
    "_id" : ObjectId("4b2d75476cc613d5ee930164"),
    "username" : "joe",
    "emails" : [
        "joe@example.com",
        "joe@gmail.com",
        "joe@yahoo.com",
        "joe@hotmail.com"
        "joe@php.net"
        "joe@python.org"
    ]
}
```

요소 제거하기

배열에서 요소를 제거하는 방법에는 몇 가지가 있다. 배열을 큐나 스택처럼 사용하려면 배열의 양쪽 끝에서 요소를 제거하는 **"$pop"**을 사용한다. {"$pop" : {"key" : 1}}은 배열의 마지막부터 요소를 제거하고, {"$pop" : {"key" : -1}}은 배열의 처음부터 요소를 제거한다.

때로는 배열 내 위치가 아니라 지정된 조건에 따라 요소를 제거한다. **"$pull"**은 주어진 조건에 맞는 배열 요소를 제거하는 데 사용한다. 예를 들어 순서에 상관없이 할 일 목록이 있다고 가정하자.

```
> db.lists.insertOne({"todo" : ["dishes", "laundry", "dry cleaning"]})
```

세탁을 먼저 했다면 다음과 같이 목록에서 제거한다.

```
> db.lists.updateOne({}, {"$pull" : {"todo" : "laundry"}})
```

이제 **find**를 실행해보면 배열에 요소가 2개만 남음을 확인할 수 있다.

```
> db.lists.findOne()
{
    "_id" : ObjectId("4b2d75476cc613d5ee930164"),
    "todo" : [
        "dishes",
        "dry cleaning"
    ]
}
```

"$pull"은 도큐먼트에서 조건과 일치하는 요소를 모두 제거한다. 예를 들어 [1, 1, 2, 1]과 같은 배열에서 1을 뽑아내면 배열에는 [2] 하나만 남는다.

배열 연산자는 배열을 값으로 갖는 키에만 사용한다. 따라서 정수형에 데이터를 넣거나 문자열형에서 데이터를 빼내는 작업은 할 수 없다. 스칼라값을 변경하려면 "$set"이나 "$inc"를 사용한다.

배열의 위치 기반 변경

값이 여러 개인 배열에서 일부를 변경하는 조작은 꽤 어렵다. 배열 내 여러 값을 다루는 방법은 두 가지가 있다. 위치를 이용하거나 위치 연산자positional operator("$" 문자)를 사용한다.

배열 인덱스는 기준이 0이며, 배열 요소는 인덱스를 도큐먼트의 키처럼 사용한다. 예를 들어 댓글이 포함된 블로그 게시물과 같이 내장 도큐먼트의 배열을 포함하는 도큐먼트가 있다고 가정하자.

```
> db.blog.posts.findOne()
{
    "_id" : ObjectId("4b329a216cc613d5ee930192"),
```

```
        "content" : "...",
        "comments" : [
            {
                "comment" : "good post",
                "author" : "John",
                "votes" : 0
            },
            {
                "comment" : "i thought it was too short",
                "author" : "Claire",
                "votes" : 3
            },
            {
                "comment" : "free watches",
                "author" : "Alice",
                "votes" : -5
            },
            {
                "comment" : "vacation getaways",
                "author" : "Lynn",
                "votes" : -7
            }
        ]
    }
```

첫 번째 댓글의 투표수를 증가시키려면 다음과 같이 쓴다.

```
> db.blog.updateOne({"post" : post_id},
... {"$inc" : {"comments.0.votes" : 1}})
```

하지만 보통 도큐먼트를 쿼리해서 검사해보지 않고는 배열의 몇 번째 요소를 변경할지 알수 없다. 이 문제를 해결하기 위해 몽고DB에서는 쿼리 도큐먼트와 일치하는 배열 요소및 요소의 위치를 알아내서 갱신하는 위치 연산자 "$"를 제공한다. 예를 들어 John이라는 사용자가 이름을 Jim으로 갱신하려고 할 때, 위치 연산자를 사용해서 댓글 내 해당 항목("author")을 갱신한다.

```
> db.blog.updateOne({"comments.author" : "John"},
... {"$set" : {"comments.$.author" : "Jim"}})
```

위치 연산자는 첫 번째로 일치하는 요소만 갱신한다. 따라서 John이 댓글을 2개 이상 남겼다면 처음 남긴 댓글의 작성자명만 변경된다.

배열 필터를 이용한 갱신

몽고DB 3.6에서는 개별 배열 요소를 갱신하는 배열 필터인 arrayFilters를 도입해 특정 조건에 맞는 배열 요소를 갱신할 수 있다. 예를 들어 반대표가 5표 이상인 댓글을 숨겨보자.

```
db.blog.updateOne(
    {"post" : post_id },
    { $set: { "comments.$[elem].hidden" : true } },
    {
      arrayFilters: [ { "elem.votes": { $lte: -5 } } ]
    }
)
```

명령은 "comments" 배열의 각 일치 요소에 대한 식별자[identifier]로 elem을 정의한다. elem이 식별한 댓글의 투표값[votes]이 -5 이하이면 "comments" 도큐먼트에 "hidden" 필드를 추가하고 값을 true로 설정한다.

3.3.3 갱신 입력

갱신 입력[upsert]은 특수한 형태를 갖는 갱신이다. 갱신 조건에 맞는 도큐먼트가 존재하지 않을 때는 쿼리 도큐먼트와 갱신 도큐먼트를 합쳐서 새로운 도큐먼트를 생성한다. 조건에 맞는 도큐먼트가 발견되면 일반적인 갱신을 수행한다. 갱신 입력은 컬렉션 내에 시드 도큐먼트[seed document]가 필요 없어 매우 편리하며, 같은 코드로 도큐먼트를 생성하고 갱신할 수도 있다.

3.3.2 '갱신 연산자'에서 살펴본 웹사이트 페이지 조회수를 기록하는 예제로 돌아가보자. 갱신 입력을 사용하지 않으면 URL을 찾아서 페이지 조회수를 증가시키거나, 해당 URL이 없다면 새로운 도큐먼트를 하나 만들어야 한다. 자바스크립트 프로그램으로 작성하면 다음과 같다.

```
// 이 페이지에 대한 항목이 있는지 확인
blog = db.analytics.findOne({url : "/blog"})

// 항목이 있으면 조회 수에 1을 더하고 저장
if (blog) {
  blog.pageviews++;
  db.analytics.save(blog);
}
// 항목이 없으면 이 페이지에 대한 새로운 도큐먼트 생성
else {
  db.analytics.insertOne({url : "/blog", pageviews : 1})
}
```

누군가가 페이지를 방문할 때마다 페이지를 확인하기 위해 매번 데이터베이스로 왕복해야 하고, 갱신이나 삽입을 또 보내야 한다. 이 코드를 여러 프로세스에서 실행한다면 주어진 URL에 2개 이상의 도큐먼트가 동시에 삽입되는 경쟁 상태race condition가 될 수도 있다.

갱신 입력을 사용하면 코드를 줄이고 경쟁 상태를 피할 수 있다. updateOne과 updateMany의 세 번째 매개변수는 옵션 도큐먼트로, 갱신 입력을 지정한다.

```
> db.analytics.updateOne({"url" : "/blog"}, {"$inc" : {"pageviews" : 1}},
... {"upsert" : true})
```

단 한 줄로 이전 코드 블록과 동일한 동작을 처리하며, 심지어 더 빠르고 원자적이다. 새로운 도큐먼트는 조건 도큐먼트에 도큐먼트 제한자를 적용해 만들어진다.

예를 들어 갱신 입력에서 처리하는 키와 일치하는 도큐먼트를 찾아서 키 값을 증가시키면, 값의 증가는 일치하는 도큐먼트에 적용된다.

```
> db.users.updateOne({"rep" : 25}, {"$inc" : {"rep" : 3}}, {"upsert" : true})
WriteResult({
    "acknowledged" : true,
    "matchedCount" : 0,
    "modifiedCount" : 0,
    "upsertedId" : ObjectId("5a93b07aaea1cb8780a4cf72")
})
> db.users.findOne({"_id" : ObjectId("5727b2a7223502483c7f3acd")} )
{ "_id" : ObjectId("5727b2a7223502483c7f3acd"), "rep" : 28 }
```

갱신 입력은 "rep"가 25인 새로운 도큐먼트를 만들고 3만큼 증가시켜 "rep"는 28이 된다. 갱신 입력을 지정하지 않으면 {"rep" : 25}는 어떤 도큐먼트와도 일치하지 않으며 아무 일도 발생하지 않는다.

{"rep" : 25} 조건으로 다시 갱신 입력하면 새로운 도큐먼트가 생성된다. 컬렉션 내 유일한 도큐먼트가 조건에 맞지 않기 때문이다("rep"는 28이다).

도큐먼트가 생성될 때 필드가 설정돼야 할 때가 종종 있는데, 이후 갱신에서는 변경되지 않아야 한다. 이때 "$setOnInsert"를 사용한다. "$setOnInsert"는 도큐먼트가 삽입될 때 필드 값을 설정하는 데만 사용하는 연산자다. 다음과 같이 사용한다.

```
> db.users.updateOne({}, {"$setOnInsert" : {"createdAt" : new Date()}},
... {"upsert" : true})
{
    "acknowledged" : true,
    "matchedCount" : 0,
    "modifiedCount" : 0,
    "upsertedId" : ObjectId("5727b4ac223502483c7f3ace")
}
> db.users.findOne()
{
    "_id" : ObjectId("5727b4ac223502483c7f3ace"),
    "createdAt" : ISODate("2016-05-02T20:12:28.640Z")
}
```

다시 갱신하면 기존 도큐먼트를 찾고, 아무것도 입력되지 않으며, "createAt" 필드는 변경되지 않는다.

```
> db.users.updateOne({}, {"$setOnInsert" : {"createdAt" : new Date()}},
... {"upsert" : true})
{ "acknowledged" : true, "matchedCount" : 1, "modifiedCount" : 0 }
> db.users.findOne()
{
    "_id" : ObjectId("5727b4ac223502483c7f3ace"),
    "createdAt" : ISODate("2016-05-02T20:12:28.640Z")
}
```

ObjectId가 도큐먼트가 작성된 때의 타임스탬프를 포함하므로 일반적으로 createdAt가 반드시 필요하지는 않다. 하지만 "$setOnInsert"는 패딩^{padding}을 생성하고 카운터를 초기화하는 데 쓰이며, ObjectId를 사용하지 않는 컬렉션에 유용하다.

저장 셀 보조자

save는 도큐먼트가 존재하지 않으면 도큐먼트를 삽입하고, 존재하면 도큐먼트를 갱신하게 하는 셀 함수다. 셀 함수는 매개변수가 하나이며 도큐먼트를 넘겨받는다. 도큐먼트가 "_id" 키를 포함하면 save는 갱신 입력을 실행하고, 포함하지 않으면 삽입을 실행한다. save는 개발자가 셀에서 도큐먼트를 빠르게 수정하게 해주는 편리한 함수다.

```
> var x = db.testcol.findOne()
> x.num = 42
42
> db.testcol.save(x)
```

save가 없다면 마지막 줄은 더 복잡해진다.

```
db.testcol.replaceOne({"_id" : x._id}, x)
```

3.3.4 다중 도큐먼트 갱신

이 장에서는 updateOne으로 갱신 작업을 설명했다. updateOne은 필터 조건에 맞는 첫 번째 도큐먼트만 갱신한다. 조건에 맞는 도큐먼트가 더 있더라도 변경되지 않고 그대로 유지된다. 조건에 맞는 도큐먼트를 모두 수정하려면 updateMany를 사용하자. updateMany는 updateOne과 같은 의미론을 따르며 동일한 매개변수를 취한다. 다만 변경할 수 있는 도큐먼트 개수가 다르다는 중요한 차이점이 있다.

updateMany는 스키마를 변경하거나 특정 사용자에 새로운 정보를 추가할 때 쓰기 좋다. 예를 들어 특정 날짜에 생일을 맞이하는 모든 사용자에게 선물을 준다고 가정하자. updateMany를 사용해 계정에 "gift"를 추가한다.

```
> db.users.insertMany([
... {birthday: "10/13/1978"},
... {birthday: "10/13/1978"},
... {birthday: "10/13/1978"}])
{
    "acknowledged" : true,
    "insertedIds" : [
        ObjectId("5727d6fc6855a935cb57a65b"),
        ObjectId("5727d6fc6855a935cb57a65c"),
        ObjectId("5727d6fc6855a935cb57a65d")
    ]
}
> db.users.updateMany({"birthday" : "10/13/1978"},
... {"$set" : {"gift" : "Happy Birthday!"}})
{ "acknowledged" : true, "matchedCount" : 3, "modifiedCount" : 3 }
```

updateMany를 호출하면 바로 전에 users 컬렉션에 삽입한 도큐먼트 세 개에 각각 "gift" 필드가 추가된다.

3.3.5 갱신한 도큐먼트 반환

일부 사례에서는 수정된 도큐먼트를 반환하는 것이 중요한데, 몽고DB의 이전 버전에서는 그럴 때 findAndModify를 사용했다. 이는 큐를 조작하거나 원자성[1]을 필요로 하는 작업에 유용하다. 그러나 findAndModify는 삭제, 대체replace, 갱신(갱신 입력 포함)이라는 세 가지 작업의 기능을 결합한 복잡한 메서드이므로 사용자 오류가 발생하기 쉽다.

몽고DB 3.2에서는 findAndModify보다 배우고 기억하기 쉬운 이름을 가진 컬렉션 메서드collection method인 findOneAndDelete, findOneAndReplace, findOneAndUpdate를 셸에 도입했다. updateOne과 같은 메서드와의 주요 차이점은 사용자가 수정된 도큐먼트의 값을 원자적으로 얻을 수 있다는 점이다. 몽고DB 4.2는 갱신을 위한 집계 파이프라인을 수용하도록 findOneAndUpdate를 확장했다. 파이프라인은 $addFields(별칭 $set), $project(별칭 $unset), $replaceRoot(별칭 $replaceWith)로 구성될 수 있다.

---

1 옮긴이_ findAndModify는 SET과 GET을 한 번에 해결해준다.

특정 순서대로 실행하는 프로세스 컬렉션이 있다고 가정하자. 각각은 아래와 같은 형식의 도큐먼트로 표현된다.

```
{
    "_id" : ObjectId(),
    "status" : "state",
    "priority" : N
}
```

"status"는 문자열이며 "READY", "RUNNING", 또는 "DONE"이 될 수 있다. 우선순위가 가장 높은 "READY" 상태의 작업을 찾아 프로세스를 실행하고 "status"를 "DONE"으로 갱신해야 한다. 상태가 "READY"인 프로세스를 찾아 우선순위가 가장 높은 프로세스의 상태를 "RUNNING"으로 갱신한다. 프로세스가 끝나면 "status"를 "DONE"으로 갱신한다. 과정은 다음과 같다.

```
var cursor = db.processes.find({"status" : "READY"});
ps = cursor.sort({"priority" : -1}).limit(1).next();
db.processes.updateOne({"_id" : ps._id}, {"$set" : {"status" : "RUNNING"}});
do_something(ps);
db.processes.updateOne({"_id" : ps._id}, {"$set" : {"status" : "DONE"}});
```

이 알고리즘은 경쟁 상태를 만들기 때문에 좋지 않다. 스레드^{thread} 두 개가 실행 중이라고 가정하자. 스레드 A가 먼저 도큐먼트를 얻고 미처 "status"를 RUNNING"으로 갱신하기 전에 스레드 B가 같은 도큐먼트를 받으면 두 스레드가 같은 프로세스를 실행하게 된다. 이는 갱신 쿼리$^{update\ query}$의 일부로 결과를 확인해 피할 수 있지만 꽤 복잡하다.

```
var cursor = db.processes.find({"status" : "READY"});
cursor.sort({"priority" : -1}).limit(1);
while ((ps = cursor.next()) != null) {
    var result = db.processes.updateOne({"_id" : ps._id, "status" : "READY"},
                             {"$set" : {"status" : "RUNNING"}});

    if (result.modifiedCount === 1) {
        do_something(ps);
        db.processes.updateOne({"_id" : ps._id}, {"$set" : {"status" : "DONE"}});
        break;
    }
    cursor = db.processes.find({"status" : "READY"});
```

```
    cursor.sort({"priority" : -1}).limit(1);
}
```

또한 타이밍에 따라 한 스레드가 모든 일을 하고 다른 스레드는 쓸데없이 꽁무니만 쫓을 수도 있다. 스레드 A가 프로세스를 항상 먼저 얻고, B는 동일한 프로세스를 얻으려다 실패해 A가 모든 일을 처리하도록 놔둔다.

이런 상황에는 findOneAndUpdate가 적합하다. findOneAndUpdate는 한 번의 연산으로 항목을 반환하고 갱신할 수 있다. 명령은 다음과 같다.

```
> db.processes.findOneAndUpdate({"status" : "READY"},
... {"$set" : {"status" : "RUNNING"}},
... {"sort" : {"priority" : -1}})
{
    "_id" : ObjectId("4b3e7a18005cab32be6291f7"),
    "priority" : 1,
    "status" : "READY"
}
```

findOneAndUpdate 메서드는 기본적으로 도큐먼트의 상태를 수정하기 전에 반환하므로, 반환된 도큐먼트에서 상태가 여전히 "READY"다. 옵션 도큐먼트의 "returnNewDocumentment" 필드를 true로 설정하면 갱신된 도큐먼트를 반환한다. 옵션 도큐먼트는 findOneAndUpdate의 세 번째 매개변수로 전달된다.

```
> db.processes.findOneAndUpdate({"status" : "READY"},
... {"$set" : {"status" : "RUNNING"}},
... {"sort" : {"priority" : -1},
...  "returnNewDocument": true})
{
    "_id" : ObjectId("4b3e7a18005cab32be6291f7"),
    "priority" : 1,
    "status" : "RUNNING"
}
```

따라서 프로그램은 다음과 같아진다.

```
ps = db.processes.findOneAndUpdate({"status" : "READY"},
                                   {"$set" : {"status" : "RUNNING"}},
                                   {"sort" : {"priority" : -1},
                                    "returnNewDocument": true})
do_something(ps)
db.process.updateOne({"_id" : ps._id}, {"$set" : {"status" : "DONE"}})
```

이외에도 두 가지 메서드를 더 알아두자. findOneAndReplace는 동일한 매개변수를 사용하며,
returnNewDocument의 값에 따라 교체 전이나 후에 필터와 일치하는 도큐먼트를 반환한다.
findOneAndDelete도 유사하지만 갱신 도큐먼트를 매개변수로 사용하지 않으며 다른 두 메서
드의 옵션을 부분적으로 가진다. findOneAndDelete는 삭제된 도큐먼트를 반환한다.

## CHAPTER 4

쿼리

이 장에서는 쿼리를 자세히 살펴본다. 주로 다루는 영역은 다음과 같다.

- $ 조건절을 이용해 범위 쿼리, 셋의 포함 관계, 부등 관계 쿼리 등을 수행한다.
- 쿼리는 필요할 때마다 도큐먼트 배치batch을 반환하는 데이터베이스 커서database cursor를 반환한다.
- 커서cursor를 이용해 결과를 몇 개 건너뛰거나, 반환하는 결과 수를 제한하거나, 결과를 정렬하는 등 다양한 메타 연산metaoperation을 수행한다.

4.1 find 소개

몽고DB에서 find 함수는 쿼리에 사용한다. 쿼리는 컬렉션에서 도큐먼트의 서브셋subset(빈 컬렉션부터 컬렉션 전체까지)을 반환한다. find의 첫 매개변수에 따라 어떤 도큐먼트를 가져올지 결정된다. 빈 쿼리 도큐먼트(즉 {})는 컬렉션 내 모든 것과 일치한다. 매개변수에 쿼리 도큐먼트가 없으면 find 함수는 빈 쿼리 도큐먼트 {}로 인식한다. 따라서 다음 명령은 컬렉션 c의 모든 도큐먼트와 일치하므로 컬렉션 c 내 모든 도큐먼트를 반환한다.

```
> db.c.find()
```

쿼리 도큐먼트에 여러 키/값 쌍을 추가해 검색을 제한할 수 있다. 대부분의 데이터형에서 간단히 작동하며 정수형은 정수형에, 불리언형은 불리언형에, 문자열형은 문자열형에 일치한다. 간단한 데이터형은 찾으려는 값만 지정하면 쉽게 쿼리할 수 있다. 예를 들어 "age"가 27인 모든 도큐먼트를 찾으려면 키/값 쌍을 쿼리 도큐먼트에 다음처럼 추가한다.

```
> db.users.find({"age" : 27})
```

"username" 키 값이 "joe"인 경우와 같이 문자열형이 일치하는 도큐먼트를 찾고 싶다면 다음과 같이 키/값 쌍을 사용한다.

```
> db.users.find({"username" : "joe"})
```

쿼리 도큐먼트에 여러 개의 키/값 쌍을 추가할 수 있으며 '**조건1** AND **조건2** AND ... AND **조건N**'으로 해석된다. 예를 들어 27살이면서 이름이 "joe"인 모든 사용자는 다음과 같이 쿼리하면 된다.

```
> db.users.find({"username" : "joe", "age" : 27})
```

4.1.1 반환받을 키 지정

때때로 반환받은 도큐먼트 내 키/값 정보가 모두 필요하지는 않을 수 있다. 그럴 때는 find (또는 findOne)의 두 번째 매개변수에 원하는 키를 지정하면 된다. 이는 네트워크상의 데이터 전송량과 클라이언트 측에서 도큐먼트를 디코딩decoding하는 데 드는 시간과 메모리를 줄여 준다.

예를 들어 사용자 정보 컬렉션에서 "username"과 "email" 키의 값만 원할 때는 다음과 같이 쿼리한다.

```
> db.users.find({}, {"username" : 1, "email" : 1})
{
    "_id" : ObjectId("4ba0f0dfd22aa494fd523620"),
    "username" : "joe",
    "email" : "joe@example.com"
}
```

예제에서 볼 수 있듯 **"_id"** 키는 지정하지 않아도 항상 반환된다.

또한 두 번째 매개변수를 사용해서 특정 키/값 쌍을 제외한 결과를 얻을 수도 있다. 예를 들어 다양한 키가 있는 도큐먼트에서 **"fatal_weakness"** 키 값을 쓸 일이 전혀 없다면 다음과 같이 제외시킨다.

```
> db.users.find({}, {"fatal_weakness" : 0})
```

"_id" 반환을 제외할 수도 있다.

```
> db.users.find({}, {"username" : 1, "_id" : 0})
{
    "username" : "joe",
}
```

4.1.2 제약 사항

쿼리에는 몇 가지 제약이 있다. 데이터베이스에서 쿼리 도큐먼트 값은 반드시 상수여야 한다 (물론 작성한 코드 내에서는 일반 변수여도 상관없다). 이는 도큐먼트 내 다른 키의 값을 참조할 수 없음을 의미한다. 예를 들어 재고 도큐먼트에 재고 수량 키 **"in_stock"**과 판매 수량 키 **"num_sold"**가 있으면 키 값을 다음과 같은 쿼리로 비교할 수 없다.

```
> db.stock.find({"in_stock" : "this.num_sold"}) // 작동하지 않음
```

다른 쿼리 방법이 있지만(4.4 '$where 쿼리' 참조) 일반 쿼리로 처리할 수 있게 도큐먼트 구조를 약간 재구성^{restruct}하면 더 나은 성능을 얻을 수 있다. 예제에서는 **"initial_stock"**과 **"in_stock"** 키를 사용해보자. 누군가가 상품을 구매할 때마다 **"in_stock"** 값을 감소시키면 품절 상품을 확인하는 쿼리는 다음과 같다.

```
> db.stock.find({"in_stock" : 0})
```

4.2 쿼리 조건

쿼리는 이전에 설명한 '완전 일치exact match' 외에도 범위, OR절, 부정 조건negation 등 더 복잡한 조건으로 검색할 수 있다.

4.2.1 쿼리 조건절

<, <=, >, >=에 해당하는 비교 연산자는 각각 "$lt", "$lte", "$gt", "$gte"다. 조합해 사용하면 특정 범위 내 값을 쿼리할 수 있다. 예를 들어 18세에서 30세 사이의 사용자를 찾으려면 다음과 같이 쿼리한다.

```
> db.users.find({"age" : {"$gte" : 18, "$lte" : 30}})
```

이는 "age"가 18 이상, 30 이하인 도큐먼트를 모두 찾아낸다.

범위 쿼리는 날짜 쿼리에 유용하다. 다음은 2007년 1월 1일 이전에 등록한 사람을 찾는 예제다.

```
> start = new Date("01/01/2007")
> db.users.find({"registered" : {"$lt" : start}})
```

날짜는 1/1000초(밀리초) 단위로 저장되므로 정확히 일치시키는 조건은 그리 유용하지 않다. 하루, 한 주, 또는 한 달 단위가 필요한 경우가 많으므로 범위 쿼리를 사용한다.

키 값이 특정 값과 일치하지 않는 도큐먼트를 찾는 데는 "not equal"을 나타내는 "$ne"를 사용한다. 사용자명이 "joe"가 아닌 사용자를 모두 찾으려면 다음과 같이 쿼리한다.

```
> db.users.find({"username" : {"$ne" : "joe"}})
```

"$ne"는 모든 데이터형에 사용할 수 있다.

4.2.2 OR 쿼리

몽고DB에서 OR 쿼리에는 두 가지 방법이 있다. "$in"은 하나의 키를 다양한 값과 비교하는 쿼리에 사용한다. "$or"은 더 일반적이며, 여러 키를 주어진 값과 비교하는 쿼리에 사용한다.

하나의 키에 일치시킬 값이 여러 개 있다면 "$in"에 조건 배열을 사용한다. 예를 들어 추첨 당첨자를 뽑는 상황에서 당첨 번호가 725, 542, 390이라고 가정하자. 세 도큐먼트를 모두 찾으려면 다음과 같이 쿼리한다.

```
> db.raffle.find({"ticket_no" : {"$in" : [725, 542, 390]}})
```

"$in"은 매우 유연해 여러 개의 값을 쓸 수 있을 뿐 아니라 서로 다른 데이터형도 쓸 수 있다. 예를 들어 사용자 ID에 번호 대신 이름을 쓰도록 점진적으로 이전하고 있다면, 두 조건 중 하나라도 맞는 도큐먼트를 찾도록 쿼리한다.

```
> db.users.find({"user_id" : {"$in" : [12345, "joe"]}})
```

쿼리는 "user_id"가 12345이거나 "joe"인 도큐먼트를 찾는다.

"$in"의 조건 배열에 값이 하나만 주어지면 바로 일치하는 것을 찾는다. 예를 들어 {ticket_no : {$in : [725]}}로 쿼리한 도큐먼트는 {ticket_no : 725}로 쿼리한 도큐먼트와 일치한다.

"$nin"은"$in"과 반대로 배열 내 조건과 일치하지 않는 도큐먼트를 반환한다. 추첨에서 당첨되지 않은 사람을 모두 반환받고 싶으면 다음과 같이 쿼리한다.

```
> db.raffle.find({"ticket_no" : {"$nin" : [725, 542, 390]}})
```

쿼리는 당첨 번호를 가지지 않는 사람을 모두 반환한다.

"$in"은 하나의 키에 대해 OR 쿼리를 하는데, "ticket_no"가 725이거나 "winner"가 true인 도큐먼트를 찾고 싶을 땐 어떻게 해야 할까? 이런 유형의 쿼리에는 "$or" 연산자를 사용한다. "$or"은 가능한 조건들의 배열을 취한다. 추첨권 예제에 다음처럼 "$or" 연산자를 사용해보자.

```
> db.raffle.find({"$or" : [{"ticket_no" : 725}, {"winner" : true}]})
```

"$or"은 다른 조건절^{conditional}도 포함할 수 있다. 예를 들어 "ticket_no"가 세 번호 중 적어도 하나와 일치하거나 "winner"가 true인 경우를 찾는다면 다음과 같이 쿼리한다.

```
> db.raffle.find({"$or" : [{"ticket_no" : {"$in" : [725, 542, 390]}},
...                         {"winner" : true}]})
```

일반적인 AND 쿼리에서는 최소한의 인수로 최적의 결과(범위를 좁힌 결과)를 추려내야 한다. OR 쿼리는 반대인데, 첫 번째 인수가 일치하는 도큐먼트가 많을수록 효율적이다.

"$or" 연산자가 항상 작동하는 동안에는 가능한 한 "$in"을 사용하자. 쿼리 옵티마이저는 "$in"을 더 효율적으로 다룬다.

4.2.3 $not

"$not"은 메타 조건절^{metaconditional}이며 어떤 조건에도 적용할 수 있다. 예를 들어 나머지 연산자 "$mod"를 생각해보자. "$mod"는 키의 값을 첫 번째 값으로 나눈 후 그 나머지 값의 조건을 두 번째 값으로 기술하는 연산자다. 다음은 "$mod" 연산자로 도큐먼트를 쿼리하는 예제다.

```
> db.users.find({"id_num" : {"$mod" : [5, 1]}})
```

쿼리는 "id_num"의 값이 1, 6, 11, 16 등인 사용자를 반환한다. "id_num"이 2, 3, 4, 5, 7, 8, 9, 10, 12 등인 사용자를 받으려면 "$not"을 사용한다.

```
> db.users.find({"id_num" : {"$not" : {"$mod" : [5, 1]}}})
```

"$not"은 정규 표현식과 함께 사용해 주어진 패턴과 일치하지 않는 도큐먼트를 찾을 때 특히 유용하다(정규 표현식 사용법은 4.3.2 '정규 표현식'에서 설명한다).

4.3 형 특정 쿼리

2장에서 다룬 것처럼 몽고DB에서는 도큐먼트 내에서 다양한 데이터형을 사용할 수 있다. 일부 데이터형은 쿼리 시 형에 특정하게type-specific 작동한다.

4.3.1 null

null은 스스로와 일치하는 것을 찾는다. 다음과 같이 도큐먼트 컬렉션이 있다고 가정하자.

```
> db.c.find()
{ "_id" : ObjectId("4ba0f0dfd22aa494fd523621"), "y" : null }
{ "_id" : ObjectId("4ba0f0dfd22aa494fd523622"), "y" : 1 }
{ "_id" : ObjectId("4ba0f148d22aa494fd523623"), "y" : 2 }
```

"y" 키가 null인 도큐먼트를 쿼리한 결과는 다음과 같이 예상할 수 있다.

```
> db.c.find({"y" : null})
{ "_id" : ObjectId("4ba0f0dfd22aa494fd523621"), "y" : null }
```

하지만 null은 '존재하지 않음'과도 일치한다. 따라서 키가 null인 값을 쿼리하면 해당 키를 갖지 않는 도큐먼트도 반환한다.

```
> db.c.find({"z" : null})
{ "_id" : ObjectId("4ba0f0dfd22aa494fd523621"), "y" : null }
{ "_id" : ObjectId("4ba0f0dfd22aa494fd523622"), "y" : 1 }
{ "_id" : ObjectId("4ba0f148d22aa494fd523623"), "y" : 2 }
```

값이 null인 키만 찾고 싶으면 키가 null인 값을 쿼리하고, "$exists" 조건절을 사용해 null 존재 여부를 확인하면 된다.

```
> db.c.find({"z" : {"$eq" : null, "$exists" : true}})
```

4.3.2 정규 표현식

"$regex"는 쿼리에서 패턴 일치 문자열pattern match string을 위한 정규식 기능을 제공한다. 정규 표현식은 문자열 일치를 유연하게 하는 데 유용하다. 예를 들어 이름이 Joe나 joe인 사용자를 모두 찾으려면 정규 표현식을 이용해 대소문자 구별 없이 찾는다.

```
> db.users.find( {"name" : {"$regex" : /joe/i } })
```

정규 표현식 플래그regular expression flag(예를 들면 i)는 사용할 수 있지만 꼭 필요하지는 않다. joe 뿐 아니라 joey도 찾고 싶다면 정규 표현식을 다음과 같이 바꾸면 된다.

```
> db.users.find({"name" : /joey?/i})
```

몽고DB는 정규 표현식 일치에 펄 호환 정규 표현식Perl Compatible Regular Expression(PCRE) 라이브러리를 사용하며, PCRE에서 쓸 수 있는 모든 문법은 몽고DB에서 쓸 수 있다. 쿼리하기 전에 먼저 자바스크립트 셸로 해당 정규 표현식이 의도한 대로 동작하는지 확인해보는 것이 좋다.

> **NOTE_** 몽고DB는 접두사 정규 표현식prefix regular expression 쿼리(예를 들면 /^joey/)에 인덱스를 활용할 수 있어 쿼리를 더 빠르게 실행할 수 있다. 인덱스는 대소문자를 구별하는 검색(/^joey/i)에는 사용할 수 없다. 정규식은 캐럿(^)이나 왼쪽 앵커(\A)로 시작해야 '접두사 표현식'이다. 정규식이 대소문자를 구별하는case-sensitive 쿼리를 사용하는 경우, 필드에 대한 인덱스가 있으면 인덱스 값에 일치를 수행할 수 있다. 접두사 정규 표현식이라면 검색은 인덱스에서 접두사로 생성한 범위 내 값으로 제한될 수 있다.

정규 표현식 또한 스스로와 일치하는 도큐먼트를 찾을 수 있다. 데이터베이스에 정규 표현식을 입력하는 사람은 매우 드물지만 만약 입력했다면 찾을 수 있다.

```
> db.foo.insertOne({"bar" : /baz/})
> db.foo.find({"bar" : /baz/})
{
    "_id" : ObjectId("4b23c3ca7525f35f94b60a2d"),
    "bar" : /baz/
}
```

4.3.3 배열에 쿼리하기

배열 요소 쿼리는 스칼라 쿼리와 같은 방식으로 동작하도록 설계됐다. 예를 들어 배열이 다음과 같은 과일 목록이라고 가정하자.

```
> db.food.insertOne({"fruit" : ["apple", "banana", "peach"]})
```

다음과 같은 쿼리를 이용해서 일치하는 도큐먼트를 성공적으로 찾을 수 있다.

```
> db.food.find({"fruit" : "banana"})
```

이때 배열을 {"fruit" : "apple", "fruit" : "banana", "fruit" : "peach"}와 같은 도큐먼트(유효한 도큐먼트는 아니지만)로 가정하자.

$all 연산자

2개 이상의 배열 요소가 일치하는 배열을 찾으려면 "$all"을 사용한다. 이는 배열 내 여러 요소와 일치하는지 확인하게 해준다. 예를 들어 다음 세 도큐먼트로 구성된 컬렉션을 만든다고 가정하자.

```
> db.food.insertOne({"_id" : 1, "fruit" : ["apple", "banana", "peach"]})
> db.food.insertOne({"_id" : 2, "fruit" : ["apple", "kumquat", "orange"]})
> db.food.insertOne({"_id" : 3, "fruit" : ["cherry", "banana", "apple"]})
```

"apple"과 "banana" 요소를 "$all" 연산자와 함께 써서 해당 도큐먼트를 찾는다.

```
> db.food.find({fruit : {$all : ["apple", "banana"]}})
{"_id" : 1, "fruit" : ["apple", "banana", "peach"]}
{"_id" : 3, "fruit" : ["cherry", "banana", "apple"]}
```

순서는 중요하지 않다. 두 번째 결과에서 "banana"가 "apple"보다 먼저 나타난 점을 주목하자. 배열에 요소가 하나뿐일 때는 "$all" 연산자 사용 여부와 관계없이 결과가 같다. 예를 들어 {fruit : {$all : ["apple"]}}은 {fruit : "apple"}과 같다.

또한 전체 배열과 정확하게 일치하는 도큐먼트를 쿼리할 수도 있다. 당연히 모든 요소가 완벽히 일치해야 한다. 예를 들어 다음 쿼리는 예제의 첫 번째 도큐먼트와 일치한다.

```
> db.food.find({"fruit" : ["apple", "banana", "peach"]})
```

그러나 다음과 같으면 일치하지 않는다.

```
> db.food.find({"fruit" : ["apple", "banana"]})
```

다음 역시 마찬가지다.

```
> db.food.find({"fruit" : ["banana", "apple", "peach"]})
```

배열 내 특정 요소를 쿼리하려면 key.index 구문을 이용해 순서를 지정한다.

```
> db.food.find({"fruit.2" : "peach"})
```

배열의 인덱스는 항상 0에서 시작하므로 세 번째 요소와 **"peach"** 문자열이 일치하는지 확인한다.

$size 연산자

"$size"는 특정 크기의 배열을 쿼리하는 유용한 조건절이다. 다음 예제를 확인해보자.

```
> db.food.find({"fruit" : {"$size" : 3}})
```

자주 쓰이는 쿼리로, 크기의 범위로 쿼리할 수 있다. "$size"는 다른 $ **조건절**(예제에서는 "$gt")과 결합해 사용할 수 없지만, 도큐먼트에 **"size"** 키를 추가하면 이런 쿼리를 처리할 수 있다. 그리고 배열에 요소를 추가할 때마다 **"size"** 값을 증가시키면 된다. 원래의 갱신 구문이 다음과 같다고 가정하자.

```
> db.food.update(criteria, {"$push" : {"fruit" : "strawberry"}})
```

다음과 같이 간단하게 바꿀 수 있다.

```
> db.food.update(criteria,
... {"$push" : {"fruit" : "strawberry"}, "$inc" : {"size" : 1}})
```

값의 증가는 매우 빠르게 이뤄지므로 성능은 크게 걱정할 필요 없다. 도큐먼트를 저장하고 나면 다음과 같은 쿼리가 가능하다.

```
> db.food.find({"size" : {"$gt" : 3}})
```

아쉽지만 이 기능은 "$addToSet" 연산자와는 사용할 수 없다.

$slice 연산자

find의 (선택적인) 두 번째 매개변수에는 반환받을 특정 키를 지정한다. "$slice" 연산자를 사용해서 배열 요소의 부분집합을 반환받을 수 있다.

예를 들어 블로그 게시물에서 먼저 달린 댓글 열 개를 반환받는다고 가정하자.

```
> db.blog.posts.findOne(criteria, {"comments" : {"$slice" : 10}})
```

반대로 나중에 달린 댓글 열 개를 반환받으려면 -10을 지정하면 된다.

```
> db.blog.posts.findOne(criteria, {"comments" : {"$slice" : -10}})
```

"$slice"는 또한 오프셋offset과 요소 개수를 지정해 원하는 범위 안에 있는 결과를 반환할 수 있다.

```
> db.blog.posts.findOne(criteria, {"comments" : {"$slice" : [23, 10]}})
```

쿼리는 처음 23개를 건너뛰고, 24번째 요소부터 33번째 요소까지 반환한다. 요소 개수가 34개가 되지 않을 때는 현재 있는 요소까지만 반환한다.

특별히 명시하지 않는 한 "$slice" 연산자는 도큐먼트 내 모든 키를 반환한다. 명시하지 않은 키는 반환하지 않는 다른 키 명시자key specifier들과는 다르다. 예를 들어 다음 블로그 게시물을 보자.

```
{
    "_id" : ObjectId("4b2d75476cc613d5ee930164"),
    "title" : "A blog post",
    "content" : "...",
    "comments" : [
        {
            "name" : "joe",
            "email" : "joe@example.com",
            "content" : "nice post."
        },
        {
            "name" : "bob",
            "email" : "bob@example.com",
            "content" : "good post."
        }
    ]
}
```

"$slice" 연산자를 추가해 마지막 댓글을 얻는다.

```
> db.blog.posts.findOne(criteria, {"comments" : {"$slice" : -1}})
{
    "_id" : ObjectId("4b2d75476cc613d5ee930164"),
    "title" : "A blog post",
    "content" : "...",
    "comments" : [
        {
            "name" : "bob",
            "email" : "bob@example.com",
            "content" : "good post."
        }
    ]
}
```

키 명시자에 직접 지정하지 않아도 "title"과 "content" 키 둘 다 반환한다.

일치하는 배열 요소의 반환

배열 요소의 인덱스를 알고 있다면 "$slice" 연산자가 유용하게 쓰이지만, 때로는 특정 기준과 일치하는 배열 요소를 원할 수도 있다. $ 연산자를 사용하면 일치하는 요소를 반환받을 수 있다. 앞에서 살펴본 블로그 예제에서 Bob이 쓴 댓글을 얻으려면 다음과 같이 한다.

```
> db.blog.posts.find({"comments.name" : "bob"}, {"comments.$" : 1})
{
    "_id" : ObjectId("4b2d75476cc613d5ee930164"),
    "comments" : [
        {
            "name" : "bob",
            "email" : "bob@example.com",
            "content" : "good post."
        }
    ]
}
```

각 도큐먼트에서 첫 번째로 일치하는 댓글만 반환함을 알아두자. Bob이 해당 게시물에 댓글을 여러 개 남기면 "comments" 배열에 존재하는 첫 번째 댓글만 반환된다.

배열 및 범위 쿼리의 상호작용

도큐먼트 내 스칼라(비배열 요소)는 쿼리 기준의 각 절clause과 일치해야 한다. 예를 들어 {"x" : {"$gt" : 10, "$lt" : 20}}과 같이 쿼리했다면 "x"는 10보다 크고 20보다 작아야 한다. 하지만 도큐먼트의 "x" 필드가 배열이라면 각 절의 조건을 충족하는 도큐먼트가 일치된다. 그리고 각 쿼리 절은 서로 다른 배열 요소와 일치할 수 있다.

예제를 참조하면 동작을 쉽게 이해할 수 있다. 다음 도큐먼트들을 보자.

```
{"x" : 5}
{"x" : 15}
{"x" : 25}
{"x" : [5, 25]}
```

"x"의 값이 10과 20 사이인 도큐먼트를 모두 찾으려 할 때, 쿼리를 단순히 db.test.find({"x" : {"$gt" : 10, "$lt" : 20}})과 같이 구성하고, {"x" : 15}라는 도큐먼트만 반환될 것이라고 생각할 수 있다. 그러나 실행해보면 다음처럼 도큐먼트 두 개를 얻는다.

```
> db.test.find({"x" : {"$gt" : 10, "$lt" : 20}})
{"x" : 15}
{"x" : [5, 25]}
```

5와 25 둘 다 10과 20 사이는 아니지만, 25는 첫 번째 절과 일치하고(25보다 크다) 5는 두 번째 절과 일치하기 때문에(20보다 작다) 반환되었다.

이 방법을 사용하면 배열에 대한 범위 쿼리가 본질적으로 쓸모없어진다. 범위가 모든 다중 요소 배열multielement array과 일치하기 때문이다. 원하는 결과를 얻으려면 다음과 같이 몇 가지 방법을 사용한다.

첫 번째 방법으로 "$elemMatch" 연산자를 사용하면 몽고DB는 두 절을 하나의 배열 요소와 비교한다. 하지만 "$elemMatch" 연산자는 비배열 요소를 일치시키지 않는다는 함정이 있다.

```
> db.test.find({"x" : {"$elemMatch" : {"$gt" : 10, "$lt" : 20}}})
> // 결과 없음
```

{"x" : 15}는 "x" 필드가 배열이 아니므로 쿼리와 일치하지 않는다. 즉 한 필드에 배열값과 스칼라값을 함께 저장하려면 이유가 있어야 한다. 보통은 함께 사용하기를 요구하지 않는데, 그런 경우에 "$elemMatch"는 배열 요소에 대한 범위 쿼리에 유용하다.

쿼리하는 필드에 인덱스가 있다면(5장 참조) min 함수와 max 함수를 사용해 "$gt"와 "$lt" 값 사이로 인덱스 범위를 제한해 쿼리할 수 있다.

```
> db.test.find({"x" : {"$gt" : 10, "$lt" : 20}}).min({"x" : 10}).max({"x" : 20})
{"x" : 15}
```

이제 쿼리는 5와 25는 누락시키고 10과 20 사이의 인덱스만을 통과시킨다. 쿼리하는 필드에 인덱스가 있을 때는 min 함수와 max 함수만을 사용할 수 있지만, 그렇더라도 min과 max에 인덱스의 모든 필드를 전달해야 한다.

일반적으로, 배열을 포함하는 도큐먼트에 범위 쿼리를 할 때 min 함수와 max 함수를 사용하면 좋다. 배열에 대한 "$gt"/"$lt" 쿼리의 인덱스 한계index bound는 비효율적이다. 어떤 값이든 허용하므로 범위 내 값뿐 아니라 모든 인덱스 항목index entry을 검색한다.

4.3.4 내장 도큐먼트에 쿼리하기

내장 도큐먼트 쿼리는 도큐먼트 전체를 대상으로 하는 방식과 도큐먼트 내 키/값 쌍 각각을 대상으로 하는 방식으로 나뉜다.

전체 도큐먼트를 대상으로 하는 쿼리는 일반적인 쿼리와 동일하게 작동한다. 예를 들어 다음과 같은 도큐먼트가 있다고 가정하자.

```
{
    "name" : {
        "first" : "Joe",
        "last" : "Schmoe"
    },
    "age" : 45
}
```

아래와 같이 Joe Schmoe라는 사람을 쿼리할 수 있다.

```
> db.people.find({"name" : {"first" : "Joe", "last" : "Schmoe"}})
```

그러나 서브도큐먼트 전체에 쿼리하려면 서브도큐먼트와 정확히 일치해야 한다. Joe가 가운데 이름middle name 필드를 추가하면 전체 도큐먼트가 일치하지 않으므로 쿼리가 더는 작동하지 않는다! 또한 이런 쿼리는 순서를 따지기 때문에 {"last" : "Schmoe", "first" : "Joe"}도 일치하지 않는다.

내장 도큐먼트에 쿼리할 때는 가능하다면 특정 키로 쿼리하는 방법이 좋다. 도큐먼트 전체를 대상으로 정확히 일치시키는 방법이 아니므로 스키마가 변경되더라도 모든 쿼리가 정상적으로 작동한다. 내장 도큐먼트의 키를 쿼리할 때는 점 표기법dot notation을 사용한다.

```
> db.people.find({"name.first" : "Joe", "name.last" : "Schmoe"})
```

이제 Joe가 가운데 이름 키를 추가하더라도 쿼리는 여전히 성과 이름에 일치한다.

점 표기법은 쿼리 도큐먼트와 다른 도큐먼트 타입의 큰 차이점이다. 쿼리 도큐먼트는 점을 포함할 수 있고, 이는 내장 도큐먼트 내 항목에 접근할 수 있다는 의미다. 또한 점 표기법은 입력하는 도큐먼트에 . 문자를 사용할 수 없는 이유이기도 하다. 이러한 제약 조건은 URL을 키로 저장할 때 자주 문제를 일으킨다. 도큐먼트를 입력하기 전이나 꺼낸 후에 . 문자를 URL에 쓰이지 않는 문자로 바꾸는 방법으로 문제를 해결할 수 있다.

내장 도큐먼트 구조가 복잡해질수록 일치하는 내장 도큐먼트를 찾기가 어려워진다. 예를 들어 저장된 블로그 게시물에서 5점 이상을 받은 Joe의 댓글을 찾는다고 가정하자. 게시물은 다음과 같이 모델링한다.

```
> db.blog.find()
{
    "content" : "...",
    "comments" : [
        {
            "author" : "joe",
            "score" : 3,
            "comment" : "nice post"
        },
        {
            "author" : "mary",
            "score" : 6,
            "comment" : "terrible post"
        }
    ]
}
```

이때 db.blog.find({"comments" : {"author" : "joe", "score" : {"$gte" : 5}}})로 쿼리할 수 없다. 내장 도큐먼트가 쿼리 도큐먼트 전체와 일치해야 하는데 쿼리 도큐먼트는 "comment" 키가 없으므로 맞는 도큐먼트를 찾을 수 없다. 또한 db.blog.find({"comments.author" : "joe", "comments.score" : {"$gte" : 5}})도 작동하지 않는다. 쿼리 도큐먼트에서 댓글의 score 조건과 author 조건은 댓글 배열 내의 각기 다른 도큐먼트와 일치하기 때문이다. 즉 배열에서 첫 번째 댓글의 "author" : "joe"와 두 번째 댓글의 "score" : 6이 조건과 일치하므로 도큐먼트를 그대로 반환한다.

모든 키를 지정하지 않고도 조건을 정확하게 묶으려면 "$elemMatch"를 사용한다. 이 조건절은 조건을 부분적으로 지정해 배열 내에서 하나의 내장 도큐먼트를 찾게 해준다. 쿼리는 다음과 같다.

```
> db.blog.find({"comments" : {"$elemMatch" :
... {"author" : "joe", "score" : {"$gte" : 5}}}})
```

"$elemMatch"를 사용해 조건을 '그룹화'할 수 있다. 따라서 내장 도큐먼트에서 2개 이상의 키의 조건 일치 여부를 확인할 때만 필요하다.

4.4 $where 쿼리

키/값 쌍만으로 꽤 다양한 쿼리를 할 수 있지만 정확하게 표현할 수 없는 쿼리도 있다. 이때 "$where" 절을 사용해 임의의 자바스크립트를 쿼리의 일부분으로 실행하면 (거의) 모든 쿼리를 표현할 수 있다. 따라서 보안상의 이유로 "$where" 절 사용을 제한해야 한다. 최종 사용자 end user가 임의의 "$where" 절을 실행하지 못하도록 한다.

"$where" 절은 도큐먼트 내 두 키의 값을 비교하는 쿼리에 가장 자주 쓰인다. 예를 들어 다음과 같은 도큐먼트가 있다고 가정하자.

```
> db.foo.insertOne({"apple" : 1, "banana" : 6, "peach" : 3})
> db.foo.insertOne({"apple" : 8, "spinach" : 4, "watermelon" : 4})
```

두 필드의 값이 동일한 도큐먼트를 반환받아보자. 예를 들어 두 번째 도큐먼트에서 "spinach" 와 "watermelon"이 같은 값(4)을 가진다. 몽고DB에서는 이런 경우에 $ 조건절을 사용할 수 없으므로 "$where" 절 내 자바스크립트로 처리한다.

```
> db.foo.find({"$where" : function () {
... for (var current in this) {
...     for (var other in this) {
...         if (current != other && this[current] == this[other]) {
...             return true;
...         }
...     }
... }
... return false;
... }});
```

함수가 true를 반환하면 해당 도큐먼트는 결과 셋에 포함되고 false를 반환하면 포함되지 않는다.

"$where" 쿼리는 일반 쿼리보다 훨씬 느리니 반드시 필요한 경우가 아니면 사용하지 말자. "$where" 절 실행 시 각 도큐먼트는 BSON에서 자바스크립트 객체로 변환되기 때문에 오래 걸린다. 또한 "$where" 절에는 인덱스를 쓸 수 없다. 따라서 "$where" 절은 달리 쿼리할 방법이 전혀 없을 때만 사용해야 한다. "$where" 절을 다른 쿼리 필터^{query filter}와 함께 사용하면 성능 저하를 줄일 수 있다. 가능한 한 "$where" 절이 아닌 조건은 인덱스로 거르고, "$where" 절은 결과를 세부적으로 조정할 때 사용하자. 몽고DB 3.6에는 몽고DB 쿼리 언어로 집계 표현식을 사용할 수 있도록 $expr 연산자가 추가됐다. $expr를 사용하면 자바스크립트를 실행하지 않아 더 빨리 쿼리할 수 있으므로 가능한 한 $where 대신 $expr을 사용하자.

복잡한 쿼리를 처리하는 또 다른 방법은 7장에서 다룬다.

4.5 커서

데이터베이스는 **커서**를 사용해 find의 결과를 반환한다. 일반적으로 클라이언트 측의 커서 구현체^{implementation}는 쿼리의 최종 결과를 강력히 제어하게 해준다. 결과 개수를 제한하거나, 결과 중 몇 개를 건너뛰거나, 여러 키를 조합한 결과를 어떤 방향으로든 정렬하는 등 다양하게 조작할 수 있다.

셸에서 커서를 생성하려면 컬렉션에 도큐먼트를 집어넣고 쿼리한 후 결과를 지역 변수("var"로 선언된 변수는 지역 변수다)에 할당한다. 여기서는 아주 간단한 컬렉션을 생성해 쿼리한 후 결과를 cursor 변수에 저장했다.

```
> for(i=0; i<100; i++) {
...     db.collection.insertOne({x : i});
... }
> var cursor = db.collection.find();
```

결과를 한 번에 하나씩 볼 수 있다는 장점이 있다. 결과를 전역 변수에 저장하거나 아예 변수가 없으면, 몽고DB 셸은 자동으로 결과를 훑으며 처음 몇 개의 도큐먼트를 표시한다. 이 방법은 컬렉션 내에 무엇이 있는지 보는 데 사용하며, 셸에서 실제 프로그래밍을 하는 데는 적합하지 않다.

결과를 얻으려면 커서의 next 메서드를 사용하고, 다른 결과가 있는지 확인하려면 hasNext를 사용한다. 결과를 확인하는 반복문은 일반적으로 다음과 같다.

```
> while (cursor.hasNext()) {
...     obj = cursor.next();
...     // 사용자 정의 작업 수행
... }
```

cursor.hasNext()는 다음 결과가 존재하는지 확인하고 cursor.next()는 그 결과를 가져온다.

또한 cursor 클래스는 자바스크립트의 반복자iterator 인터페이스를 구현했으므로 forEach 반복문에 사용할 수 있다.

```
> var cursor = db.people.find();
> cursor.forEach(function(x) {
...     print(x.name);
... });
adam
matt
zak
```

find를 호출할 때 셸이 데이터베이스를 즉시 쿼리하지는 않으며 결과를 요청하는 쿼리를 보낼 때까지 기다린다. 따라서 쿼리하기 전에 옵션을 추가할 수 있다. 또한 cursor 객체상의 거의 모든 메서드가 커서 자체를 반환하므로 옵션을 어떤 순서로든 이어 쓸 수 있다.

예를 들어 다음 쿼리들은 모두 동일하게 작동한다.

```
> var cursor = db.foo.find().sort({"x" : 1}).limit(1).skip(10);
> var cursor = db.foo.find().limit(1).sort({"x" : 1}).skip(10);
> var cursor = db.foo.find().skip(10).limit(1).sort({"x" : 1});
```

이 시점에서 쿼리는 아직 수행되지 않는다. 함수들은 쿼리를 만들기만 했을 뿐이다. 다음 메서드를 호출한다고 가정하자.

```
> cursor.hasNext()
```

이때 비로소 쿼리가 서버로 전송된다. 셸은 next나 hasNext 메서드 호출 시 서버 왕복 횟수를 줄이기 위해, 한 번에 처음 100개 또는 4메가바이트 크기의 결과(둘 중 작은 것)를 가져온다. 클라이언트가 첫 번째 결과 셋을 살펴본 후에, 셸이 데이터베이스에 다시 접근해 더 많은 결과를 요청한다. getMore 요청은 기본적으로 커서에 대한 식별자를 가지며, 데이터베이스가 (만약 존재한다면) 다음 배치를 반환하도록 요구한다. 프로세스는 모든 결과를 반환해 커서가 소진될 때까지 계속된다.

4.5.1 제한, 건너뛰기, 정렬

가장 일반적인 쿼리 옵션으로는 반환받는 결과 개수를 제한하거나, 몇 개의 결과를 건너뛰거나, 결과를 정렬하는 옵션이 있다. 옵션은 쿼리가 데이터베이스에 전송되기 전에 추가해야 한다.

결과 개수를 제한하려면 find 호출에 limit 함수를 연결한다. 예를 들어 3개의 결과만 반환받아보자.

```
> db.c.find().limit(3)
```

컬렉션에서 쿼리 조건에 맞는 결과가 3개보다 적으면, 조건에 맞는 도큐먼트 개수만큼만 반환한다. limit는 상한upper limit만 설정하고 하한lower limit은 설정하지 않는다.

skip은 limit와 유사하게 작동한다.

```
> db.c.find().skip(3)
```

예제는 조건에 맞는 결과 중 처음 3개를 건너뛴 나머지를 반환한다. 컬렉션에서 조건에 맞는 결과가 3개보다 적으면 아무 결과도 반환하지 않는다.

sort는 객체를 매개변수로 받는다. 매개변수는 키/값 쌍의 셋, 키는 키의 이름, 값은 정렬 방향이다. 정렬 방향은 1(오름차순) 또는 -1(내림차순)이다. 키가 여러 개이면 주어진 정렬 방향에 따라 정렬된다. **"username"**은 오름차순으로, **"age"**는 내림차순으로 정렬해보자.

```
> db.c.find().sort({username : 1, age : -1})
```

세 메서드를 조합해 사용하면 페이지를 나눌 때(페이지네이션^{pagination}할 때) 편리하다. 예를 들어 온라인 상점에 고객이 들어와서 **mp3**를 검색한다고 가정하자. 가격을 내림차순으로 정렬해한 페이지당 50개씩 결과를 보여주려면 다음과 같이 한다.

```
> db.stock.find({"desc" : "mp3"}).limit(50).sort({"price" : -1})
```

다음 페이지를 클릭하면 더 많은 결과가 보이게 하려면 쿼리에 **skip**을 추가해서 처음 50개의 결과(사용자가 이미 1페이지에서 봤던)를 건너뛸 수 있다.

```
> db.stock.find({"desc" : "mp3"}).limit(50).skip(50).sort({"price" : -1})
```

하지만 큰 수를 건너뛰면 비효율적이다. 이를 피하는 몇 가지 방법을 4.5.2 '많은 수의 건너뛰기 피하기'에서 소개한다.

비교 순서

몽고DB에는 데이터형을 비교하는 위계 구조^{hierarchy}가 있다. 정수형과 불리언형, 문자열형과 null형처럼 때로는 하나의 키에 여러 데이터형 값을 저장할 수 있다. 데이터형이 섞여 있는 키는 미리 정의된 순서에 따라 정렬한다. 데이터형 정렬 순서를 최솟값에서 최댓값 순으로 나타내면 다음과 같다.

1. 최솟값
2. null
3. 숫자(int, long, double, decimal)
4. 문자열
5. 객체/도큐먼트
6. 배열
7. 이진 데이터
8. 객체 ID

9. 불리언

10. 날짜

11. 타임스탬프

12. 정규 표현식

13. 최댓값

4.5.2 많은 수의 건너뛰기 피하기

도큐먼트 수가 적을 때는 skip을 사용해도 무리가 없다. 하지만 skip은 생략된 결과물을 모두 찾아 폐기하므로 결과가 많으면 느려진다. 대부분의 데이터베이스는 skip을 위해 인덱스 안에 메타데이터를 저장하지만 몽고DB는 아직 해당 기능을 지원하지 않는다. 따라서 많은 수의 건너뛰기^{large skip}는 피해야 한다. 종종 직전 쿼리 결과를 기반으로 다음 쿼리를 계산할 수 있다.

skip을 사용하지 않고 페이지 나누기

limit를 사용해 첫 번째 페이지를 반환하고, 다음 페이지들은 첫 페이지부터 오프셋을 주어 반환하면 가장 쉽게 페이지를 나눌 수 있다.

```
> // 사용하지 말자. 많은 수의 건너뛰기 때문에 느려진다.
> var page1 = db.foo.find(criteria).limit(100)
> var page2 = db.foo.find(criteria).skip(100).limit(100)
> var page3 = db.foo.find(criteria).skip(200).limit(100)
...
```

하지만 쿼리에 따라 skip을 사용하지 않는 방법을 찾을 수 있다. 예를 들어 "date"를 내림차순으로 정렬해 도큐먼트를 표시한다고 가정하자. 아래와 같이 첫 페이지를 구한다.

```
> var page1 = db.foo.find().sort({"date" : -1}).limit(100)
```

마지막 도큐먼트의 "date" 값을 사용해 다음 페이지를 가져온다.

```
var latest = null;

// 첫 페이지 보여주기
```

```
while (page1.hasNext()) {
    latest = page1.next();
    display(latest);
}

// 다음 페이지 가져오기
var page2 = db.foo.find({"date" : {"$lt" : latest.date}});
page2.sort({"date" : -1}).limit(100);
```

이제 쿼리에 skip을 쓸 필요가 없다.

랜덤으로 도큐먼트 찾기

컬렉션에서 랜덤으로 도큐먼트를 가져오는 방법은 자주 문제가 된다. 단순하고 느린 방법으로는 도큐먼트의 개수를 세고 find를 실행한 후, 0과 컬렉션 크기 사이의 수를 랜덤으로 뽑아 그 개수만큼 건너뛰는 방법이 있다.

```
> // 사용하지 말자.
> var total = db.foo.count()
> var random = Math.floor(Math.random()*total)
> db.foo.find().skip(random).limit(1)
```

이 방법은 사실 랜덤 요소를 구하는 데 매우 비효율적이다. 우선 전체 도큐먼트를 세어야 하며(조건을 사용했다면 비용이 많이 들 수 있다), 많은 요소를 건너뛰어야 하므로 시간이 오래 걸린다.

컬렉션에서 랜덤으로 요소를 찾아야 한다면 훨씬 효율적인 방법이 있다. 도큐먼트를 입력할 때 랜덤 키를 별도로 추가하는 방법이다. 예를 들어 셸을 사용한다면 Math.random() 함수를 사용한다. 함수는 0과 1 사이의 랜덤 수를 생성한다.

```
> db.people.insertOne({"name" : "joe", "random" : Math.random()})
> db.people.insertOne({"name" : "john", "random" : Math.random()})
> db.people.insertOne({"name" : "jim", "random" : Math.random()})
```

이제 컬렉션에서 랜덤으로 도큐먼트를 찾고 싶으면 skip을 사용하는 대신 랜덤 수를 계산해 쿼리 조건으로 사용한다.

```
> var random = Math.random()
> result = db.people.findOne({"random" : {"$gt" : random}})
```

random 값이 컬렉션 내 모든 "random" 값보다 클 때는 빈 결과를 반환한다. 이는 도큐먼트를
다른 방향으로 반환함으로써 간단히 방지할 수 있다.

```
> if (result == null) {
... result = db.people.findOne({"random" : {"$lte" : random}}) ... }
```

컬렉션에 도큐먼트가 하나도 존재하지 않으면 당연히 null을 반환한다. 이 방법은 상대적으로
복잡한 쿼리에 적합하다. 다만 랜덤 키가 인덱스를 갖는지 명확히 해야 한다. 예를 들어 캘리포
니아에서 랜덤으로 배관공을 찾으려면 "profession", "state", "random"에 인덱스를 생성
한다.

```
> db.people.ensureIndex({"profession" : 1, "state" : 1, "random" : 1})
```

이 방법으로 빠르게 랜덤 결과를 얻을 수 있다(인덱스에 관한 자세한 설명은 5장을 참조한다).

4.5.3 종료되지 않는 커서

커서에는 두 가지 측면이 있다. 클라이언트가 보는 커서와 클라이언트 커서client-side cursor가 나타
내는 데이터베이스 커서다. 지금까지는 클라이언트 커서를 다뤘으니 이제 서버 측 커서도 간단
하게 살펴보자.

서버 측에서 보면 커서는 메모리와 리소스를 점유한다. 커서가 더는 가져올 결과가 없거나 클
라이언트로부터 종료 요청을 받으면 데이터베이스는 점유하고 있던 리소스를 해제한다. 그러
면 데이터베이스가 리소스를 다른 작업에 사용할 수 있으므로 커서도 신속하게 해제(물론 합
당한 이유로)해야 한다.

서버 커서를 종료하는(그리고 이후의 작업도 정리하는) 몇 가지 조건이 있다. 첫 번째로, 커
서는 조건에 일치하는 결과를 모두 살펴본 후에는 스스로 정리한다. 또한 커서가 클라이언트
측에서 유효 영역을 벗어나면 드라이버는 데이터베이스에 메시지를 보내 커서를 종료해도 된

다고 알린다. 마지막으로, 사용자가 아직 결과를 다 살펴보지 않았고, 커서가 여전히 유효 영역 내에 있더라도 10분 동안 활동이 없으면 데이터베이스 커서는 자동으로 죽는다. 따라서 클라이언트가 충돌하거나 버그가 있더라도 몽고DB에 열린 커서open cursor가 수천 개가 될 일은 없다.

일반적으로 '타임아웃timeout에 의한 종료'는 바람직한 동작이다. 사용자가 몇 분 동안 결과를 기다리게 하는 애플리케이션은 거의 없다. 하지만 종종 커서를 오래 남겨두고 싶을 때가 있다. 따라서 많은 드라이버는 데이터베이스가 커서를 타임아웃시키지 못하게 하는 immortal이라는 함수를 제공한다. 커서의 타임아웃을 비활성화했다면 반드시 결과를 모두 살펴보거나 커서를 명확히 종료해야 한다. 그렇지 않으면 커서는 데이터베이스에 남아 서버가 재시작할 때까지 리소스를 차지한다.

몽고DB 개발

5장에서는 인덱스의 개념과 몽고DB 컬렉션에서 인덱스를 사용하는 방법을 다룬다. 6장에서는 여러 유형의 인덱스와 컬렉션을 사용하는 방법을 설명한다. 7장에서는 카운트, 고유한 값 찾기, 도큐먼트 그룹화하기, 집계 프레임워크, 그리고 이러한 결과를 컬렉션에 쓰기 등 데이터 집계를 위한 기술을 다룬다. 8장에서는 트랜잭션을 다룬다. 트랜잭션의 개념, 애플리케이션에 가장 적합하게 사용하는 방법 및 조정하는 방법 등을 살펴본다. 마지막으로 9장에서 몽고DB와 잘 연동되는 애플리케이션을 작성하는 팁을 알아본다.

Part II

몽고DB 개발

## CHAPTER 5

인덱싱

이 장에서는 몽고DB의 인덱스를 소개한다. 인덱스를 사용하면 효율적으로 쿼리할 수 있다. 인 덱스는 애플리케이션을 개발하는 데 중요하며 특정 유형의 쿼리에 꼭 필요하다. 이 장에서는 다음을 알아본다.

- 인덱싱의 정의와 사용하는 이유
- 인덱싱할 필드를 선정하는 방법
- 인덱스 사용을 평가하고 적용하는 방법
- 인덱스 생성 및 제거에 대한 관리 정보

컬렉션에 적합한 인덱스를 선택하면 성능에 큰 영향을 미친다.

5.1 인덱싱 소개

데이터베이스 인덱스는 책의 인덱스와 유사하다. 데이터베이스는 전체 내용을 살펴보는 대신 지름길을 택해, 특정 내용을 가리키는 정렬된 리스트를 확인한다. 따라서 엄청난 양의 명령을 더 빠르게 쿼리할 수 있다.

인덱스를 사용하지 않는 쿼리를 **컬렉션 스캔**^{collection scan}이라 하며, 서버가 쿼리 결과를 찾으려면 '전체 내용을 살펴봐야 함'을 의미한다. 책에서 인덱스 없이 정보를 찾을 때 1쪽부터 끝까지 책 전체를 읽는 방식과 같다. 큰 컬렉션을 스캔할 때는 컬렉션 스캔이 매우 느려지니 이런 방식은 피하자.

예를 들어 1백만 건(혹은 인내심이 있다면 1천만 건이나 1억 건)의 도큐먼트를 갖는 컬렉션을 생성해보자.

```
> for (i=0; i<1000000; i++) {
...     db.users.insertOne(
...         {
...             "i" : i,
...             "username" : "user"+i,
...             "age" : Math.floor(Math.random()*120),
...             "created" : new Date()
...         }
...     );
... }
```

처음에는 인덱스를 사용하지 않고, 다음에는 인덱스를 사용해봄으로써 쿼리 성능 차이를 확인해보자.

이 컬렉션을 쿼리한다면 explain 함수를 이용해 쿼리가 실행될 때 몽고DB가 무엇을 하는지 확인할 수 있다. explain는 명령을 감싸는 커서 보조자 메서드^{cursor helper method}와 사용하면 좋다. explain 커서 메서드는 다양한 CRUD 작업의 실행 정보를 제공한다. 이 메서드는 여러 가지 장황한 모드^{verbosity mode}에서 실행할 수 있다. executionStats 모드는 인덱스를 이용한 쿼리의 효과를 이해하는 데 도움이 된다. 특정 사용자명을 쿼리하는 예제를 통해 executionStats 모드를 살펴보자.

```
> db.users.find({"username": "user101"}).explain("executionStats")
{
    "queryPlanner" : {
        "plannerVersion" : 1,
        "namespace" : "test.users",
        "indexFilterSet" : false,
        "parsedQuery" : {
            "username" : {
                "$eq" : "user101"
            }
        },
        "winningPlan" : {
```

```
            "stage" : "COLLSCAN",
            "filter" : {
                "username" : {
                    "$eq" : "user101"
                }
            },
            "direction" : "forward"
        },
        "rejectedPlans" : [ ]
    },
    "executionStats" : {
        "executionSuccess" : true,
        "nReturned" : 1,
        "executionTimeMillis" : 419,
        "totalKeysExamined" : 0,
        "totalDocsExamined" : 1000000,
        "executionStages" : {
            "stage" : "COLLSCAN",
            "filter" : {
                "username" : {
                    "$eq" : "user101"
                }
            },
            "nReturned" : 1,
            "executionTimeMillisEstimate" : 375,
            "works" : 1000002,
            "advanced" : 1,
            "needTime" : 1000000,
            "needYield" : 0,
            "saveState" : 7822,
            "restoreState" : 7822,
            "isEOF" : 1,
            "invalidates" : 0,
            "direction" : "forward",
            "docsExamined" : 1000000
        }
    },
    "serverInfo" : {
        "host" : "eoinbrazil-laptop-osx",
        "port" : 27017,
        "version" : "4.0.12",
        "gitVersion" : "5776e3cbf9e7afe86e6b29e22520ffb6766e95d4"
    },
    "ok" : 1
}
```

출력 필드는 5.2 'explain 출력'에서 다루므로 지금은 대부분의 필드를 살펴보지 않고 넘긴다. 예제에서 "executionStats" 필드의 값인 중첩된 도큐먼트를 살펴보자. 이 도큐먼트에서 "totalDocsExamined"는 몽고DB가 쿼리를 실행하면서 살펴본 도큐먼트 개수이며, 보다시피 컬렉션에 들어 있는 모든 도큐먼트 개수와 같다. 즉 몽고DB는 모든 도큐먼트 안에 있는 모든 필드를 살펴본다. 이 작업은 완료하는 데 거의 0.5초가 걸렸다. "millis" 필드는 쿼리하는 데 걸린 시간을 밀리초 단위로 보여준다.

"executionStats" 도큐먼트의 "nReturned" 필드는 반환받은 결과의 개수를 보여준다. 사용자명이 "user101"인 사용자는 단 한 명이므로 값은 1이다. 몽고DB는 사용자명이 고유함을 알지 못하므로 일치하는 항목을 찾으려면 컬렉션 내 모든 도큐먼트를 살펴봐야 한다.

몽고DB가 쿼리에 효율적으로 응답하게 하려면 애플리케이션의 모든 쿼리 패턴^{query pattern}에 인덱스를 사용해야 한다. 쿼리 패턴이란 단순히 애플리케이션이 데이터베이스에 요구하는 다양한 유형의 질문을 의미한다. 앞에서는 쿼리 패턴의 예시로, 사용자명으로 사용자 컬렉션을 쿼리했다. 많은 애플리케이션에서 단일 인덱스가 여러 쿼리 패턴을 지원한다. 이후 절에서 쿼리 패턴에 인덱스를 맞춤화하는 방법을 설명한다.

5.1.1 인덱스 생성

이제 "username" 필드에 인덱스를 만들어보자. 인덱스를 만들려면 createIndex 컬렉션 메서드를 사용한다.

```
> db.users.createIndex({"username" : 1})
{
    "createdCollectionAutomatically" : false,
    "numIndexesBefore" : 1,
    "numIndexesAfter" : 2,
    "ok" : 1
}
```

컬렉션을 특히 크게 만들지 않는 한 인덱스를 만드는 데는 몇 초면 충분하다. "createIndex" 호출이 몇 초 후에 반환되지 않으면, 다른 셸에서 db.currentOp()를 실행하거나 mongod의 로그를 확인해 인덱스 구축의 진행률을 체크해보자.

인덱스 구축이 완료되면 다시 처음처럼 쿼리해보자.

```
> db.users.find({"username": "user101"}).explain("executionStats")
{
    "queryPlanner" : {
        "plannerVersion" : 1,
        "namespace" : "test.users",
        "indexFilterSet" : false,
        "parsedQuery" : {
            "username" : {
                "$eq" : "user101"
            }
        },
        "winningPlan" : {
            "stage" : "FETCH",
            "inputStage" : {
                "stage" : "IXSCAN",
                "keyPattern" : {
                    "username" : 1
                },
                "indexName" : "username_1",
                "isMultiKey" : false,
                "multiKeyPaths" : {
                    "username" : [ ]
                },
                "isUnique" : false,
                "isSparse" : false,
                "isPartial" : false,
                "indexVersion" : 2,
                "direction" : "forward",
                "indexBounds" : {
                    "username" : [
                        "[\"user101\", \"user101\"]"
                    ]
                }
            }
        },
        "rejectedPlans" : [ ]
    },
    "executionStats" : {
        "executionSuccess" : true,
        "nReturned" : 1,
        "executionTimeMillis" : 1,
```

```
"totalKeysExamined" : 1,
"totalDocsExamined" : 1,
"executionStages" : {
    "stage" : "FETCH",
    "nReturned" : 1,
    "executionTimeMillisEstimate" : 0,
    "works" : 2,
    "advanced" : 1,
    "needTime" : 0,
    "needYield" : 0,
    "saveState" : 0,
    "restoreState" : 0,
    "isEOF" : 1,
    "invalidates" : 0,
    "docsExamined" : 1,
    "alreadyHasObj" : 0,
    "inputStage" : {
        "stage" : "IXSCAN",
        "nReturned" : 1,
        "executionTimeMillisEstimate" : 0,
        "works" : 2,
        "advanced" : 1,
        "needTime" : 0,
        "needYield" : 0,
        "saveState" : 0,
        "restoreState" : 0,
        "isEOF" : 1,
        "invalidates" : 0,
        "keyPattern" : {
            "username" : 1
        },
        "indexName" : "username_1",
        "isMultiKey" : false,
        "multiKeyPaths" : {
            "username" : [ ]
        },
        "isUnique" : false,
        "isSparse" : false,
        "isPartial" : false,
        "indexVersion" : 2,
        "direction" : "forward",
        "indexBounds" : {
            "username" : [
                "[\"user101\", \"user101\"]"
```

```
                    ]
                },
                "keysExamined" : 1,
                "seeks" : 1,
                "dupsTested" : 0,
                "dupsDropped" : 0,
                "seenInvalidated" : 0
            }
        }
    },
    "serverInfo" : {
        "host" : "eoinbrazil-laptop-osx",
        "port" : 27017,
        "version" : "4.0.12",
        "gitVersion" : "5776e3cbf9e7afe86e6b29e22520ffb6766e95d4"
    },
    "ok" : 1
}
```

explain 출력은 더 복잡하지만 현재로서는 "executionStats" 중첩 도큐먼트의 "nReturned", "totalDocsExamined", "executionTimeMillis" 이외의 모든 필드는 살펴보지 않아도 된다. 쿼리는 이제 거의 즉각적이며, 어떤 사용자명으로 쿼리하든 비슷하거나 더 나은 실행 시간[runtime]을 보인다.

```
> db.users.find({"username": "user999999"}).explain("executionStats")
```

보다시피 인덱스는 쿼리 시간에 놀라운 차이를 만든다. 하지만 단점도 있는데, 인덱싱된 필드를 변경하는 쓰기[write](삽입, 갱신, 삭제) 작업은 더 오래 걸린다. 데이터가 변경될 때마다 도큐먼트뿐 아니라 모든 인덱스를 갱신해야 하기 때문이다. 특정 상황에서는 그만한 가치가 있다. 그러므로 어떤 필드가 인덱싱하기에 적합한지 신중히 파악해야 한다.

TIP 몽고DB에서 인덱스는 전형적인 관계형 데이터베이스의 인덱스와 거의 동일하게 작동한다. 이러한 인덱스에 익숙하다면 구문 명세에 대한 내용은 가볍게 읽고 넘겨도 된다.

인덱스를 생성할 대상 필드를 선택하려면, 자주 쓰는 쿼리와 빨리 수행해야 하는 쿼리를 조사해 공통적인 키 셋을 찾아본다. 예를 들어 앞 예제에서는 "username"으로 쿼리했다. 해당 쿼리가 특히 자주 쓰이거나 병목[bottleneck]이 된다면 "username"을 인덱싱하면 좋다. 하지만 독특한 쿼리이거나, 관리자에 의해 실행되는 쿼리와 같이 소요 시간에 구애받지 않는다면 인덱싱하기에 적합하지 않다.

5.1.2 복합 인덱스 소개

인덱스는 가능한 한 효율적으로 쿼리하려는 목적으로 사용한다. 상당수의 쿼리 패턴은 두 개이상의 키를 기반으로 인덱스를 작성해야 한다. 예를 들어 인덱스는 모든 값을 정렬된 순서로 보관하므로 인덱스 키로 도큐먼트를 정렬하는 작업이 훨씬 빨라지게 한다. 하지만 인덱스가 앞부분에 놓일 때만 정렬에 도움이 된다. 예를 들어 "username" 인덱스는 다음 정렬에 큰 도움이 되지 않는다.

```
> db.users.find().sort({"age" : 1, "username" : 1})
```

명령은 먼저 "age"로 정렬한 후에 "username"으로 정렬하는데, "username"에 의한 완전 정렬strict sorting은 별로 도움이 되지 않는다. 정렬을 최적화하려면 "age"와 "username"에 인덱스를 만든다.

```
> db.users.createIndex({"age" : 1, "username" : 1})
```

이는 **복합 인덱스**라 불리며, 쿼리에서 정렬 방향이 여러 개이거나 검색 조건에 여러 개의 키가 있을 때 유용하다. 복합 인덱스는 2개 이상의 필드로 구성된 인덱스다.

정렬 없는(순차 정렬natural order이라 한다) 쿼리를 실행하면 다음처럼 보이는 user 컬렉션이 있다고 가정하자.

```
> db.users.find({}, {"_id" : 0, "i" : 0, "created" : 0})
{ "username" : "user0", "age" : 69 }
{ "username" : "user1", "age" : 50 }
{ "username" : "user2", "age" : 88 }
{ "username" : "user3", "age" : 52 }
{ "username" : "user4", "age" : 74 }
{ "username" : "user5", "age" : 104 }
{ "username" : "user6", "age" : 59 }
{ "username" : "user7", "age" : 102 }
```

```
{ "username" : "user8", "age" : 94 }
{ "username" : "user9", "age" : 7 }
{ "username" : "user10", "age" : 80 }
...
```

컬렉션에 {"age" : 1, "username" : 1}로 인덱스를 만들면 인덱스는 다음과 같은 형태로 표현된다.

```
[0, "user100020"] -> 8623513776
[0, "user1002"] -> 8599246768
[0, "user100388"] -> 8623560880
...
[0, "user100414"] -> 8623564208
[1, "user100113"] -> 8623525680
[1, "user100280"] -> 8623547056
[1, "user100551"] -> 8623581744
...
[1, "user100626"] -> 8623591344
[2, "user100191"] -> 8623535664
[2, "user100195"] -> 8623536176
[2, "user100197"] -> 8623536432
...
```

각 인덱스 항목은 나이와 사용자명을 포함하고 레코드 식별자record identifier를 가리킨다. 레코드 식별자는 내부에서 스토리지 엔진에 의해 사용되며 도큐먼트 데이터를 찾는다. "age" 필드는 완전한 오름차순으로 정렬되며, 각 나이에서 "username" 역시 오름차순으로 정렬된다. 예제 데이터셋에서 나이별로 연관된 사용자명이 약 8천 개이므로, 개념 전달에 필요한 사용자명 몇 개만 나타냈다.

몽고DB가 실행하는 쿼리의 종류에 따라 인덱스를 사용하는 방법이 다르다. 가장 많이 사용하는 세 가지 방법을 알아보자.

db.users.find({"age" : 21}).sort({"username" : -1})

단일 값을 찾는 동등 쿼리equality query다. 결괏값으로 여러 도큐먼트가 있을 수 있다. 인덱스의 두 번째 필드로 인해 결과는 이미 적절한 순서로 정렬된다. 즉 몽고DB는 {"age" : 21}과 일치하는 마지막 항목부터 순서대로 인덱스를 탐색한다.

```
[21, "user100154"] -> 8623530928
[21, "user100266"] -> 8623545264
[21, "user100270"] -> 8623545776
[21, "user100285"] -> 8623547696
[21, "user100349"] -> 8623555888
...
```

이러한 쿼리는 매우 효율적이다. 몽고DB는 곧바로 정확한 나이로 건너뛸 수 있으며 인덱스 탐색은 데이터를 올바른 순서로 반환하므로 결과를 정렬할 필요가 없다.

몽고DB는 인덱스를 어느 방향으로도 쉽게 탐색하므로 정렬 방향은 문제가 되지 않음을 알 아두자.

db.users.find({"age" : {"$gte" : 21, "$lte" : 30}})

범위 쿼리이며 여러 값이 일치하는 도큐먼트를 찾아낸다(여기서는 나이 값이 21과 30 사이 인 모든 도큐먼트). 몽고DB는 인덱스에 있는 첫 번째 키인 **"age"**를 다음처럼 사용해 일치 하는 도큐먼트를 반환받는다.

```
[21, "user100154"] -> 8623530928
[21, "user100266"] -> 8623545264
[21, "user100270"] -> 8623545776
...
[21, "user999390"] -> 8765250224
[21, "user999407"] -> 8765252400
[21, "user999600"] -> 8765277104
[22, "user100017"] -> 8623513392
...
[29, "user999861"] -> 8765310512
[30, "user100098"] -> 8623523760
[30, "user100155"] -> 8623531056
[30, "user100168"] -> 8623532720
...
```

몽고DB가 인덱스를 사용해 쿼리하면 일반적으로 인덱스 순서에 따라 도큐먼트 결과를 반 환한다.

```
db.users.find({"age" : {"$gte" : 21, "$lte" : 30}}).sort({"username" : 1})
```

마찬가지로 다중값 쿼리^{multivalue query}이지만 이번에는 정렬을 포함한다. 이전처럼 몽고DB는 검색 조건에 맞는 인덱스를 사용한다. 하지만 인덱스는 사용자명을 정렬된 순서로 반환하지 않으며, 쿼리는 사용자명에 따라 정렬된 결과를 요청한다. 몽고DB가 이미 원하는 순서대로 도큐먼트가 정렬된 인덱스를 단순히 통과하지 않고, 결과를 반환하기 전에 메모리에서 정렬해야 함을 의미한다. 따라서 일반적으로 이전 쿼리보다 비효율적이다.

물론 속도는 검색 조건과 일치하는 결과가 얼마나 많은지에 따라 다르다. 결과가 두세 도큐먼트뿐이라면 몽고DB는 정렬할 것이 많지 않다. 결과가 더 많으면 동작이 느려지거나 전혀 작동하지 않을 수도 있다. 결과가 32메가바이트 이상이면 몽고DB는 데이터가 너무 많아 정렬을 거부한다는 오류를 내보낸다.

```
Error: error: {
    "ok" : 0,
    "errmsg" : "Executor error during find command: OperationFailed:
Sort operation used more than the maximum 33554432 bytes of RAM. Add
an index, or specify a smaller limit.",
    "code" : 96,
    "codeName" : "OperationFailed"
}
```

TIP 오류를 피하고 싶다면 정렬 작업을 지원하는 인덱스를 생성하고(https://docs.mongodb.com/manual/reference/method/cursor.sort/index.html#sort-index-use) sort에 limit를 함께 사용해 결과를 32메가바이트 이하로 줄이자.

예제에는 같은 키를 역순으로 한 {"username" : 1, "age" : 1} 인덱스 또한 사용할 수 있다. 이때 몽고DB는 모든 인덱스 항목을 탐색하지만 원하는 순서로 되돌린다. 인덱스의 "age" 부분을 이용해서 일치하는 도큐먼트를 가져온다.

```
[user0, 4]
[user1, 67]
[user10, 11]
[user100, 92]
[user1000, 10]
[user10000, 31]
[user100000, 21] -> 8623511216
```

```
[user100001, 52]
[user100002, 69]
[user100003, 27] -> 8623511600
[user100004, 22] -> 8623511728
[user100005, 95]
...
```

이는 거대한 인메모리 정렬in-memory sort이 필요하지 않다는 장점이 있다. 하지만 일치하는 값을 모두 찾으려면 전체 인덱스를 훑어야 한다. 따라서 복합 인덱스를 구성할 때는 정렬 키를 첫 번째에 놓으면 좋다. 이 방법은 동등 쿼리, 다중값 쿼리, 정렬을 고려해 복합 인덱스를 구성할 때의 모범 사례다.

5.1.3 몽고DB가 인덱스를 선택하는 방법

이제 몽고DB가 쿼리를 충족하기 위해 인덱스를 선택하는 방법을 살펴본다. 5개의 인덱스가 있다고 가정해보자. 쿼리가 들어오면 몽고DB는 **쿼리 모양**query shape을 확인한다. 모양은 검색할 필드와 정렬 여부 등 추가 정보와 관련 있다. 시스템은 이 정보를 기반으로 쿼리를 충족하는 데 사용할 인덱스 후보 집합을 식별한다.

쿼리가 들어오고 인덱스 5개 중 3개가 쿼리 후보로 식별됐다고 가정해보자. 몽고DB는 각 인덱스 후보에 하나씩 총 3개의 쿼리 플랜query plan을 만들고, 각각 다른 인덱스를 사용하는 3개의 병렬 스레드에서 쿼리를 실행한다. 어떤 스레드에서 가장 빨리 결과를 반환하는지 확인하기 위함이다.

[그림 5-1]에서 볼 수 있듯 이 과정은 레이스race와 같다. 가장 먼저 목표 상태에 도달하는 쿼리 플랜이 승자가 된다. 또한 앞으로 동일한 모양을 가진 쿼리에 사용할 인덱스로 선택된다는 점이 중요하다. 플랜은 일정 기간(시범 기간trial period이라 한다) 동안 서로 경쟁하며, 각 레이스의 결과로 전체 승리 플랜을 산출한다.

쿼리 스레드가 레이스에서 이기려면, 모든 쿼리 결과를 가장 먼저 반환하거나 결과에 대한 시범 횟수를 정렬 순서로 가장 먼저 반환해야 한다. 인메모리 정렬을 하면 비용이 많이 들기 때문에 정렬 순서는 중요한 부분이다.

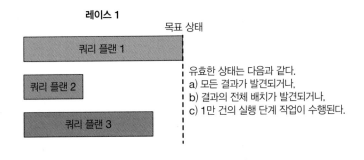

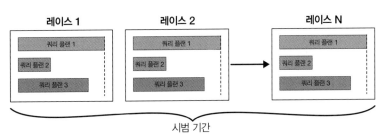

그림 5-1 몽고DB 쿼리 플래너가 인덱스를 선택하는 방법(레이스로 시각화)

여러 쿼리 플랜이 서로 경쟁함으로써, 모양이 동일한 후속 쿼리가 있을 때 몽고DB 서버에서 어떤 인덱스를 선택할지 알 수 있다. 서버는 쿼리 플랜의 캐시를 유지하는데, 승리한 플랜은 차후 모양이 같은 쿼리에 사용하기 위해 캐시에 저장된다. 시간이 지나 컬렉션과 인덱스가 변경되면 쿼리 플랜이 캐시에서 제거되고, 몽고DB는 다시 가능한 쿼리 플랜을 실험해 해당 컬렉션 및 인덱스 집합에 가장 적합한 플랜을 찾는다. 또한 인덱스를 다시 작성하거나, 인덱스를 추가하거나 삭제하면 플랜이 캐시에서 제거된다. 쿼리 플랜 캐시는 명시적으로 지울 수 있으며, mongod 프로세스를 다시 시작할 때도 삭제된다.

5.1.4 복합 인덱스 사용

앞 절에서는 2개 이상의 키로 구성된 복합 인덱스를 사용했다. 복합 인덱스는 단일키 인덱스single-key index보다 좀 더 복잡하지만 매우 강력하다. 이 절에서는 복합 인덱스를 자세히 다룬다.

이제 살펴볼 예제는 복합 인덱스를 설계할 때 필요한 아이디어를 준다. 읽기와 쓰기를 가능한 한 효율적으로 수행하도록 인덱스를 설계하자. 열려 있는 사고와 실험이 필요하다.

인덱스를 올바르게 설계하려면 실제 워크로드^{workload}에서 인덱스를 테스트하고 조정해야 하지만, 몇 가지 모범 사례를 적용해볼 수 있다.

먼저 인덱스의 선택성^{selectivity}을 고려한다. 우리는 특정 쿼리 패턴에서 스캔할 레코드 개수를 인덱스가 얼마나 최소화하는지에 관심 있다. 쿼리를 충족하는 데 필요한 모든 작업을 고려해야 하며 때로는 트레이드오프가 필요하다. 예를 들어 정렬이 처리되는 방식을 고려해야 한다.

예제를 살펴보자. 약 백만 개의 레코드가 포함된 학생 데이터셋을 사용한다. 데이터셋의 도큐먼트는 다음과 같다.

```
{
    "_id" : ObjectId("585d817db4743f74e2da067c"),
    "student_id" : 0,
    "scores" : [
    {
        "type" : "exam",
        "score" : 38.05000060199827
    },
    {
        "type" : "quiz",
        "score" : 79.45079445008987
    },
    {
        "type" : "homework",
        "score" : 74.50150548699534
    },
    {
        "type" : "homework",
        "score" : 74.68381684615845
    }
    ],
    "class_id" : 127
}
```

인덱스 두 개로 시작해서 몽고DB가 쿼리를 충족하기 위해 이러한 인덱스를 어떻게 사용하는지(또는 사용하지 않는지) 살펴본다. 두 인덱스는 다음과 같이 생성한다.

```
> db.students.createIndex({"class_id": 1})
> db.students.createIndex({student_id: 1, class_id: 1})
```

인덱스 설계 시 고려할 몇 가지 문제점을 다음 데이터셋에서 살펴본다. 다음 쿼리를 보자.

```
> db.students.find({student_id:{$gt:500000}, class_id:54})
...           .sort({student_id:1})
...           .explain("executionStats")
```

이 쿼리에서는 ID가 500000보다 큰 모든 레코드를 요청한다(전체 레코드의 절반 정도). 또한 검색을 ID가 54인 클래스에 대한 레코드로 제한한다. 데이터셋에는 약 500개의 클래스가 있다. 마지막으로 "student_id"를 기준으로 오름차순으로 정렬한다. 이 필드는 다중값 쿼리를 수행할 때와 동일한 필드다. 예제 전체에 걸쳐 explain 메서드가 제공하는 실행 통계execution stats를 살펴봄으로써 몽고DB가 쿼리를 처리하는 방법을 알아보자.

쿼리를 실행하면 explain 메서드의 출력은 몽고DB가 인덱스를 어떻게 사용해서 쿼리를 충족했는지 알려준다.

```
{
  "queryPlanner": {
    "plannerVersion": 1,
    "namespace": "school.students",
    "indexFilterSet": false,
    "parsedQuery": {
      "$and": [
        {
          "class_id": {
            "$eq": 54
          }
        },
        {
          "student_id": {
            "$gt": 500000
          }
        }
      ]
    },
    "winningPlan": {
      "stage": "FETCH",
      "inputStage": {
        "stage": "IXSCAN",
        "keyPattern": {
          "student_id": 1,
```

```
          "class_id": 1
        },
        "indexName": "student_id_1_class_id_1",
        "isMultiKey": false,
        "multiKeyPaths": {
          "student_id": [ ],
          "class_id": [ ]
        },
        "isUnique": false,
        "isSparse": false,
        "isPartial": false,
        "indexVersion": 2,
        "direction": "forward",
        "indexBounds": {
          "student_id": [
            "(500000.0, inf.0]"
          ],
          "class_id": [
            "[54.0, 54.0]"
          ]
        }
      }
    }
  },
  "rejectedPlans": [
    {
      "stage": "SORT",
      "sortPattern": {
        "student_id": 1
      },
      "inputStage": {
        "stage": "SORT_KEY_GENERATOR",
        "inputStage": {
          "stage": "FETCH",
          "filter": {
            "student_id": {
              "$gt": 500000
            }
          },
          "inputStage": {
            "stage": "IXSCAN",
            "keyPattern": {
              "class_id": 1
            },
            "indexName": "class_id_1",
```

```
              "isMultiKey": false,
              "multiKeyPaths": {
                "class_id": [ ]
              },
              "isUnique": false,
              "isSparse": false,
              "isPartial": false,
              "indexVersion": 2,
              "direction": "forward",
              "indexBounds": {
                "class_id": [
                  "[54.0, 54.0]"
                ]
              }
            }
          }
        }
      }
    }
  ]
},
"executionStats": {
  "executionSuccess": true,
  "nReturned": 9903,
  "executionTimeMillis": 4325,
  "totalKeysExamined": 850477,
  "totalDocsExamined": 9903,
  "executionStages": {
    "stage": "FETCH",
    "nReturned": 9903,
    "executionTimeMillisEstimate": 3485,
    "works": 850478,
    "advanced": 9903,
    "needTime": 840574,
    "needYield": 0,
    "saveState": 6861,
    "restoreState": 6861,
    "isEOF": 1,
    "invalidates": 0,
    "docsExamined": 9903,
    "alreadyHasObj": 0,
    "inputStage": {
      "stage": "IXSCAN",
      "nReturned": 9903,
      "executionTimeMillisEstimate": 2834,
```

```
      "works": 850478,
      "advanced": 9903,
      "needTime": 840574,
      "needYield": 0,
      "saveState": 6861,
      "restoreState": 6861,
      "isEOF": 1,
      "invalidates": 0,
      "keyPattern": {
        "student_id": 1,
        "class_id": 1
      },
      "indexName": "student_id_1_class_id_1",
      "isMultiKey": false,
      "multiKeyPaths": {
        "student_id": [ ],
        "class_id": [ ]
      },
      "isUnique": false,
      "isSparse": false,
      "isPartial": false,
      "indexVersion": 2,
      "direction": "forward",
      "indexBounds": {
        "student_id": [
          "(500000.0, inf.0]"
        ],
        "class_id": [
          "[54.0, 54.0]"
        ]
      },
      "keysExamined": 850477,
      "seeks": 840575,
      "dupsTested": 0,
      "dupsDropped": 0,
      "seenInvalidated": 0
    }
  }
},
"serverInfo": {
  "host": "SGB-MBP.local",
  "port": 27017,
  "version": "3.4.1",
  "gitVersion": "5e103c4f5583e2566a45d740225dc250baacfbd7"
```

```
    },
    "ok": 1
  }
```

몽고DB에서 발생하는 대부분의 데이터 출력과 마찬가지로 explain 출력은 JSON이다. 출력에서 아래 절반을 먼저 살펴보자. 거의 전부가 실행 통계다. "executionStats" 필드는 선정된[winning] 쿼리 플랜에 대해 완료된 쿼리 실행을 설명하는 통계를 포함한다. explain에서 쿼리 플랜과 쿼리 플랜 출력도 이어서 살펴본다.

"executionStats"에서 먼저 "totalKeysExamined"를 살펴보자. 이는 몽고DB가 결과 셋을 생성하기 위해 인덱스 내에서 몇 개의 키를 통과했는지 나타낸다. "totalKeysExamined"를 "nReturned"와 비교하면 몽고DB가 쿼리와 일치하는 도큐먼트를 찾으려고 얼마나 많은 인덱스를 통과했는지 알 수 있다. 예제에서는 일치하는 도큐먼트 9903개를 찾으려고 인덱스 키 85만 477개를 검사했다.

쿼리를 충족하는 데 사용된 인덱스가 선택적이지 않았음을 의미한다. 이는 "executionTimeMillis" 필드에 표시됐듯 쿼리를 실행하는 데 4.3초가 넘게 걸렸다. 선택성은 인덱스 설계 시 핵심 목표이므로 예제 쿼리의 인덱스에서 잘못된 부분을 파악해보자.

explain 출력 맨 위에는 선정된 쿼리 플랜이 있다("winningPlan" 필드 참조). 쿼리 플랜은 몽고DB가 쿼리를 충족하는 데 사용한 단계를 설명한다. 이는 서로 다른 쿼리 플랜이 경쟁한 결과로 JSON 형식이다. 우리는 사용한 인덱스 종류와 몽고DB가 인메모리 정렬을 수행해야 하는지 여부에 특히 관심 있다. 선정된 플랜 아래에는 거부된[rejected] 플랜이 있다. 둘 다 살펴보자.

선정된 플랜은 "student_id"와 "class_id"를 기반으로 복합 인덱스를 사용했다. explain 출력의 다음 부분을 보면 분명히 알 수 있다.

```
  "winningPlan": {
    "stage": "FETCH",
    "inputStage": {
      "stage": "IXSCAN",
      "keyPattern": {
        "student_id": 1,
        "class_id": 1
      },
```

explain 출력은 쿼리 플랜을 단계 트리tree of stages로 표시한다. 각 단계에는 하위 단계child stage 개수에 따라 하나 이상의 입력 단계input stage가 있을 수 있다. 입력 단계는 도큐먼트나 인덱스 키를 상위 단계parent stage에 제공한다. 예제에서는 입력 단계인 인덱스 스캔이 하나 있었고, 해당 스캔은 쿼리와 일치하는 도큐먼트에 대한 레코드 ID를 상위 단계인 "FETCH" 단계에 제공했다. 그러면 "FETCH" 단계는 도큐먼트를 검색하고 클라이언트가 요청하면 일괄적으로 반환한다.

실패한losing 쿼리 플랜(한 개뿐이다)은 "class_id"를 기반으로 하는 인덱스를 사용했을 것이다. 그러나 이후에 인메모리 정렬을 수행했다. 이 과정은 쿼리 플랜의 다음 부분에 나타난다. 쿼리 플랜에 "SORT" 단계가 표시된다면, 이는 몽고DB가 데이터베이스에서 결과 셋을 정렬할 때 인덱스를 사용할 수 없었으며 대신 인메모리 정렬을 했다는 의미다.

```
"rejectedPlans": [
  {
    "stage": "SORT",
    "sortPattern": {
      "student_id": 1
    },
```

쿼리에서 선정된 인덱스는 정렬된 출력을 반환할 수 있는 인덱스이며, 선정되려면 정렬된 결과 도큐먼트의 시험 수에 도달해야 했다. 다른 플랜이 선정되려면 해당 쿼리 스레드가 전체 결과 셋(거의 1만 개 도큐먼트)을 먼저 반환해야 했다. 그런 다음 메모리에서 정렬해야 하기 때문이다.

여기서 문제는 선택성이다. 실행 중인 다중값 쿼리는 "student_id"가 50만보다 큰 레코드를 요청하므로 광범위한 "student_id" 값을 지정한다. 이는 컬렉션에 있는 레코드의 약 절반이다. 실행 중인 쿼리를 다시 살펴보자.

```
> db.students.find({student_id:{$gt:500000}, class_id:54})
...         .sort({student_id:1})
...         .explain("executionStats")
```

이 쿼리에는 다중값 부분과 동등 부분이 모두 포함된다. 동등 부분은 "class_id"가 54인 모든 레코드를 요청하는 부분이다. 이 데이터셋에는 약 5백 개의 클래스뿐이며, 해당 클래스에 성적이 저장된 학생이 많지만 "class_id"는 이 쿼리를 실행하는 데 훨씬 더 선택적인 기준으로 사용된다. "class_id" 값이 결과 셋을 다중값 부분으로 식별된 약 85만 개가 아닌 1만 개 미만의 레코드로 제한한다.

다시 말해 우리가 가진 인덱스를 고려하면, 실패한 쿼리 플랜에 있는 "class_id"만을 기반으로 인덱스를 사용하는 것이 좋다. 몽고DB는 데이터베이스가 특정 인덱스를 사용하도록 강제하는 두 가지 방법을 제공한다. 그러나 쿼리 플래너의 결과를 재정의하는 방법은 매우 신중히 사용해야 한다. 이런 기술은 운영환경 배포 시 사용해서는 안 된다.

커서 hint 메서드를 사용하면 모양이나 이름을 지정함으로써 사용할 인덱스를 지정할 수 있다. 인덱스 필터는 쿼리, 정렬, 프로젝션 사양의 조합인 쿼리 모양을 사용한다. planCacheSetFilter 함수를 인덱스 필터와 함께 사용하면, 쿼리 옵티마이저가 인덱스 필터에 지정된 인덱스만 고려하도록 제한할 수 있다. 쿼리 모양에 대한 인덱스 필터가 있을 때는 몽고DB가 hint를 무시한다. 인덱스 필터는 mongod 서버 프로세스 동안만 지속되며 종료 후에는 지속되지 않는다.

다음 예제와 같이 hint를 사용하도록 쿼리를 약간 변경하면 explain 출력이 상당히 달라진다.

```
> db.students.find({student_id:{$gt:500000}, class_id:54})
...          .sort({student_id:1})
...          .hint({class_id:1})
...          .explain("executionStats")
```

출력된 결과를 살펴보면, 이전에 다른 인덱스를 사용한 쿼리 플랜에서 약 85만 개의 인덱스 키를 스캔한 것에서 약 2만 개로 줄어들어 1만 개 미만의 인덱스 키를 얻었다. 또한 실행 시간은 4.3초가 아닌 272밀리초밖에 되지 않는다.

```
{
  "queryPlanner": {
    "plannerVersion": 1,
    "namespace": "school.students",
    "indexFilterSet": false,
    "parsedQuery": {
      "$and": [
        {
          "class_id": {
            "$eq": 54
          }
```

```
      },
      {
        "student_id": {
          "$gt": 500000
        }
      }
    ]
  },
  "winningPlan": {
    "stage": "SORT",
    "sortPattern": {
      "student_id": 1
    },
    "inputStage": {
      "stage": "SORT_KEY_GENERATOR",
      "inputStage": {
        "stage": "FETCH",
        "filter": {
          "student_id": {
            "$gt": 500000
          }
        },
        "inputStage": {
          "stage": "IXSCAN",
          "keyPattern": {
            "class_id": 1
          },
          "indexName": "class_id_1",
          "isMultiKey": false,
          "multiKeyPaths": {
            "class_id": [ ]
          },
          "isUnique": false,
          "isSparse": false,
          "isPartial": false,
          "indexVersion": 2,
          "direction": "forward",
          "indexBounds": {
            "class_id": [
              "[54.0, 54.0]"
            ]
          }
        }
      }
    }
```

```
      }
    },
    "rejectedPlans": [ ]
  },
  "executionStats": {
    "executionSuccess": true,
    "nReturned": 9903,
    "executionTimeMillis": 272,
    "totalKeysExamined": 20076,
    "totalDocsExamined": 20076,
    "executionStages": {
      "stage": "SORT",
      "nReturned": 9903,
      "executionTimeMillisEstimate": 248,
      "works": 29982,
      "advanced": 9903,
      "needTime": 20078,
      "needYield": 0,
      "saveState": 242,
      "restoreState": 242,
      "isEOF": 1,
      "invalidates": 0,
      "sortPattern": {
        "student_id": 1
      },
      "memUsage": 2386623,
      "memLimit": 33554432,
      "inputStage": {
        "stage": "SORT_KEY_GENERATOR",
        "nReturned": 9903,
        "executionTimeMillisEstimate": 203,
        "works": 20078,
        "advanced": 9903,
        "needTime": 10174,
        "needYield": 0,
        "saveState": 242,
        "restoreState": 242,
        "isEOF": 1,
        "invalidates": 0,
        "inputStage": {
          "stage": "FETCH",
          "filter": {
            "student_id": {
              "$gt": 500000
```

```
    }
  },
  "nReturned": 9903,
  "executionTimeMillisEstimate": 192,
  "works": 20077,
  "advanced": 9903,
  "needTime": 10173,
  "needYield": 0,
  "saveState": 242,
  "restoreState": 242,
  "isEOF": 1,
  "invalidates": 0,
  "docsExamined": 20076,
  "alreadyHasObj": 0,
  "inputStage": {
    "stage": "IXSCAN",
    "nReturned": 20076,
    "executionTimeMillisEstimate": 45,
    "works": 20077,
    "advanced": 20076,
    "needTime": 0,
    "needYield": 0,
    "saveState": 242,
    "restoreState": 242,
    "isEOF": 1,
    "invalidates": 0,
    "keyPattern": {
      "class_id": 1
    },
    "indexName": "class_id_1",
    "isMultiKey": false,
    "multiKeyPaths": {
      "class_id": [ ]
    },
    "isUnique": false,
    "isSparse": false,
    "isPartial": false,
    "indexVersion": 2,
    "direction": "forward",
    "indexBounds": {
      "class_id": [
        "[54.0, 54.0]"
      ]
    },
```

```
                "keysExamined": 20076,
                "seeks": 1,
                "dupsTested": 0,
                "dupsDropped": 0,
                "seenInvalidated": 0
            }
          }
        }
      }
    },
    "serverInfo": {
      "host": "SGB-MBP.local",
      "port": 27017,
      "version": "3.4.1",
      "gitVersion": "5e103c4f5583e2566a45d740225dc250baacfbd7"
    },
    "ok": 1
  }
```

그러나 우리가 정말로 보고 싶은 것은 **"totalKeysExamined"**와 매우 유사한 **"nReturned"**이다. 또한 hint를 사용하지 않고 쿼리를 효율적으로 실행하기를 원한다. 더 나은 인덱스를 설계해서 두 가지 문제를 모두 해결해보자.

문제의 쿼리 패턴에 더 나은 인덱스는 순서대로 **"class_id"**와 **"student_id"**를 기반으로 하는 인덱스다. **"class_id"**를 접두사로 사용하면 쿼리에서 equality 필터를 사용해 인덱스 내에서 고려되는 키를 제한한다. 이는 쿼리에서 가장 선택적인 구성 요소이며 몽고DB가 쿼리를 충족하기 위해 고려할 키의 개수를 효과적으로 제한한다. 인덱스는 다음과 같이 작성한다.

```
> db.students.createIndex({class_id:1, student_id:1})
```

모든 데이터셋에 해당되지는 않지만, 일반적으로 동등 필터를 사용할 필드가 다중값 필터를 사용할 필드보다 앞에 오도록 복합 인덱스를 설계해야 한다.

새로운 인덱스가 준비된 상태에서 쿼리를 다시 실행하면 이번에는 hint가 필요하지 않다. 출력의 **"executionStats"** 필드를 보면, 반환된 결과 개수(**"nReturned"**)가 인덱스에서 스캔된 키 개수(**"TotalKeyExamined"**)와 동일한 빠른 쿼리(37밀리초)가 있음을 확인할 수 있다. 이는 선정된 쿼리 플랜을 반영하는 **"executionStages"**에 새로 만든 인덱스를 사용하는 인덱스

스캔이 포함되기 때문이다.

```
...
"executionStats": {
  "executionSuccess": true,
  "nReturned": 9903,
  "executionTimeMillis": 37,
  "totalKeysExamined": 9903,
  "totalDocsExamined": 9903,
  "executionStages": {
    "stage": "FETCH",
    "nReturned": 9903,
    "executionTimeMillisEstimate": 36,
    "works": 9904,
    "advanced": 9903,
    "needTime": 0,
    "needYield": 0,
    "saveState": 81,
    "restoreState": 81,
    "isEOF": 1,
    "invalidates": 0,
    "docsExamined": 9903,
    "alreadyHasObj": 0,
    "inputStage": {
      "stage": "IXSCAN",
      "nReturned": 9903,
      "executionTimeMillisEstimate": 0,
      "works": 9904,
      "advanced": 9903,
      "needTime": 0,
      "needYield": 0,
      "saveState": 81,
      "restoreState": 81,
      "isEOF": 1,
      "invalidates": 0,
      "keyPattern": {
        "class_id": 1,
        "student_id": 1
      },
      "indexName": "class_id_1_student_id_1",
      "isMultiKey": false,
      "multiKeyPaths": {
        "class_id": [ ],
```

```
      "student_id": [ ]
    },
    "isUnique": false,
    "isSparse": false,
    "isPartial": false,
    "indexVersion": 2,
    "direction": "forward",
    "indexBounds": {
      "class_id": [
        "[54.0, 54.0]"
      ],
      "student_id": [
        "(500000.0, inf.0]"
      ]
    },
    "keysExamined": 9903,
    "seeks": 1,
    "dupsTested": 0,
    "dupsDropped": 0,
    "seenInvalidated": 0
  }
 }
},
```

인덱스가 어떻게 만들어지는지 생각해보면 예제가 동작하는 이유를 알 수 있다. [class_id, student_id] 인덱스는 다음과 같은 키 쌍으로 구성된다. 학생 ID는 키 쌍 내에서 정렬되므로, 정렬을 충족하려면 몽고DB는 class_id 54의 첫 번째 키 쌍에서 시작해 모든 키 쌍을 따라가면 된다.

```
...
[53, 999617]
[53, 999780]
[53, 999916]
[54, 500001]
[54, 500009]
[54, 500048]
...
```

복합 인덱스를 설계할 때는 인덱스를 사용할 공통 쿼리 패턴의 동등 필터, 다중값 필터, 정렬 구성 요소sort component를 처리하는 방법을 알아야 한다. 이러한 세 가지 요소는 모든 복합 인덱스 설계 시 고려해야 하며, 인덱스를 올바르게 설계하면 몽고DB에서 최상의 쿼리 성능을 얻을 수 있다. 예제 쿼리에서 [class_id, student_id] 인덱스를 사용해 세 가지 요소를 모두 해결했다. 그러나 예제 쿼리는 필터링 대상 필드 중 하나를 기준으로 정렬하므로 특수한 복합 인덱스 문제를 나타낸다.

예제의 특수성을 없애기 위해 최종 성적을 기준으로 정렬하고 쿼리를 다음과 같이 변경한다.

```
> db.students.find({student_id:{$gt:500000}, class_id:54})
...          .sort({final_grade:1})
...          .explain("executionStats")
```

쿼리를 실행하고 explain 출력을 보면 선정된 쿼리 플랜에 "SORT" 단계가 포함되며, 이제 인 메모리 정렬을 수행함을 알 수 있다. 쿼리는 136밀리초로 여전히 빠르지만, 인메모리 정렬을 하므로 "student_id"로 정렬할 때보다는 훨씬 느리다.

```
...
"executionStats": {
  "executionSuccess": true,
  "nReturned": 9903,
  "executionTimeMillis": 136,
  "totalKeysExamined": 9903,
  "totalDocsExamined": 9903,
  "executionStages": {
    "stage": "SORT",
    "nReturned": 9903,
    "executionTimeMillisEstimate": 36,
    "works": 19809,
    "advanced": 9903,
    "needTime": 9905,
    "needYield": 0,
    "saveState": 315,
    "restoreState": 315,
    "isEOF": 1,
    "invalidates": 0,
    "sortPattern": {
      "final_grade": 1
    },
    "memUsage": 2386623,
    "memLimit": 33554432,
```

```
"inputStage": {
  "stage": "SORT_KEY_GENERATOR",
  "nReturned": 9903,
  "executionTimeMillisEstimate": 24,
  "works": 9905,
  "advanced": 9903,
  "needTime": 1,
  "needYield": 0,
  "saveState": 315,
  "restoreState": 315,
  "isEOF": 1,
  "invalidates": 0,
  "inputStage": {
    "stage": "FETCH",
    "nReturned": 9903,
    "executionTimeMillisEstimate": 24,
    "works": 9904,
    "advanced": 9903,
    "needTime": 0,
    "needYield": 0,
    "saveState": 315,
    "restoreState": 315,
    "isEOF": 1,
    "invalidates": 0,
    "docsExamined": 9903,
    "alreadyHasObj": 0,
    "inputStage": {
      "stage": "IXSCAN",
      "nReturned": 9903,
      "executionTimeMillisEstimate": 12,
      "works": 9904,
      "advanced": 9903,
      "needTime": 0,
      "needYield": 0,
      "saveState": 315,
      "restoreState": 315,
      "isEOF": 1,
      "invalidates": 0,
      "keyPattern": {
        "class_id": 1,
        "student_id": 1
      },
      "indexName": "class_id_1_student_id_1",
      "isMultiKey": false,
```

```
        "multiKeyPaths": {
          "class_id": [ ],
          "student_id": [ ]
        },
        "isUnique": false,
        "isSparse": false,
        "isPartial": false,
        "indexVersion": 2,
        "direction": "forward",
        "indexBounds": {
          "class_id": [
            "[54.0, 54.0]"
          ],
          "student_id": [
            "(500000.0, inf.0]"
          ]
        },
        "keysExamined": 9903,
        "seeks": 1,
        "dupsTested": 0,
        "dupsDropped": 0,
        "seenInvalidated": 0
      }
    }
  }
}
},
...
```

인덱스를 더 잘 설계하면 인메모리 정렬을 피할 수 있다. 이를 통해 데이터셋 크기와 시스템 부하와 관련해 보다 쉽게 확장scale할 수 있다.

하지만 복합 인덱스를 설계할 때는 일반적으로 트레이드오프가 있다.

복합 인덱스에서 자주 발생하는 문제로, 인메모리 정렬을 피하려면 반환하는 도큐먼트 개수보다 더 많은 키를 검사해야 한다. 인덱스를 사용해 정렬하려면 몽고DB가 인덱스 키를 순서대로 살펴볼 수 있어야 한다. 즉 복합 인덱스 키 사이에 정렬 필드를 포함해야 한다.

새로운 복합 인덱스의 키는 [class_id, final_grade, student_id]와 같이 정렬돼야 한다. 정렬 구성 요소는 동등 필터 바로 뒤, 다중값 필터 앞에 포함한다. 이 인덱스는 쿼리에서 고려하는 키 집합을 매우 선택적으로 좁힌다. 그런 다음 몽고DB는 인덱스의 동등 필터와 일치하는 키 3개를 통해 다중값 필터와 일치하는 레코드를 식별한다. 해당 레코드는 최종 성적에 따라 오름차순으로 정렬된다.

이 복합 인덱스는 몽고DB가 결과 셋에 포함될 도큐먼트보다 더 많은 도큐먼트의 키를 검사하게 한다. 그러나 인덱스를 사용해 도큐먼트를 정렬함으로써 실행 시간을 절약할 수 있다. 다음 명령을 사용해 새 인덱스를 생성하자.

```
> db.students.createIndex({class_id:1, final_grade:1, student_id:1})
```

이제 다시 쿼리를 실행해보자.

```
> db.students.find({student_id:{$gt:500000}, class_id:54})
...            .sort({final_grade:1})
...            .explain("executionStats")
```

explain의 출력에서 다음의 "executionStats"를 얻는다. "executionStats"는 하드웨어와 시스템에서 진행되는 작업에 따라 다르지만, 선정된 플랜에 인메모리 정렬이 더는 포함되지 않음을 알 수 있다. 쿼리를 충족하기 위해 인메모리 정렬 대신 (정렬을 포함해) 방금 만든 인덱스를 사용한다.

```
"executionStats": {
  "executionSuccess": true,
  "nReturned": 9903,
  "executionTimeMillis": 42,
  "totalKeysExamined": 9905,
  "totalDocsExamined": 9903,
  "executionStages": {
    "stage": "FETCH",
    "nReturned": 9903,
    "executionTimeMillisEstimate": 34,
    "works": 9905,
    "advanced": 9903,
    "needTime": 1,
    "needYield": 0,
    "saveState": 82,
    "restoreState": 82,
    "isEOF": 1,
    "invalidates": 0,
```

```json
  "docsExamined": 9903,
  "alreadyHasObj": 0,
  "inputStage": {
    "stage": "IXSCAN",
    "nReturned": 9903,
    "executionTimeMillisEstimate": 24,
    "works": 9905,
    "advanced": 9903,
    "needTime": 1,
    "needYield": 0,
    "saveState": 82,
    "restoreState": 82,
    "isEOF": 1,
    "invalidates": 0,
    "keyPattern": {
      "class_id": 1,
      "final_grade": 1,
      "student_id": 1
    },
    "indexName": "class_id_1_final_grade_1_student_id_1",
    "isMultiKey": false,
    "multiKeyPaths": {
      "class_id": [ ],
      "final_grade": [ ],
      "student_id": [ ]
    },
    "isUnique": false,
    "isSparse": false,
    "isPartial": false,
    "indexVersion": 2,
    "direction": "forward",
    "indexBounds": {
      "class_id": [
        "[54.0, 54.0]"
      ],
      "final_grade": [
        "[MinKey, MaxKey]"
      ],
      "student_id": [
        "(500000.0, inf.0]"
      ]
    },
    "keysExamined": 9905,
    "seeks": 2,
```

```
        "dupsTested": 0,
        "dupsDropped": 0,
        "seenInvalidated": 0
      }
    }
  },
```

이 절에서는 복합 인덱스 설계의 몇 가지 구체적인 모범 사례를 제시했다. 이러한 지침은 모든 상황은 아니지만 대부분의 상황에 적용되므로 복합 인덱스를 구성할 때 가장 먼저 고려하자.

요약하면 복합 인덱스를 설계할 때,

- 동등 필터에 대한 키를 맨 앞에 표시해야 한다.
- 정렬에 사용되는 키는 다중값 필드 앞에 표시해야 한다.
- 다중값 필터에 대한 키는 마지막에 표시해야 한다.

지침에 따라 복합 인덱스를 설계한 후, 인덱스가 지원하는 쿼리 패턴의 범위를 실제 워크로드에서 테스트하자.

키 방향 선택하기

지금까지 인덱스 항목은 모두 오름차순으로 정렬됐다. 하지만 두 개(혹은 그 이상)의 검색 조건으로 정렬할 때는 인덱스 키의 방향이 서로 달라야 한다. 예를 들어 이전의 users 컬렉션 예제로 돌아가서 나이가 적은 사용자부터 많은 사용자 순으로, 사용자명은 Z부터 A로 컬렉션을 정렬한다고 가정하자. 이 예제에는 이전 인덱스가 별로 효율적이지 않은데, 각 나이 집단 내에서 사용자의 "username"이 Z-A 순서가 아니라 오름차순인 A-Z 순서로 정렬되기 때문이다. 지금까지 사용해온 복합 인덱스 값으로는 오름차순의 "age"와 내림차순의 "username"을 얻을 수 없다.

복합 정렬compound sort을 서로 다른 방향으로 최적화하려면 방향이 맞는 인덱스를 사용해야 한다. 예제에서는 {"age" : 1, "username" : -1}을 사용해 다음과 같이 데이터를 구성한다.

```
[21, user999600] -> 8765277104
[21, user999407] -> 8765252400
[21, user999390] -> 8765250224
...
```

```
[21, user100270] -> 8623545776
[21, user100266] -> 8623545264
[21, user100154] -> 8623530928
...
[30, user100168] -> 8623532720
[30, user100155] -> 8623531056
[30, user100098] -> 8623523760
```

나이가 적은 사용자부터 많은 사용자 순으로 정렬되며, 각 나이 집단 내에서 사용자명은 Z부터 A로(예제 사용자명은 9부터 0으로) 정렬된다.

애플리케이션이 {"age" : 1, "username" : 1}을 이용해 정렬을 최적화해야 한다면 해당 방향으로 두 번째 인덱스를 생성한다. 인덱스에서 사용할 방향은, 사용 중인 정렬의 방향과 일치시켜보면 파악할 수 있다. 역방향 인덱스^{inverse index}(각 방향에 −1을 곱한다)는 서로 동등함을 알아두자. {"age" : 1, "username" : -1}과 {"age" : -1, "username" : 1}은 동일한 쿼리를 충족한다.

인덱스 방향은 다중 조건에 따라 정렬할 때만 문제가 된다. 단일 키로 정렬하면 몽고DB는 인덱스를 쉽게 역순으로 읽을 수 있다. 예를 들어 {"age" : -1}로 정렬해야 하는데 {"age" : 1}로 인덱스를 가질 때, 몽고DB는 {"age" : -1}로 인덱스를 가질 때처럼 정렬을 최적화할 수 있다(그러니 둘 다 생성하지는 말자!). 방향은 다중키로 정렬할 때만 문제가 된다.

커버드 쿼리 사용하기

앞 예제에서 인덱스는 항상 적합한 도큐먼트를 찾는 데 사용되고, 실제 도큐먼트를 가져오기 위해 곧바로 포인터를 따라간다. 하지만 쿼리가 단지 인덱스에 포함된 필드를 찾는 중이라면 도큐먼트를 가져올 필요가 없다. 인덱스가 쿼리가 요구하는 값을 모두 포함하면, 쿼리가 커버드^{covered}된다고 한다. 실무에서는 도큐먼트로 되돌아가지 말고 항상 **커버드 쿼리**^{covered query}를 사용하자. 이 방법으로 작업 셋^{working set}을 훨씬 작게 만들 수 있다.

쿼리가 확실히 인덱스만 사용하게 하려면(필드가 인덱스의 일부가 아닌 경우) "_id" 필드를 반환받지 않도록 반환받을 키를 지정해야 한다(반환되는 필드를 쿼리에 지정된 필드로 한다. 4.1.1 '반환받을 키 지정' 참조). 쿼리하지 않는 필드에 인덱스를 만들어야 할 수도 있으므로, 쓰기 때문에 늘어날 부하와 쿼리 속도를 잘 조율해야 한다.

커버드 쿼리에 explain을 실행하면 결과에 "FETCH" 단계의 하위 단계가 아닌 "IXSCAN" 단계가 있으며, "executionStats"에서는 "totalDocsExamined"의 값이 0이 된다.

암시적 인덱스

복합 인덱스는 '이중 임무'를 수행할 수 있으며 쿼리마다 다른 인덱스처럼 동작할 수 있다. {"age" : 1, "username" : 1}로 인덱스를 가지면 "age" 필드는 {"age" : 1}로만 인덱스를 가질 때와 동일한 방법으로 정렬된다. 따라서 복합 인덱스는 자체적으로 {"age" : 1} 인덱스를 가질 때처럼 사용된다.

이는 여러 키에 필요한 만큼 적용할 수 있다. 인덱스가 N 개의 키를 가진다면 키들의 앞부분은 '공짜' 인덱스가 된다. 예를 들어 {"a" : 1, "b" : 1, "c" : 1, ..., "z": 1}과 같은 인덱스가 있다면 사실상 {"a" : 1}, {"a" : 1, "b" : 1}, {"a" : 1, "b" : 1, "c" : 1} 등으로 인덱스를 가진다.

이는 키의 어느 서브셋에나 적용되지는 않음을 알아두자. 인덱스의 접두사를 이용하는 쿼리에만 적용할 수 있으므로, {"b" : 1}이나 {"a" : 1, "c" : 1}과 같은 인덱스를 사용하는 쿼리는 최적화되지 않는다.

5.1.5 $ 연산자의 인덱스 사용법

어떤 쿼리는 다른 쿼리보다 인덱스를 더 효율적으로 사용할 수 있고, 어떤 쿼리는 인덱스를 전혀 사용할 수 없다. 이 절은 몽고DB가 다양한 쿼리 연산자를 처리하는 방법을 다룬다.

비효율적인 연산자

일반적으로 부정 조건은 비효율적이다. "$ne" 쿼리는 인덱스를 사용하긴 하지만 잘 활용하지는 못한다. "$ne"로 지정된 항목을 제외한 모든 인덱스 항목을 살펴봐야 하므로 기본적으로 전체 인덱스를 살펴봐야 한다. 예를 들어 "i"라는 필드에 인덱스를 갖는 컬렉션에서, 탐색된 인덱스 범위는 다음과 같다.

```
db.example.find({"i" : {"$ne" : 3}}).explain()
{
    "queryPlanner" : {
        ...,
        "parsedQuery" : {
            "i" : {
                "$ne" : "3"
            }
        },
        "winningPlan" : {
            {
                ...,
                "indexBounds" : {
                    "i" : [
                        [
                            {
                                "$minElement" : 1
                            },
                            3
                        ],
                        [
                            3,
                            {
                                "$maxElement" : 1
                            }
                        ]
                    ]
                }
            }
        },
        "rejectedPlans" : [ ]
    },
    "serverInfo" : {
        ...,
    }
}
```

쿼리는 3보다 작은 인덱스 항목과 3보다 큰 인덱스 항목을 모두 조사한다. 이는 3이 컬렉션에서 큰 부분을 차지할 때는 효율적이지만, 그렇지 않다면 거의 컬렉션 전체를 확인해야 한다.

"$not"은 종종 인덱스를 사용하는데, 어떻게 사용해야 하는지 모를 때가 많다. "$not"은 기초적인 범위와 정규 표현식을 반대로 뒤집을 수 있다(예를 들어 {"key" : {"$lt" : 7}}을 {"key" : {"$gte" : 7}}로). 하지만 "$not"을 사용하는 쿼리 대부분은 테이블 스캔^{table scan}을 수행한다. "$nin"은 항상 테이블 스캔을 수행한다.

이런 종류의 쿼리를 신속하게 실행해야 한다면, 몽고DB가 인덱스를 사용하지 않는 일치를 시도하기 전에, 결과 셋이 적은 수의 도큐먼트를 반환하게끔 필터링하는 인덱스를 사용하도록 쿼리에 추가할 만한 절^{clause}이 있는지 파악하자.

범위

복합 인덱스는 몽고DB가 다중 절 쿼리를 더 효율적으로 실행하도록 돕는다. 다중 필드로 인덱스를 설계할 때는 완전 일치가 사용될 필드(예를 들면 "x" : "1")를 첫 번째에, 범위가 사용될 필드(예를 들면 "y" : {"$gt" : 3, "$lt" : 5})를 마지막에 놓자. 이는 쿼리가 첫 번째 인덱스 키와 정확히 일치하는 값을 찾은 후 두 번째 인덱스 범위 안에서 검색하게 해준다. 예를 들어 특정한 나이와 사용자명의 범위에 {"age" : 1, "username" : 1} 인덱스를 사용해 쿼리한다고 가정하자. 꽤 정확한 인덱스 한계를 얻을 수 있다.

```
> db.users.find({"age" : 47, "username" :
... {"$gt" : "user5", "$lt" : "user8"}}).explain('executionStats')
{
    "queryPlanner" : {
        "plannerVersion" : 1,
        "namespace" : "test.users",
        "indexFilterSet" : false,
        "parsedQuery" : {
            "$and" : [
                {
                    "age" : {
                        "$eq" : 47
                    }
                },
                {
                    "username" : {
                        "$lt" : "user8"
                    }
                },
                {
                    "username" : {
```

```
                            "$gt" : "user5"
                        }
                    }
                ]
        },
        "winningPlan" : {
            "stage" : "FETCH",
            "inputStage" : {
                "stage" : "IXSCAN",
                "keyPattern" : {
                    "age" : 1,
                    "username" : 1
                },
                "indexName" : "age_1_username_1",
                "isMultiKey" : false,
                "multiKeyPaths" : {
                    "age" : [ ],
                    "username" : [ ]
                },
                "isUnique" : false,
                "isSparse" : false,
                "isPartial" : false,
                "indexVersion" : 2,
                "direction" : "forward",
                "indexBounds" : {
                    "age" : [
                        "[47.0, 47.0]"
                    ],
                    "username" : [
                        "(\"user5\", \"user8\")"
                    ]
                }
            }
        },
        "rejectedPlans" : [
            {
                "stage" : "FETCH",
                "filter" : {
                    "age" : {
                        "$eq" : 47
                    }
                },
                "inputStage" : {
                    "stage" : "IXSCAN",
```

```
                            "keyPattern" : {
                                "username" : 1
                            },
                            "indexName" : "username_1",
                            "isMultiKey" : false,
                            "multiKeyPaths" : {
                                "username" : [ ]
                            },
                            "isUnique" : false,
                            "isSparse" : false,
                            "isPartial" : false,
                            "indexVersion" : 2,
                            "direction" : "forward",
                            "indexBounds" : {
                                "username" : [
                                    "(\"user5\", \"user8\")"
                                ]
                            }
                        }
                    }
                }
            ]
        },
        "executionStats" : {
            "executionSuccess" : true,
            "nReturned" : 2742,
            "executionTimeMillis" : 5,
            "totalKeysExamined" : 2742,
            "totalDocsExamined" : 2742,
            "executionStages" : {
                "stage" : "FETCH",
                "nReturned" : 2742,
                "executionTimeMillisEstimate" : 0,
                "works" : 2743,
                "advanced" : 2742,
                "needTime" : 0,
                "needYield" : 0,
                "saveState" : 23,
                "restoreState" : 23,
                "isEOF" : 1,
                "invalidates" : 0,
                "docsExamined" : 2742,
                "alreadyHasObj" : 0,
                "inputStage" : {
                    "stage" : "IXSCAN",
```

```
            "nReturned" : 2742,
            "executionTimeMillisEstimate" : 0,
            "works" : 2743,
            "advanced" : 2742,
            "needTime" : 0,
            "needYield" : 0,
            "saveState" : 23,
            "restoreState" : 23,
            "isEOF" : 1,
            "invalidates" : 0,
            "keyPattern" : {
                "age" : 1,
                "username" : 1
            },
            "indexName" : "age_1_username_1",
            "isMultiKey" : false,
            "multiKeyPaths" : {
                "age" : [ ],
                "username" : [ ]
            },
            "isUnique" : false,
            "isSparse" : false,
            "isPartial" : false,
            "indexVersion" : 2,
            "direction" : "forward",
            "indexBounds" : {
                "age" : [
                    "[47.0, 47.0]"
                ],
                "username" : [
                    "(\"user5\", \"user8\")"
                ]
            },
            "keysExamined" : 2742,
            "seeks" : 1,
            "dupsTested" : 0,
            "dupsDropped" : 0,
            "seenInvalidated" : 0
        }
    }
},
"serverInfo" : {
    "host" : "eoinbrazil-laptop-osx",
    "port" : 27017,
```

```
          "version" : "4.0.12",
          "gitVersion" : "5776e3cbf9e7afe86e6b29e22520ffb6766e95d4"
     },
     "ok" : 1
  }
```

쿼리는 곧장 "age" : 47로 건너뛰고 곧이어 "user5"와 "user8" 사이의 사용자명 범위 내에서 검색한다.

반대로 {"username" : 1, "age" : 1}로 인덱스를 사용한다고 가정하자. 쿼리가 "user5"와 "user8" 사이의 사용자를 모두 살펴보고 "age" : 47인 사용자를 뽑아내야 하므로 쿼리 플랜을 변경한다.

```
> db.users.find({"age" : 47, "username" : {"$gt" : "user5", "$lt" : "user8"}})
               .explain('executionStats')
{
    "queryPlanner" : {
        "plannerVersion" : 1,
        "namespace" : "test.users",
        "indexFilterSet" : false,
        "parsedQuery" : {
            "$and" : [
                {
                    "age" : {
                        "$eq" : 47
                    }
                },
                {
                    "username" : {
                        "$lt" : "user8"
                    }
                },
                {
                    "username" : {
                        "$gt" : "user5"
                    }
                }
            ]
        },
        "winningPlan" : {
            "stage" : "FETCH",
```

```
                    "filter" : {
                        "age" : {
                            "$eq" : 47
                        }
                    },
                    "inputStage" : {
                        "stage" : "IXSCAN",
                        "keyPattern" : {
                            "username" : 1
                        },
                        "indexName" : "username_1",
                        "isMultiKey" : false,
                        "multiKeyPaths" : {
                            "username" : [ ]
                        },
                        "isUnique" : false,
                        "isSparse" : false,
                        "isPartial" : false,
                        "indexVersion" : 2,
                        "direction" : "forward",
                        "indexBounds" : {
                            "username" : [
                                "(\"user5\", \"user8\")"
                            ]
                        }
                    }
                }
            },
            "rejectedPlans" : [
                {
                    "stage" : "FETCH",
                    "inputStage" : {
                        "stage" : "IXSCAN",
                        "keyPattern" : {
                            "username" : 1,
                            "age" : 1
                        },
                        "indexName" : "username_1_age_1",
                        "isMultiKey" : false,
                        "multiKeyPaths" : {
                            "username" : [ ],
                            "age" : [ ]
                        },
                        "isUnique" : false,
                        "isSparse" : false,
```

```
                    "isPartial" : false,
                    "indexVersion" : 2,
                    "direction" : "forward",
                    "indexBounds" : {
                        "username" : [
                            "(\"user5\", \"user8\")"
                        ],
                        "age" : [
                            "[47.0, 47.0]"
                        ]
                    }
                }
            }
        }
    ]
},
"executionStats" : {
    "executionSuccess" : true,
    "nReturned" : 2742,
    "executionTimeMillis" : 369,
    "totalKeysExamined" : 333332,
    "totalDocsExamined" : 333332,
    "executionStages" : {
        "stage" : "FETCH",
        "filter" : {
            "age" : {
                "$eq" : 47
            }
        },
        "nReturned" : 2742,
        "executionTimeMillisEstimate" : 312,
        "works" : 333333,
        "advanced" : 2742,
        "needTime" : 330590,
        "needYield" : 0,
        "saveState" : 2697,
        "restoreState" : 2697,
        "isEOF" : 1,
        "invalidates" : 0,
        "docsExamined" : 333332,
        "alreadyHasObj" : 0,
        "inputStage" : {
            "stage" : "IXSCAN",
            "nReturned" : 333332,
            "executionTimeMillisEstimate" : 117,
```

```json
            "works" : 333333,
            "advanced" : 333332,
            "needTime" : 0,
            "needYield" : 0,
            "saveState" : 2697,
            "restoreState" : 2697,
            "isEOF" : 1,
            "invalidates" : 0,
            "keyPattern" : {
                "username" : 1
            },
            "indexName" : "username_1",
            "isMultiKey" : false,
            "multiKeyPaths" : {
                "username" : [ ]
            },
            "isUnique" : false,
            "isSparse" : false,
            "isPartial" : false,
            "indexVersion" : 2,
            "direction" : "forward",
            "indexBounds" : {
                "username" : [
                    "(\"user5\", \"user8\")"
                ]
            },
            "keysExamined" : 333332,
            "seeks" : 1,
            "dupsTested" : 0,
            "dupsDropped" : 0,
            "seenInvalidated" : 0
        }
    }
},
"serverInfo" : {
    "host" : "eoinbrazil-laptop-osx",
    "port" : 27017,
    "version" : "4.0.12",
    "gitVersion" : "5776e3cbf9e7afe86e6b29e22520ffb6766e95d4"
},
"ok" : 1
}
```

이는 몽고DB가 이전 인덱스를 사용할 때의 100배가 되는 인덱스 항목을 살펴보도록 강제한다. 하나의 쿼리에 두 개의 범위를 사용하면 비효율적인 쿼리 플랜이 된다.

OR 쿼리

현재 몽고DB는 쿼리당 하나의 인덱스만 사용할 수 있다. 다시 말해 {"x" : 1}로 인덱스를 하나 생성하고 {"y" : 1}로 또 다른 인덱스를 생성한 후 {"x" : 123, "y" : 456}으로 쿼리를 실행하면 몽고DB는 생성한 인덱스 두 개 중 하나만 사용한다. 유일한 예외는 "$or"다. "$or"는 두 개의 쿼리를 수행하고 결과를 합치므로 "$or"은 "$or" 절마다 하나씩 인덱스를 사용할 수 있다.

```
db.foo.find({"$or" : [{"x" : 123}, {"y" : 456}]}).explain()
{
    "queryPlanner" : {
        "plannerVersion" : 1,
        "namespace" : "foo.foo",
        "indexFilterSet" : false,
        "parsedQuery" : {
            "$or" : [
                {
                    "x" : {
                        "$eq" : 123
                    }
                },
                {
                    "y" : {
                        "$eq" : 456
                    }
                }
            ]
        },
        "winningPlan" : {
            "stage" : "SUBPLAN",
            "inputStage" : {
                "stage" : "FETCH",
                "inputStage" : {
                    "stage" : "OR",
                    "inputStages" : [
                        {
```

```
            "stage" : "IXSCAN",
            "keyPattern" : {
                "x" : 1
            },
            "indexName" : "x_1",
            "isMultiKey" : false,
            "multiKeyPaths" : {
                "x" : [ ]
            },
            "isUnique" : false,
            "isSparse" : false,
            "isPartial" : false,
            "indexVersion" : 2,
            "direction" : "forward",
            "indexBounds" : {
                "x" : [
                    "[123.0, 123.0]"
                ]
            }
        },
        {
            "stage" : "IXSCAN",
            "keyPattern" : {
                "y" : 1
            },
            "indexName" : "y_1",
            "isMultiKey" : false,
            "multiKeyPaths" : {
                "y" : [ ]
            },
            "isUnique" : false,
            "isSparse" : false,
            "isPartial" : false,
            "indexVersion" : 2,
            "direction" : "forward",
            "indexBounds" : {
                "y" : [
                    "[456.0, 456.0]"
                ]
            }
        }
    ]
}
```

```
            }
        },
        "rejectedPlans" : [ ]
    },
    "serverInfo" : {
    ...,
    },
    "ok" : 1
}
```

여기서 explain은 두 개의 인덱스상에 있는 분리된 두 쿼리의 집합체다(두 "IXSCAN" 단계에 나타난 대로). 일반적으로 두 번 쿼리해서 결과를 병합하면 한 번 쿼리할 때보다 훨씬 비효율적이다. 그러니 가능하면 "$or"보다는 "$in"을 사용하자.

"$or"을 사용해야 한다면 몽고DB가 두 쿼리의 결과를 조사하고 중복(2개 이상의 $or 절에 일치하는 도큐먼트)을 모두 제거해야 함을 명심하자.

"$in" 쿼리를 실행할 때, 정렬을 제외하면 반환되는 도큐먼트의 순서를 제어하는 방법은 없다. 예를 들어 {"x" : {"$in" : [1, 2, 3]}}은 {"x" : {"$in" : [3, 2, 1]}}과 동일한 순서로 도큐먼트를 반환한다.

5.1.6 객체 및 배열 인덱싱

몽고DB는 도큐먼트 내부에 도달해서 내장 필드와 배열에 인덱스를 생성하도록 허용한다. 내장 객체와 배열 필드는 복합 인덱스에서 최상위 필드와 결합될 수 있으며, 다소 특수한 경우를 제외하면 대부분 '일반적인' 인덱스 필드와 같은 방식으로 동작한다.

내장 도큐먼트 인덱싱하기

인덱스는 일반적인 키에 생성될 때와 동일한 방식으로 내장 도큐먼트 키에 생성될 수 있다. 컬렉션에서 각 도큐먼트가 한 명의 사용자를 나타낸다면, 각 사용자의 위치가 명시된 내장 도큐먼트가 있다.

```
{
    "username" : "sid",
    "loc" : {
        "ip" : "1.2.3.4",
        "city" : "Springfield",
        "state" : "NY"
    }
}
```

"loc"의 서브필드^{subfield}(예를 들면 "loc.city")에 인덱스를 만들어 해당 필드를 이용하는 쿼리의 속도를 높일 수 있다.

```
> db.users.createIndex({"loc.city" : 1})
```

원한다면 "x.y.z.w.a.b.c"와 같은 인덱스도 만들 수 있다.

내장 도큐먼트 자체("loc")를 인덱싱하면 내장 도큐먼트의 필드("loc.city")를 인덱싱할 때와는 매우 다르게 동작한다는 점을 알아두자. 서브도큐먼트 전체를 인덱싱하면, 서브도큐먼트 전체에 쿼리할 때만 도움이 된다. 예제에서 쿼리 옵티마이저는 도큐먼트 전체가 올바른 필드 순서로 기술된 쿼리에만 "loc" 인덱스를 사용할 수 있다(예를 들면 db.users.find({"loc" : {"ip" : "123.456.789.000", "city" : "Shelbyville", "state" : "NY"}}})). db.users.find({"loc.city" : "Shelbyville"})와 같은 쿼리에는 인덱스를 사용할 수 없다.

배열 인덱싱하기

배열에도 인덱스를 생성할 수 있다. 인덱스를 사용하면 배열의 특정 요소를 효율적으로 찾을 수 있다.

각 도큐먼트가 하나의 게시물인 블로그 게시물 컬렉션이 있다고 가정하자. 각 게시물은 "comments" 필드를 갖는데 이는 "comment" 서브도큐먼트들로 구성된 배열이다. 가장 최근에 댓글이 달린 블로그 게시물을 찾으려면, 컬렉션에 내장된 "comments" 도큐먼트 배열 내 "date" 키에 인덱스를 생성한다.

```
> db.blog.createIndex({"comments.date" : 1})
```

배열을 인덱싱하면 배열의 각 요소에 인덱스 항목을 생성하므로, 한 게시물에 20개의 댓글이 달렸다면 도큐먼트는 20개의 인덱스 항목을 가진다. 따라서 입력, 갱신, 제거 작업을 하려면 모든 배열 요소(잠재적으로 수천 개의 인덱스 항목)가 갱신돼야 하므로 배열 인덱스를 단일값 인덱스보다 더 부담스럽게 만든다.

"loc" 예제와는 달리 배열 전체를 단일 개체처럼 인덱싱할 수 없다. 배열 필드 인덱싱은 배열 자체가 아니라 배열의 각 요소를 인덱싱하기 때문이다.

배열 요소에 대한 인덱스에는 위치 개념이 없다. 따라서 "comments.4"와 같이 특정 배열 요소를 찾는 쿼리에는 인덱스를 사용할 수 없다.

배열의 특정 항목에 인덱스를 생성할 수는 있다. 예를 들면 다음과 같다.

```
> db.blog.createIndex({"comments.10.votes": 1})
```

하지만 이 인덱스는 정확히 11번째 배열 요소를 쿼리할 때만 유용하다(배열의 인덱스는 0부터 시작한다).

인덱스 항목의 한 필드만 배열로부터 가져올 수 있다. 이는 여러 다중키 인덱스에 의해 인덱스 항목이 폭발적으로 늘어나는 것을 피하기 위함이다. 가능한 요소 쌍이 모두 인덱싱되므로 도큐먼트마다 n*m개의 인덱스 항목이 생긴다. 예를 들어 {"x" : 1, "y" : 1}로 인덱스가 만들어져 있다고 가정하자.

```
> // x 가 배열임 - 정상
> db.multi.insert({"x" : [1, 2, 3], "y" : 1})
>
> // y 가 배열임 - 여전히 정상
> db.multi.insert({"x" : 1, "y" : [4, 5, 6]})
>
> // x와 y가 배열임 - 비정상!
> db.multi.insert({"x" : [1, 2, 3], "y" : [4, 5, 6]})
cannot index parallel arrays [y] [x]
```

마지막 예제에서 몽고DB가 인덱싱할 때 {"x" : 1, "y" : 4}, {"x" : 1, "y" : 5}, {"x" :

1, "y" : 6}, {"x" : 2, "y" : 4}, {"x" : 2, "y" : 5}, {"x" : 2, "y" : 6}, {"x" : 3, "y" : 4}, {"x" : 3, "y" : 5}, {"x" : 3, "y" : 6}에 대한 인덱스 항목을 생성해야 했다 (더구나 각 배열은 요소가 세 개뿐이다).

다중키 인덱스가 미치는 영향

어떤 도큐먼트가 배열 필드를 인덱스 키로 가지면 인덱스는 즉시 다중키 인덱스로 표시된다. explain() 출력을 보면 인덱스가 다중키 인덱스인지 확인할 수 있으며, 다중키 인덱스가 사용됐다면 "isMultiKey" 필드는 true다. 인덱스는 일단 다중키로 표시되면 필드 내 배열을 포함하는 도큐먼트가 모두 제거되더라도 비다중키[non-multikey]가 될 수 없다. 비다중키가 되게 하려면 인덱스를 삭제하고 다시 생성해야만 한다.

다중키 인덱스는 비다중키 인덱스보다 약간 느릴 수 있다. 하나의 도큐먼트를 여러 개의 인덱스 항목이 가리킬 수 있으므로 몽고DB는 결과를 반환하기 전에 중복을 제거해야 한다.

5.1.7 인덱스 카디널리티

카디널리티[cardinality]는 컬렉션의 한 필드에 대해 고윳값[distinct value]이 얼마나 많은지 나타낸다. "gender"나 "newsletter opt-out"과 같은 필드는 가질 수 있는 값이 두 가지뿐이며, 이는 매우 낮은 카디널리티로 간주된다. "username"이나 "email" 같은 필드는 컬렉션의 각 도큐먼트마다 유일한 값을 가지며, 이는 높은 카디널리티다. "age"나 "zip code"와 같은 필드는 카디널리티가 중간쯤에 해당된다.

일반적으로 필드의 카디널리티가 높을수록 인덱싱이 더욱 도움이 된다. 인덱스가 검색 범위를 훨씬 작은 결과 셋으로 빠르게 좁힐 수 있기 때문이다. 일반적으로, 낮은 카디널리티 필드에서 인덱스는 높은 카디널리티 필드에서만큼 일치하는 항목을 많이 제거할 수 없다.

예를 들어 "gender" 필드에 인덱스가 있고 이름이 Susan인 여성을 찾는다고 가정하자. "name"을 찾기 위해 개별 도큐먼트를 참조하기 전에 결과 범위를 약 50%만 좁힐 수 있다. 반면에 "name"에 인덱스가 있으면 결과 셋을 Susan이라는 이름을 갖는 사용자들로 좁힌 후, 해당 도큐먼트들을 참조해 성별을 확인할 수 있다. 일반적으로 높은 카디널리티 키를 생성하면 좋다. 적어도 복합 인덱스에서 높은 카디널리티 키를 낮은 카디널리티 키보다 앞에 놓자.

5.2 explain 출력

explain은 쿼리에 대한 많은 정보를 제공하며, 느린 쿼리를 위한 중요한 진단 도구다. 쿼리의 explain 출력을 보면 어떤 인덱스가 어떻게 사용되는지 알 수 있다. 어떤 쿼리든 마지막에 explain 호출을 추가할 수 있다(sort나 limit를 추가하는 방식이지만 explain이 마지막 호출이 돼야 한다).

인덱스를 사용하는 쿼리와 사용하지 않는 쿼리의 explain() 출력은 흔히 볼 수 있다. 특수한 유형의 인덱스는 약간 다른 쿼리 플랜을 만들 수도 있지만 대부분의 필드는 유사하다. 또한 샤딩은 쿼리를 여러 서버에서 수행하므로 explain들의 집합체^{conglomerate}를 반환한다(14장에서 설명한다).

인덱스를 사용하지 않는 쿼리의 explain이 가장 일반적이다. 쿼리가 "COLLSCAN"을 사용하면 인덱스를 사용하지 않음을 알 수 있다.

인덱스를 사용하는 쿼리의 explain 출력은 다양하다. 가장 간단한 예로 imdb.rating에 인덱스를 추가하면 출력은 다음과 같다.

```
> db.users.find({"age" : 42}).explain('executionStats')
{
    "queryPlanner" : {
        "plannerVersion" : 1,
        "namespace" : "test.users",
        "indexFilterSet" : false,
        "parsedQuery" : {
            "age" : {
                "$eq" : 42
            }
        },
        "winningPlan" : {
            "stage" : "FETCH",
            "inputStage" : {
                "stage" : "IXSCAN",
                "keyPattern" : {
                    "age" : 1,
                    "username" : 1
                },
                "indexName" : "age_1_username_1",
                "isMultiKey" : false,
```

```
                    "multiKeyPaths" : {
                        "age" : [ ],
                        "username" : [ ]
                    },
                    "isUnique" : false,
                    "isSparse" : false,
                    "isPartial" : false,
                    "indexVersion" : 2,
                    "direction" : "forward",
                    "indexBounds" : {
                        "age" : [
                            "[42.0, 42.0]"
                        ],
                        "username" : [
                            "[MinKey, MaxKey]"
                        ]
                    }
                }
            }
        },
        "rejectedPlans" : [ ]
    },
    "executionStats" : {
        "executionSuccess" : true,
        "nReturned" : 8449,
        "executionTimeMillis" : 15,
        "totalKeysExamined" : 8449,
        "totalDocsExamined" : 8449,
        "executionStages" : {
            "stage" : "FETCH",
            "nReturned" : 8449,
            "executionTimeMillisEstimate" : 10,
            "works" : 8450,
            "advanced" : 8449,
            "needTime" : 0,
            "needYield" : 0,
            "saveState" : 66,
            "restoreState" : 66,
            "isEOF" : 1,
            "invalidates" : 0,
            "docsExamined" : 8449,
            "alreadyHasObj" : 0,
            "inputStage" : {
                "stage" : "IXSCAN",
                "nReturned" : 8449,
```

```
                    "executionTimeMillisEstimate" : 0,
                    "works" : 8450,
                    "advanced" : 8449,
                    "needTime" : 0,
                    "needYield" : 0,
                    "saveState" : 66,
                    "restoreState" : 66,
                    "isEOF" : 1,
                    "invalidates" : 0,
                    "keyPattern" : {
                        "age" : 1,
                        "username" : 1
                    },
                    "indexName" : "age_1_username_1",
                    "isMultiKey" : false,
                    "multiKeyPaths" : {
                        "age" : [ ],
                        "username" : [ ]
                    },
                    "isUnique" : false,
                    "isSparse" : false,
                    "isPartial" : false,
                    "indexVersion" : 2,
                    "direction" : "forward",
                    "indexBounds" : {
                        "age" : [
                            "[42.0, 42.0]"
                        ],
                        "username" : [
                            "[MinKey, MaxKey]"
                        ]
                    },
                    "keysExamined" : 8449,
                    "seeks" : 1,
                    "dupsTested" : 0,
                    "dupsDropped" : 0,
                    "seenInvalidated" : 0
                }
            }
        },
        "serverInfo" : {
            "host" : "eoinbrazil-laptop-osx",
            "port" : 27017,
            "version" : "4.0.12",
```

```
        "gitVersion" : "5776e3cbf9e7afe86e6b29e22520ffb6766e95d4"
    },
    "ok" : 1
}
```

출력은 어떤 인덱스가 사용됐는지 먼저 나타낸다(imdb.rating). 다음은 그 결과로 실제로 반환된 도큐먼트 개수다("nReturned"). 이는 몽고DB가 쿼리에 답변하기 위해 얼마나 많은 작업을 했는지 나타내지는 않는다. 즉 검색한 인덱스와 도큐먼트의 개수를 반드시 반영하지 않는다는 점에 유의하자. "totalKeysExamined"는 검색한 인덱스 항목 개수를 보고하며 "totalDocsExamined"는 검색한 도큐먼트 개수를 나타낸다. 스캔한 도큐먼트 개수는 "nscannedObjects"에 반영된다.

또한 출력은 rejectedPlans가 없었으며 42.0 값 내에서 인덱스에 경계 검색^{bounded search}을 사용했음을 보여준다.

"executionTimeMillis"는 서버가 요청을 받고 응답을 보낸 시점까지 쿼리가 얼마나 빨리 실행됐는지 보고한다. 하지만 그 값이 우리가 찾는 숫자가 아닐 수도 있다. 몽고DB가 여러 개의 쿼리 플랜을 시도했다면 "executionTimeMillis"는 최고로 뽑힌 플랜이 아니라 모든 플랜이 실행되기까지 걸린 시간을 반영한다.

기본적인 내용을 다뤘으니 더 중요한 필드 몇 가지를 자세히 살펴보자.

"isMultiKey" : false

    다중키 인덱스 사용 여부(5.1.6 '객체 및 배열 인덱싱' 참조).

"nReturned" : 8449

    쿼리에 의해 반환된 도큐먼트 개수.

"totalDocsExamined" : 8449

    몽고DB가 디스크 내 실제 도큐먼트를 가리키는 인덱스 포인터^{index pointer}를 따라간 횟수. 쿼리가 인덱스의 일부가 아닌 검색 조건을 포함하거나, 인덱스에 포함되지 않은 필드를 반환하도록 요청한다면 몽고DB는 각 인덱스 항목이 가리키는 도큐먼트를 살펴봐야 한다.

"totalKeysExamine" : 8449

인덱스가 사용됐다면 살펴본 인덱스 항목 개수, 테이블 스캔을 했다면 조사한 도큐먼트 개수.

"stage" : "IXSCAN"

몽고DB가 인덱스를 사용해 쿼리할 수 있었는지 여부. **"COLSCAN"**은 인덱스로 쿼리할 수 없어 컬렉션 스캔을 수행했음을 뜻한다.

이 절의 예제에서 몽고DB는 인덱스를 사용해 일치하는 모든 도큐먼트를 찾았으며, **"totalKeysExamined"**가 **"totalDocsExamined"**와 동일하므로 이를 확인할 수 있다. 하지만 쿼리는 일치하는 도큐먼트의 모든 필드를 반환하도록 요청받았고, 인덱스에는 **"age"**와 **"username"** 필드만 포함됐다.

"needYields" : 0

쓰기 요청을 처리하도록 쿼리가 양보^{yield}(일시 중지)한 횟수. 대기 중인 쓰기가 있다면 쿼리는 일시적으로 락^{lock}을 해제하고 쓰기가 처리되게 한다. 하지만 이 시스템에서는 대기 중인 쓰기가 없었으므로 쿼리는 한 번도 양보하지 않았다.

"executionTimeMillis" : 15

데이터베이스가 쿼리하는 데 걸린 시간. 밀리초 단위이며 낮을수록 좋다.

"indexBounds" : {...}

인덱스가 어떻게 사용됐는지 설명하며 탐색한 인덱스의 범위를 제공한다. 쿼리에서 첫 번째 절은 완전 일치이므로 인덱스는 단지 그 값, 즉 42만 찾으면 됐다. 두 번째 인덱스 키는 자유 변수^{free variable}다. 쿼리가 키에 어떤 제약 사항도 명시하지 않았기 때문이다. 따라서 데이터베이스는 **"age"** : 42 내에서 사용자명이 음의 무한대(**"$minElement"** : 1)와 양의 무한대(**"$maxElement"** : 1) 사이에 있는 값을 찾았다.

좀 더 복잡한 예제를 살펴보자. {"username" : 1, "age" : 1}과 {"age" : 1, "username" : 1}로 생성된 인덱스가 있다고 가정하자. **"username"**과 **"age"**에 대해 쿼리하면 무슨 일이

생길까? 답은 쿼리에 달려 있다.

```
> db.users.find({"age" : {$gt : 10}, "username" : "user2134"}).explain()
{
    "queryPlanner" : {
        "plannerVersion" : 1,
        "namespace" : "test.users",
        "indexFilterSet" : false,
        "parsedQuery" : {
            "$and" : [
                {
                    "username" : {
                        "$eq" : "user2134"
                    }
                },
                {
                    "age" : {
                        "$gt" : 10
                    }
                }
            ]
        },
        "winningPlan" : {
            "stage" : "FETCH",
            "filter" : {
                "age" : {
                    "$gt" : 10
                }
            },
            "inputStage" : {
                "stage" : "IXSCAN",
                "keyPattern" : {
                    "username" : 1
                },
                "indexName" : "username_1",
                "isMultiKey" : false,
                "multiKeyPaths" : {
                    "username" : [ ]
                },
                "isUnique" : false,
                "isSparse" : false,
                "isPartial" : false,
                "indexVersion" : 2,
```

```
                "direction" : "forward",
                "indexBounds" : {
                    "username" : [
                        "[\"user2134\", \"user2134\"]"
                    ]
                }
            }
        },
        "rejectedPlans" : [
            {
                "stage" : "FETCH",
                "inputStage" : {
                    "stage" : "IXSCAN",
                    "keyPattern" : {
                        "age" : 1,
                        "username" : 1
                    },
                    "indexName" : "age_1_username_1",
                    "isMultiKey" : false,
                    "multiKeyPaths" : {
                        "age" : [ ],
                        "username" : [ ]
                    },
                    "isUnique" : false,
                    "isSparse" : false,
                    "isPartial" : false,
                    "indexVersion" : 2,
                    "direction" : "forward",
                    "indexBounds" : {
                        "age" : [
                            "(10.0, inf.0]"
                        ],
                        "username" : [
                            "[\"user2134\", \"user2134\"]"
                        ]
                    }
                }
            }
        ]
    },
    "serverInfo" : {
        "host" : "eoinbrazil-laptop-osx",
        "port" : 27017,
        "version" : "4.0.12",
```

```
            "gitVersion" : "5776e3cbf9e7afe86e6b29e22520ffb6766e95d4"
        },
        "ok" : 1
    }
```

"username"에는 완전 일치 쿼리를, "age"에는 범위 쿼리를 수행한다. 따라서 데이터베이스는 쿼리를 반전하는 {"username" : 1, "age" : 1} 인덱스를 사용한다. 반대로 나이에 완전 일치 쿼리를, 이름에 범위 쿼리를 수행하면 몽고DB는 다른 인덱스를 사용한다.

```
> db.users.find({"age" : 14, "username" : /.*/}).explain()
{
    "queryPlanner" : {
        "plannerVersion" : 1,
        "namespace" : "test.users",
        "indexFilterSet" : false,
        "parsedQuery" : {
            "$and" : [
                {
                    "age" : {
                        "$eq" : 14
                    }
                },
                {
                    "username" : {
                        "$regex" : ".*"
                    }
                }
            ]
        },
        "winningPlan" : {
            "stage" : "FETCH",
            "inputStage" : {
                "stage" : "IXSCAN",
                "filter" : {
                    "username" : {
                        "$regex" : ".*"
                    }
                },
                "keyPattern" : {
                    "age" : 1,
                    "username" : 1
                },
```

```
                "indexName" : "age_1_username_1",
                "isMultiKey" : false,
                "multiKeyPaths" : {
                    "age" : [ ],
                    "username" : [ ]
                },
                "isUnique" : false,
                "isSparse" : false,
                "isPartial" : false,
                "indexVersion" : 2,
                "direction" : "forward",
                "indexBounds" : {
                    "age" : [
                        "[14.0, 14.0]"
                    ],
                    "username" : [
                        "[\"\", {})",
                        "[/.*/, /.*/]"
                    ]
                }
            }
        }
    },
    "rejectedPlans" : [
        {
            "stage" : "FETCH",
            "filter" : {
                "age" : {
                    "$eq" : 14
                }
            },
            "inputStage" : {
                "stage" : "IXSCAN",
                "filter" : {
                    "username" : {
                        "$regex" : ".*"
                    }
                },
                "keyPattern" : {
                    "username" : 1
                },
                "indexName" : "username_1",
                "isMultiKey" : false,
                "multiKeyPaths" : {
                    "username" : [ ]
```

```
                },
                "isUnique" : false,
                "isSparse" : false,
                "isPartial" : false,
                "indexVersion" : 2,
                "direction" : "forward",
                "indexBounds" : {
                    "username" : [
                        "[\"\", {})",
                        "[/.*/, /.*/]"
                    ]
                }
            }
        }
    }
    ]
},
"serverInfo" : {
    "host" : "eoinbrazil-laptop-osx",
    "port" : 27017,
    "version" : "4.0.12",
    "gitVersion" : "5776e3cbf9e7afe86e6b29e22520ffb6766e95d4"
},
"ok" : 1
}
```

쿼리에 사용하려 했던 인덱스와 다른 인덱스를 몽고DB가 사용한다면 hint를 사용해 특정 인덱스를 사용하도록 강제할 수 있다. 예를 들어 앞 예제의 쿼리에서 몽고DB가 {"username" : 1, "age" : 1} 인덱스를 사용하게 하려면 다음과 같이 실행한다.

```
> db.users.find({"age" : 14, "username" : /.*/}).hint({"username" : 1, "age" : 1})
```

> **WARNING_** 원하는 인덱스를 사용하려고 힌트를 사용하려면 힌트가 적용된 쿼리가 배포되기 전에 explain을 실행해야 한다. 몽고DB가 쿼리에서 어떻게 사용해야 하는지 모르는 인덱스를 사용하도록 강제하면, 결국 쿼리는 인덱스가 없을 때보다 비효율적이게 된다.

5.3 인덱스를 생성하지 않는 경우

인덱스는 데이터의 일부를 조회할 때 가장 효율적이며 어떤 쿼리는 인덱스가 없는 게 더 빠르다. 인덱스는 컬렉션에서 가져와야 하는 부분이 많을수록 비효율적인데, 인덱스를 하나 사용하려면 두 번의 조회를 해야 하기 때문이다. 한 번은 인덱스 항목을 살펴보고, 또 한 번은 도큐먼트를 가리키는 인덱스의 포인터를 따라간다. 반면에 컬렉션 스캔을 할 때는 도큐먼트만 살펴보면 된다. 최악의 경우(컬렉션의 모든 도큐먼트를 반환해야 할 때), 인덱스를 사용하면 두 배나 많은 조회를 수행하며 이는 대체로 컬렉션 스캔보다 훨씬 느리다.

아쉽게도 인덱스가 도움이 될지 혹은 방해가 될지 알 수 있는 공식은 없다. 실제 데이터 크기, 인덱스 크기, 도큐먼트 크기, 결과 셋의 평균 크기(표 5-1) 등에 따라 다르기 때문이다. 대체로 쿼리가 컬렉션의 30% 이상을 반환하는 경우 인덱스는 종종 쿼리 속도를 높인다. 하지만 이 수치는 2%부터 60%까지 다양하다. [표 5-1]은 인덱스가 적합한 조건과 컬렉션 스캔이 적합한 조건을 각각 요약한 것이다.

표 5-1 인덱스의 효과에 영향을 미치는 속성

인덱스가 적합한 경우	컬렉션 스캔이 적합한 경우
큰 컬렉션	작은 컬렉션
큰 도큐먼트	작은 도큐먼트
선택적 쿼리	비선택적 쿼리

통계를 수집하는 분석 시스템이 있다고 가정하자. 애플리케이션은 시작하기 한 시간 전부터 시작 시점까지의 데이터로 그래프를 생성하기 위해 시스템에 주어진 계정의 모든 도큐먼트에 대해 쿼리한다.

```
> db.entries.find({"created_at" : {"$lt" : hourAgo}})
```

쿼리 속도를 향상시키려면 **"created_at"** 인덱스를 생성한다.

처음 실행할 때 결과 셋은 아주 작으며 즉시 반환된다. 하지만 2주 후에는 데이터량이 많아지기 시작하고 한 달 후에는 쿼리가 실행되는 데 시간이 매우 오래 걸린다.

대부분의 애플리케이션에서 이는 '잘못된' 쿼리다. 정말 쿼리가 데이터셋의 대부분을 반환하기를 바라는가? 대부분의 애플리케이션, 특히 큰 데이터셋을 갖는 애플리케이션에서는 그렇지 않을 것이다. 하지만 보고reporting 시스템에 데이터를 내보낼 때나 일괄 작업을 할 때처럼, 데이터의 대부분 혹은 전부가 필요할 때도 있다. 그럴 때는 데이터셋의 큰 부분을 가능한 한 빨리 반환하려고 할 것이다.

5.4 인덱스 종류

인덱스를 구축할 때 인덱스 옵션을 지정해 동작 방식을 바꿀 수 있다. 여기서는 가장 일반적인 종류를 설명하고, 더 전문적이거나 특수한 종류는 6장에서 설명한다.

5.4.1 고유 인덱스

고유 인덱스는 각 값이 인덱스에 최대 한 번 나타나도록 보장한다. 예를 들어 여러 도큐먼트에서 `"firstname"` 키에 동일한 값을 가질 수 없도록 하려면 `"firstname"` 필드가 있는 도큐먼트에 대해서만 `"partialFilterExpression"`으로 고유 인덱스를 만들면 된다(자세한 내용은 5.4.2 '부분 인덱스'에서 살펴본다).

```
> db.users.createIndex({"firstname" : 1},
... {"unique" : true, "partialFilterExpression":{
    "firstname": {$exists: true } } } )
{
    "createdCollectionAutomatically" : false,
    "numIndexesBefore" : 3,
    "numIndexesAfter" : 4,
    "ok" : 1
}
```

예를 들어 users 컬렉션에 다음 도큐먼트들을 삽입한다고 가정하자.

```
> db.users.insert({firstname: "bob"})
WriteResult({ "nInserted" : 1 })
> db.users.insert({firstname: "bob"})
WriteResult({
```

```
  "nInserted" : 0,
  "writeError" : {
    "code" : 11000,
    "errmsg" : "E11000 duplicate key error collection: test.users index:
              firstname_1 dup key: { : \"bob\" }"
  }
})
```

컬렉션을 확인해보면 첫 번째 **"bob"**만 저장됨을 알 수 있다. 중복 키 예외^{duplicate key exception}를 발생시키면 매우 비효율적이므로, 수많은 중복을 필터링하기보다는 가끔씩 발생하는 중복에 고유 제약 조건을 사용한다.

이미 익숙한 고유 인덱스인 **"_id"**의 인덱스는 컬렉션을 생성하면 항상 자동으로 생성된다. 다른 고유 인덱스와 달리 삭제할 수 없다는 점을 제외하면 일반적인 고유 인덱스다.

> **WARNING_** 도큐먼트에 키가 존재하지 않으면 인덱스는 그 도큐먼트에 대해 값을 null로 저장한다. 따라서 고유 인덱스를 생성한 후 인덱싱된 필드가 없는 도큐먼트를 2개 이상 삽입하려고 시도하면, 이미 null 값을 갖는 도큐먼트가 존재하기 때문에 실패한다. 처리하는 방법은 5.4.2 '부분 인덱스'를 참조한다.

어떤 경우에는 값이 인덱싱되지 않는다. 인덱스 버킷^{index bucket}은 크기 제한이 있으며, 제한을 넘는 인덱스 항목은 인덱스에 포함되지 않는다. 이는 인덱스를 사용하는 쿼리에서 도큐먼트를 '볼 수 없게' 만들어 혼동을 일으킬 수 있다. 몽고DB 4.2 이전 버전에서 필드는 인덱스에 포함되려면 1024바이트보다 작아야 했다. 몽고DB 4.2 이후 버전에서는 이러한 제약이 사라졌다. 도큐먼트의 필드가 크기 때문에 인덱싱되지 못했을 때 몽고DB는 오류나 경고를 발생시키지 않는다. 이는 8킬로바이트보다 긴 키에는 고유 인덱스 제약 조건이 적용되지 않음을 의미한다. 예를 들어 동일한 8킬로바이트 문자열을 입력할 수 있다.

복합 고유 인덱스

복합 고유 인덱스^{compound unique index}를 만들 수도 있다. 이때 개별 키는 같은 값을 가질 수 있지만 인덱스 항목의 모든 키에 걸친 값의 조합은 인덱스에서 최대 한 번만 나타난다.

예를 들어 {"username" : 1, "age" : 1}로 고유 인덱스가 있으면 다음 입력은 정상이다.

```
> db.users.insert({"username" : "bob"})
> db.users.insert({"username" : "bob", "age" : 23})
> db.users.insert({"username" : "fred", "age" : 23})
```

하지만 같은 도큐먼트를 다시 입력하면 중복 키 오류가 발생한다.

GridFS는 몽고DB에 큰 파일을 저장하는 표준 방식(6.5 'GridFS로 파일 저장하기' 참조)으로, 복합 고유 인덱스를 사용한다. 파일 내용을 포함하는 컬렉션은 {"files_id" : 1, "n" : 1}로 고유 인덱스를 가지며, 따라서 도큐먼트를 (부분적으로) 다음처럼 보이게 한다.

```
{"files_id" : ObjectId("4b23c3ca7525f35f94b60a2d"), "n" : 1}
{"files_id" : ObjectId("4b23c3ca7525f35f94b60a2d"), "n" : 2}
{"files_id" : ObjectId("4b23c3ca7525f35f94b60a2d"), "n" : 3}
{"files_id" : ObjectId("4b23c3ca7525f35f94b60a2d"), "n" : 4}
```

"files_id"에 대한 값은 모두 동일하지만 "n"은 다름을 알아두자.

중복 제거하기

기존 컬렉션에 고유 인덱스를 구축할 때 중복된 값이 있으면 실패한다.

```
> db.users.createIndex({"age" : 1}, {"unique" : true})
WriteResult({
    "nInserted" : 0,
    "writeError" : {
        "code" : 11000,
        "errmsg" : "E11000 duplicate key error collection:
                    test.users index: age_1 dup key: { : 12 }"
    }
})
```

일반적으로 데이터를 처리(집계 프레임워크가 도움이 된다)한 후에는 중복이 발생한 부분을 파악하고 어떻게 처리할지 알아내야 한다.

5.4.2 부분 인덱스

이전 절에서 설명한 바와 같이 고유 인덱스는 null을 값으로 취급하므로, 키가 없는 도큐먼트가 여러 개인 고유 인덱스를 만들 수 없다. 하지만 오직 키가 존재할 때만 고유 인덱스가 적용되도록 할 때가 많다. 고유한 필드가 존재하거나 필드가 아예 존재하지 않으면 "unique"와 "partial"을 결합할 수 있다.

> **NOTE_** 몽고DB의 부분 인덱스는 데이터의 서브셋에만 생성되며, 이는 관계형 데이터베이스의 희소 인덱스sparse index와 비교된다. 희소 인덱스는 데이터 블록을 가리키는 인덱스 항목을 더 적게 생성한다. 그러나 모든 데이터 블록은 관련된 희소 인덱스 항목이 RDBMS에 있다.

부분 인덱스를 만들려면 "partialFilterExpression" 옵션을 포함시킨다. 부분 인덱스는 생성하려는 필터 표현식filter expression을 나타내는 도큐먼트와 함께 희소 인덱스가 제공하는 기능의 슈퍼셋superset을 나타낸다. 예를 들어 이메일 주소는 선택 항목이지만 입력할 경우 고유해야 한다면 다음과 같이 실행한다.

```
> db.users.ensureIndex({"email" : 1}, {"unique" : true, "partialFilterExpression" :
... { email: { $exists: true } }})
```

부분 인덱스는 반드시 고유할 필요는 없다. 고유하지 않은 부분 인덱스를 만들려면 "unique" 옵션을 제외시키기만 하면 된다.

쿼리는 부분 인덱스 사용 여부에 따라 다른 결과를 반환할 수 있다는 점을 기억하자. 예를 들어 컬렉션에서 대부분의 도큐먼트가 "x" 필드를 갖지만, 한 도큐먼트만 "x"를 갖지 않는다고 가정하자.

```
> db.foo.find()
{ "_id" : 0 }
{ "_id" : 1, "x" : 1 }
{ "_id" : 2, "x" : 2 }
{ "_id" : 3, "x" : 3 }
```

"x"에 쿼리를 실행하면 일치하는 도큐먼트를 모두 반환한다.

```
> db.foo.find({"x" : {"$ne" : 2}})
{ "_id" : 0 }
{ "_id" : 1, "x" : 1 }
{ "_id" : 3, "x" : 3 }
```

"x"에 부분 인덱스를 생성하면 "_id" : 0 도큐먼트는 인덱스에 포함되지 않는다. 그러므로
이제 "x"에 대해 쿼리하면 몽고DB는 인덱스를 사용하며 {"_id" : 0} 도큐먼트를 반환하지
않는다.

```
> db.foo.find({"x" : {"$ne" : 2}})
{ "_id" : 1, "x" : 1 }
{ "_id" : 3, "x" : 3 }
```

필드가 없는 도큐먼트가 필요할 때는 hint를 사용함으로써 테이블 스캔을 하도록 강제할 수
있다.

5.5 인덱스 관리

이전 절에서 알아본 바와 같이 createIndex 함수를 사용해 인덱스를 생성할 수 있다. 인덱스는
컬렉션당 한 번만 만들어야 한다. 동일한 인덱스를 다시 생성하면 아무 일도 일어나지 않는다.

데이터베이스의 인덱스 정보는 모두 system.indexes 컬렉션에 저장된다. 이는 예약된 컬렉션
이므로 안에 있는 도큐먼트를 수정하거나 제거할 수 없으며, createIndex, createIndexes,
dropIndexes와 같은 데이터베이스 명령으로만 조작할 수 있다.

인덱스 생성 시 system.indexes에서 인덱스의 메타 정보를 확인할 수 있다. 특정 컬렉션의 모
든 인덱스 정보를 확인하려면 db.컬렉션명.getIndexes( )를 실행한다.

```
> db.students.getIndexes()
[
    {
        "v" : 2,
        "key" : {
            "_id" : 1
        },
    "name" : "_id_",
    "ns" : "school.students"
    },
    {
    "v" : 2,
    "key" : {
        "class_id" : 1
    },
    "name" : "class_id_1",
    "ns" : "school.students"
    },
    {
    "v" : 2,
    "key" : {
        "student_id" : 1,
        "class_id" : 1
    },
    "name" : "student_id_1_class_id_1",
    "ns" : "school.students"
    }
]
```

중요한 필드는 "key"와 "name"이다. 키는 힌트에 사용하거나, 인덱스가 명시돼야 하는
위치에 사용할 수 있다. 여기에서 인덱스는 필드 순서에 상관있다. { "class_id" : 1,
"student_id" : 1}인 인덱스는 { "student_id" : 1, "class_id" : 1}인 인덱스와 다
르다. 인덱스명은 dropIndexes와 같은 관리적인 인덱스 작업에서 식별자로 사용된다. 인덱스
의 다중키 여부는 명세에 나타나지 않는다.

"v" 필드는 내부적으로 인덱스 버저닝index versioning에 사용된다. "v" : 1인 필드조차 없는 인덱
스는 오래되고 비효율적인 형식으로 저장된 상태다. 몽고DB 2.0 이후 버전을 사용하며 인덱
스를 삭제 및 재구축해 인덱스를 업그레이드하자.

5.5.1 인덱스 식별

컬렉션 내 각 인덱스는 고유하게 식별하는 이름이 있다. **인덱스명**은 서버에서 인덱스를 삭제하거나 조작하는 데 사용된다. 인덱스의 키가 **키명X**이고, 인덱스의 방향이 **방향X**(1 혹은 −1)일 때, 인덱스명은 기본적으로 **키명1_방향1_키명2_방향2_..._키명N_방향N**이다. 따라서 인덱스 키가 두 개 이상이면 인덱스명이 길어질 수 있으므로 `createIndex`의 옵션으로 원하는 이름을 지정할 수 있다.

```
> db.soup.createIndex({"a" : 1, "b" : 1, "c" : 1, ..., "z" : 1},
... {"name" : "alphabet"})
```

인덱스명은 글자 수 제한이 있으므로 복잡한 인덱스를 생성하려면 사용자 지정 이름이 필요할 수도 있다. `getLastError` 호출은 인덱스 생성의 성공 여부 혹은 실패 원인을 보여준다.

5.5.2 인덱스 변경

애플리케이션이 커지고 변경됨에 따라 데이터와 쿼리가 바뀌고 잘 작동하던 인덱스가 더는 작동하지 않을 수 있다. 이때 `dropIndex` 명령을 사용해 불필요한 인덱스를 제거하자.

```
> db.people.dropIndex("x_1_y_1")
{ "nIndexesWas" : 3, "ok" : 1 }
```

인덱스 설명에 있는 `"name"` 필드를 사용해서 삭제할 인덱스를 지정하자.

새로운 인덱스를 구축하려면 시간이 오래 걸리고 리소스가 많이 필요하다. 몽고DB 4.2 이후 버전에서는 인덱스를 최대한 빨리 구축하기 위해, 구축이 완료될 때까지 데이터베이스의 모든 읽기와 쓰기를 중단한다. 데이터베이스가 읽기와 쓰기에 어느 정도 응답하게 하려면 인덱스를 구축할 때 `"background"` 옵션을 사용하자. 이는 인덱스 구축이 종종 다른 작업에 양보하도록 강제하지만 여전히 애플리케이션에 큰 영향을 준다(더 많은 정보는 13.4.7 '인덱스 구축하기'를 참조한다). 또한 백그라운드 인덱싱background indexing은 포그라운드 인덱싱foreground indexing보다 훨씬 느리다. 몽고DB 4.2는 하이브리드 인덱스 구축이라는 새로운 접근 방식을 도입했다. 인덱스 구축 프로세스의 시작과 끝에만 락을 가지며, 따라서 프로세스의 나머지 부분은 읽기 및 쓰기 작업을 인터리빙^{interleaving}한다. 이는 몽고DB 4.2에서 포그라운드, 백그라운드 인덱싱을 모두 대체한다.

(가능하다면) 기존 도큐먼트에 인덱스를 생성하면 인덱스를 먼저 생성한 후 모든 도큐먼트를 끼워 넣을 때보다 조금 빠르다.

## CHAPTER 6

특수 인덱스와 컬렉션 유형

이 장에서는 몽고DB가 사용할 수 있는 특수 인덱스와 컬렉션 유형을 다루며 다음 내용을 설명한다.

- 큐 같은queue-like 데이터를 위한 제한 컬렉션
- 캐시를 위한 TTL 인덱스
- 단순 문자열 검색을 위한 전문 인덱스
- 2D 구현 및 구면 기하학spherical geometry을 위한 공간 정보 인덱스
- 대용량 파일 저장을 위한 GridFS

6.1 공간 정보 인덱스

몽고DB는 2dsphere와 2d라는 공간 정보 인덱스를 가진다. 2dsphere 인덱스는 WGS84 좌표계를 기반으로 지표면을 모델링하는 구면 기하학으로 작동한다. WGS84 좌표계는 지표면을 주상절벽oblate spheroid으로 모델링하며, 이는 극지방에 약간의 평탄화flattening가 존재함을 의미한다. 2dsphere 인덱스를 사용하면 지구의 형태를 고려하므로 2d 인덱스를 사용할 때보다 더 정확한 거리 계산을 할 수 있다(예를 들면 두 도시 간 거리). 2차원 평면의 점point에는 2d 인덱스를 사용하자.

2dsphere를 사용하면 GeoJSON 형식(http://www.geojson.org)으로 점, 선, 다각형의 기

하 구조geometry를 지정할 수 있다. 점은 경도longitude 좌표와 위도latitude 좌표를 요소로 갖는 배열 **[경도, 위도]**로 표현된다.

```
{
    "name" : "New York City",
    "loc" : {
        "type" : "Point",
        "coordinates" : [50, 2]
    }
}
```

선은 점의 배열로 표현된다.

```
{
    "name" : "Hudson River",
    "loc" : {
        "type" : "LineString",
        "coordinates" : [[0,1], [0,2], [1,2]]
    }
}
```

다각형은 선과 같은 방식(점의 배열)으로 표현되지만 **"type"**이 다르다.

```
{
    "name" : "New England",
    "loc" : {
        "type" : "Polygon",
        "coordinates" : [[[0,1], [0,2], [1,2], [0,1]]]
    }
}
```

"loc" 필드명은 변경해도 상관없지만 내장 객체의 필드명은 GeoJSON에서 지정되므로 변경할 수 없다.

createIndex와 함께 **"2dsphere"**를 사용해 공간 정보 인덱스를 만들 수 있다.

```
> db.openStreetMap.createIndex({"loc" : "2dsphere"})
```

2dsphere 인덱스를 만들려면 인덱싱할 도형이 포함된 필드(여기서는 "loc")를 지정하는 도큐먼트를 createIndex에 전달하고 "2dsphere"를 값으로 지정한다.

6.1.1 공간 정보 쿼리 유형

공간 정보 쿼리는 교차intersection, 포함within, 근접nearness이라는 세 가지 유형이 있다. 찾을 항목을 {"$geometry" : geoJsonDesc}와 같은 GeoJSON 객체로 지정한다.

예를 들어 "$geoIntersects" 연산자를 사용해 쿼리 위치와 교차하는 도큐먼트를 찾을 수 있다.

```
> var eastVillage = {
... "type" : "Polygon",
... "coordinates" : [
... [
...    [ -73.9732566, 40.7187272 ],
...    [ -73.9724573, 40.7217745 ],
...    [ -73.9717144, 40.7250025 ],
...    [ -73.9714435, 40.7266002 ],
...    [ -73.975735, 40.7284702 ],
...    [ -73.9803565, 40.7304255 ],
...    [ -73.9825505, 40.7313605 ],
...    [ -73.9887732, 40.7339641 ],
...    [ -73.9907554, 40.7348137 ],
...    [ -73.9914581, 40.7317345 ],
...    [ -73.9919248, 40.7311674 ],
...    [ -73.9904979, 40.7305556 ],
...    [ -73.9907017, 40.7298849 ],
...    [ -73.9908171, 40.7297751 ],
...    [ -73.9911416, 40.7286592 ],
...    [ -73.9911943, 40.728492 ],
...    [ -73.9914313, 40.7277405 ],
...    [ -73.9914635, 40.7275759 ],
...    [ -73.9916003, 40.7271124 ],
...    [ -73.9915386, 40.727088 ],
...    [ -73.991788, 40.7263908 ],
...    [ -73.9920616, 40.7256489 ],
...    [ -73.9923298, 40.7248907 ],
...    [ -73.9925954, 40.7241427 ],
...    [ -73.9863029, 40.7222237 ],
```

```
...    [ -73.9787659, 40.719947 ],
...    [ -73.9772317, 40.7193229 ],
...    [ -73.9750886, 40.7188838 ],
...    [ -73.9732566, 40.7187272 ]
...    ]
... ]}
> db.openStreetMap.find(
... {"loc" : {"$geoIntersects" : {"$geometry" : eastVillage}}})
```

뉴욕New York City의 이스트빌리지East Village 내에 한 점을 갖는 점, 선, 다각형이 포함된 도큐먼트를 모두 찾는다.

"**$geoWithin**"을 사용해 특정 지역에 완전히 포함된 항목을 쿼리할 수 있다(예를 들면 이스트 빌리지에 있는 식당).

```
> db.openStreetMap.find({"loc" : {"$geoWithin" : {"$geometry" : eastVillage}}})
```

예제는 첫 번째 쿼리와 달리, 이스트빌리지를 가로지르거나(도로처럼) 이스트빌리지와 부분적으로 겹치는(예를 들어 맨해튼Manhattan 지역을 지정하는) 다각형은 반환하지 않는다.

마지막으로 "**$near**"를 사용해 주변 위치에 쿼리할 수 있다.

```
> db.openStreetMap.find({"loc" : {"$near" : {"$geometry" : eastVillage}}})
```

"**$near**"는 정렬을 포함하는 유일한 공간 정보 연산자geospatial operator다. "**$near**"의 결과는 항상 거리가 가장 가까운 곳부터 가장 먼 곳 순으로 반환된다.

6.1.2 공간 정보 인덱스 사용

몽고DB의 공간 정보 인덱스를 사용하면 특정 지역과 관련된 모양과 점이 포함된 컬렉션에서 공간 쿼리spatial query를 효율적으로 실행할 수 있다. 간단한 공간 정보 애플리케이션의 쿼리 작성 프로세스를 통해 공간 정보 특성의 기능을 살펴보고 다양한 접근 방식을 비교하자. 공간 정보 인덱스의 핵심적인 개념 몇 가지를 좀 더 자세히 살펴본 후 "**$geoWithin**", "**$geoIntersects**", "**$geoNear**"와 함께 사용하는 방법을 알아본다.

사용자가 뉴욕에서 레스토랑을 찾도록 돕는 모바일 애플리케이션을 설계한다고 가정하자. 애플리케이션은 다음을 충족해야 한다.

- 사용자가 현재 위치한 지역을 찾는다.
- 해당 지역 내 레스토랑 수를 보여준다.
- 지정된 거리 내에 있는 레스토랑을 찾는다.

구면 기하학 데이터를 쿼리하는 데 2dsphere 인덱스를 사용한다.

쿼리에서의 2D vs. 구면 기하학

공간 정보 쿼리는 쿼리와 사용 중인 인덱스 유형에 따라 구면 또는 2D(평면) 구조를 사용한다. [표 6-1]은 각 공간 정보 연산자가 사용하는 기하 구조 유형을 나타낸다.

표 6-1 몽고DB의 쿼리 유형 및 도형 유형

쿼리 유형	기하 구조 유형
$near (GeoJSON point, 2dsphere 인덱스)	구면
$near (레거시 좌표, 2d 인덱스)	평면
$geoNear (GeoJSON point, 2dsphere 인덱스)	구면
$geoNear (레거시 좌표, 2d 인덱스)	평면
$nearSphere (GeoJSON point, 2dsphere 인덱스)	구면
$nearSphere (레거시 좌표, 2d 인덱스)[1]	구면
$geoWithin : { $geometry: ... }	구면
$geoWithin : { $box: ... }	평면
$geoWithin : { $polygon: ... }	평면
$geoWithin : { $center: ... }	평면
$geoWithin : { $centerSphere: ... }	구면
$geoIntersects	구면

2d 인덱스는 구[sphere]에서 평면 기하학과 거리 계산을 모두 지원한다(즉 $nearSphere를 사용한다)는 점에 유의하자. 하지만 구면 기하학을 사용하는 쿼리는 2dsphere 인덱스를 사용할 때

---

1 대신 GeoJSON point를 사용

성능과 정확성이 향상된다.

$geoNear 연산자는 집계 연산자aggregation operator라는 점에 유의하자. 집계 프레임워크는 7장에서 다룬다. $near 쿼리 연산 외에도 $geoNear나 특수 명령인 geoNear를 사용해 주변 위치를 쿼리할 수 있다. $near 쿼리 연산자는 몽고DB의 확장 솔루션인 샤딩을 사용해 배포된 컬렉션에서는 작동하지 않는다(15장 참조).

geoNear 명령과 $geoNear 집계 연산자를 사용하려면 컬렉션에 2dsphere 인덱스와 2d 인덱스가 최대 1개만 있어야 한다. 반면에 $near나 $geoWithin과 같은 공간 정보 쿼리 연산자는 컬렉션이 여러 개의 공간 정보 인덱스를 갖도록 허용한다.

geoNear 명령과 $geoNear 구문은 둘 다 위치 필드를 포함하지 않으므로 공간 정보 인덱스 제한이 존재한다. 따라서 여러 2d 인덱스나 2dsphere 인덱스 간의 선택이 모호해진다.

공간 정보 쿼리 연산자에는 이러한 제한이 없으며, 위치 필드를 사용해 모호성을 없앤다.

왜곡

구면 기하는 지도에 시각화하면 왜곡이 있는데, 지구와 같은 3차원 구를 평면에 투사하는 특성 때문이다.

예를 들어 경도, 위도 지점 (0,0), (80,0), (80,80), (0,80)으로 정의되는 구형 정사각형spherical square을 지정해보자. [그림 6-1]은 이 영역에 포함된 면적을 나타낸다.

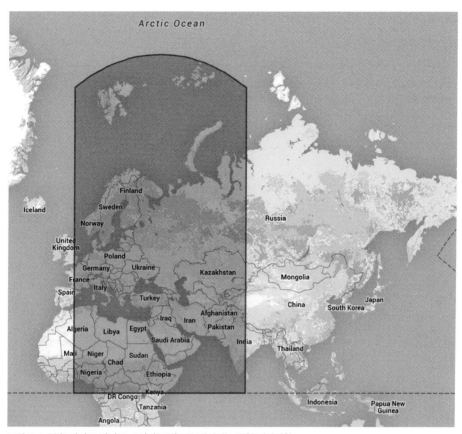

그림 6-1 점 (0,0), (80,0), (80, 80), (0,80)으로 정의되는 구형 정사각형

레스토랑 검색

예제에서는 뉴욕에 위치한 지역(https://oreil.ly/rpGna)과 레스토랑(https://oreil.ly/JXYd-) 데이터셋을 이용해 작업한다. 깃허브[GitHub]에서 예제 데이터셋을 다운로드할 수 있다.

다음과 같이 mongoimport 도구를 사용해 데이터셋을 데이터베이스로 가져오자.

```
$ mongoimport <path to neighborhoods.json> -c neighborhoods
$ mongoimport <path to restaurants.json> -c restaurants
```

mongo 셸(https://oreil.ly/NMUhn)에서 createIndex 명령을 사용해 각 컬렉션에 2dsphere 인덱스를 만든다.

```
> db.neighborhoods.createIndex({location:"2dsphere"})
> db.restaurants.createIndex({location:"2dsphere"})
```

데이터 탐색

mongo 셸에서 간단한 쿼리 몇 가지를 실행해보면 이러한 컬렉션의 도큐먼트에 사용되는 스키마를 이해할 수 있다.

```
> db.neighborhoods.find({name: "Clinton"})
{
  "_id": ObjectId("55cb9c666c522cafdb053a4b"),
  "geometry": {
    "coordinates": [
      [
        [-73.99,40.77],
        .
        .
        .
        [-73.99,40.77],
        [-73.99,40.77]]
      ]
    ],
    "type": "Polygon"
  },
  "name": "Clinton"
}

> db.restaurants.find({name: "Little Pie Company"})
{
  "_id": ObjectId("55cba2476c522cafdb053dea"),
  "location": {
    "coordinates": [
      -73.99331699999999,
      40.7594404
    ],
    "type": "Point"
```

```
    },
  "name": "Little Pie Company"
}
```

코드에서 지역^{neighborhood} 도큐먼트는 [그림 6-2]에 표시된 뉴욕 내 영역에 해당된다.

그림 6-2 뉴욕 내 헬스 키친^{Hell's Kitchen}(클린턴^{Clinton}) 지역

제과점^{bakery}은 [그림 6-3]에 나타낸 위치에 해당된다.

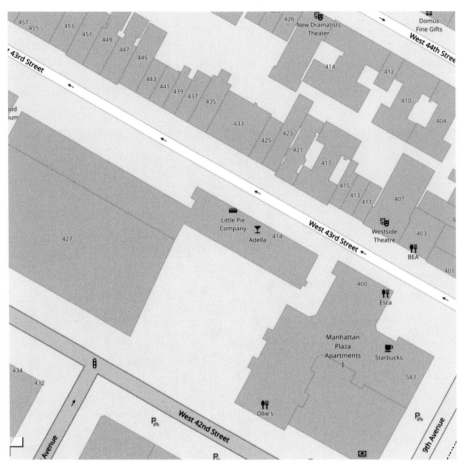

그림 6-3 '424 West 43rd Street'에 위치한 'Little Pie Company'

현재 지역 찾기

사용자의 휴대 기기가 정확한 위치 정보를 제공한다고 가정할 때, `$geoIntersects`를 사용해 사용자가 현재 위치한 지역을 쉽게 찾을 수 있다.

사용자 위치의 경도 좌표는 −73.93414657, 위도 좌표는 40.82302903이라고 가정해보자. GeoJSON 형식의 특수한 `$geometry` 필드로 점을 지정해 현재 지역(헬스 키친)을 찾는다.

```
> db.neighborhoods.findOne({geometry:{$geoIntersects:{$geometry:{type:"Point",
... coordinates:[-73.93414657,40.82302903]}}}})
```

쿼리 결과는 다음과 같다.

```
{
  "_id":ObjectId("55cb9c666c522cafdb053a68"),
  "geometry":{
    "type":"Polygon",
    "coordinates":[[[-73.93383000695911,40.81949109558767],...]]},
    "name":"Central Harlem North-Polo Grounds"
}
```

지역 내 모든 레스토랑 찾기

특정 지역 내 레스토랑을 모두 찾는 쿼리도 수행할 수 있다. mongo 셸에서 다음을 실행해 사용자가 위치한 지역을 찾은 후 해당 지역 내 레스토랑 수를 계산한다. 예를 들어 헬스 키친 내에 있는 레스토랑을 모두 찾아보자.

```
> var neighborhood = db.neighborhoods.findOne({
  geometry: {
    $geoIntersects: {
      $geometry: {
        type: "Point",
        coordinates: [-73.93414657,40.82302903]
      }
    }
  }
});

> db.restaurants.find({
    location: {
      $geoWithin: {
        // 앞에서 검색한 인접 객체의 기하 구조를 사용한다.
        $geometry: neighborhood.geometry
      }
    }
  },
  // 일치하는 레스토랑의 이름만 표시한다.
  {name: 1, _id: 0});
```

쿼리는 해당 지역에 위치한 레스토랑의 이름을 모두 알려준다. 지역 내 레스토랑은 127개다.

```
{
  "name": "White Castle"
}
{
  "name": "Touch Of Dee'S"
}
{
  "name": "Mcdonald'S"
}
{
  "name": "Popeyes Chicken & Biscuits"
}
{
  "name": "Make My Cake"
}
{
  "name": "Manna Restaurant Ii"
}
...
{
  "name": "Harlem Coral Llc"
}
```

범위 내에서 레스토랑 찾기

특정 지점으로부터 지정된 거리 내에 있는 레스토랑을 찾을 수 있다. "$centerSphere"와 함께 "$geoWithin"을 사용하면 정렬되지 않은 순서로 결과를 반환하며, "$maxDistance"와 함께 "$nearSphere"를 사용하면 거리 순으로 정렬된 결과를 반환한다.

원형 지역 내 레스토랑을 찾으려면 "$centerSphere"와 함께 "$geoWithin"을 사용한다. "$centerSphere"는 중심과 반경을 라디안radian으로 지정해 원형 영역을 나타내는 몽고DB 전용 구문이다. "$geoWithin"은 도큐먼트를 특정 순서로 반환하지 않으므로 거리가 가장 먼 도큐먼트를 먼저 반환할 수도 있다.

다음은 사용자로부터 5마일 이내에 있는 레스토랑을 모두 찾는다.

```
> db.restaurants.find({
  location: {
    $geoWithin: {
      $centerSphere: [
        [-73.93414657,40.82302903],
        5/3963.2
      ]
    }
  }
})
```

"$centerSphere"의 두 번째 인자는 반지름을 라디안 값으로 받는다. 쿼리는 거리를 지구의 대략적인 적도 반경인 3963.2마일로 나누어 라디안으로 변환한다.

애플리케이션은 공간 정보 인덱스 없이도 "$centerSphere"를 사용할 수 있지만, 공간 정보 인덱스를 사용하면 훨씬 빨리 쿼리를 실행할 수 있다. 2dsphere와 2d 둘 다 "$centerSphere"를 지원한다.

또한 "$nearSphere"를 사용하고 "$maxDistance"를 미터 단위로 지정할 수도 있다. 사용자로부터 5마일 이내에 있는 모든 레스토랑을 가장 가까운 곳에서 가장 먼 곳 순으로 반환한다.

```
> var METERS_PER_MILE = 1609.34;
db.restaurants.find({
  location: {
    $nearSphere: {
      $geometry: {
        type: "Point",
        coordinates: [-73.93414657,40.82302903]
      },
      $maxDistance: 5*METERS_PER_MILE
    }
  }
});
```

6.1.3 복합 공간 정보 인덱스

공간 정보 인덱스는 다른 인덱스 종류와 마찬가지로 다른 필드와 묶음으로써 더 복잡한 쿼리를 최적화할 수 있다. 이는 앞에서 살펴본 '헬스 키친에 있는 레스토랑 찾기' 쿼리에도 적용된다. 공간 정보 인덱스만을 사용해 헬스 키친 내 모든 필드로 필터링했지만, 다른 필드와 묶으면 "restaurants"나 "pizza" 필드로 필터링할 수 있다.

```
> db.openStreetMap.createIndex({"tags" : 1, "location" : "2dsphere"})
```

그러면 헬스 키친에 있는 피자 레스토랑을 빠르게 찾을 수 있다.

```
> db.openStreetMap.find({"loc" : {"$geoWithin" :
... {"$geometry" : hellsKitchen.geometry}},
... "tags" : "pizza"})
```

"2dsphere" 필드 앞 또는 뒤에 '평범한' 인덱스 필드를 지정할 수 있는데, 평범한 필드와 위치 필드 중 무엇을 먼저 필터링할지에 따라 다르다. 더 선택적인 필드를 먼저 필터링하자(즉 첫 번째 인덱스 조건으로 결과를 더 많이 필터링하자).

6.1.4 2d 인덱스

비구체nonspherical 지도(비디오 게임 지도, 시계열 데이터time series data 등)에는 "2dsphere" 대신 "2d" 인덱스를 사용한다.

```
> db.hyrule.createIndex({"tile" : "2d"})
```

"2d" 인덱스는 지형이 구체가 아니라 완전히 평평한 표면이라고 가정한다. 따라서 극 주변은 왜곡이 매우 심하므로 구체에 "2d" 인덱스를 사용해서는 안 된다.

도큐먼트는 "2d" 인덱스 필드에 요소가 2개인 배열을 사용하며, 배열 요소는 각각 경도 좌표와 위도 좌표를 나타낸다. 다음 예를 보자.

```
{
    "name" : "Water Temple",
```

```
    "tile" : [ 32, 22 ]
  }
```

GeoJSON 데이터를 저장하려면 2d 인덱스를 사용하지 말자. 2d 인덱스는 점만 인덱싱할 수 있다. 점의 배열을 저장할 수는 있지만 정확하게는 선이 아닌 점의 배열을 저장한다. 이는 특히 "$geoWithin" 쿼리에서 큰 차이가 있다. 도로를 점의 배열로 저장했다면, 점 하나가 주어진 도형 안에 있으면 도큐먼트가 "$geoWithin"과 일치한다. 하지만 점들로 이루어진 선은 도형에 완전히 포함되지 않는다.

기본적으로 2d 인덱스는 값이 −180과 180 사이에 있다고 가정한다. 범위를 넓히거나 좁히려면 createIndex를 사용해 최솟값과 최댓값을 지정한다.

```
> db.hyrule.createIndex({"light-years" : "2d"}, {"min" : -1000, "max" : 1000})
```

2000 × 2000 평방square으로 보정된 공간 정보 인덱스를 생성한다.

2d 인덱스는 "$geoWithin", "$nearSphere", "$near" 쿼리 셀렉터query selector를 지원한다. "$geoWithin"은 평평한 표면에 정의된 영역 내 점을 쿼리하는 데 사용한다. 직사각형, 다각형, 원, 구 안에 있는 모든 점을 쿼리할 수 있으며 "$geometry" 연산자를 사용해 GeoJSON 객체를 지정한다. 다음과 같이 인덱싱된 그리드grid를 다시 살펴보자.

```
> db.hyrule.createIndex({"tile" : "2d"})
```

다음은 왼쪽 하단 모서리 [10, 10]과 오른쪽 상단 모서리 [100, 100]으로 정의된 사각형 내 도큐먼트에 대한 쿼리다.

```
> db.hyrule.find({
  tile: {
    $geoWithin: {
      $box: [[10, 10], [100, 100]]
    }
  }
})
```

$box는 요소가 2개인 배열을 사용한다. 첫 번째 요소는 왼쪽 하단 모서리 좌표를, 두 번째

요소는 오른쪽 상단 모서리 좌표를 지정한다.

중심이 [−17, 20.5]이고 반지름이 25인 원 안에 있는 도큐먼트를 쿼리하려면 다음 명령을 실행한다.

```
> db.hyrule.find({
  tile: {
    $geoWithin: {
      $center: [[-17, 20.5] , 25]
    }
  }
})
```

다음 쿼리는 [0, 0], [3, 6], [6, 0]으로 정의된 다각형 내 좌표를 포함하는 도큐먼트를 모두 반환한다.

```
> db.hyrule.find({
  tile: {
    $geoWithin: {
      $polygon: [[0, 0], [3, 6], [6, 0]]
    }
  }
})
```

다각형은 점의 배열로 지정한다. 배열의 마지막 점은 다각형을 이루는 첫 번째 점에 '연결'된다. 예제는 주어진 삼각형 내 점을 포함하는 도큐먼트를 모두 찾는다.

몽고DB는 레거시legacy 지원을 위해 2d 인덱스에 대한 기초적인 구형 쿼리도 지원한다. 일반적으로 구형 쿼리에는 6.1.2의 '쿼리에서의 2D vs. 구면 기하학'에서 설명한 대로 2dsphere 인덱스를 사용해야 한다. 하지만 구 안에 있는 레거시 좌표 쌍legacy coordinate pair을 쿼리하려면 "$centerSphere" 연산자와 함께 "$geoWithin"을 사용한다. 다음을 포함하는 배열을 지정하자.

- 원 중심점의 그리드 좌표grid coordinate
- 라디안 단위로 측정한 원의 반지름

예를 들면 다음과 같다.

```
> db.hyrule.find({
  loc: {
    $geoWithin: {
      $centerSphere: [[88, 30], 10/3963.2]
    }
  }
})
```

주변에 있는 점을 쿼리하려면 **"$near"**를 사용한다. 근접 쿼리proximity query는 특정 지점으로부터 가장 가까운 좌표 쌍을 포함하는 도큐먼트를 반환하고 결과를 거리 순으로 정렬한다. 예제에서 는 hyrule 컬렉션 내 모든 도큐먼트를 지점 (20, 21)로부터 거리가 가까운 순으로 찾는다.

```
> db.hyrule.find({"tile" : {"$near" : [20, 21]}})
```

제한이 지정되지 않았으면 기본적으로 100개의 도큐먼트로 제한이 적용된다. 결과가 많이 필 요하지 않으면 서버 리소스를 보존하도록 제한을 설정해야 한다. 예를 들어 다음 코드는 (20, 21)에 가장 가까운 10개의 도큐먼트를 반환한다.

```
> db.hyrule.find({"tile" : {"$near" : [20, 21]}}).limit(10)
```

6.2 전문 검색을 위한 인덱스

몽고DB의 text 인덱스는 전문 검색의 요구 사항을 지원한다. text 인덱스를 몽고DB 아틀 라스 전문 검색 인덱스Atlas Full-Text Search Index와 혼동하지 말자. 아틀라스 전문 검색 인덱스는 아 파치 루씬Apache Lucene을 활용해 추가적인 검색 기능을 구현한다. 애플리케이션 사용자가 제목, 설명 등 컬렉션 내에 있는 필드의 텍스트와 일치시키는 키워드 쿼리keyword query를 하게 하려면 text 인덱스를 사용하자.

5장에서는 완전 일치와 정규 표현식을 이용해 문자열에 쿼리했다. 하지만 이 방식에는 다소 한 계가 있다. 정규 표현식으로 큰 텍스트 블록을 검색하면 쿼리 속도가 느리며, 문법과 같은 언어 특성을 반영하기도 쉽지 않다(예를 들어 **"entry"**는 **"entries"**와 일치해야 한다). text 인덱스는 텍스트를 **빠르게** 검색하는 기능을 제공하며, 언어에 적합한 토큰화tokenization, 정지 단어stop word, 형태소 분석stemming 등 일반적인 검색 엔진 요구 사항을 지원한다.

text 인덱스에서 필요한 키의 개수는 인덱싱되는 필드의 단어 개수에 비례한다. 결과적으로 text 인덱스를 만들면 시스템 리소스가 많이 소비될 수 있다. 그러므로 인덱스 생성이 애플리케이션 성능에 부정적인 영향을 미치지 않을 때 생성해야 하며, 가능하면 백그라운드에서 인덱스를 구축해야 한다. 다른 인덱스와 마찬가지로, 우수한 성능을 보장하려면 생성하는 모든 text 인덱스가 램에 맞는지 확인해야 한다. 애플리케이션에 미치는 영향을 최소화하며 인덱스를 만드는 자세한 방법은 19장을 참조하자.

컬렉션에 쓰기 작업을 수행하려면 모든 인덱스를 갱신해야 한다. 텍스트 검색을 사용하면 문자열이 토큰화되고, 형태소화되며, 인덱스는 잠재적으로 여러 위치에서 갱신된다. 따라서 text 인덱스에 대한 쓰기는 일반적으로 단일 필드, 복합 또는 다중키 인덱스에 대한 쓰기보다 더 많은 비용이 발생한다. 따라서 **text**로 인덱싱된 컬렉션에서는 쓰기 성능이 다른 컬렉션에서보다 떨어지는 경향이 있다. 또한 샤딩을 하면 데이터 이동 속도가 느려지며, 모든 텍스트는 새 샤드로 마이그레이션migration될 때 다시 인덱싱돼야 한다.

6.2.1 텍스트 인덱스 생성

위키피디아Wikipedia 문서 컬렉션에 인덱싱한다고 가정하자. 텍스트text에 검색을 실행하려면 먼저 **text** 인덱스를 만들어야 한다. 다음과 같은 `createIndex` 호출은 `"title"`과 `"body"` 필드 내 용어를 기반으로 인덱스를 생성한다.

```
> db.articles.createIndex({"title": "text",
                           "body" : "text"})
```

키에 순서가 있는 '일반적인' 복합 인덱스와 달리, 기본적으로 각 필드는 **text** 인덱스에서 동등하게 고려된다. 가중치weight를 지정하면 몽고DB가 각 필드에 지정하는 상대적 중요도를 제어할 수 있다.

```
> db.articles.createIndex({"title": "text",
                           "body": "text"},
                          {"weights" : {
```

```
                            "title" : 3,
                            "body" : 2}})
```

이는 **"body"** 필드와 **"title"** 필드에 3 : 2 비율의 가중치를 부여한다.

인덱스를 생성한 후에는 삭제하고 다시 생성하지 않는 한 필드 가중치를 변경할 수 없다. 따라서 상용 데이터^{production data}에 인덱스를 생성하기 전에 샘플 데이터셋에 가중치를 적용해보면 좋다.

컬렉션에 따라 도큐먼트에 포함될 필드를 모를 수도 있다. **"$ **"**에 인덱스를 만들면 도큐먼트의 모든 문자열 필드에 전문 인덱스를 생성할 수 있다. 모든 최상위 문자열 필드를 인덱싱할 뿐 아니라 내장 도큐먼트와 배열에서 문자열 필드를 검색한다.

```
> db.articles.createIndex({"$**" : "text"})
```


6.2.2 텍스트 검색

"$text"** 쿼리 연산자를 사용해 text 인덱스가 있는 컬렉션에 텍스트 검색^{text search}을 수행하자. **"$text"는 공백과 (대부분의) 구두점^{punctuation}을 구분 기호^{delimiter}로 사용해 검색 문자열을 토큰화하며, 검색 문자열에서 모든 토큰의 논리적 OR를 수행한다. 예를 들어 다음처럼 쿼리하면 **"impact"**나 **"crater"** 또는 **"lunar"**라는 용어가 포함된 기사를 모두 찾는다. 여기서 인덱스는 문서 제목과 본문 내 용어를 기반으로 하므로, 쿼리는 두 필드 중 하나에 해당 용어를 포함하는 도큐먼트와 일치한다. 예제 목적에 맞게 페이지에 더 많은 결과를 표시하도록 제목을 투영^{projection}하자.

```
> db.articles.find({"$text": {"$search": "impact crater lunar"}},
            {title: 1
            ).limit(10)
{ "_id" : "170375", "title" : "Chengdu" }
{ "_id" : "34331213", "title" : "Avengers vs. X-Men" }
{ "_id" : "498834", "title" : "Culture of Tunisia" }
{ "_id" : "602564", "title" : "ABC Warriors" }
{ "_id" : "40255", "title" : "Jupiter (mythology)" }
{ "_id" : "80356", "title" : "History of Vietnam" }
{ "_id" : "22483", "title" : "Optics" }
```

```
{ "_id" : "8919057", "title" : "Characters in The Legend of Zelda series" }
{ "_id" : "20767983", "title" : "First inauguration of Barack Obama" }
{ "_id" : "17845285", "title" : "Kushiel's Mercy" }
```

쿼리 결과들이 그다지 관련성relevance이 없음을 확인할 수 있다. 여느 기술과 마찬가지로 text 인덱스를 효과적으로 사용하려면 몽고DB에서 텍스트 인덱스가 작동하는 방식을 이해해야 한다. 예제에서는 쿼리를 실행한 방식에 두 가지 문제점이 있다. 첫 번째는 몽고DB가 "impact", "crater", "lunar"의 논리적 OR를 사용해 쿼리를 실행한다는 점을 고려하면 쿼리가 매우 광범위하다는 점이다. 두 번째 문제는 텍스트 검색이 기본적으로 결과를 관련성에 따라 정렬하지 않는다는 점이다.

구문을 사용해 쿼리 자체의 문제를 해결할 수 있다. 텍스트를 큰따옴표로 묶어서 정확히 일치하는 구문을 검색할 수 있다. 예를 들어 다음은 "impact crater"라는 구문이 포함된 도큐먼트를 모두 찾는다. 몽고DB는 이 쿼리를 "impact crater" AND "lunar"로 처리한다.

```
> db.articles.find({$text: {$search: "\"impact crater\" lunar"}},
            {title: 1}
            ).limit(10)
{ "_id" : "2621724", "title" : "Schjellerup (crater)" }
{ "_id" : "2622075", "title" : "Steno (lunar crater)" }
{ "_id" : "168118", "title" : "South Pole–Aitken basin" }
{ "_id" : "1509118", "title" : "Jackson (crater)" }
{ "_id" : "10096822", "title" : "Victoria Island structure" }
{ "_id" : "968071", "title" : "Buldhana district" }
{ "_id" : "780422", "title" : "Puchezh-Katunki crater" }
{ "_id" : "28088964", "title" : "Svedberg (crater)" }
{ "_id" : "780628", "title" : "Zeleny Gai crater" }
{ "_id" : "926711", "title" : "Fracastorius (crater)" }
```

개념을 명확히 이해하기 위해 확대된 예제를 살펴보자. 다음 예제에서 몽고DB는 "impact crater" AND ("lunar" OR "meter")로 쿼리를 실행한다. 몽고DB는 검색 문자열 내 개별 용어로 구문의 논리적 AND를 수행하고, 개별 용어마다 논리적 OR을 서로 수행한다.

```
> db.articles.find({$text: {$search: "\"impact crater\" lunar meteor"}},
            {title: 1}
            ).limit(10)
```

쿼리의 개별 용어 사이에 논리적 AND를 실행하려면 각 용어를 큰따옴표로 묶어 구문으로 처리하자. 다음 쿼리는 "impact crater", "lunar", "meteor"를 모두 포함하는 도큐먼트를 반환한다("impact crater" AND "lunar" AND "meteor").

```
> db.articles.find({$text: {$search: "\"impact crater\" \"lunar\" \"meteor\""}},
          {title: 1}
          ).limit(10)
{ "_id" : "168118", "title" : "South Pole-Aitken basin" }
{ "_id" : "330593", "title" : "Giordano Bruno (crater)" }
{ "_id" : "421051", "title" : "Opportunity (rover)" }
{ "_id" : "2693649", "title" : "Pascal Lee" }
{ "_id" : "275128", "title" : "Tektite" }
{ "_id" : "14594455", "title" : "Beethoven quadrangle" }
{ "_id" : "266344", "title" : "Space debris" }
{ "_id" : "2137763", "title" : "Wegener (lunar crater)" }
{ "_id" : "929164", "title" : "Dawes (lunar crater)" }
{ "_id" : "24944", "title" : "Plate tectonics" }
```

이제 쿼리에서 구문과 논리적 AND를 사용하는 방법을 명확히 이해했다. 다음으로 결과가 관련성에 따라 정렬되지 않는 문제를 살펴보자. 앞 결과들은 관련성이 있는데, 상당히 엄격한 쿼리를 수행했기 때문이다. 관련성에 따라 정렬하면 쿼리를 개선할 수 있다.

텍스트 쿼리text query를 사용하면 각 쿼리 결과에 메타데이터가 연결된다. 메타데이터는 $meta 연산자를 사용해 명시적으로 투영하지 않는 한 쿼리 결과에 표시되지 않는다. 따라서 제목 외에도 각 도큐먼트에 대해 계산된 관련성 스코어를 투영한다. 관련성 스코어는 "textScore"라는 메타 데이터 필드에 저장된다. 예제에서는 "impact crater" AND "lunar"를 사용했던 쿼리를 다시 살펴본다.

```
> db.articles.find({$text: {$search: "\"impact crater\" lunar"}},
          {title: 1, score: {$meta: "textScore"}}
          ).limit(10)
{"_id": "2621724", "title": "Schjellerup (crater)", "score": 2.852987132352941}
{"_id": "2622075", "title": "Steno (lunar crater)", "score": 2.4766639610389607}
{"_id": "168118", "title": "South Pole-Aitken basin", "score": 2.980198136295181}
{"_id": "1509118", "title": "Jackson (crater)", "score": 2.3419137286324787}
{"_id": "10096822", "title": "Victoria Island structure", "score":
1.782051282051282}
{"_id": "968071", "title": "Buldhana district", "score": 1.6279783393501805}
```

```
{"_id": "780422", "title": "Puchezh-Katunki crater", "score": 1.9295977011494254}
{"_id": "28088964", "title": "Svedberg (crater)", "score": 2.497767857142857}
{"_id": "780628", "title": "Zeleny Gai crater", "score": 1.4866071428571428}
{"_id": "926711", "title": "Fracastorius (crater)", "score": 2.7511877111486487}
```

이제 결과마다 제목과 예상되는 관련성 점수를 볼 수 있다. 결과가 정렬되지 않았음에 주목하자. 관련성 점수 순으로 결과를 정렬하려면 sort 호출을 추가해야 하며, 다시 $meta를 사용해 "textScore" 필드 값을 지정한다. 투영에서 사용한 것과 동일한 필드명을 사용해야 하며, 여기서는 "score"라는 필드명을 (검색 결과에 표시될 관련성 점수 값으로) 사용했다. 다음과 같이 결과는 이제 내림차순으로 정렬된다.

```
> db.articles.find({$text: {$search: "\"impact crater\" lunar"}},
              {title: 1, score: {$meta: "textScore"}}
                ).sort({score: {$meta: "textScore"}}).limit(10)
{"_id": "1621514", "title": "Lunar craters", "score": 3.1655242042922014}
{"_id": "14580008", "title": "Kuiper quadrangle", "score": 3.0847527829208814}
{"_id": "1019830", "title": "Shackleton (crater)", "score": 3.076471119932001}
{"_id": "2096232", "title": "Geology of the Moon", "score": 3.064981949458484}
{"_id": "927269", "title": "Messier (crater)", "score": 3.0638183133686008}
{"_id": "206589", "title": "Lunar geologic timescale", "score": 3.062029540854157}
{"_id": "14536060", "title": "Borealis quadrangle", "score": 3.0573010719646687}
{"_id": "14609586", "title": "Michelangelo quadrangle", "score": 3.057224063486582}
{"_id": "14568465", "title": "Shakespeare quadrangle", "score": 3.0495256481056443}
{"_id": "275128", "title": "Tektite", "score" : 3.0378807169646915}
```

집계 파이프라인에서도 텍스트 검색을 사용한다. 집계 파이프라인은 7장에서 다룬다.

6.2.3 전문 검색 최적화

전문 검색을 최적화하는 방법은 두 가지다. 다른 기준으로 검색 결과를 좁힐 수 있다면 복합 인덱스를 생성할 때 다른 기준을 첫 번째로 두고 전문 필드를 그 다음으로 둔다.

```
> db.blog.createIndex({"date" : 1, "post" : "text"})
```

예제에서는 전문 인덱스를 "date"에 따라 몇 개의 작은 트리^{tree} 구조로 쪼개며, 이를 **파티셔닝**partitioning이라고 한다. 전문 인덱스를 분할해 특정 날짜에 대한 전문 검색을 훨씬 빨리 할 수 있다.

또한 다른 기준을 뒤쪽에 두어 사용할 수도 있다. **"author"**와 **"post"** 필드만 반환한다면 두 필드에 대해 복합 인덱스를 생성할 수 있다.

```
> db.blog.createIndex({"post" : "text", "author" : 1})
```

접두사 방식과 접미사^{suffix} 방식을 합칠 수도 있다.

```
> db.blog.createIndex({"date" : 1, "post" : "text", "author" : 1})
```

6.2.4 다른 언어로 검색하기

도큐먼트가 입력되면(혹은 인덱스가 처음 생성되면) 몽고DB는 인덱스 필드를 살펴보고 기본 구성 단위^{essential unit}로 줄여가며 각 단어의 형태소를 분석한다. 하지만 언어에 따라 형태소 분석 방법이 다르므로 인덱스나 도큐먼트가 어떤 언어로 쓰였는지 명시해야 한다. text 인덱스에는 **"default_language"** 옵션을 지정할 수 있고 기본값은 **"english"**로 설정되지만 다양한 언어로 설정할 수 있다(최신 목록을 보려면 https://docs.mongodb.com/manual/reference/text-search-languages/#text-search-languages를 참조한다).

예를 들어 프랑스어 인덱스를 생성하려면 다음과 같이 실행한다.

```
> db.users.createIndex({"profil" : "text",
                        "intérêts" : "text"},
                       {"default_language" : "french"})
```

이제 별도로 언어를 지정하지 않는 한 프랑스어가 형태소 분석에 사용된다. 도큐먼트의 언어를 **"language"** 필드에 명시해 도큐먼트별로 형태소 분석 언어를 다르게 지정할 수 있다.

```
> db.users.insert({"username" : "swedishChef",
... "profile" : "Bork de bork", language : "swedish"})
```

6.3 제한 컬렉션

몽고DB의 '일반적인' 컬렉션은 동적으로 생성되고 추가적인 데이터에 맞춰 크기가 자동으로 늘어난다. 몽고DB는 **제한 컬렉션**이라는 다른 형태의 컬렉션을 지원하는데, 이는 미리 생성돼 크기가 고정된다([그림 6-4] 참조).

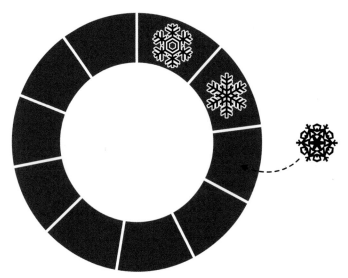

그림 6-4 새로운 도큐먼트는 큐의 맨 끝에 삽입된다.

제한 컬렉션은 흥미로운 질문을 던진다. 이미 가득 찬 제한 컬렉션에 입력을 시도하면 무슨 일이 생길까? 답은 제한 컬렉션이 환형 큐$^{circular\ queue}$처럼 동작한다는 것이다. 빈 공간이 없으면 가장 오래된 도큐먼트가 지워지고 새로운 도큐먼트가 그 자리를 차지한다([그림 6-5] 참조). 제한 컬렉션은 새로운 도큐먼트가 입력되면 자동으로 가장 오래된 도큐먼트부터 지운다.

어떤 작업들은 제한 컬렉션에서 허용되지 않는다. 도큐먼트는 삭제할 수 없으며(앞서 설명한 오래된 순으로 자동으로 지우는 작업은 제외) 도큐먼트 크기가 커지도록 하는 갱신도 허용되지 않는다. 두 작업을 제한함으로써 제한 컬렉션의 도큐먼트는 입력 순서대로 저장되며, 삭제된 도큐먼트로 인해 생긴 가용 저장 공간 목록을 유지할 필요가 없다.

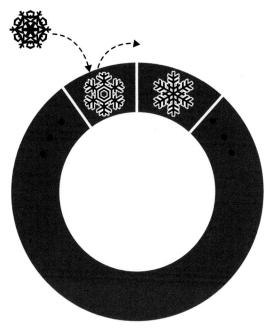

그림 6-5 큐가 가득 차면 가장 오래된 도큐먼트가 새 도큐먼트로 대체된다.

대부분의 몽고DB 컬렉션의 접근 방식과 달리 제한 컬렉션은 데이터가 디스크의 고정된 영역에 순서대로 기록된다. 따라서 회전 디스크^{spinning disk}에서 쓰기를 다소 빠르게 수행할 수 있으며, 특히 (다른 컬렉션의 무작위^{random} 쓰기에 방해받지 않도록) 전용 디스크가 주어질 때 그런 경향이 있다.

일반적으로 몽고DB TTL 인덱스는 와이어드타이거 스토리지 엔진에서 더 나은 성능을 발휘하므로 제한 컬렉션보다 권장된다. TTL 인덱스는 날짜 유형 필드 값과 인덱스의 TTL 값을 기반으로 일반 컬렉션에서 데이터가 만료되고 제거된다. 이 장의 뒷부분에서 자세히 다룬다.

> **NOTE_** 제한 컬렉션은 샤딩될 수 없다. 제한 컬렉션에서 도큐먼트 크기가 갱신이나 대체로 인해 변경되면 작업이 실패한다.

제한 컬렉션은 유연성이 부족하지만 로깅에는 나름 유용하다. 사용자는 컬렉션을 생성할 때 크기를 설정할 수는 있지만, 데이터가 오래된 순으로 지워질 때 제어할 수 없다.

6.3.1 제한 컬렉션 생성

일반 컬렉션과 달리 제한 컬렉션은 사용되기 전에 명시적으로 생성돼야 한다. 제한 컬렉션을 생성하려면 create 명령어를 사용한다. 셸에서는 createCollection을 사용해 생성할 수 있다.

```
> db.createCollection("my_collection", {"capped" : true, "size" : 100000});
```

10만 바이트 고정 크기로 제한 컬렉션 my_collection을 만든다.

createCollection은 제한 컬렉션 내 도큐먼트 수에 제한을 지정할 수 있다.

```
> db.createCollection("my_collection2",
                {"capped" : true, "size" : 100000, "max" : 100});
```

예를 들어 최근 뉴스 기사 10개를 보관하거나 사용자 도큐먼트를 1000개로 제한하는 데 createCollection을 사용한다.

제한 컬렉션은 일단 생성되면 변경할 수 없다(속성을 변경하려면 삭제 후 재생성해야 한다). 따라서 크기가 큰 컬렉션은 생성하기 전에 신중히 검토하자.

> **NOTE_** 제한 컬렉션에서 도큐먼트 수를 제한할 때는 크기도 같이 지정해야 한다. 오래된 순으로 삭제하는 방식은 먼저 한계에 다다르는 쪽에 따라 작동한다. 컬렉션은 **"max"**보다 많은 도큐먼트를 가지거나 **"size"** 이상의 공간을 차지할 수 없기 때문이다.

제한 컬렉션을 생성하는 또 다른 방법으로, 기존의 일반 컬렉션을 제한 컬렉션으로 변환할 수 있다. 이는 convertToCapped 명령어를 사용해 실행할 수 있다. 다음 예제는 test 컬렉션을 1만 바이트 크기 제한 컬렉션으로 변환한다.

```
> db.runCommand({"convertToCapped" : "test", "size" : 10000}); { "ok" : true }
```

제한 컬렉션을 일반 컬렉션으로 변환하는 방법은 (삭제하는 방법 외에는) 없다.

6.3.2 꼬리를 무는 커서

꼬리를 무는 커서^{tailable cursor}는 결과를 모두 꺼낸 후에도 종료되지 않는 특수한 형태의 커서로, `tail -f` 명령어에서 영감을 받아 만들어졌다. `tail -f`와 비슷하게 결과를 지속적으로 꺼내는 기능을 수행한다. 커서는 결과를 다 꺼내도 종료되지 않으므로 컬렉션에 데이터가 추가되면 새로운 결과를 바로 꺼낼 수 있다. 일반 컬렉션에서는 입력 순서가 추적되지 않기 때문에 꼬리를 무는 커서는 제한 컬렉션에만 사용한다. 15장에서 다룰 스트림 변경^{Change Stream}은 꼬리를 무는 커서보다 훨씬 많은 제어와 구성을 제공하며 일반 컬렉션에서도 작동하므로 대부분의 경우에 더 권장된다.

꼬리를 무는 커서는 도큐먼트가 '작업 큐'(제한 컬렉션)에 입력되면 도큐먼트를 처리하는 데 사용된다. 꼬리를 무는 커서는 아무런 결과가 없으면 10분 후에 종료되므로 이후에 컬렉션에 다시 쿼리하는 로직을 포함시켜야 한다. mongo 셸에서는 꼬리를 무는 커서를 사용할 수 없지만 PHP에서는 다음과 같이 사용한다.

```php
$cursor = $collection->find([], [
    'cursorType' => MongoDB\Operation\Find::TAILABLE_AWAIT,
    'maxAwaitTimeMS' => 100,
]);


while (true) {
   if ($iterator->valid()) {
      $document = $iterator->current();
      printf("Consumed document created at: %s\n", $document->createdAt);
   }

   $iterator->next();
}
```

커서는 시간이 초과되거나 누군가가 쿼리 작업을 중지할 때까지는 결과를 처리하거나 다른 결과가 더 도착하기를 기다린다.

6.4 TTL 인덱스

6.3절에서 설명했듯 제한 컬렉션 내용이 덮어쓰일 때는 제어할 수 없다. 오래된 순 삭제 시스템을 더 유연하게 만들려면 TTL 인덱스를 이용해서 각 도큐먼트에 유효 시간을 설정할 수 있다. 도큐먼트는 미리 설정한 시간에 도달하면 지워진다. 이런 인덱스는 세션 스토리지와 같은 문제를 캐싱하는 데 유용하다.

createIndex의 두 번째 인자에 "expireAfterSeconds" 옵션을 명시해 TTL 인덱스를 생성한다.

```
> // 24시간 뒤 타임아웃
> db.sessions.createIndex({"lastUpdated" : 1}, {"expireAfterSeconds" : 60*60*24})
```

명령은 "lastUpdated" 필드에 TTL 인덱스를 생성한다. 도큐먼트에 "lastUpdated" 필드가 존재하고 날짜형이라면, 서버 시간이 도큐먼트 시간의 "expireAfterSeconds"초를 지나면 도큐먼트가 삭제된다.

활동 중인 세션이 삭제되는 것을 방지하려면 활동activity이 있을 때마다 "lastUpdate" 필드를 현재 시간으로 갱신한다. "lastUpdated"가 24시간이 지나면 도큐먼트는 삭제된다.

몽고DB는 TTL 인덱스를 매분마다 청소하므로 초 단위로 신경 쓸 필요 없다. collMod 명령어를 이용해 "expireAfterSeconds"를 변경할 수 있다.

```
> db.runCommand( {"collMod" : "someapp.cache" , "index" : { "keyPattern" :
... {"lastUpdated" : 1} , "expireAfterSeconds" : 3600 } } );
```

하나의 컬렉션에 TTL 인덱스를 여러 개 가질 수 있다. 복합 인덱스는 될 수 없지만 정렬 및 쿼리 최적화가 목적이라면 '일반' 인덱스처럼 사용될 수 있다.

6.5 GridFS로 파일 저장하기

GridFS는 몽고DB에 대용량 이진 파일binary file을 저장하는 메커니즘이다. 파일을 저장할 때 GridFS를 고려하는 데는 몇 가지 이유가 있다.

- GridFS를 사용하면 아키텍처^{architecture} 스택을 단순화할 수 있다. 이미 몽고DB를 사용 중이라면 파일 스토리지를 위한 별도의 도구 대신 GridFS를 사용하면 된다.
- GridFS는 몽고DB를 위해 설정한 기존의 복제나 자동 샤딩^{autosharding}을 이용할 수 있어, 파일 스토리지를 위한 장애 조치^{failover}와 분산 확장이 더욱 쉽다.
- GridFS는 사용자가 올린 파일을 저장할 때 특정 파일시스템이 갖는 문제를 피할 수 있다. 예를 들어 GridFS는 같은 디렉터리에 대량의 파일을 저장해도 문제가 없다.

몇 가지 단점도 있다.

- 성능이 느리다. 몽고DB에서 파일에 접근하면 파일시스템에서 직접 접근할 때만큼 빠르지 않다.
- 도큐먼트를 수정하려면 도큐먼트 전체를 삭제하고 다시 저장하는 방법밖에 없다. 몽고DB는 파일을 여러 개의 도큐먼트로 저장하므로 한 파일의 모든 청크^{chunk}에 동시에 락을 걸 수 없다.

GridFS는 큰 변화가 없고 순차적인 방식으로 접근하려는 대용량 파일을 저장할 때 일반적으로 최선의 메커니즘이다.

6.5.1 GridFS 시작하기: mongofiles

mongofiles 유틸리티^{utility}로 쉽게 GridFS를 설치하고 운영할 수 있다. mongofiles는 모든 몽고DB 배포판^{distribution}에 포함되며 GridFS에서 파일을 올리고, 받고, 목록을 출력하고, 검색하고, 삭제할 때 등에 사용한다.

다른 명령어 도구와 마찬가지로 mongofiles에서 사용 가능한 옵션을 보려면 mognofiles --help를 실행한다.

다음 예제는 파일시스템에서 GridFS로 파일을 올리고, GridFS에 저장된 파일 목록을 보여주고, mongofiles를 사용해 앞서 올린 파일을 받는 방법을 보여준다.

```
$ echo "Hello, world" > foo.tx
$ mongofiles put foo.txt
2019-10-30T10:12:06.588+0000 connected to: localhost
2019-10-30T10:12:06.588+0000 added file: foo.txt
$ mongofiles list
2019-10-30T10:12:41.603+0000 connected to: localhost
foo.txt 13
$ rm foo.txt
$ mongofiles get foo.txt
```

```
2019-10-30T10:13:23.948+0000 connected to: localhost
2019-10-30T10:13:23.955+0000 finished writing to foo.txt
$ cat foo.txt
Hello, world
```

예제에서는 mongofiles를 사용해 put, list, get 세 가지 기본적인 연산을 수행했다. put 연산은 파일시스템으로부터 파일을 받아 GridFS에 추가한다. list는 GridFS에 올린 파일 목록을 보여주며, get은 put의 반대 연산으로 GridFS에서 파일을 받아 파일시스템에 저장한다. mongofiles는 파일명으로 GridFS에 저장된 파일을 검색하는 search와 GridFS에 저장된 파일을 삭제하는 delete의 두 가지 연산을 제공한다.

6.5.2 몽고DB 드라이버로 GridFS 작업하기

모든 클라이언트 라이브러리client library는 GridFS API를 가진다. 예를 들어 파이몽고PyMongo(몽고DB를 지원하는 파이썬Python 드라이버)를 사용해서, 다음처럼 mongofiles로 작업을 수행할 때와 동일한 일련의 작업을 수행할 수 있다(파이썬 3와 포트 27017에서 로컬로 실행되는 mongod를 가정한다).

```
>>> import pymongo
>>> import gridfs
>>> client = pymongo.MongoClient()
>>> db = client.test
>>> fs = gridfs.GridFS(db)
>>> file_id = fs.put(b"Hello, world", filename="foo.txt")
>>> fs.list()
['foo.txt']
>>> fs.get(file_id).read()
b'Hello, world'
```

파이몽고의 GridFS 지원 API는 put, get, list 연산을 쉽게 수행할 수 있는 mongofiles의 API와 매우 유사하다. 거의 모든 몽고DB 드라이버가 GridFS로 작업할 때 더 많은 고급 기능을 제공하면서도 이런 기본 형태를 따른다. 특정 드라이버에서 지원하는 GridFS 관련 정보는 해당 드라이버의 문서를 참조한다.

6.5.3 내부 살펴보기

GridFS는 파일 저장을 위한 간단한 명세이며 일반 몽고DB 도큐먼트를 기반으로 만들어졌다. 몽고DB 서버는 GridFS 요청을 처리하면서 '특별한 작업'을 거의 하지 않으며, 모든 작업은 클라이언트 쪽의 드라이버 도구가 처리한다.

GridFS의 기본 개념은 대용량 파일을 **청크**로 나눈 후 각 청크를 도큐먼트로 저장할 수 있다는 것이다. 몽고DB는 도큐먼트에 이진 데이터를 저장할 수 있으므로 청크에 대한 저장 부하를 최소화할 수 있다. 파일의 청크를 저장하는 작업 외에도, 여러 청크를 묶고 파일의 메타데이터를 포함하는 단일 도큐먼트를 만든다.

GridFS의 청크는 자체 컬렉션에 저장된다. 청크는 기본적으로 `fs.chunks` 컬렉션에 저장되지만 바꿀 수 있다. 청크 컬렉션 내 각 도큐먼트의 구조는 매우 간단하다.

```
{
    "_id" : ObjectId("..."),
    "n" : 0,
    "data" : BinData("..."),
    "files_id" : ObjectId("...")
}
```

다른 몽고DB 도큐먼트와 마찬가지로 청크도 고유한 "_id"를 가진다. 그 외에도 몇 개의 키가 더 있다.

"files_id"

　청크에 대한 메타데이터를 포함하는 파일 도큐먼트의 "_id".

"n"

　다른 청크를 기준으로 하는 파일 내 청크의 위치.

"data"

　파일 내 청크의 크기(바이트 단위).

각 파일의 메타데이터는 기본적으로 별도의 컬렉션인 `fs.files`에 저장된다. `files` 컬렉션 내 각 도큐먼트는 GridFS에서 하나의 파일을 나타내며, 해당 파일과 관련된 어떤 메타데이터든 포함할 수 있다. 사용자 정의 키 외에도 GridFS 명세에서 강제하는 키가 몇 개 더 있다.

"_id"

파일의 고유 ID로, 각 청크에서 **"file_id"** 키의 값으로 저장된다.

"length"

파일 내용의 총 바이트 수.

"chunkSize"

파일을 구성하는 각 청크의 크기이며 단위는 바이트다. 기본적으로 256킬로바이트지만 필요시 조정할 수 있다.

"uploadDate"

GridFS에 파일이 저장된 시간.

"md5"

서버에서 생성된 파일 내용의 MD5 체크썸checksum.

필수 키 중에서도 가장 흥미로운(또는 설명이 필요한) 키는 아마 **"md5"**일 것이다. **"md5"**의 값은 몽고DB에서 filemd5 명령어를 사용해 생성한다. filemd5는 전송된 청크의 MD5 체크썸을 계산하는 명령어다. 사용자가 **"md5"** 키의 값을 확인해서 파일이 제대로 올라갔는지 확인할 수 있다.

fs.files 내 필수 필드에 대한 제약은 없다. 그뿐 아니라 이 컬렉션에 다른 파일의 메타데이터를 보관해도 상관없다. 파일의 메타데이터와 더불어 파일을 내려받은 횟수, 마임 타입MIME type, 사용자 등급user rating과 같은 정보도 보관할 수 있다.

GridFS 기본 명세를 이해하고 나면 드라이버가 구현하지 않는 기능을 구현하는 일은 크게 어렵지 않다. 예를 들어 distinct 명령어를 사용해 GridFS에 저장된 고유한 파일명 목록을 얻을 수 있다.

```
> db.fs.files.distinct("filename")
[ "foo.txt" , "bar.txt" , "baz.txt" ]
```

예제는 애플리케이션 파일 정보를 로드하고 수집하기 쉽게 해준다. 7장에서는 방향을 약간 바꿔 집계 프레임워크를 소개한다. 집계 프레임워크는 데이터베이스의 데이터를 처리하기 위한 다양한 데이터 분석 도구를 제공한다.

## CHAPTER 7

집계 프레임워크

애플리케이션은 데이터 분석이 필요하다. 몽고DB는 집계 프레임워크를 사용해 기본적으로 분석을 실행하기 위한 강력한 지원을 제공한다. 이 장에서는 프레임워크 및 프레임워크가 제공하는 기본 도구 몇 가지를 소개한다. 다음 내용을 다룬다.

- 집계 프레임워크
- 집계 단계aggregation stage
- 집계 표현식aggregation expression
- 집계 누산기aggregation accumulator

컬렉션 전반에 걸쳐 조인하는 기능을 비롯한 고급 집계 기능은 8장에서 자세히 살펴본다.

7.1 파이프라인, 단계 및 조정 가능 항목

집계 프레임워크는 몽고DB 내 분석 도구 모음으로, 하나 이상의 컬렉션에 있는 도큐먼트에 대한 분석을 수행하게 해준다.

집계 프레임워크는 파이프라인 개념을 기반으로 한다. 우리는 집계 파이프라인을 통해 몽고DB 컬렉션에서 입력을 받고, 컬렉션에서 나온 도큐먼트를 하나 이상의 단계를 거쳐 전달한다. 단계마다 해당 입력에 다른 작업을 수행한다(그림 7-1). 각 단계는 전 단계에서 생산한 출력이 무엇이든 입력으로 받아들인다. 모든 단계의 입력과 출력은 도큐먼트(또는 도큐먼트 스트림)다.

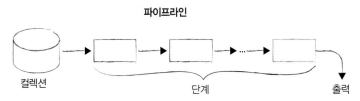

그림 7-1 집계 파이프라인

집계 파이프라인은 배시bash와 같은 리눅스 셸 파이프라인과 매우 유사한 개념이며, 단계마다 특정 작업을 수행한다. 각 단계는 특정한 형태의 도큐먼트를 입력받고 특정 출력을 생성하는데, 출력은 도큐먼트 스트림이다. 파이프라인 끝에서는 find 쿼리와 거의 같은 방식으로 출력에 접근한다. 즉 일종의 보고서 작성, 웹사이트 생성 등 추가 작업에 사용할 수 있는 도큐먼트 스트림을 다시 가져온다.

이제 조금 더 깊이 들어가서 개별 단계를 살펴보자. 집계 파이프라인의 개별 단계는 데이터 처리 단위data processing unit다. 한 번에 입력 도큐먼트 스트림을 하나씩 가져와서, 각 도큐먼트를 하나씩 처리하고, 출력 도큐먼트 스트림을 하나씩 생성한다(그림 7-2).

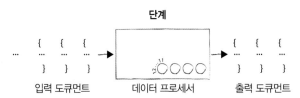

그림 7-2 집계 파이프라인 단계

각 단계는 knobs 또는 **tunables** 셋을 제공한다. 이 항목들을 조정해 각 단계를 매개변수로 지정함으로써 원하는 작업을 수행할 수 있다. 단계는 일반적이고 범용적인 작업을 수행한다. 우리는 사용 중인 특정 컬렉션과 도큐먼트에 수행할 작업에 따라 단계를 매개변수화한다.

이러한 tunables은 일반적으로 필드를 수정하거나, 산술 연산을 수행하거나, 도큐먼트를 재구성하거나, 일종의 누산accumulation 작업 등 여러 작업을 수행하는 연산자의 형태를 취한다.

구체적인 예를 살펴보기에 앞서 파이프라인을 다루기 전에 특히 명심할 점이 있다. 우리는 종종 동일한 유형의 단계를 단일 파이프라인에 여러 번 포함한다(그림 7-3). 예를 들어 컬렉션 전체를 파이프라인에 전달하지 않도록 초기 필터^{initial filter}를 수행한다. 이후에 추가 처리 과정을 거치고 다른 기준 셋을 적용해 추가로 필터링한다.

파이프라인

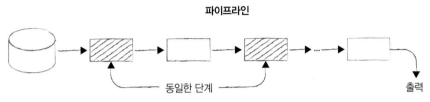

그림 7-3 집계 파이프라인 내에서 반복되는 단계

요약하면 파이프라인은 몽고DB 컬렉션과 함께 작동한다. 파이프라인은 단계로 구성되며 각 단계는 입력에 서로 다른 데이터 처리 작업을 수행하고, 출력으로 도큐먼트를 생성해 다음 단계로 전달한다. 처리 작업 끝에서 생성한 출력은 애플리케이션에서 작업하는 데 사용하거나, 컬렉션에 보내 나중에 사용한다. 많은 경우에 필요한 분석을 수행하기 위해 단일 파이프라인에 동일한 유형의 단계를 여러 번 포함한다.

7.2 단계 시작하기: 익숙한 작업들

집계 파이프라인 개발을 시작하기 위해 이미 우리에게 익숙한 작업과 관련된 몇몇 파이프라인의 구축을 살펴본다. **일치**^{match}, **선출**^{projection}, **정렬**^{sort}, **건너뛰기**^{skip}, **제한**^{limit} 단계를 살펴보자.

집계 예제에서는 회사^{company} 데이터 컬렉션을 사용한다. 컬렉션에는 회사 이름, 회사에 대한 간단한 설명, 회사 설립 시기 등 세부 정보를 지정하는 여러 필드가 있다.

또한 회사가 진행한 펀딩 라운드, 회사의 중대 사건, 회사가 기업공개^{initial public offering}(IPO)를 수행했는지 여부, 기업공개를 수행했다면 관련 세부 정보를 설명하는 필드도 있다. 다음은 페이스북^{Facebook, Inc.}의 데이터를 포함하는 예제 도큐먼트다.

```
{
    "_id" : "52cdef7c4bab8bd675297d8e",
    "name" : "Facebook",
    "category_code" : "social",
    "founded_year" : 2004,
    "description" : "Social network",
    "funding_rounds" : [{
        "id" : 4,
        "round_code" : "b",
        "raised_amount" : 27500000,
        "raised_currency_code" : "USD",
        "funded_year" : 2006,
        "investments" : [
          {
            "company" : null,
            "financial_org" : {
              "name" : "Greylock Partners",
              "permalink" : "greylock"
            },
            "person" : null
          },
          {
            "company" : null,
            "financial_org" : {
              "name" : "Meritech Capital Partners",
              "permalink" : "meritech-capital-partners"
            },
            "person" : null
          },
          {
            "company" : null,
            "financial_org" : {
              "name" : "Founders Fund",
              "permalink" : "founders-fund"
            },
            "person" : null
          },
          {
            "company" : null,
            "financial_org" : {
              "name" : "SV Angel",
              "permalink" : "sv-angel"
            },
```

```
        "person" : null
      }
    ]
  },
  {
    "id" : 2197,
    "round_code" : "c",
    "raised_amount" : 15000000,
    "raised_currency_code" : "USD",
    "funded_year" : 2008,
    "investments" : [
      {
        "company" : null,
        "financial_org" : {
          "name" : "European Founders Fund",
          "permalink" : "european-founders-fund"
        },
        "person" : null
      }
    ]
  }],
  "ipo" : {
    "valuation_amount" : NumberLong("104000000000"),
    "valuation_currency_code" : "USD",
    "pub_year" : 2012,
    "pub_month" : 5,
    "pub_day" : 18,
    "stock_symbol" : "NASDAQ:FB"
  }
}
```

첫 번째 예제로 2004년에 설립된 회사를 모두 찾는 간단한 필터를 수행해보자.

```
db.companies.aggregate([
    {$match: {founded_year: 2004}},
])
```

이는 find를 사용하는 다음 작업과 동일하다.

```
db.companies.find({founded_year: 2004})
```

이제 파이프라인에 선출 단계를 추가해 도큐먼트당 몇 개의 필드만 나타내도록 출력을 줄여보자. "_id" 필드는 제외하고 "name"과 "founded_year"는 포함한다. 파이프라인은 다음과 같다.

```
db.companies.aggregate([
  {$match: {founded_year: 2004}},
  {$project: {
    _id: 0,
    name: 1,
    founded_year: 1
  }}
])
```

실행하면 다음과 같은 출력을 확인할 수 있다.

```
{"name": "Digg", "founded_year": 2004 }
{"name": "Facebook", "founded_year": 2004 }
{"name": "AddThis", "founded_year": 2004 }
{"name": "Veoh", "founded_year": 2004 }
{"name": "Pando Networks", "founded_year": 2004 }
{"name": "Jobster", "founded_year": 2004 }
{"name": "AllPeers", "founded_year": 2004 }
{"name": "blinkx", "founded_year": 2004 }
{"name": "Yelp", "founded_year": 2004 }
{"name": "KickApps", "founded_year": 2004 }
{"name": "Flickr", "founded_year": 2004 }
{"name": "FeedBurner", "founded_year": 2004 }
{"name": "Dogster", "founded_year": 2004 }
{"name": "Sway", "founded_year": 2004 }
{"name": "Loomia", "founded_year": 2004 }
{"name": "Redfin", "founded_year": 2004 }
{"name": "Wink", "founded_year": 2004 }
{"name": "Techmeme", "founded_year": 2004 }
{"name": "Eventful", "founded_year": 2004 }
{"name": "Oodle", "founded_year": 2004 }
...
```

집계 파이프라인을 좀 더 자세히 살펴보자. 가장 먼저 눈에 띄는 점은 aggregate 메서드를 사용한다는 점이다. aggregate는 집계 쿼리aggregation query를 실행할 때 호출하는 메서드다. 집계를 위해 집계 파이프라인을 전달하는데, 파이프라인은 도큐먼트를 요소로 포함하는 배열이다. 각 도큐먼트는 특정 단계 연산자stage operator를 규정해야 한다. 예제 파이프라인은 두 단계를 포함한다. 필터링을 위한 일치 단계와, 출력을 도큐먼트당 두 개의 필드로 제한하는 선출 단계가 있다.

일치 단계는 컬렉션에 대해 필터링하고 결과 도큐먼트를 한 번에 하나씩 선출 단계로 전달한다. 선출 단계는 작업을 수행하고 도큐먼트 모양을 변경한 후 출력을 파이프라인에서 다시 우리에게 전달한다.

이제 제한 단계를 포함하도록 파이프라인을 조금 확장해보자. 동일한 쿼리로 일치를 수행하되 결과 셋을 5개로 제한한 후 원하는 필드를 선출한다. 단순화를 위해 출력을 각 회사의 이름으로 제한하자.

```
db.companies.aggregate([
  {$match: {founded_year: 2004}},
  {$limit: 5},
  {$project: {
    _id: 0,
    name: 1}}
])
```

결과는 다음과 같다.

```
{"name": "Digg"}
{"name": "Facebook"}
{"name": "AddThis"}
{"name": "Veoh"}
{"name": "Pando Networks"}
```

제한을 선출 단계 이전에 수행하도록 파이프라인을 구축했다는 점에 주목하자. 다음 쿼리처럼 선출 단계를 먼저 실행한 후 제한을 실행해도 동일한 결과를 얻는다. 하지만 이 경우 최종적으로 결과를 5개로 제한하기 전에 선출 단계를 통해 수백 개의 도큐먼트를 전달해야 한다.

```
db.companies.aggregate([
  {$match: {founded_year: 2004}},
  {$project: {
```

```
    _id: 0,
      name: 1}},
    {$limit: 5}
])
```

주어진 몽고DB 버전에서 쿼리 플래너가 수행할 수 있는 최적화 유형에 관계없이 항상 집계 파
이프라인의 효율성을 고려해야 한다. 파이프라인을 구축할 때 한 단계에서 다른 단계로 전달해
야 하는 도큐먼트 수를 반드시 제한하자.

이때 파이프라인을 통한 도큐먼트의 전체 흐름을 주의 깊게 고려해야 한다. 앞 예제에서는 정
렬 방식에 관계없이 쿼리와 일치하는 처음 5개의 도큐먼트에만 관심 있다. 따라서 두 번째 단
계로 제한하는 것이 좋다.

그러나 순서가 중요하다면 제한 단계 전에 정렬을 수행해야 한다. 정렬은 이미 살펴본 것과 유
사한 방식으로 작동한다(예제에서는 오름차순으로 정렬한다). 다만 집계 프레임워크에서는
다음과 같이 정렬을 파이프라인 내 단계로 지정한다.

```
db.companies.aggregate([
    { $match: { founded_year: 2004 } },
    { $sort: { name: 1} },
    { $limit: 5 },
    { $project: {
        _id: 0,
        name: 1 } }
])
```

companies 컬렉션으로부터 다음과 같은 결과를 얻는다.

```
{"name": "1915 Studios"}
{"name": "1Scan"}
{"name": "2GeeksinaLab"}
{"name": "2GeeksinaLab"}
{"name": "2threads"}
```

현재 5개 회사의 셋을 살펴보고 있으며, 처음 5개 도큐먼트를 이름의 알파벳 순으로 받는다는
점을 기억하자.

마지막으로 건너뛰기 단계를 포함해보자. 먼저 정렬을 하고 처음 10개 도큐먼트를 건너뛴 후 결과 셋을 5개 도큐먼트로 제한하자.

```
db.companies.aggregate([
  {$match: {founded_year: 2004}},
  {$sort: {name: 1}},
  {$skip: 10},
  {$limit: 5},
  {$project: {
    _id: 0,
    name: 1}},
])
```

파이프라인을 한 번 더 검토해보자. 5개의 단계가 있다. 먼저 companies 컬렉션을 필터링해 "founded_year"가 2004인 도큐먼트만 찾는다. 도큐먼트를 "name"을 기준으로 오름차순으로 정렬하고 처음 10개의 일치 항목을 건너뛴 후 최종 결과를 5개로 제한한다. 마지막으로 5개의 도큐먼트를 선출 단계로 전달한다. 선출 단계에서는 출력 도큐먼트가 회사 이름만 포함하도록 도큐먼트 모양을 변경한다.

여기서 구축해본 파이프라인의 각 단계에서 수행하는 작업은 이미 우리에게 익숙하다. 이 작업들은 단계(다음 장에서 다룬다)를 통해 수행할 분석에 필요하며, 집계 프레임워크에서 제공된다. 이 장의 나머지 부분에서는 집계 프레임워크가 제공하는 다른 작업을 자세히 살펴본다.

7.3 표현식

집계 파이프라인을 구축할 때 사용할 수 있는 다양한 유형의 표현식을 이해하는 것이 중요하다. 집계 프레임워크는 다양한 표현식 클래스를 지원한다.

불리언 표현식

불리언 표현식boolean expression을 사용하면 AND, OR, NOT 표현식을 쓸 수 있다.

집합 표현식

집합 표현식set expression을 사용하면 배열을 집합으로 사용할 수 있다. 예를 들어 2개 이상의 집합의 교집합이나 합집합을 얻을 수 있다. 또한 두 집합의 차를 이용해 여러 집합 연산을 수행할 수 있다.

비교 표현식

비교 표현식comparison expression을 통해 다양한 유형의 범위 필터range filter를 표현할 수 있다.

산술 표현식

산술 표현식arithmetic expression을 사용하면 천장ceiling, 바닥floor, 자연 로그, 로그를 계산할 수 있을 뿐 아니라 곱하기, 나누기, 더하기, 빼기와 같은 간단한 산술 연산을 수행할 수 있다. 값의 제곱근 계산처럼 더 복잡한 작업도 수행할 수 있다.

문자열 표현식

문자열 표현식string expression을 사용하면 연결concatenate, 하위 문자열substring 검색, 대소문자 및 텍스트 검색과 관련된 작업을 수행할 수 있다.

배열 표현식

배열 표현식array expression은 배열 요소를 필터링하거나, 배열을 분할하거나, 특정 배열에서 값의 범위를 가져오는 등 배열을 조작하는 데 유용하다.

가변적 표현식

가변적 표현식variable expression을 사용해 리터럴literal, 날짜 값 구문 분석을 위한 식, 조건식을 사용한다. 가변적 표현식은 책에서 깊이 다루지는 않는다.

누산기

누산기accumulator는 합계, 기술 통계descriptive statistics 및 기타 여러 유형의 값을 계산하는 기능을 제공한다.

7.4 $project

이제 선출 단계와 도큐먼트 재구성을 심층적으로 살펴보자. 개발할 애플리케이션에서 가장 보편적인 재구성 작업 유형을 분석한다. 앞에서 집계 파이프라인의 간단한 선출 단계를 살펴봤으니 이제 좀 더 복잡한 작업을 다룬다.

먼저 중첩 필드^{nested field}를 승격^{promoting}하는 방법을 살펴보자. 다음 파이프라인에서는 일치를 수행한다.

```
db.companies.aggregate([
  {$match: {"funding_rounds.investments.financial_org.permalink": "greylock" }},
  {$project: {
    _id: 0,
    name: 1,
    ipo: "$ipo.pub_year",
    valuation: "$ipo.valuation_amount",
    funders: "$funding_rounds.investments.financial_org.permalink"
  }}
]).pretty()
```

companies 컬렉션 내 도큐먼트의 필드와 관련된 예로 페이스북 도큐먼트의 일부를 다시 살펴보자.

```
{
  "_id" : "52cdef7c4bab8bd675297d8e",
  "name" : "Facebook",
  "category_code" : "social",
  "founded_year" : 2004,
  "description" : "Social network",
  "funding_rounds" : [{
      "id" : 4,
      "round_code" : "b",
      "raised_amount" : 27500000,
      "raised_currency_code" : "USD",
      "funded_year" : 2006,
      "investments" : [
        {
          "company" : null,
          "financial_org" : {
            "name" : "Greylock Partners",
```

```
          "permalink" : "greylock"
        },
        "person" : null
      },
      {
        "company" : null,
        "financial_org" : {
          "name" : "Meritech Capital Partners",
          "permalink" : "meritech-capital-partners"
        },
        "person" : null
      },
      {
        "company" : null,
        "financial_org" : {
          "name" : "Founders Fund",
          "permalink" : "founders-fund"
        },
        "person" : null
      },
      {
        "company" : null,
        "financial_org" : {
          "name" : "SV Angel",
          "permalink" : "sv-angel"
        },
        "person" : null
      }
    ]
  },
  {
    "id" : 2197,
    "round_code" : "c",
    "raised_amount" : 15000000,
    "raised_currency_code" : "USD",
    "funded_year" : 2008,
    "investments" : [
      {
        "company" : null,
        "financial_org" : {
          "name" : "European Founders Fund",
          "permalink" : "european-founders-fund"
        },
        "person" : null
```

```
          }
        ]
      }],
    "ipo" : {
      "valuation_amount" : NumberLong("104000000000"),
      "valuation_currency_code" : "USD",
      "pub_year" : 2012,
      "pub_month" : 5,
      "pub_day" : 18,
      "stock_symbol" : "NASDAQ:FB"
    }
  }
```

일치 작업으로 돌아가면 다음과 같다.

```
db.companies.aggregate([
  {$match: {"funding_rounds.investments.financial_org.permalink": "greylock" }},
  {$project: {
    _id: 0,
    name: 1,
    ipo: "$ipo.pub_year",
    valuation: "$ipo.valuation_amount",
    funders: "$funding_rounds.investments.financial_org.permalink"
  }}
]).pretty()
```

그레이록 파트너스Greylock Partners가 참여한 펀딩 라운드를 포함하는 모든 회사를 필터링한다. 해당 도큐먼트의 고유 식별자는 퍼머링크permalink 값인 **"greylock"**이다. 다음은 관련 필드만 나타낸 페이스북 도큐먼트의 또 다른 보기다.

```
{
  ...
  "name" : "Facebook",
  ...
  "funding_rounds" : [{
    ...
    "investments" : [{
      ...
      "financial_org" : {
        "name" : "Greylock Partners",
```

```
      "permalink" : "greylock"
    },
    ...
  },
  {
    ...
    "financial_org" : {
      "name" : "Meritech Capital Partners",
      "permalink" : "meritech-capital-partners"
    },
    ...
  },
  {
    ...
    "financial_org" : {
      "name" : "Founders Fund",
      "permalink" : "founders-fnd"
    },
    ...
  },
  {
    "company" : null,
    "financial_org" : {
      "name" : "SV Angel",
      "permalink" : "sv-angel"
    },
    ...
  }],
  ...
}],
{
  ...
  "investments" : [{
    ...
    "financial_org" : {
      "name" : "European Founders Fund",
      "permalink" : "european-founders-fund"
    },
    ...
  }]
}],
"ipo" : {
  "valuation_amount" : NumberLong("104000000000"),
  "valuation_currency_code" : "USD",
```

```
        "pub_year" : 2012,
        "pub_month" : 5,
        "pub_day" : 18,
        "stock_symbol" : "NASDAQ:FB"
    }
}
```

집계 파이프라인에서 정의한 선출 단계는 "_id"를 숨기고 "name"을 포함한다. 또한 일부 중첩
필드를 승격한다. 선출 단계는 점 표기법으로 "ipo" 필드와 "funding_rounds" 필드에 도달
할 필드 경로를 표현해 중첩된 도큐먼트 및 배열에서 값을 선택한다. 선택한 값들은 다음처럼
선출 단계에서 출력으로 생성되는 도큐먼트의 최상위 필드 값이 된다.

```
{
    "name" : "Digg",
    "funders" : [
        [
            "greylock",
            "omidyar-network"
        ],
        [
            "greylock",
            "omidyar-network",
            "floodgate",
            "sv-angel"
        ],
        [
            "highland-capital-partners",
            "greylock",
            "omidyar-network",
            "svb-financial-group"
        ]
    ]
}
{
    "name" : "Facebook",
    "ipo" : 2012,
    "valuation" : NumberLong("104000000000"),
    "funders" : [
        [
            "accel-partners"
        ],
```

```
    [
      "greylock",
      "meritech-capital-partners",
      "founders-fund",
      "sv-angel"
    ],
    ...
    [
      "goldman-sachs",
      "digital-sky-technologies-fo"
    ]
  ]
}
{
  "name" : "Revision3",
  "funders" : [
    [
      "greylock",
      "sv-angel"
    ],
    [
      "greylock"
    ]
  ]
}
...
```

출력에서 각 도큐먼트에는 **"name"** 필드와 **"funders"** 필드가 있다. 기업공개를 거친 회사는 **"ipo"** 필드에 회사가 상장된 연도가 포함되며 **"valuation"** 필드에는 기업공개 당시 회사의 가치가 포함된다. 모든 도큐먼트에서 해당 필드는 최상위 필드이며 필드 값은 중첩된 도큐먼트 및 배열에서 승격됐다.

$ 문자는 선출 단계에서 ipo, valuation, funders에 대한 값을 지정하는 데 사용되며, 해당 값이 필드 경로로 해석되고 각 필드에서 선출할 값을 선택하는 데 사용됨을 나타낸다.

funders에 대한 값이 여러 개 출력됐다는 점을 알아챘을 수도 있다. 사실 우리는 배열의 배열을 보고 있다. 페이스북 예제 도큐먼트를 검토한 결과 모든 자금 지원자[funder]가 **"investments"**라는 배열에 나열됨을 알 수 있다. 단계는 모든 펀딩 라운드에 대해 **"investments"** 배열 각 항목의 financial_org.permalink 값을 선출하도록 지정한다. 따라서 자금 지원자 이름의 배열의 배열이 구성된다.

이후 절에서는 여러 모양과 크기를 갖는 도큐먼트를 선출하기 위해 문자열, 날짜 등 여러 값 유형에 산술 및 기타 연산을 수행하는 방법을 살펴본다. 선출 단계에서는 값의 데이터형 변경을 제외한 모든 작업을 수행할 수 있다.

7.5 $unwind

집계 파이프라인에서 배열 필드로 작업할 때는 종종 하나 이상의 전개unwind 단계를 포함해야 한다. 이를 통해 지정된 배열 필드의 각 요소에 대해 출력 도큐먼트가 하나씩 있는 출력을 생성할 수 있다.

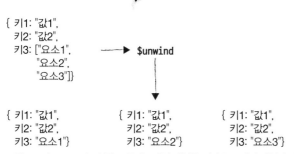

그림 7-4 $unwind는 입력 도큐먼트에서 배열을 가져오고 해당 배열의 각 요소에 대한 출력 도큐먼트를 생성한다.

[그림 7-4]에서는 입력 도큐먼트에 세 개의 키와 값이 있다. 세 번째 키의 값은 요소가 3개인 배열이다. $unwind는 이와 같은 입력 도큐먼트에서 key3 필드를 전개하도록 구성될 때 [그림 7-4]의 화살표 아래와 같은 도큐먼트를 생성한다. 여기에는 다소 이해하기 어려운 개념이 있다. 각 출력 도큐먼트에는 key3 필드가 있지만 필드는 배열 값이 아닌 단일 값을 포함한다. 입력 도큐먼트 배열에 있던 각 요소가 값이 된다. 즉 배열에 10개의 요소가 있으면 전개 단계에서는 10개의 출력 도큐먼트가 생성된다.

companies 예제로 돌아가서 전개 단계를 사용해보자. 다음과 같은 집계 파이프라인으로 시작한다. 7.4절과 마찬가지로 파이프라인에서는 단순히 특정 자금 지원자 일치 작업을 수행하고, 선출 단계를 사용해 funding_rounds 내장 도큐먼트의 값을 승격한다.

```
db.companies.aggregate([
  {$match: {"funding_rounds.investments.financial_org.permalink": "greylock"} },
  {$project: {
    _id: 0,
    name: 1,
    amount: "$funding_rounds.raised_amount",
    year: "$funding_rounds.funded_year"
  }}
])
```

컬렉션의 도큐먼트에 대한 데이터 모델 예시를 살펴보자.

```
{
  "_id" : "52cdef7c4bab8bd675297d8e",
  "name" : "Facebook",
  "category_code" : "social",
  "founded_year" : 2004,
  "description" : "Social network",
  "funding_rounds" : [{
      "id" : 4,
      "round_code" : "b",
      "raised_amount" : 27500000,
      "raised_currency_code" : "USD",
      "funded_year" : 2006,
      "investments" : [
        {
          "company" : null,
          "financial_org" : {
            "name" : "Greylock Partners",
            "permalink" : "greylock"
          },
          "person" : null
        },
        {
          "company" : null,
          "financial_org" : {
            "name" : "Meritech Capital Partners",
            "permalink" : "meritech-capital-partners"
          },
          "person" : null
        },
        {
```

```
        "company" : null,
        "financial_org" : {
          "name" : "Founders Fund",
          "permalink" : "founders-fund"
        },
        "person" : null
      },
      {
        "company" : null,
        "financial_org" : {
          "name" : "SV Angel",
          "permalink" : "sv-angel"
        },
        "person" : null
      }
    ]
  },
  {
    "id" : 2197,
    "round_code" : "c",
    "raised_amount" : 15000000,
    "raised_currency_code" : "USD",
    "funded_year" : 2008,
    "investments" : [
      {
        "company" : null,
        "financial_org" : {
          "name" : "European Founders Fund",
          "permalink" : "european-founders-fund"
        },
        "person" : null
      }
    ]
  }],
  "ipo" : {
    "valuation_amount" : NumberLong("104000000000"),
    "valuation_currency_code" : "USD",
    "pub_year" : 2012,
    "pub_month" : 5,
    "pub_day" : 18,
    "stock_symbol" : "NASDAQ:FB"
  }
}
```

집계 쿼리는 다음과 같은 결과를 산출한다.

```
{
  "name" : "Digg",
  "amount" : [
    8500000,
    2800000,
    28700000,
    5000000
  ],
  "year" : [
    2006,
    2005,
    2008,
    2011
  ]
}
{
  "name" : "Facebook",
  "amount" : [
    500000,
    12700000,
    27500000,
    ...
```

쿼리는 "funding_rounds" 배열의 모든 요소에 대해 "raised_amount" 및 "funded_year" 에 접근한다. 따라서 "amount"와 "year" 둘 다에 대한 배열이 있는 도큐먼트를 생성한다.

이 문제를 해결하려면 집계 파이프라인의 선출 단계 전에 전개 단계를 포함하고, "funding_ rounds" 배열을 전개하도록 지정함으로써 이를 매개변수화한다(그림 7-5).

그림 7-5 지금까지의 집계 파이프라인 개요. "greylock"으로 일치한 후 "funding_rounds"를 전개하고, 최종적으로 각 펀딩 라운드의 이름, 금액, 연도를 선출한다.

페이스북 예제로 다시 돌아가면 각 펀딩 라운드에 **"raised_amount"** 필드와 **"funded_year"** 필드가 있음을 알 수 있다.

전개 단계는 **"funding_rounds"** 배열의 각 요소에 대한 출력 도큐먼트를 생성한다. 예제에서 값은 문자열이지만 값의 데이터형에 관계없이 전개 단계는 각각에 대한 출력 도큐먼트를 생성한다. 갱신된 집계 쿼리는 다음과 같다.

```
db.companies.aggregate([
  { $match: {"funding_rounds.investments.financial_org.permalink": "greylock"} },
  { $unwind: "$funding_rounds" },
  { $project: {
    _id: 0,
    name: 1,
    amount: "$funding_rounds.raised_amount",
    year: "$funding_rounds.funded_year"
  } }
])
```

전개 단계는 입력으로 받은 모든 도큐먼트의 사본을 생성한다. **"funding_rounds"** 필드를 제외한 모든 필드는 키와 값이 동일하다. 값은 **"funding_rounds"** 도큐먼트의 배열이 아니라 각 펀딩 라운드에 해당하는 단일 도큐먼트다.

```
{"name": "Digg", "amount": 8500000, "year": 2006 }
{"name": "Digg", "amount": 2800000, "year": 2005 }
{"name": "Digg", "amount": 28700000, "year": 2008 }
{"name": "Digg", "amount": 5000000, "year": 2011 }
{"name": "Facebook", "amount": 500000, "year": 2004 }
{"name": "Facebook", "amount": 12700000, "year": 2005 }
{"name": "Facebook", "amount": 27500000, "year": 2006 }
{"name": "Facebook", "amount": 240000000, "year": 2007 }
{"name": "Facebook", "amount": 60000000, "year": 2007 }
{"name": "Facebook", "amount": 15000000, "year": 2008 }
{"name": "Facebook", "amount": 100000000, "year": 2008 }
{"name": "Facebook", "amount": 60000000, "year": 2008 }
{"name": "Facebook", "amount": 200000000, "year": 2009 }
{"name": "Facebook", "amount": 210000000, "year": 2010 }
{"name": "Facebook", "amount": 1500000000, "year": 2011 }
{"name": "Revision3", "amount": 1000000, "year": 2006 }
{"name": "Revision3", "amount": 8000000, "year": 2007 }
...
```

이제 출력 도큐먼트에 필드를 추가하자. 그러면 현재 작성한 집계 파이프라인에서 작은 문제점을 발견할 것이다.

```
db.companies.aggregate([
  { $match: {"funding_rounds.investments.financial_org.permalink": "greylock"} },
  { $unwind: "$funding_rounds" },
  { $project: {
    _id: 0,
    name: 1,
    funder: "$funding_rounds.investments.financial_org.permalink",
    amount: "$funding_rounds.raised_amount",
    year: "$funding_rounds.funded_year"
  } }
])
```

"funder" 필드를 추가하면 이제 (전개 단계에서 가져오는) "funding_rounds" 내장 도큐먼트의 "investments" 필드에 접근할 필드 경로 값이 있다. 금융 기관일 경우 퍼머링크 값을 선택한다. 이는 match 필터에서 수행하는 작업과 매우 유사하다. 출력을 살펴보자.

```
{
  "name" : "Digg",
  "funder" : [
    "greylock",
    "omidyar-network"
  ],
  "amount" : 8500000,
  "year" : 2006
}
{
  "name" : "Digg",
  "funder" : [
    "greylock",
    "omidyar-network",
    "floodgate",
    "sv-angel"
  ],
  "amount" : 2800000,
  "year" : 2005
}
{
```

```
  "name" : "Digg",
  "funder" : [
    "highland-capital-partners",
    "greylock",
    "omidyar-network",
    "svb-financial-group"
  ],
  "amount" : 28700000,
  "year" : 2008
}
...
{
  "name" : "Farecast",
  "funder" : [
    "madrona-venture-group",
    "wrf-capital"
  ],
  "amount" : 1500000,
  "year" : 2004
}
{
  "name" : "Farecast",
  "funder" : [
    "greylock",
    "madrona-venture-group",
    "wrf-capital"
  ],
  "amount" : 7000000,
  "year" : 2005
}
{
  "name" : "Farecast",
  "funder" : [
    "greylock",
    "madrona-venture-group",
    "par-capital-management",
    "pinnacle-ventures",
    "sutter-hill-ventures",
    "wrf-capital"
  ],
  "amount" : 12100000,
  "year" : 2007
}
```

도큐먼트로 돌아가 "investments" 필드를 살펴보자.

"funding_rounds.investments" 필드는 그 자체가 배열이다. 각 펀딩 라운드에 여러 자금 지원자가 참여할 수 있으므로 "investments"는 참여한 자금 지원자를 모두 나열한다. 결과를 보면 처음에 "raised_amount"와 "funded_year" 필드에서 봤듯 "funder"에 대한 배열이 표시되는데 "investments" 필드가 배열을 값으로 갖기 때문이다.

또 다른 문제는 파이프라인을 구성한 방식 때문에 그레이록이 참여하지 않은 펀딩 라운드를 나타내는 많은 도큐먼트가 선출 단계로 전달된다는 점이다. 페어캐스트[Farecast]가 참여한 펀딩 라운드를 살펴보면 이를 확인할 수 있다. 문제의 원인은 일치 단계가 그레이록이 한 번이라도 펀딩 라운드에 참여한 회사를 모두 선택한다는 점이다. 그레이록이 실제로 참여한 펀딩 라운드만 고려하려면 다른 방식으로 필터링할 방법을 찾아야 한다.

한 가지 방법은 전개 단계와 일치 단계의 순서를 바꾸는 것이다. 즉 전개를 먼저 한 후 일치를 하는 방법이다. 이를 통해 전개 단계를 거친 도큐먼트만 일치시킬 수 있다. 그러나 이 접근 방식을 생각해보면 첫 번째 단계에서 전개를 할 경우 전체 컬렉션을 스캔해야 함을 알 수 있다.

우리는 효율성을 위해 파이프라인에서 일치 작업을 가능한 한 빨리 하기를 원한다. 예를 들어 집계 프레임워크에서 인덱스를 사용한다. 예제에서는 그레이록이 참여한 펀딩 라운드만 선택하도록 두 번째 일치 단계를 포함할 수 있다.

```
db.companies.aggregate([
  { $match: {"funding_rounds.investments.financial_org.permalink": "greylock"} },
  { $unwind: "$funding_rounds" },
  { $match: {"funding_rounds.investments.financial_org.permalink": "greylock"} },
  { $project: {
    _id: 0,
    name: 1,
    individualFunder: "$funding_rounds.investments.person.permalink",
    fundingOrganization: "$funding_rounds.investments.financial_org.permalink",
    amount: "$funding_rounds.raised_amount",
    year: "$funding_rounds.funded_year"
  } }
])
```

파이프라인은 그레이록이 한 번이라도 펀딩 라운드에 참여한 회사를 먼저 필터링한다. 그런 다음 펀딩 라운드를 전개하고 다시 필터링해 그레이록이 실제로 참여한 펀딩 라운드를 나타내는 도큐먼트만 선출 단계로 전달된다.

이 장의 시작 부분에서 언급했듯 같은 유형의 단계를 여러 개 포함해야 할 때가 많다. 지금까지 살펴본 예제는 좋은 예시다. 살펴봐야 하는 도큐먼트 개수를 줄이기 위해 필터링한 결과, 살펴볼 도큐먼트를 그레이록이 한 번이라도 펀딩 라운드에 참여한 도큐먼트 셋으로 좁혔다. 그런 다음 전개 단계를 통해서, 그레이록이 자금을 지원했지만 개별 펀딩 라운드에 참여하지는 않은 (그레이록이 참여하지 않은 펀딩 라운드를 수행한) 회사의 펀딩 라운드를 나타내는 여러 도큐먼트를 얻었다. 두 번째 일치 단계로 다른 필터를 포함하면 필요 없는 펀딩 라운드를 모두 없앨 수 있다.

7.6 배열 표현식

이제 배열 표현식을 살펴보자. 선출 단계에서 배열 표현식을 사용하는 방법을 살펴본다.

첫 번째로 필터 표현식을 살펴보자. 필터 표현식은 필터 기준에 따라 배열에서 요소의 부분집합을 선택한다.

companies 데이터셋으로 돌아가서 그레이록이 참여한 펀딩 라운드에 동일한 기준을 사용해 일치를 수행한다. 파이프라인의 rounds 필드를 보자.

```
db.companies.aggregate([
  { $match: {"funding_rounds.investments.financial_org.permalink": "greylock"} },
  { $project: {
    _id: 0,
    name: 1,
    founded_year: 1,
    rounds: { $filter: {
      input: "$funding_rounds",
      as: "round",
      cond: { $gte: ["$$round.raised_amount", 100000000] } } } }
  } },
  { $match: {"rounds.investments.financial_org.permalink": "greylock" } },
]).pretty()
```

rounds 필드는 필터 표현식을 사용한다. $filter 연산자는 배열 필드와 함께 작동하도록 설계됐으며 우리가 제공하는 옵션을 지정한다. $filter의 첫 번째 옵션은 input이며 단순히 배열을 지정한다. 예제에서는 필드 경로 지정자field path specifier를 사용해 companies 컬렉션의 도큐먼트에서 찾은 "funding_rounds" 배열을 식별한다. 다음으로 나머지 필터 표현식 전체에서 "funding_rounds" 배열에 사용할 이름을 지정한다. 세 번째 옵션으로는 조건을 지정한다. 조건은 입력으로 지정한 배열을 필터링하는 기준을 제공해 서브셋을 선택하도록 한다. 예제에서는 "funding_round"의 "raised_amount"가 1억 달러 이상인 요소만 선택하도록 필터링한다.

조건을 지정할 때 $$를 사용했다. $$는 작업 중인 표현식 내에서 정의된 변수를 참조하는 데 사용한다. as 절은 필터 표현식 내에서 변수를 정의한다. 이때 변수는 as 절에서 우리가 레이블링한 대로 "round"라는 이름을 가진다. 이는 필드 경로에서의 변수 참조를 명확히 하기 위함이다. 예제에서 비교 표현식은 두 값의 배열을 취해서 첫 번째 값이 두 번째 값보다 크거나 같으면 true를 반환한다.

이제 주어진 필터를 고려해 파이프라인의 선출 단계에서 생성할 도큐먼트를 생각해보자. 출력 도큐먼트에는 "name", "founded_year", "rounds" 필드가 있다. "rounds"의 값은 필터 조건과 일치하는 요소로 구성된 배열이다. 즉 모금액이 1억 달러보다 크다.

다음으로 일치 단계에서는 이전에 했던 것처럼 입력 도큐먼트를 그레이록이 자금을 지원한 도큐먼트로 필터링한다. 파이프라인의 도큐먼트 출력은 다음과 같다.

```
{
  "name" : "Dropbox",
  "founded_year" : 2007,
  "rounds" : [
    {
      "id" : 25090,
      "round_code" : "b",
      "source_description" :
        "Dropbox Raises $250M In Funding, Boasts 45 Million Users",
      "raised_amount" : 250000000,
      "raised_currency_code" : "USD",
      "funded_year" : 2011,
      "investments" : [
        {
```

```
      "financial_org" : {
        "name" : "Index Ventures",
        "permalink" : "index-ventures"
      }
    },
    {
      "financial_org" : {
        "name" : "RIT Capital Partners",
        "permalink" : "rit-capital-partners"
      }
    },
    {
      "financial_org" : {
        "name" : "Valiant Capital Partners",
        "permalink" : "valiant-capital-partners"
      }
    },
    {
      "financial_org" : {
        "name" : "Benchmark",
        "permalink" : "benchmark-2"
      }
    },
    {
      "company" : null,
      "financial_org" : {
        "name" : "Goldman Sachs",
        "permalink" : "goldman-sachs"
      },
      "person" : null
    },
    {
      "financial_org" : {
        "name" : "Greylock Partners",
        "permalink" : "greylock"
      }
    },
    {
      "financial_org" : {
        "name" : "Institutional Venture Partners",
        "permalink" : "institutional-venture-partners"
      }
    },
    {
```

```
          "financial_org" : {
            "name" : "Sequoia Capital",
            "permalink" : "sequoia-capital"
          }
        },
        {
          "financial_org" : {
            "name" : "Accel Partners",
            "permalink" : "accel-partners"
          }
        },
        {
          "financial_org" : {
            "name" : "Glynn Capital Management",
            "permalink" : "glynn-capital-management"
          }
        },
        {
          "financial_org" : {
            "name" : "SV Angel",
            "permalink" : "sv-angel"
          }
        }
      ]
    }
  ]
}
```

모금액이 1억 달러를 초과하는 **"rounds"** 배열 항목만 필터를 통과한다. 드롭박스Dropbox는 기준을 충족하는 펀딩 라운드가 하나뿐이다. 필터 표현식은 유연하게 설정할 수 있지만 이 예제는 기본 형식이며 특정 배열 표현식에 대한 구체적인 사용 예시다.

다음으로 배열 요소 연산자array element operator를 살펴보자. 펀딩 라운드 예제로 계속 진행하지만 이번에는 첫 번째 라운드와 마지막 라운드만 꺼낸다. 예를 들어 해당 라운드가 언제 일어났는지 확인하거나 금액을 비교하는 데 사용한다. 이 작업은 날짜 및 산술 표현식을 이용해 수행하며, 다음 절에서 살펴본다.

$arrayElemAt 연산자를 사용하면 배열 내 특정 슬롯slot에서 요소를 선택할 수 있다. 다음 파이프라인은 $arrayElemAt 사용 예시다.

```
db.companies.aggregate([
  { $match: { "founded_year": 2010 } },
  { $project: {
    _id: 0,
    name: 1,
    founded_year: 1,
    first_round: { $arrayElemAt: [ "$funding_rounds", 0 ] },
    last_round: { $arrayElemAt: [ "$funding_rounds", -1 ] }
  } }
]).pretty()
```

선출 단계에서 $arrayElemAt을 사용하는 구문에 유의하자. 선출할 필드를 정의하고 값으로 $arrayElemAt을 필드 이름으로 사용하고 두 요소 배열을 값으로 사용해 도큐먼트를 지정한다. 첫 번째 요소는 선택하려는 배열 필드를 지정하는 필드 경로다. 두 번째 요소는 우리가 원하는 배열 내에서 슬롯을 식별한다. 배열의 첫 번째 인덱스는 0임을 기억하자.

많은 경우 배열 길이를 쉽게 알 수 없다. 배열 끝에서 시작하는 배열 슬롯을 선택하려면 음의 정수를 사용하자. 배열의 마지막 요소는 -1로 식별된다.

이 집계 파이프라인의 간단한 출력 도큐먼트는 다음과 같다.

```
{
  "name" : "vufind",
  "founded_year" : 2010,
  "first_round" : {
    "id" : 19876,
    "round_code" : "angel",
    "source_url" : "",
    "source_description" : "",
    "raised_amount" : 250000,
    "raised_currency_code" : "USD",
    "funded_year" : 2010,
    "funded_month" : 9,
    "funded_day" : 1,
    "investments" : [ ]
  },
  "last_round" : {
    "id" : 57219,
    "round_code" : "seed",
    "source_url" : "",
```

```
        "source_description" : "",
        "raised_amount" : 500000,
        "raised_currency_code" : "USD",
        "funded_year" : 2012,
        "funded_month" : 7,
        "funded_day" : 1,
        "investments" : [ ]
    }
  }
```

$slice 표현식은 $arrayElemAt와 관련 있다. 표현식을 사용하면 배열의 특정 인덱스에서 시작해 하나뿐 아니라 여러 항목을 순서대로 반환할 수 있다.

```
db.companies.aggregate([
  { $match: { "founded_year": 2010 } },
  { $project: {
    _id: 0,
    name: 1,
    founded_year: 1,
    early_rounds: { $slice: [ "$funding_rounds", 1, 3 ] }
  } }
]).pretty()
```

여기서도 funding_rounds 배열에서 인덱스 1부터 시작해 3개의 요소를 가져온다. 우리는 데이터셋에서 첫 번째 펀딩 라운드가 아니라 처음 몇 개의 펀딩 라운드를 얻으려 한다.

배열에서 개별 요소나 조각을 필터링하고 선택하는 작업은 일반적이다. 그러나 아마도 가장 일반적인 작업은 배열의 크기나 길이를 결정하는 작업이며 $size 연산자로 수행할 수 있다.

```
db.companies.aggregate([
  { $match: { "founded_year": 2004 } },
  { $project: {
    _id: 0,
    name: 1,
    founded_year: 1,
    total_rounds: { $size: "$funding_rounds" }
  } }
]).pretty()
```

$size 표현식은 선출 단계에서 사용될 때 단순히 배열 요소 개수인 값을 제공한다.

이 절에서는 가장 일반적인 배열 표현식을 살펴봤다. 더 다양한 표현식이 있으며 종류는 버전 업에 따라 늘어난다. 사용 가능한 모든 표현식의 요약은 몽고DB 문서 중 '집계 파이프라인 빠른 참조'(https://oreil.ly/ZtUES)를 살펴보기를 권한다.

7.7 누산기

지금까지 몇 가지 표현식 유형을 다뤘다. 다음으로 집계 프레임워크가 어떤 누산기를 제공하는지 살펴보자. 누산기는 본질적으로 표현식의 유형이지만 여러 도큐먼트에서 찾은 필드 값으로부터 값을 계산하므로 자체 클래스에서 고려한다.

집계 프레임워크가 제공하는 누산기를 사용하면 특정 필드의 모든 값 합산($sum), 평균 계산 ($avg) 등의 작업을 할 수 있다. 또한 $first와 $last도 누산기로 간주하는데 표현식이 사용된 단계를 통과하는 모든 도큐먼트 내 값을 고려하기 때문이다. $max와 $min은 도큐먼트 스트림을 고려해 표시되는 값 중 하나만 저장하는 누산기다. $mergeObjects를 사용하면 여러 도큐먼트를 하나의 도큐먼트로 결합할 수 있다.

또한 배열용 누산기로 도큐먼트가 파이프라인 단계를 통과할 때 배열에 값을 푸시($push)할 수 있다. $addToSet은 $push와 매우 유사하지만 결과 배열에 중복 값이 포함되지 않게 한다는 차이가 있다.

기술 통계를 계산하는 데 사용하는 몇 가지 표현식이 있는데, 예를 들면 표본sample과 모집 단population의 표준편차standard deviation를 계산한다. 둘 다 파이프라인 단계를 통과하는 도큐먼트 스트림에서 작동한다.

몽고DB 3.2 이전에는 누산기를 그룹 단계group stage에서만 사용할 수 있었다. 몽고DB 3.2는 선출 단계에서 누산기의 서브셋에 접근하는 기능을 도입했다. 선출 단계에서는 $sum, $avg와 같은 누산기가 단일 도큐먼트 내 배열에서 작동하는 반면, 그룹 단계에서는 누산기가 여러 도큐먼트 값에 걸쳐 계산을 수행할 수 있다(7.8 '그룹화 소개'에서 살펴본다). 이는 그룹 단계와 선출 단계에서의 누산기 작동의 주요 차이점이다.

자세한 예제로 들어가기 전에 누산기의 개요를 잠시 살펴봤다.

7.7.1 선출 단계에서 누산기 사용

선출 단계에서 누산기를 사용하는 예제부터 시작하자. 일치 단계는 "funding_rounds" 필드를 포함하고 funding_rounds 배열이 비어 있지 않은 도큐먼트를 필터링한다.

```
db.companies.aggregate([
  { $match: { "funding_rounds": { $exists: true, $ne: [ ]} } },
  { $project: {
    _id: 0,
    name: 1,
    largest_round: { $max: "$funding_rounds.raised_amount" }
  } }
])
```

$funding_rounds의 값은 각 회사 도큐먼트 내 배열이므로 누산기를 사용할 수 있다. 선출 단계에서 누산기는 배열값 필드에서 작동해야 함을 기억하자. 여기서는 상당히 멋진 작업을 할수 있다. 배열에 포함된 도큐먼트에 도달하고 출력 도큐먼트에 최댓값을 선출함으로써 배열에서 가장 큰 값을 쉽게 식별할 수 있다.

```
{ "name" : "Wetpaint", "largest_round" : 25000000 }
{ "name" : "Digg", "largest_round" : 28700000 }
{ "name" : "Facebook", "largest_round" : 1500000000 }
{ "name" : "Omnidrive", "largest_round" : 800000 }
{ "name" : "Geni", "largest_round" : 10000000 }
{ "name" : "Twitter", "largest_round" : 400000000 }
{ "name" : "StumbleUpon", "largest_round" : 17000000 }
{ "name" : "Gizmoz", "largest_round" : 6500000 }
{ "name" : "Scribd", "largest_round" : 13000000 }
{ "name" : "Slacker", "largest_round" : 40000000 }
{ "name" : "Lala", "largest_round" : 20000000 }
{ "name" : "eBay", "largest_round" : 6700000 }
{ "name" : "MeetMoi", "largest_round" : 2575000 }
{ "name" : "Joost", "largest_round" : 45000000 }
{ "name" : "Babelgum", "largest_round" : 13200000 }
{ "name" : "Plaxo", "largest_round" : 9000000 }
{ "name" : "Cisco", "largest_round" : 2500000 }
{ "name" : "Yahoo!", "largest_round" : 4800000 }
{ "name" : "Powerset", "largest_round" : 12500000 }
{ "name" : "Technorati", "largest_round" : 10520000 }
...
```

또 다른 예제로 $sum 누산기를 사용해 컬렉션에 있는 각 회사의 총 모금액을 계산해보자.

```
db.companies.aggregate([
  { $match: { "funding_rounds": { $exists: true, $ne: [ ]} } },
  { $project: {
    _id: 0,
    name: 1,
    total_funding: { $sum: "$funding_rounds.raised_amount" }
  } }
])
```

이는 선출 단계에서 누산기로 수행할 수 있는 작업의 일부에 불과하다. 몽고DB 문서
(https://oreil.ly/SZiFx) 중 '집계 파이프라인 빠른 참조'에서 사용 가능한 누산기 표현식
의 전체 개요를 살펴보기를 권한다.

7.8 그룹화 소개

예전부터 몽고DB 집계 프레임워크에서 누산기는 그룹 단계의 영역이었다. 그룹 단계는 SQL
GROUP BY 명령과 유사한 기능을 수행한다. 그룹 단계에서는 여러 도큐먼트의 값을 함께 집계
하고, 집계한 값에 평균 계산과 같은 집계 작업을 수행할 수 있다. 다음 예를 살펴보자.

```
db.companies.aggregate([
  { $group: {
    _id: { founded_year: "$founded_year" },
    average_number_of_employees: { $avg: "$number_of_employees" }
  } },
  { $sort: { average_number_of_employees: -1 } }

])
```

여기서는 그룹 단계를 사용해 설립 연도를 기준으로 모든 회사를 합친 다음 연도마다 평균 직
원 수를 계산한다. 파이프라인의 출력은 다음과 같다.

```
{ "_id" : { "founded_year" : 1847 }, "average_number_of_employees" : 405000 }
{ "_id" : { "founded_year" : 1896 }, "average_number_of_employees" : 388000 }
{ "_id" : { "founded_year" : 1933 }, "average_number_of_employees" : 320000 }
{ "_id" : { "founded_year" : 1915 }, "average_number_of_employees" : 186000 }
{ "_id" : { "founded_year" : 1903 }, "average_number_of_employees" : 171000 }
{ "_id" : { "founded_year" : 1865 }, "average_number_of_employees" : 125000 }
{ "_id" : { "founded_year" : 1921 }, "average_number_of_employees" : 107000 }
{ "_id" : { "founded_year" : 1835 }, "average_number_of_employees" : 100000 }
{ "_id" : { "founded_year" : 1952 }, "average_number_of_employees" : 92900 }
{ "_id" : { "founded_year" : 1946 }, "average_number_of_employees" : 91500 }
{ "_id" : { "founded_year" : 1947 }, "average_number_of_employees" : 88510.5 }
{ "_id" : { "founded_year" : 1898 }, "average_number_of_employees" : 80000 }
{ "_id" : { "founded_year" : 1968 }, "average_number_of_employees" : 73550 }
{ "_id" : { "founded_year" : 1957 }, "average_number_of_employees" : 70055 }
{ "_id" : { "founded_year" : 1969 }, "average_number_of_employees" : 67635.1 }
{ "_id" : { "founded_year" : 1928 }, "average_number_of_employees" : 51000 }
{ "_id" : { "founded_year" : 1963 }, "average_number_of_employees" : 50503 }
{ "_id" : { "founded_year" : 1959 }, "average_number_of_employees" : 47432.5 }
{ "_id" : { "founded_year" : 1902 }, "average_number_of_employees" : 41171.5 }
{ "_id" : { "founded_year" : 1887 }, "average_number_of_employees" : 35000 }
  ...
```

출력은 "_id" 값으로 도큐먼트를 갖는 도큐먼트를 포함하며 평균 직원 수를 표시한다. 이러한 분석을 통해 회사의 설립 연도와 성장의 상관관계를 평가하는 첫 번째 단계를 수행할 수 있다. 회사 설립 이후 기간으로 정규화한다.

보다시피 구축한 파이프라인에는 그룹 단계와 정렬 단계의 두 단계가 있다. 그룹 단계의 기본은 도큐먼트의 일부로 지정하는 "_id" 필드다. 이는 매우 엄격한 해석을 사용하는 $group 연산자 자체의 값이다.

이 필드를 사용해 그룹 단계에서 표시되는 도큐먼트를 구성하는 데 사용하는 내용을 정의한다. 그룹 단계가 첫 번째이므로 aggregate 명령은 companies 컬렉션의 모든 도큐먼트를 그룹 단계를 통해 전달한다. 그룹 단계에서는 "founded_year"에 대해 동일한 값을 갖는 모든 도큐먼트를 단일 그룹으로 취급한다. 필드의 값을 구성할 때 단계에서는 $avg 누산기를 사용해 "founded_year"가 동일한 모든 회사의 평균 직원 수를 계산한다.

다르게 생각할 수도 있다. 그룹 단계에서 특정 설립 연도의 도큐먼트를 발견할 때마다, 해당 도큐먼트의 "number_of_employees" 값을 직원 수 누적 합계에 추가하고 해당 연도 도큐먼트

수의 카운트[count]에 1을 더한다. 모든 도큐먼트가 그룹 단계를 통과하면, 누적 합계를 사용해 평균을 계산하고 설립 연도를 기준으로 식별한 모든 도큐먼트 그룹의 카운트를 계산한다.

파이프라인이 끝나면 도큐먼트를 average_number_of_employees를 기준으로 내림차순으로 정렬한다.

다른 예를 살펴보자. companies 데이터셋에서 "relationships"는 아직 고려하지 않았다. relationships 필드는 다음 형식으로 도큐먼트에 나타난다.

```
{
  "_id" : "52cdef7c4bab8bd675297d8e",
  "name" : "Facebook",
  "permalink" : "facebook",
  "category_code" : "social",
  "founded_year" : 2004,
  ...
  "relationships" : [
    {
      "is_past" : false,
      "title" : "Founder and CEO, Board Of Directors",
      "person" : {
        "first_name" : "Mark",
        "last_name" : "Zuckerberg",
        "permalink" : "mark-zuckerberg"
      }
    },
    {
      "is_past" : true,
      "title" : "CFO",
      "person" : {
        "first_name" : "David",
        "last_name" : "Ebersman",
        "permalink" : "david-ebersman"
      }
    },
    ...
  ],
  "funding_rounds" : [
    ...
    {
      "id" : 4,
      "round_code" : "b",
```

```
      "source_url" : "http://www.facebook.com/press/info.php?factsheet",
      "source_description" : "Facebook Funding",
      "raised_amount" : 27500000,
      "raised_currency_code" : "USD",
      "funded_year" : 2006,
      "funded_month" : 4,
      "funded_day" : 1,
      "investments" : [
        {
          "company" : null,
          "financial_org" : {
            "name" : "Greylock Partners",
            "permalink" : "greylock"
          },
          "person" : null
        },
        {
          "company" : null,
          "financial_org" : {
            "name" : "Meritech Capital Partners",
            "permalink" : "meritech-capital-partners"
          },
          "person" : null
        },
        {
          "company" : null,
          "financial_org" : {
            "name" : "Founders Fund",
            "permalink" : "founders-fund"
          },
          "person" : null
        },
        {
          "company" : null,
          "financial_org" : {
            "name" : "SV Angel",
            "permalink" : "sv-angel"
          },
          "person" : null
        }
      ]
    },
    ...
  "ipo" : {
```

```
    "valuation_amount" : NumberLong("104000000000"),
    "valuation_currency_code" : "USD",
    "pub_year" : 2012,
    "pub_month" : 5,
    "pub_day" : 18,
    "stock_symbol" : "NASDAQ:FB"
  },
  ...
}
```

"relationships" 필드를 통해 상대적으로 많은 회사와 (어떤 식으로든) 관계가 있는 사람을 찾을 수 있다. 다음 집계를 살펴보자.

```
db.companies.aggregate( [
  { $match: { "relationships.person": { $ne: null } } },
  { $project: { relationships: 1, _id: 0 } },
  { $unwind: "$relationships" },
  { $group: {
    _id: "$relationships.person",
    count: { $sum: 1 }
  } },
  { $sort: { count: -1 } }
]).pretty()
```

여기서는 relationships.person에 일치를 수행한다. 페이스북 예제 도큐먼트를 보면 관계가 어떻게 구성되는지 알 수 있고 이 작업의 의미를 이해할 수 있다. 먼저 "person"이 null이 아닌 관계를 모두 필터링한다. 그런 다음 일치하는 도큐먼트의 관계를 모두 선출한다. 파이프라인의 다음 단계인 전개 단계에는 관계만 전달한다. 전개 단계에서는 배열의 모든 관계가 그룹 단계를 통과하도록 관계를 전개한다. 그룹 단계에서는 필드 경로를 사용해 각 "relationships" 도큐먼트 내에서 사람을 식별한다. 동일한 "person" 값을 갖는 모든 도큐먼트는 함께 그룹화된다. 앞서 살펴봤듯 도큐먼트가 우리가 그룹화하는 값이 되면 더할 나위 없이 좋다. 한 사람의 이름, 성, 퍼머링크에 대한 도큐먼트와 일치하는 각 항목이 함께 집계된다. $sum 누산기를 사용해 각 사람이 맺은 관계 수를 계산하고 마지막으로 내림차순으로 정렬한다. 파이프라인의 출력은 다음과 같다.

```
{
  "_id" : {
    "first_name" : "Tim",
    "last_name" : "Hanlon",
    "permalink" : "tim-hanlon"
  },
  "count" : 28
}
{
  "_id" : {
    "first_name" : "Pejman",
    "last_name" : "Nozad",
    "permalink" : "pejman-nozad"
  },
  "count" : 24
}
{
  "_id" : {
    "first_name" : "David S.",
    "last_name" : "Rose",
    "permalink" : "david-s-rose"
  },
  "count" : 24
}
{
  "_id" : {
    "first_name" : "Saul",
    "last_name" : "Klein",
    "permalink" : "saul-klein"
  },
  "count" : 24
}
...
```

팀 핸런^{Tim Hanlon}은 컬렉션 내 회사와 가장 많은 관계를 맺은 사람이다. 핸런이 실제로 28개
회사와 관계를 맺었을 수도 있지만 확실히 알 수는 없다. 한(혹은 여러) 회사와 각기 다른
"title"로 여러 건의 관계를 맺었을 수도 있기 때문이다. 예제는 집계 파이프라인에서 매우
중요한 점을 보여준다. 누산기 표현식으로 집계 값을 계산할 때는 작업하는 대상이 무엇인지
명확히 이해해야 한다.

예제에서는 팀 핸런이 컬렉션 내 회사 전체에 걸쳐 **"relationships"** 도큐먼트에 28번 등장한다고 말할 수 있다. 핸런이 얼마나 많은 고유한 회사와 관계 맺었는지 확인하려면 좀 더 깊이 파고들어가야 한다. 해당 파이프라인의 구성은 여기서 다루지 않고 연습으로 남겨둔다.

7.8.1 그룹 단계의 _id 필드

그룹 단계를 더 깊이 논의하기 전에 _id 필드를 조금 더 설명하고 그룹 집계 단계에서 _id 필드 값을 구성하는 모범 사례를 살펴본다. 예제를 통해 도큐먼트를 그룹화하는 일반적인 방법 몇 가지를 알아보자. 첫 번째 예로 다음 파이프라인을 보자.

```
db.companies.aggregate([
  { $match: { founded_year: { $gte: 2013 } } },
  { $group: {
    _id: { founded_year: "$founded_year"},
    companies: { $push: "$name" }
  } },
  { $sort: { "_id.founded_year": 1 } }
]).pretty()
```

파이프라인의 출력은 다음과 같다.

```
{
  "_id" : {
    "founded_year" : 2013
  },
  "companies" : [
    "Fixya",
    "Wamba",
    "Advaliant",
    "Fluc",
    "iBazar",
    "Gimigo",
    "SEOGroup",
    "Clowdy",
    "WhosCall",
    "Pikk",
    "Tongxue",
    "Shopseen",
```

```
      "VistaGen Therapeutics"
    ]
  }
  ...
```

출력에는 "_id"와 "companies"라는 두 필드가 있는 도큐먼트가 있다. 각 도큐먼트는 회사 목록을 포함하는데 "founded_year"는 회사 설립 연도이고 "companies"는 회사 이름의 배열이다.

그룹 단계에서 "_id" 필드를 어떻게 구성했는지 확인해보자. 설립 연도를 바로 제공하지 않고 "founded_year"라고 레이블링된 필드가 있는 도큐먼트에 넣는 이유는 뭘까? 그룹 값에 레이블을 지정하지 않으면 회사 설립 연도를 기준으로 그룹화한다는 점이 분명하지 않기 때문이다. 혼동을 피하려면 그룹화할 값에 명시적으로 레이블을 지정하자.

경우에 따라 여러 필드로 구성된 도큐먼트가 _id 값인 방식을 사용해야 할 수도 있다. 예제에서는 설립 연도와 카테고리 코드(category_code)를 기준으로 도큐먼트를 그룹화한다.

```
db.companies.aggregate([
  { $match: { founded_year: { $gte: 2010 } } },
  { $group: {
    _id: { founded_year: "$founded_year", category_code: "$category_code" },
    companies: { $push: "$name" }
  } },
  { $sort: { "_id.founded_year": 1 } }
]).pretty()
```

여러 필드가 있는 도큐먼트를 그룹 단계에서 _id 값으로 사용하면 전혀 문제가 없다. 다른 경우에는 다음처럼 해야 할 수도 있다.

```
db.companies.aggregate([
  { $group: {
    _id: { ipo_year: "$ipo.pub_year" },
    companies: { $push: "$name" }
  } },
  { $sort: { "_id.ipo_year": 1 } }
]).pretty()
```

이때 회사가 기업공개를 수행한 연도를 기준으로 도큐먼트를 그룹화하며, 해당 연도는 내장 도큐먼트 내 필드다. 내장 도큐먼트에 도달하는 필드 경로를 그룹 단계에서 그룹화할 값으로 사용하는 것이 일반적이다. 출력은 다음과 같다.

```
{
  "_id" : {
    "ipo_year" : 1999
  },
  "companies" : [
    "Akamai Technologies",
    "TiVo",
    "XO Group",
    "Nvidia",
    "Blackberry",
    "Blue Coat Systems",
    "Red Hat",
    "Brocade Communications Systems",
    "Juniper Networks",
    "F5 Networks",
    "Informatica",
    "Iron Mountain",
    "Perficient",
    "Sitestar",
    "Oxford Instruments"
  ]
}
```

이 절의 예제에서는 이전에 본 적이 없는 누산기인 $push를 사용한다. 그룹 단계가 입력 스트림 내 도큐먼트를 처리하면, 그 결괏값을 $push 표현식이 (그룹 단계 전체에 걸쳐 구축하는) 배열에 추가한다. 이전 파이프라인에서 그룹 단계는 회사 이름으로 구성된 배열을 구축한다.

마지막 예는 이미 본 적이 있지만 완결성을 위해 여기에 포함한다.

```
db.companies.aggregate( [
  { $match: { "relationships.person": { $ne: null } } },
  { $project: { relationships: 1, _id: 0 } },
  { $unwind: "$relationships" },
  { $group: {
    _id: "$relationships.person",
    count: { $sum: 1 }
```

```
    } },
    { $sort: { count: -1 } }
  ] )
```

기업공개 연도를 기준으로 그룹화한 예제에서는, 스칼라 값으로 확인되는 필드 경로인 기업공
개 연도를 사용했다. 이때 필드 경로는 "first_name", "last_name", "permalink"의 세 필
드를 포함하는 도큐먼트로 확인된다. 이는 그룹 단계가 도큐먼트 값 그룹화를 지원함을 보여
준다.

그룹 단계에서 _id 값을 구성하는 여러 방법을 살펴봤다. 일반적으로 여기서는 출력에서 _id
값의 의미가 명확한지 확인하는 작업을 한다.

7.8.2 그룹 vs. 선출

그룹 집계 단계에 대한 논의를 마무리하며, 선출 단계에서 사용할 수 없는 몇 가지 누산기를 살
펴본다. 이를 통해 누산기와 관련해 선출 단계에서 할 수 있는 일과 그룹으로 할 수 있는 일에
대해 좀 더 깊이 생각해보자. 예를 들어 다음 집계 쿼리를 고려하자.

```
db.companies.aggregate([
  { $match: { funding_rounds: { $ne: [ ] } } },
  { $unwind: "$funding_rounds" },
  { $sort: { "funding_rounds.funded_year": 1,
    "funding_rounds.funded_month": 1,
    "funding_rounds.funded_day": 1 } },
  { $group: {
    _id: { company: "$name" },
    funding: {
      $push: {
        amount: "$funding_rounds.raised_amount",
        year: "$funding_rounds.funded_year"
      } }
  } },
] ).pretty()
```

여기서는 funding_rounds 배열이 비어 있지 않은 도큐먼트를 필터링하며 시작한다. 그런
다음 funding_rounds를 전개한다. 따라서 정렬 및 그룹 단계에서는 각 회사의 funding_

rounds 배열의 각 요소에 대해 하나의 도큐먼트가 표시된다.

예제 파이프라인의 정렬 단계는 연도, 월, 일을 기준으로 모두 오름차순으로 정렬을 수행한다. 이는 단계가 가장 오래된 펀딩 라운드부터 출력함을 의미한다. 5장에서 봤듯 복합 인덱스를 사용해 이러한 유형의 정렬을 수행할 수 있다.

정렬 단계 다음의 그룹 단계에서는 회사 이름별로 그룹화를 수행하고 $push 누산기를 사용해 정렬된 펀딩 라운드 배열을 구성한다. 정렬 단계에서 전체적으로 모든 펀딩 라운드를 정렬했으므로 각 회사에 대해 funding_rounds 배열이 정렬된다.

파이프라인의 도큐먼트 출력은 다음과 같다.

```
{
  "_id" : {
    "company" : "Green Apple Media"
  },
  "funding" : [
    {
      "amount" : 30000000,
      "year" : 2013
    },
    {
      "amount" : 100000000,
      "year" : 2013
    },
    {
      "amount" : 2000000,
      "year" : 2013
    }
  ]
}
```

이 파이프라인에서는 $push를 사용해 배열을 누적한다. 예제에서는 누적 배열의 끝에 도큐먼트를 추가하도록 $push 표현식을 지정했다. 펀딩 라운드가 시간 순으로 이루어지므로 배열의 끝으로 밀면 각 회사의 펀딩 금액이 시간 순으로 정렬된다.

$push 표현식은 그룹 단계에서만 작동한다. 그룹 단계가 도큐먼트의 입력 스트림을 가져와 각 도큐먼트를 차례로 처리해 값을 축적하도록 설계됐기 때문이다. 반면에 선출 단계는 입력 스트림의 각 도큐먼트에 대해 개별적으로 작동한다.

다른 예를 살펴보자. 다음 예제는 조금 더 길지만 이전 예를 기반으로 한다.

```
db.companies.aggregate([
  { $match: { funding_rounds: { $exists: true, $ne: [ ] } } },
  { $unwind: "$funding_rounds" },
  { $sort: { "funding_rounds.funded_year": 1,
    "funding_rounds.funded_month": 1,
    "funding_rounds.funded_day": 1 } },
  { $group: {
    _id: { company: "$name" },
    first_round: { $first: "$funding_rounds" },
    last_round: { $last: "$funding_rounds" },
    num_rounds: { $sum: 1 },
    total_raised: { $sum: "$funding_rounds.raised_amount" }
  } },
  { $project: {
    _id: 0,
    company: "$_id.company",
    first_round: {
      amount: "$first_round.raised_amount",
      article: "$first_round.source_url",
      year: "$first_round.funded_year"
    },
    last_round: {
      amount: "$last_round.raised_amount",
      article: "$last_round.source_url",
      year: "$last_round.funded_year"
    },
    num_rounds: 1,
    total_raised: 1,
  } },
  { $sort: { total_raised: -1 } }
] ).pretty()
```

여기서도 funding_rounds를 전개하고 시간 순으로 정렬한다. 그러나 이번에는 각 항목이 단일 funding_rounds를 나타내는 배열의 항목을 누적하는 대신 $first와 $last라는 누산기 두 가지를 사용한다. $first 표현식은 단순히 단계의 입력 스트림을 통과하는 첫 번째 값을 저장한다. $last 표현식은 그룹 단계를 통과한 마지막 값을 추적한다.

$push와 마찬가지로 선출 단계에서는 $first와 $last를 사용할 수 없다. 선출 단계는 해당 단계를 통해 스트리밍되는 여러 도큐먼트를 기반으로 값을 누적하도록 설계되지 않았기 때문

이다. 선출 단계는 도큐먼트를 개별적으로 재구성하도록 설계됐다.

예제에서는 $first와 $last 외에 $sum을 사용해 총 펀딩 라운드 수를 계산한다. 이 표현식의 경우 값 1을 지정할 수 있다. 이와 같은 $sum 표현식은 각 그룹에 표시되는 도큐먼트 수를 계산하는 역할을 한다.

마지막으로 이 파이프라인에는 상당히 복잡한 선출 단계가 포함된다. 그러나 실제로 하는 작업은 출력을 보기 좋게 만드는 일이다. 선출 단계에서는 first_round 값 또는 첫 번째와 마지막 펀딩 라운드에 대한 전체 도큐먼트를 표시하는 대신 요약을 만든다. 각 값이 명확하게 레이블링되므로 좋은 의미론을 유지한다. first_round에 대해서는 금액, 기사, 연도와 같은 필수 세부 정보만 포함하는 간단한 내장 도큐먼트를 생성하며, 이 값은 $first_round의 값이 될 원래의 펀딩 라운드 도큐먼트로부터 끌어낸다. 선출 단계는 $last_round와 비슷한 작업을 수행한다. 마지막으로 선출 단계는 입력 스트림에서 수신하는 도큐먼트에 대한 num_rounds 및 total_raised 값을 출력 도큐먼트로 전달한다.

파이프라인의 도큐먼트 출력은 다음과 같다.

```
{
  "first_round" : {
    "amount" : 7500000,
    "article" : "http://www.teslamotors.com/display_data/pressguild.swf",
    "year" : 2004
  },
  "last_round" : {
    "amount" : 10000000,
    "article" : "http://www.bizjournals.com/sanfrancisco/news/2012/10/10/
                 tesla-motors-to-get-10-million-from.html",
    "year" : 2012
  },
  "num_rounds" : 11,
  "total_raised" : 823000000,
  "company" : "Tesla Motors"
}
```

이것으로 그룹 단계 개요를 마친다.

7.9 집계 파이프라인 결과를 컬렉션에 쓰기

집계 파이프라인에서 생성된 도큐먼트를 컬렉션에 쓸 수 있는 두 가지 단계로 $out과 $merge
가 있다. 두 단계 중 하나만 사용할 수 있으며, 이는 집계 파이프라인의 마지막 단계여야 한다.
$merge는 몽고DB 4.2에서 도입됐으며 가능하다면 컬렉션에 쓰기를 수행할 때 선호되는 단계
다. $out에는 몇 가지 제약 사항이 있다. 동일한 데이터베이스에만 쓸 수 있고, 기존 컬렉션이
있으면 덮어쓰며, 샤딩된 컬렉션에는 쓸 수 없다. $merge는 샤딩 여부에 관계없이 모든 데이터
베이스와 컬렉션에 쓸 수 있다. $merge는 기존 컬렉션으로 작업할 때 결과(새 도큐먼트 삽입,
기존 도큐먼트와 병합merge, 작업 실패, 기존 도큐먼트 유지, 사용자 정의 갱신으로 모든 도큐먼
트 처리)를 통합할 수도 있다. 그러나 $merge를 사용할 때 진정한 장점은 파이프라인 실행 시
출력 컬렉션의 내용이 점진적으로 갱신되는 주문식on-demand의 구체화된 뷰를 생성할 수 있다는
점이다.

이 장에서는 선출 단계에서 사용할 수 있는 여러 가지 누산기를 다뤘으며, 다양한 누산기를 고
려할 때 그룹과 선출 단계 중 선택하는 문제도 다뤘다. 다음으로 몽고DB 트랜잭션transaction을
살펴보자.

## CHAPTER 8

트랜잭션

트랜잭션은 데이터베이스의 논리적 처리 그룹이며 각 그룹과 트랜잭션은 여러 도큐먼트에 대한 읽기, 쓰기와 같은 작업을 하나 이상 포함할 수 있다. 몽고DB는 여러 작업, 컬렉션, 데이터베이스, 도큐먼트 및 샤드에서 ACID 호환 트랜잭션ACID-compliant transaction을 지원한다. 이 장에서는 트랜잭션을 소개하고, 데이터베이스에서 ACID의 의미를 정의하고, 애플리케이션에서 이를 사용하는 방법을 강조하며, 몽고DB에서 트랜잭션을 조정하는 팁을 제공한다. 다음을 살펴본다.

- 트랜잭션은 무엇인가
- 트랜잭션을 사용하는 방법
- 애플리케이션을 위한 트랜잭션 제한 조정tuning

8.1 트랜잭션 소개

위에서 언급했듯 트랜잭션은 읽기나 쓰기 작업이 가능한 데이터베이스 작업을 하나 이상 포함하는 데이터베이스의 논리적 처리 단위unit of processing다. 애플리케이션에서 논리적 처리 단위의 일부로 여러 도큐먼트(하나 이상의 컬렉션에 있는)에 대한 읽기와 쓰기를 요구하는 상황이 생길 수 있다. 트랜잭션의 중요한 특징은 작업이 성공하든 실패하든 부분적으로는 완료되지 않는다는 점이다.

8.1.1 ACID의 정의

트랜잭션이 '진정한' 트랜잭션이 되려면 ACID라는 속성을 충족해야 한다. ACID는 원자성 Atomicity, 일관성Consistency, 고립성Isolation, 영속성Durability의 약어다. ACID 트랜잭션은 정전 등 오류가 발생할 때도 데이터와 데이터베이스 상태의 유효성을 보장한다.

원자성은 트랜잭션 내 모든 작업이 적용되거나 아무 작업도 적용되지 않도록 한다. 트랜잭션은 부분적으로 적용될 수 없다. 즉 커밋commit되거나 중단된다.

일관성은 트랜잭션이 성공하면 데이터베이스가 하나의 일관성 있는 상태에서 다음 일관성 있는 상태로 이동하도록 한다.

고립성은 여러 트랜잭션이 데이터베이스에서 동시에 실행되도록 허용하는 속성이다. 트랜잭션이 다른 트랜잭션의 부분 결과를 보지 않도록 보장한다. 즉 여러 병렬 트랜잭션이 각 트랜잭션을 순차적으로 실행할 때와 동일한 결과를 얻게 된다.

영속성은 트랜잭션이 커밋될 때 시스템 오류가 발생하더라도 모든 데이터가 유지되도록 한다.

데이터베이스는 이러한 속성을 모두 충족하고 성공적인 트랜잭션만 처리될 때 ACID를 준수한다고 한다. 트랜잭션이 완료되기 전에 오류가 발생하면 ACID 준수ACID compliance는 데이터가 변경되지 않게 한다.

몽고DB는 복제 셋과(또는) 샤드 전체에 ACID 호환 트랜잭션이 있는 분산 데이터베이스다. 네트워크 계층은 복잡성을 더한다. 몽고DB 엔지니어링 팀은 ACID 트랜잭션 지원에 필요한 기능을 구현하는 방법을 동영상(https://www.mongodb.com/transactions)에서 설명한다.

8.2 트랜잭션 사용법

몽고DB는 트랜잭션을 사용하기 위한 두 가지 API를 제공한다. 첫 번째는 코어 API^{core API}라는 관계형 데이터베이스와 유사한 구문(예를 들면 start_transaction, commit_transaction) 이며, 두 번째는 트랜잭션 사용에 권장되는 접근 방식인 콜백 API^{callback API}다.

코어 API는 대부분의 오류에 재시도 로직을 제공하지 않으며 개발자가 작업에 대한 로직, 트랜잭션 커밋 함수, 필요한 재시도 및 오류 로직을 모두 작성해야 한다.

콜백 API는 지정된 논리 세션과 관련된 트랜잭션 시작, 콜백 함수로 제공된 함수 실행, 트랜잭션 커밋(또는 오류 시 중단)을 포함해 코어 API에 비해 많은 기능을 래핑^{wrapping}하는 단일 함수를 제공한다. 이 함수는 커밋 오류를 처리하는 재시도 로직도 포함한다. 콜백 API는 몽고DB 4.2에 추가돼 트랜잭션을 통해 애플리케이션 개발을 단순화한다. 또한 트랜잭션 오류를 처리하는 애플리케이션 재시도 로직을 쉽게 추가한다.

두 API에서 개발자는 트랜잭션에서 사용할 논리 세션을 시작해야 하며, 트랜잭션의 작업이 특정 논리 세션과 연결돼야 한다(즉 세션을 각 작업에 전달). 몽고DB 논리 세션은 전체 몽고DB 배포 컨텍스트에서 작업의 시간과 순서를 추적한다. 논리 세션 또는 서버 세션은 몽고DB에서 재시도 가능한 쓰기와 인과적 일관성^{causal consistency}을 지원하기 위해 클라이언트 세션에서 사용하는 기본 프레임워크의 일부다. 두 기능 모두 트랜잭션을 지원하는 기반으로 몽고DB 3.6에 추가됐다. 순서에 따라 인과관계가 반영된 읽기 및 쓰기 작업의 시퀀스는 몽고DB에서 인과관계가 있는 클라이언트 세션으로 정의된다. 클라이언트 세션은 애플리케이션에 의해 시작되며 서버 세션과 상호작용하는 데 사용된다.

2019년 몽고DB 수석 엔지니어 6명이 SIGMOD 2019 컨퍼런스에서 「몽고DB의 클러스터 전체 논리 클록과 인과적 일관성 구현」(https://oreil.ly/IFLvm)이라는 논문을 발표했다.[1] 해당 논문은 몽고DB에서 논리 세션의 이면에 있는 역학과 인과적 일관성을 기술적으로 보다 깊이 설명한다. 논문은 다년간에 걸친 공학 프로젝트 작업을 반영한다. 스토리지 계층의 양상 변화, 새로운 복제 컨센서스 프로토콜 추가, 샤딩 아키텍처 수정, 클러스터 메타데이터 리팩터링, 글로벌 논리 클록 추가 등을 포함한다. 이러한 변경 사항은 ACID 호환 트랜잭션을 추가하

---

1 저자는 샤딩 소프트웨어 엔지니어인 미샤 타이율리네브^{Misha Tyulenev}, 분산 시스템 분야 부사장 앤디 슈워린^{Andy Schwerin}, 분산 시스템 수석 제품 관리자인 아시야 캠스키^{Asya Kamsky}, 샤딩 수석 소프트웨어 엔지니어인 랜돌프 탠^{Randolph Tan}, 분산 시스템 제품 관리자인 앨리슨 카브랄^{Alyson Cabral}, 그리고 샤딩 소프트웨어 엔지니어인 잭 멀로^{Jack Mulrow}다.

기 전에 데이터베이스에 필요한 기반을 제공한다.

특히 애플리케이션이 복잡하고 추가 코드 작성이 필요할 때 코어 API보다 콜백 API를 권장한다. [표 8-1]은 API 간 차이점의 요약이다.

표 8-1 코어 API와 콜백 API 비교

코어 API	콜백 API
트랜잭션을 시작하고 커밋하려면 명시적인 호출이 필요하다.	트랜잭션을 시작하고 지정된 작업을 실행한 후 커밋(또는 오류 시 중단)한다.
TransientTransactionError 및 UnknownTransactionCommitResult에 대한 오류 처리 로직을 통합하지 않고, 대신 사용자 지정 오류 처리를 통합하는 유연성을 제공한다.	TransientTransactionError 및 UnknownTransactionCommitResult에 대한 오류 처리 로직을 자동으로 통합한다.
특정 트랜잭션을 위해 API로 전달되는 명시적 논리 세션이 필요하다.	특정 트랜잭션을 위해 API로 전달되는 명시적 논리 세션이 필요하다.

간단한 트랜잭션 예제를 통해 두 API를 비교해 차이점을 살펴보자. 예제의 전자상거래 사이트에서는 주문이 이뤄지고 해당 품목이 판매되면 재고에서 제거된다. 여기서는 단일 트랜잭션에서로 다른 컬렉션의 두 도큐먼트가 포함된다. 다음 두 작업은 트랜잭션 예제의 핵심이다.

```python
orders.insert_one({"sku": "abc123", "qty": 100}, session=session)
inventory.update_one({"sku": "abc123", "qty": {"$gte": 100}},
                     {"$inc": {"qty": -100}}, session=session)
```

먼저 트랜잭션 예제에서 파이썬으로 코어 API를 사용해보자. 트랜잭션의 두 가지 작업은 아래프로그램 목록의 Step 1에서 강조된다.

```python
# Define the uriString using the DNS Seedlist Connection Format
# for the connection
uri = 'mongodb+srv://server.example.com/'
client = MongoClient(uriString)

my_wc_majority = WriteConcern('majority', wtimeout=1000)

# Prerequisite / Step 0: Create collections, if they don't already exist.
# CRUD operations in transactions must be on existing collections.
```

```python
client.get_database( "webshop",
                     write_concern=my_wc_majority).orders.insert_one({"sku":
                     "abc123", "qty":0})
client.get_database( "webshop",
                     write_concern=my_wc_majority).inventory.insert_one(
                     {"sku": "abc123", "qty": 1000})

# Step 1: Define the operations and their sequence within the transaction
def update_orders_and_inventory(my_session):
    orders = session.client.webshop.orders
    inventory = session.client.webshop.inventory


    with session.start_transaction(
            read_concern=ReadConcern("snapshot"),
            write_concern=WriteConcern(w="majority"),
            read_preference=ReadPreference.PRIMARY):

        orders.insert_one({"sku": "abc123", "qty": 100}, session=my_session)
        inventory.update_one({"sku": "abc123", "qty": {"$gte": 100}},
                             {"$inc": {"qty": -100}}, session=my_session)
        commit_with_retry(my_session)

# Step 2: Attempt to run and commit transaction with retry logic
def commit_with_retry(session):
    while True:
        try:
            # Commit uses write concern set at transaction start.
            session.commit_transaction()
            print("Transaction committed.")
            break
        except (ConnectionFailure, OperationFailure) as exc:
            # Can retry commit
            if exc.has_error_label("UnknownTransactionCommitResult"):
                print("UnknownTransactionCommitResult, retrying "
                    "commit operation ...")
                continue
            else:
                print("Error during commit ...")
                raise

# Step 3: Attempt with retry logic to run the transaction function txn_func
def run_transaction_with_retry(txn_func, session):
```

```
        while True:
            try:
                txn_func(session)  # performs transaction
                break
            except (ConnectionFailure, OperationFailure) as exc:
                # If transient error, retry the whole transaction
                if exc.has_error_label("TransientTransactionError"):
                    print("TransientTransactionError, retrying transaction ...")
                    continue
                else:
                    raise

# Step 4: Start a session.
with client.start_session() as my_session:

# Step 5: Call the function 'run_transaction_with_retry' passing it the function
# to call 'update_orders_and_inventory' and the session 'my_session' to associate
# with this transaction.

    try:
        run_transaction_with_retry(update_orders_and_inventory, my_session)
    except Exception as exc:
        # Do something with error. The error handling code is not
        # implemented for you with the Core API.
        raise
```

이제 파이썬으로 콜백 API로 동일한 예제를 다루는 방법을 살펴본다. 트랜잭션의 두 가지 작업은 다음 프로그램 목록의 Step 1에서 강조된다.

```
# Define the uriString using the DNS Seedlist Connection Format
# for the connection
uriString = 'mongodb+srv://server.example.com/'
client = MongoClient(uriString)

my_wc_majority = WriteConcern('majority', wtimeout=1000)

# Prerequisite / Step 0: Create collections, if they don't already exist.
# CRUD operations in transactions must be on existing collections.

client.get_database( "webshop",
                     write_concern=my_wc_majority).orders.insert_one({"sku":
```

```python
                         "abc123", "qty":0})
client.get_database( "webshop",
                     write_concern=my_wc_majority).inventory.insert_one(
                     {"sku": "abc123", "qty": 1000})

# Step 1: Define the callback that specifies the sequence of operations to
# perform inside the transactions.

def callback(my_session):
    orders = my_session.client.webshop.orders
    inventory = my_session.client.webshop.inventory

    # Important:: You must pass the session variable 'my_session' to
    # the operations.

    orders.insert_one({"sku": "abc123", "qty": 100}, session=my_session)
    inventory.update_one({"sku": "abc123", "qty": {"$gte": 100}},
                         {"$inc": {"qty": -100}}, session=my_session)

#. Step 2: Start a client session.

with client.start_session() as session:

# Step 3: Use with_transaction to start a transaction, execute the callback,
# and commit (or abort on error).

    session.with_transaction(callback,
                             read_concern=ReadConcern('local'),
                             write_concern=my_write_concern_majority,
                             read_preference=ReadPreference.PRIMARY)
}
```

> **NOTE_** 몽고DB 다중 도큐먼트 트랜잭션multi-document transation에서는 기존 컬렉션 또는 데이터베이스에 대해
> 서만 읽기/쓰기(CRUD) 작업을 수행할 수 있다. 이 예제에서 볼 수 있듯 트랜잭션에 삽입하려면 먼저 트랜잭
> 션 외부에 컬렉션을 만들어야 한다. 트랜잭션에서 생성, 삭제 또는 인덱스 작업이 허용되지 않는다.

8.3 애플리케이션을 위한 트랜잭션 제한 조정

트랜잭션을 사용할 때 알아야 할 몇 가지 매개변수가 있다. 애플리케이션이 트랜잭션을 최적으로 사용하도록 매개변수를 조정하자.

8.3.1 타이밍과 Oplog 크기 제한

몽고DB 트랜잭션에는 두 가지 주요 제한 범주가 있다. 첫 번째는 트랜잭션의 시간 제한, 즉 특정 트랜잭션이 실행될 수 있는 시간, 트랜잭션이 락을 획득하려고 대기하는 시간, 모든 트랜잭션이 실행될 최대 길이를 제어하는 것과 관련 있다. 두 번째 범주는 특히 몽고DB oplog 항목과 개별 항목에 대한 크기 제한과 관련 있다.

시간 제한

트랜잭션의 최대 실행 시간은 기본적으로 1분 이하다. 이는 mongod 인스턴스 레벨에서 transactionLifetimeLimitSeconds에 의해 제어되는 제한을 수정해 증가시킬 수 있다. 샤드 클러스터sharded cluster의 경우 모든 샤드 복제 셋 멤버에 매개변수를 설정해야 한다. 이 시간이 경과하면 트랜잭션이 만료됐다고 간주하며 주기적으로 실행되는 정리 프로세스에 의해 중단된다. 정리 프로세스는 60초와 transactionLifetimeLimitSeconds / 2 중 더 낮은 값을 주기로 실행된다.

트랜잭션에 시간 제한을 명시적으로 설정하려면 commitTransaction에 maxTimeMS를 지정하는 것이 좋다. maxTimeMS를 설정하지 않으면 transactionLifetimeLimitSeconds가 사용된다. maxTimeMS를 설정했지만 transactionLifetimeLimitSeconds를 초과하는 경우 transactionLifetimeLimitSeconds가 대신 사용된다.

트랜잭션의 작업에 필요한 락을 획득하기 위해 트랜잭션이 대기하는 최대 시간은 기본적으로 5밀리세컨드다. 이 값은 maxTransactionLockRequestTimeoutMillis에 의해 제어되는 제한을 수정해 늘릴 수 있다. 이 시간 내에 락을 획득할 수 없으면 트랜잭션은 중단된다. maxTransactionLockRequestTimeoutMillis는 0, -1 또는 0보다 큰 숫자로 설정할 수 있다. 0으로 설정한 경우 필요한 모든 락을 즉시 획득할 수 없으면 트랜잭션이 중단된다. -1로 설정하면 작업별 제한 시간이 maxTimeMS에 지정된 대로 사용된다. 0보다 큰 숫자는 트랜잭션이 필요한 락을 획득하려고 시도하는 (지정된) 기간으로 해당 시간까지의 대기 시간 $_{\text{wait time}}$(초)을 구성한다.

Oplog 크기 제한

몽고DB는 트랜잭션의 쓰기 작업에 필요한 만큼 oplog 항목을 생성한다. 그러나 각 oplog 항목은 BSON 도큐먼트 크기 제한인 16메가바이트 이하여야 한다.

트랜잭션은 일관성을 보장하기 위해 몽고DB에서 유용한 기능을 제공하지만 풍부한 도큐먼트 모델과 함께 사용돼야 한다. 유연성 있는 모델과 스키마 설계 패턴과 같은 모범 사례를 사용하면 대부분의 상황에서 트랜잭션을 사용하지 않아도 된다. 따라서 트랜잭션은 애플리케이션에서 드물게 사용하는 것이 좋은 강력한 기능이다.

## CHAPTER 9

애플리케이션 설계

이 장에서는 애플리케이션을 몽고DB와 효율적으로 작동하도록 설계하는 방법을 다룬다.

- 스키마 설계 고려 사항
- 데이터 내장embed 방식과 참조 방식 중 결정하기
- 최적화를 위한 팁
- 일관성 고려 사항
- 스키마 마이그레이션 방법
- 스키마 관리 방법
- 몽고DB가 데이터 스토리지로 적합하지 않은 경우

9.1 스키마 설계 고려 사항

데이터 표현의 핵심 요소는 데이터가 도큐먼트에서 표현되는 방식인 스키마의 설계다. 가장 좋은 설계 접근 방식은 애플리케이션에서 원하는 방식으로 데이터를 표현하는 방법이다. 따라서 관계형 데이터베이스와 달리, 스키마를 모델링하기 전에 먼저 쿼리 및 데이터 접근 패턴data access pattern을 이해해야 한다.

다음은 스키마를 설계할 때 고려할 주요 요소다.

제약 사항

데이터베이스와 하드웨어 제약 사항을 이해해야 한다. 또한 몽고DB의 특정 측면도 고려해야 한다. 도큐먼트의 최대 크기는 16메가바이트이며, 디스크에서 전체 도큐먼트를 읽고 쓴다. 갱신은 전체 도큐먼트를 다시 쓰며, 원자성 갱신은 도큐먼트 단위로 실행된다.

쿼리 및 쓰기의 접근 패턴

애플리케이션 및 더 넓은 시스템의 워크로드를 식별하고 정량화해야 한다. 워크로드는 애플리케이션의 읽기와 쓰기를 모두 포함한다. 쿼리가 실행되는 시기와 빈도를 알면 가장 일반적인 쿼리를 식별할 수 있다. 이는 스키마를 설계하는 데 필요한 쿼리다. 쿼리를 식별한 후에는 쿼리 수를 최소화하고, 함께 쿼리되는 데이터가 동일한 도큐먼트에 저장되도록 설계를 확인해야 한다.

이러한 쿼리에 사용되지 않는 데이터는 다른 컬렉션에 넣어야 한다. 자주 사용하지 않는 데이터도 다른 컬렉션으로 이동하자. 동적(읽기/쓰기) 데이터와 정적(대부분 읽기) 데이터를 분리할 수 있는지도 고려해볼 만하다. 스키마 설계의 우선 순위를 가장 일반적인 쿼리에 지정할 때 결과가 최상의 성능을 가진다.

관계 유형

애플리케이션 요구 사항 측면과 도큐먼트 간 관계 측면에서 어떤 데이터가 관련돼 있는지 고려해야 한다. 그런 다음 데이터나 도큐먼트를 내장하거나 참조할 방법을 결정한다. 추가로 쿼리하지 않고 도큐먼트를 참조하는 방법을 파악해야 하며, 관계가 변경될 때 갱신되는 도큐먼트 개수를 알아야 한다. 또한 데이터가 쿼리하기 쉬운 구조인지도 고려하자(예를 들어 중첩 배열은 특정 관계 모델링을 지원함).

카디널리티

도큐먼트와 데이터가 어떻게 관련돼 있는지 확인한 후에는 관계의 카디널리티를 고려해야 한다. 예를 들어 현재 관계가 일대일one-to-one인지, 일대다one-to-many인지, 다대다many-to-many인지, 일대수백만인지 또는 다대수십 억인지 고려한다. 몽고DB 스키마에서 모델링에 최선의 형식을 사용하도록 관계의 카디널리티를 설정하는 것이 매우 중요하다. 또한 수백만 측면의 개체가 개별적으로 접근되는지 혹은 상위 개체의 컨텍스트에서만 접근되는지 고려해야 하며, 해당 데이터 필드에 대한 읽기 갱신 비율도 고려해야 한다. 이러한 문제에 대한 답은 도큐먼트 간에 데이터를 비정규화해야 하는지 여부와, 도큐먼트를 내장할지 혹은 참조할지 결정하는 데 도움이 된다.

9.1.1 스키마 설계 패턴

몽고DB에서 스키마 설계는 중요하다. 애플리케이션 성능에 직접 영향을 미치기 때문이다. 스키마 설계에서 흔히 발생하는 문제는 보통 알려진 패턴이나 '빌딩 블록'으로 해결할 수 있다. 이러한 패턴을 설계에 하나 이상 함께 사용하면 가장 좋다.

적용할 수 있는 스키마 설계 패턴은 다음과 같다.

다형성 패턴

다형성 패턴polymorphic pattern은 컬렉션 내 모든 도큐먼트가 유사하지만 동일하지 않은 구조를 가질 때 적합하다. 여기에는 (애플리케이션에서 실행할) 공통 쿼리를 지원하는 도큐먼트에서 공통 필드를 식별하는 것이 포함된다. 도큐먼트나 서브도큐먼트의 특정 필드를 추적하면, 이러한 차이점을 관리하기 위해 애플리케이션에서 코딩할 수 있는 데이터와 다른 코드 경로 또는 클래스/서브클래스subclass 간의 차이점을 식별하는 데 도움이 된다. 이를 통해 동일하지 않은 도큐먼트로 구성된 단일 컬렉션에서 간단한 쿼리를 사용해 쿼리 성능을 향상시킬 수 있다.

속성 패턴

속성 패턴attribute pattern은 정렬하거나 쿼리하려는 (공통 특성을 갖는) 도큐먼트에 필드의 서브셋이 있는 경우, 정렬하려는 필드가 도큐먼트의 서브셋에만 존재하는 경우 또는 두 조건이 모두 해당되는 경우에 적합하다. 여기에는 데이터를 키/값 쌍의 배열로 재구성하고 배열 요소에 인덱스를 만드는 작업이 포함된다. 이러한 키/값 쌍에 한정자qualifier를 부가 필드로 추가할 수 있다. 이 패턴은 도큐먼트당 많은 유사한 필드를 대상으로 지정하기 때문에 필요한 인덱스가 적어지고 쿼리 작성이 더 간단해진다.

버킷 패턴

버킷 패턴bucket pattern은 데이터가 일정 기간 동안 스트림으로 유입되는 시계열 데이터에 적합하다. 몽고DB에서 이 데이터를 특정 시간 범위의 데이터를 각각 보유하는 도큐먼트 셋으로 '버킷화'하면 시간/데이터 포인트의 포인트당 도큐먼트를 만들 때보다 훨씬 효율적이다. 예를 들어 1시간 버킷을 사용해 해당 시간 동안의 모든 판독 값을 단일 도큐먼트 내 배열에 배치할 수 있다. 도큐먼트 자체에는 이 '버킷'이 다루는 기간을 나타내는 시작 및 종료 시간이 있다.

이상치 패턴

이상치 패턴outlier pattern은 드물게 도큐먼트의 쿼리가 애플리케이션의 정상적인 패턴을 벗어날 때 사용한다. 인기도popularity가 중요한 상황을 위해 설계된 고급 스키마 패턴으로, 주요 영향 요인, 도서 판매, 영화 리뷰 등이 있는 소셜 네트워크에서 볼 수 있다. 플래그flag를 사용해 도큐먼트가 이상점outlier임을 나타내며 추가 오버플로overflow를 ("_id"를 통해 첫 번째 도큐먼트를 다시 참조하는) 하나 이상의 도큐먼트에 저장한다. 플래그는 애플리케이션 코드에서 오버플로 도큐먼트를 검색하기 위한 추가 쿼리를 만드는 데 사용된다.

계산된 패턴

계산된 패턴computed pattern은 데이터를 자주 계산해야 할 때나 데이터 접근 패턴이 읽기 집약적read-intensive일 때 사용한다. 이 패턴은 주요 도큐먼트가 주기적으로 갱신되는 백그라운드에서 계산을 수행하도록 권장한다. 이는 개별 쿼리에 대해 필드나 도큐먼트를 지속적으로 생성하지 않고도 계산된 필드 및 도큐먼트의 유효한 근사치를 제공한다. 읽기가 계산을 트리거trigger하고 읽기-쓰기 비율이 높은 경우에 특히 동일한 계산의 반복을 방지함으로써 CPU에 가해지는 부담을 크게 줄일 수 있다.

서브셋 패턴

서브셋 패턴subset pattern은 장비의 램 용량을 초과하는 작업 셋이 있을 때 사용한다. 이는 애플리케이션에서 사용하지 않는 정보를 많이 포함하는 대용량 도큐먼트 때문에 발생할 수 있다. 서브셋 패턴은 자주 사용하는 데이터와 자주 사용하지 않는 데이터를 두 개의 개별 컬렉션으로 분할하도록 한다. 일반적인 예로 전자상거래 애플리케이션을 들 수 있다. '주요'(자주 접근하는) 컬렉션에 제품의 가장 최근 리뷰 10개를 저장하고 나머지 리뷰는 두 번째 컬렉션으로 이동한다. 두 번째 컬렉션은 애플리케이션에서 최근 10개 이외의 리뷰가 필요할 때만 쿼리된다.

확장된 참조 패턴

확장된 참조 패턴extended reference pattern은 각각 고유한 컬렉션이 있는 여러 논리 엔티티logical entity 또는 '사물'이 있고, 특정 기능을 위해 엔티티들을 모을 때 사용한다. 일반적인 전자상거래 스키마에는 주문, 고객, 재고에 대한 별도의 컬렉션이 있을 수 있다. 그런데 개별 컬렉션에서 단일 주문에 대한 정보를 모두 수집하면 성능에 부정적인 영향을 미칠 수 있다. 이때 자주 접근하는 필드를 식별하고 주문 도큐먼트로 복제하면 문제를 해결할 수 있다. 전자상거래 주문의 경우 자주 접근하는 필드는 상품을 보낼 고객의 이름과 주소가 된다. 확장된 참조 패턴은 데이터를 중복시키는 대신 정보를 조합하는 데 필요한 쿼리 수를 줄인다.

근사 패턴

근사 패턴approximation pattern은 리소스가 많이 드는(시간, 메모리, CPU 사이클) 계산이 필요하지만 높은 정확도가 반드시 필요하지는 않은 상황에 유용하다. 이미지나 게시글의 추천 수 카운터 또는 페이지 조회 수 카운터를 예로 들 수 있으며, 이때 정확한 카운트는 몰라도 된다(예를 들어 99만 9535든 100만이든 상관없다). 근사 패턴을 적용해 추천이나 조회 수가 1회가 아니라 100회가 될 때마다 카운터를 갱신하면 쓰기 횟수를 크게 줄일 수 있다.

트리 패턴

트리 패턴tree pattern은 쿼리가 많고 구조적으로 주로 계층적인 데이터가 있을 때 적용한다. 일반적으로 함께 쿼리되는 데이터를 한데 저장하는 방식을 따른다. 몽고DB에서는 동일한 도큐먼트 내 배열에 계층구조를 쉽게 저장할 수 있다. 전자상거래 사이트를 예로 들면, 특히 제품 카탈로그에는 여러 범주에 속하거나 다른 범주의 하위 범주에 속하는 제품이 많다. 예를 들어 '하드 드라이브'는 그 자체가 범주이지만 '기억장치' 범주에 속하며, '전자제품' 범주의 하위 범주인 '컴퓨터 부품' 범주에 속한다. 이러한 경우 전체 계층구조를 추적하는 필드와 '즉각적인 범주'('하드 드라이브')를 포함하는 필드가 있다. 전체 계층구조 필드는 배열에 보관돼 해당 값에 다중키 인덱스를 사용하는 기능을 제공한다. 따라서 계층구조의 범주와 관련된 모든 항목을 쉽게 찾을 수 있다. 즉각적인 범주 필드를 사용하면 해당 범주와 직접 관련된 모든 항목을 찾을 수 있다.

사전 할당 패턴

사전 할당 패턴preallocation pattern은 주로 MMAP 스토리지 엔진과 함께 사용됐지만 여전히 사용된다. 이 패턴은 빈 구조(나중에 채워진다)를 사전 할당한다. 예를 들어 예약 정보를 매일 관리하는 시스템에서, 예약 가능 여부와 현재 예약 상태를 추적하는 데 적용된다. 리소스 (x)와 날짜(y)의 2차원 구조를 사용해 쉽게 가용성을 확인하고 계산할 수 있다.

도큐먼트 버전 관리 패턴

도큐먼트 버전 관리 패턴document versioning pattern은 도큐먼트의 이전 버전을 유지하는 메커니즘을 제공한다. '메인' 컬렉션의 도큐먼트 버전을 추적하려면 각 도큐먼트에 부가 필드를 추가해야 하며 도큐먼트의 모든 수정 사항을 포함하는 추가 컬렉션이 필요하다. 패턴에는 몇 가지 가정이 있다. 각 도큐먼트의 개정은 횟수가 제한되고, 버전 관리가 필요한 도큐먼트가 많지 않으며, 쿼리는 각 도큐먼트의 현재 버전에서 먼저 수행된다. 이러한 가정이 유효하지 않을 때는 패턴을 수정하거나 다른 스키마 설계 패턴을 고려해야 할 수 있다.

몽고DB는 패턴 및 스키마 설계에 대한 몇 가지 유용한 온라인 자료를 제공한다. 몽고DB 유니버시티MongoDB University는 무료 과정인 M320 데이터 모델링(https://oreil.ly/BYtSr)과 '패턴으로 설계하기' 블로그 시리즈(https://oreil.ly/MjSld)를 제공한다.

9.2 정규화 vs. 비정규화

데이터를 표현하는 방법은 다양하며 데이터를 얼마만큼 **정규화**normalization할지는 늘 중요한 문제다. 정규화는 컬렉션 간의 참조를 이용해 데이터를 여러 컬렉션으로 나누는 작업이다. 각 데이터 조각은 여러 도큐먼트가 참조할 수 있지만 하나의 컬렉션에 들어 있다. 따라서 데이터를 변경하려면 한 도큐먼트만 갱신하면 된다. 몽고DB 집계 프레임워크는 소스 컬렉션에 일치하는 도큐먼트가 있는 '결합된joined' 컬렉션에 도큐먼트를 추가해 왼쪽 외부 조인left outer join을 수행하는 $lookup 단계와의 조인을 제공한다. 이는 (소스 컬렉션의 도큐먼트 세부 정보가 포함된)

결합된 컬렉션에 있는 각 일치된 도큐먼트에 새 배열 필드를 추가한다. 재구성된 도큐먼트는 다음 단계에서 추가 처리된다.

비정규화denormalization는 모든 데이터를 하나의 도큐먼트에 내장하는 것으로, 정규화의 반대다. 여러 도큐먼트가 최종 데이터 사본에 대한 참조를 갖는 대신에 데이터의 사본을 가진다. 정보가 변경되면 여러 도큐먼트가 갱신돼야 하지만, 하나의 쿼리로 관련된 모든 데이터를 가져올 수 있음을 뜻한다.

정규화와 비정규화 중 무엇을 언제 할지 결정하기 어려울 수 있는데, 일반적으로 정규화는 쓰기를 빠르게 만들고 비정규화는 읽기를 빠르게 만든다. 애플리케이션에 적합한 방식을 선택하자.

9.2.1 데이터 표현 예제

학생과 학생이 수강 중인 과목에 대한 정보를 저장한다고 가정하자. students 컬렉션(각 학생이 하나의 도큐먼트)과 classes 컬렉션(각 과목이 하나의 도큐먼트)으로 표현할 수 있다. 그리고 세 번째 컬렉션(studentClasses)은 학생과 학생이 수강 중인 과목에 대한 참조를 포함한다.

```
> db.studentClasses.findOne({"studentId" : id})
{
    "_id" : ObjectId("512512c1d86041c7dca81915"),
    "studentId" : ObjectId("512512a5d86041c7dca81914"),
    "classes" : [
        ObjectId("512512ced86041c7dca81916"),
        ObjectId("512512dcd86041c7dca81917"),
        ObjectId("512512e6d86041c7dca81918"),
        ObjectId("512512f0d86041c7dca81919")
    ]
}
```

관계형 데이터베이스에 익숙하다면 이러한 형태의 조인 테이블join table을 본 적이 있을 것이다 (다만 여기에서는 과목 "_id" 목록 대신에 도큐먼트당 한 학생과 한 과목이 있다). 과목을 배열에 집어넣는 것이 더욱 몽고DB스럽지만 실제 정보를 얻으려면 여러 번 쿼리해야 하기 때문에 일반적으로 데이터를 이런 방식으로 보관하지는 않는다.

학생이 수강하는 과목을 찾는다고 가정하자. students 컬렉션에서 학생을 쿼리하고, studentClasses 컬렉션에서 과목 "_id"를 쿼리하고, classes 컬렉션에서 과목 정보를 쿼리한다. 따라서 이러한 정보를 찾으려면 서버에 세 번 다녀와야 한다. 과목과 학생이 자주 바뀌거나 데이터를 빠르게 조회해야 할 때가 아니면, 몽고DB에서 일반적으로 데이터를 구조화하는 방법이 아니다.

학생 도큐먼트에 과목에 대한 참조를 내장함으로써 역참조dereference하는 쿼리 중 하나를 제거할 수 있다.

```
{
    "_id" : ObjectId("512512a5d86041c7dca81914"),
    "name" : "John Doe",
    "classes" : [
        ObjectId("512512ced86041c7dca81916"),
        ObjectId("512512dcd86041c7dca81917"),
        ObjectId("512512e6d86041c7dca81918"),
        ObjectId("512512f0d86041c7dca81919")
    ]
}
```

"classes" 필드는 John Doe가 수강하는 과목의 "_id" 배열을 보관한다. 해당 과목에 대한 정보를 조회하려면 classes 컬렉션에 "_id"로 쿼리하는데, 두 개의 쿼리면 충분하다. 이는 즉시 접근하거나 변경할 필요가 없는 데이터를 구조화하는 데 사용하는 꽤 보편적인 방법이다.

읽기를 좀 더 최적화하려면 데이터를 완전히 비정규화하고 각 과목을 "classes" 필드에 내장 도큐먼트로 저장해 하나의 쿼리로 모든 정보를 가져오게 할 수 있다.

```
{
    "_id" : ObjectId("512512a5d86041c7dca81914"),
    "name" : "John Doe",
    "classes" : [
        {
            "class" : "Trigonometry",
            "credits" : 3,
            "room" : "204"
        },
```

```
    {
        "class" : "Physics",
        "credits" : 3,
        "room" : "159"
    },
    {
        "class" : "Women in Literature",
        "credits" : 3,
        "room" : "14b"
    },
    {
        "class" : "AP European History",
        "credits" : 4,
        "room" : "321"
    }
  ]
}
```

이때 장점은 쿼리를 하나만 사용해 정보를 얻는다는 점이다. 반면 더 많은 공간을 차지하고 동기화하기가 더 어렵다는 단점이 있다. 예를 들어 물리학이 사실 (3학점이 아닌) 4학점이라면 (중앙의 **"Physics"** 도큐먼트만 갱신하는 것이 아니라) 물리학을 수강하는 모든 학생의 도큐먼트를 갱신해야 한다.

마지막으로 앞에서 언급한 내장과 참조가 혼합된 확장 참조^{Extended Reference} 패턴을 사용한다. 자주 사용하는 정보로 서브도큐먼트의 배열을 생성하고, 추가적인 정보는 실제 도큐먼트를 참조하는 방식이다.

```
{
    "_id" : ObjectId("512512a5d86041c7dca81914"),
    "name" : "John Doe",
    "classes" : [
        {
            "_id" : ObjectId("512512ced86041c7dca81916"),
            "class" : "Trigonometry"
        },
        {
            "_id" : ObjectId("512512dcd86041c7dca81917"),
            "class" : "Physics"
        },
        {
```

```
            "_id" : ObjectId("512512e6d86041c7dca81918"),
            "class" : "Women in Literature"
        },
        {
            "_id" : ObjectId("512512f0d86041c7dca81919"),
            "class" : "AP European History"
        }
    ]
}
```

시간이 흐르면서 요구 사항의 변경에 따라 내장된 정보의 양이 계속 바뀔 수 있다. 따라서 이런 방식도 좋은 선택지다. 한 페이지에 정보를 많거나 적게 포함하려면 도큐먼트 내 정보를 많거나 적게 내장하면 된다.

또한 정보가 읽히는 빈도에 비해 얼마나 자주 변경되는지도 중요하게 고려해야 한다. 정보가 정기적으로 갱신돼야 한다면 정규화하는 것이 좋다. 하지만 드물게 변경된다면 애플리케이션이 수행하는 모든 읽기를 희생해 갱신 프로세스를 최적화해도 이득이 거의 없다.

예를 들어 교과서적인 정규화 사용 사례는 사용자와 주소를 별도의 컬렉션에 저장한다. 하지만 사람들은 주소를 거의 바꾸지 않으므로 누군가가 이사할 때를 대비해 모든 읽기를 느리게 만들어서는 안 된다. 애플리케이션은 사용자 도큐먼트에 주소를 내장해야 한다.

내장 도큐먼트를 사용하기로 결정하고 도큐먼트를 갱신해야 한다면, 모든 도큐먼트가 성공적으로 갱신되도록 보장하기 위해 cron 작업을 설정해야 한다. 예를 들어 다중갱신multi-update을 시도했지만 모든 도큐먼트가 갱신되기 전에 서버가 갑작스럽게 고장 날 수도 있다. 이를 감지해서 갱신을 재시도할 방법이 필요하다.

갱신 연산자 측면에서 "$set"은 멱등idempotent이지만 "$inc"는 그렇지 않다. 멱등 연산은 한 번 시도하든 여러 번 시도하든 동일한 결과를 나타낸다. 네트워크 오류가 발생했다면 연산을 재시도하기만 해도 갱신하기에 충분하다. 멱등이 아닌 연산자의 경우 작업을 두 개로, 즉 개별적으로 멱등이며 재시도해도 안전한 작업으로 분리해야 한다. 첫 번째 작업에 고유한 보류 토큰pending token을 포함하고, 두 번째 작업에서 고유한 키와 고유한 보류 토큰을 모두 사용하게 하면 된다. 이 접근 방식을 사용하면 각 updateOne 작업이 멱등이므로 "$inc"가 멱등이 될 수 있다.

어느 정도까지는 더 많은 정보를 생성할수록 더 적은 정보를 내장해야 한다. 내장된 필드의 내용이나 개수가 제한 없이 늘어나야 한다면 일반적으로 그 정보는 내장되지 않고 참조돼야 한다. 댓글 트리나 활동 목록 등은 내장되지 않고 자체적인 도큐먼트로 저장돼야 한다.

마지막으로, 포함된 필드는 도큐먼트의 데이터에 포함돼야 한다. 도큐먼트에 쿼리할 때 결과에서 거의 항상 제외되는 필드는 다른 컬렉션에 속해도 된다. [표 9-1]은 이러한 지침을 요약한 표다.

표 9-1 내장 방식과 참조 방식 비교

내장 방식이 좋은 경우	참조 방식이 좋은 경우
작은 서브도큐먼트	큰 서브도큐먼트
주기적으로 변하지 않는 데이터	자주 변하는 데이터
결과적인 일관성이 허용될 때	즉각적인 일관성이 필요할 때
증가량이 적은 도큐먼트	증가량이 많은 도큐먼트
두 번째 쿼리를 수행하는 데 자주 필요한 데이터	결과에서 자주 제외되는 데이터
빠른 읽기	빠른 쓰기

users 컬렉션이 있다고 가정하자. 다음은 사용자 도큐먼트에 있을 법한 예시 필드이며, 다음처럼 내장 여부를 판단한다.

계정 설정

해당 사용자 도큐먼트에만 관련 있으며, 아마도 도큐먼트 내 다른 정보와 함께 노출된다. 계정 설정은 일반적으로 내장돼야 한다.

최근 활동

최근 활동의 증가량과 변화량에 따라 다르다. 크기가 고정된(예를 들면 최근 10개) 필드라면 내장하는 것이 유용하다.

친구

일반적으로 내장하지 않으며, 완전히 내장하지 말아야 한다. 소셜 네트워킹에 대한 내용은 9.2.3 '친구, 팔로워 그리고 불편한 관계'를 참조한다.

사용자가 생성한 모든 내용

내장하지 않는다.

9.2.2 카디널리티

카디널리티는 컬렉션이 다른 컬렉션을 얼마나 참조하는지 나타내는 개념이다. 일반적인 관계는 일대일, 일대다 혹은 다대다다. 예를 들어 블로그 애플리케이션이 있다고 가정하자. 각 **게시물**마다 **제목**이 있으므로 일대일 관계다. 각 **작성자**는 여러 개의 **게시물**을 가지므로 일대다 관계다. **게시물**은 여러 **태그**를 갖고 **태그**는 여러 **게시물**을 참조하므로 다대다 관계다.

몽고DB를 사용할 때는 '다수'라는 개념을 '많음'과 '적음'이라는 하위 범주로 나누면 개념상 도움이 된다. 예를 들어 각 작성자가 게시물을 조금만 작성하면 작성자와 게시물은 일대소one-to-few 관계다. 태그보다 게시물이 더 많으면 블로그 게시물과 태그는 다대소many-to-few 관계다. 게시물마다 댓글이 많이 달려 있으면 블로그 게시물과 댓글은 일대다 관계다.

많고 적음의 관계를 결정하면 무엇을 내장하고 무엇을 내장할지 결정하는 데 도움이 된다. 일반적으로 '적음' 관계는 내장이 더 적합하고 '많음' 관계는 참조가 더 적합하다.

9.2.3 친구, 팔로워 그리고 불편한 관계

친구는 가까이, 적은 더 가까이…

이 절에서는 소셜 그래프 데이터social graph data에 대한 고려 사항을 다룬다. 많은 애플리케이션에서는 사람, 내용, 팔로워, 친구 등을 연결한다. 이렇게 긴밀하게 연결된 정보를 내장할지 혹은 참조할지 적절히 결정하는 방법은 파악하기 까다로울 수 있다. 일반적으로 팔로우하고, 친구 맺고, 찜하는 동작은, 한 사용자가 다른 사람의 알림을 구독하는 발행–구독 시스템으로 단순화할 수 있다. 따라서 구독자를 저장하는 작업과 이벤트와 관련된 모든 사람에게 알림을 보내는 작업은 능률적이어야 한다.

구독을 구현하는 전형적인 방법은 세 가지가 있다. 첫 번째 방법은 게시자producer를 구독자subscriber의 도큐먼트에 넣는 방법이며 다음과 같다.

```
{
    "_id" : ObjectId("51250a5cd86041c7dca8190f"),
    "username" : "batman",
    "email" : "batman@waynetech.com"
    "following" : [
        ObjectId("51250a72d86041c7dca81910"),
        ObjectId("51250a7ed86041c7dca81936")
    ]
}
```

사용자 도큐먼트가 있으면, 다음처럼 쿼리해서 사용자가 관심 가질 수 있는 (게시된) 활동을 모두 찾을 수 있다.

```
db.activities.find({"user" : {"$in" :
    user["following"]}})
```

하지만 새로 게시된 활동에 관심 있는 사람을 모두 찾으려면 모든 사용자에 걸쳐 "following" 필드를 쿼리해야 한다. 그 대신 다음처럼 게시자 도큐먼트에 팔로워를 추가할 수 있다.

```
{
    "_id" : ObjectId("51250a7ed86041c7dca81936"),
    "username" : "joker",
    "email" : "joker@mailinator.com"
    "followers" : [
        ObjectId("512510e8d86041c7dca81912"),
        ObjectId("51250a5cd86041c7dca8190f"),
        ObjectId("512510ffd86041c7dca81910")
    ]
}
```

이 사용자는 뭔가를 할 때마다 알림을 보내야 할 모든 사용자를 바로 알 수 있다. 하지만 팔로우하는 사람을 모두 찾으려면 users 컬렉션 전체를 쿼리해야 한다는 단점이 있다(이전과 반대되는 제약).

두 방법 모두 추가적인 단점이 따르는데, 사용자 도큐먼트를 더욱 크고 자주 바뀌도록 만든다. "following"(혹은 "followers") 필드는 심지어 반환될 필요가 없을 때가 많다. 모든 팔로워 목록이 필요할 때가 얼마나 있겠는가? 따라서 마지막 옵션은 좀 더 정규화하고 구독을 다른 컬렉션에 저장함으로써 이러한 단점을 완화한다. 이렇게까지 정규화하면 지나칠 때가 많지만, 자주 반환되지 않으면서 매우 자주 변하는 필드에 유용하다. "followers"는 이런 방법으로 정규화하는 데 적합한 필드다.

이때 게시자와 구독자가 짝지어진 컬렉션에서 도큐먼트는 다음과 같다.

```
{
    "_id" : ObjectId("51250a7ed86041c7dca81936"), // 팔로우 대상의 "_id"
    "followers" : [
        ObjectId("512510e8d86041c7dca81912"),
        ObjectId("51250a5cd86041c7dca8190f"),
        ObjectId("512510ffd86041c7dca81910")
    ]
}
```

사용자 도큐먼트를 간단한 형태로 유지하지만 팔로워 정보를 얻으려면 추가 쿼리가 필요함을 의미한다.

유명인 사용자로 인한 영향에 대처하기

어떤 전략을 사용하든 내장이 작동하는 서브도큐먼트와 참조의 수는 제한된다. 유명인 사용자의 팔로워를 저장하는 도큐먼트는 넘칠 수 있다. 이는 9.1.1 '스키마 설계 패턴'에서 논의한 이상치 패턴을 사용하고 필요하다면 '연속' 도큐먼트continuation document를 사용해 해결할 수 있다. 다음 예를 보자.

```
> db.users.find({"username" : "wil"})
{
    "_id" : ObjectId("51252871d86041c7dca8191a"),
    "username" : "wil",
    "email" : "wil@example.com",
    "tbc" : [
        ObjectId("512528ced86041c7dca8191e"),
        ObjectId("5126510dd86041c7dca81924")
    ]
    "followers" : [
        ObjectId("512528a0d86041c7dca8191b"),
        ObjectId("512528a2d86041c7dca8191c"),
        ObjectId("512528a3d86041c7dca8191d"),
```

```
            ...
        ]
    }
    {
        "_id" : ObjectId("512528ced86041c7dca8191e"),
        "followers" : [
            ObjectId("512528f1d86041c7dca8191f"),
            ObjectId("512528f6d86041c7dca81920"),
            ObjectId("512528f8d86041c7dca81921"),
            ...
        ]
    }
    {
        "_id" : ObjectId("5126510dd86041c7dca81924"),
        "followers" : [
            ObjectId("512673e1d86041c7dca81925"),
            ObjectId("512650efd86041c7dca81922"),
            ObjectId("512650fdd86041c7dca81923"),
            ...
        ]
    }
```

그런 다음 도큐먼트 조회를 돕기 위해 'to be continued'("tbc") 배열에 애플리케이션 로직
을 추가한다.

9.3 데이터 조작을 위한 최적화

애플리케이션을 최적화하려면 읽기와 쓰기 성능을 분석해 어느 것이 병목 현상을 일으키는지
우선적으로 알아야 한다. 읽기 최적화는 일반적으로 올바른 인덱스를 사용해 하나의 도큐먼트
에서 가능한 한 많은 정보를 반환하는 것과 관련 있다. 쓰기 최적화는 보통 갖고 있는 인덱스
개수를 최소화하고 갱신을 가능한 한 효율적으로 수행하는 것과 관련 있다.

빠른 쓰기에 최적화된 스키마와 빠른 읽기에 최적화된 스키마 사이에는 종종 트레이드오프가
존재하므로, 어느 것이 애플리케이션에 더 중요한지 결정해야 한다. 쓰기와 읽기의 중요도뿐
아니라 이들의 비율 또한 최적화 요소다. 애플리케이션에서 쓰기가 더 중요하지만 각 쓰기에
대해 읽기를 수천 번 수행한다면 읽기를 먼저 최적화하면 좋다.

9.3.1 오래된 데이터 제거

어떤 데이터는 짧은 시간 동안만 중요하다. 몇 주 혹은 몇 달 후에 이 데이터는 저장 공간만 낭비하게 된다. 오래된 데이터를 제거하는 데는 일반적으로 세 가지 방법을 사용한다. 제한 컬렉션을 사용하거나, TTL 컬렉션을 사용하거나, 주기마다 컬렉션을 삭제한다.

제한 컬렉션을 사용하는 방법이 가장 쉽다. 제한 컬렉션 크기를 크게 설정하고 오래된 데이터가 끝으로 밀려나게 하면 된다. 그러나 제한 컬렉션을 사용하면 사용자의 작업에 어느 정도 제약이 생기며, 컬렉션이 유지되는 시간을 일시적으로 줄이기 때문에 급격히 증가하는 트래픽에 취약하다. 6.3 '제한 컬렉션'에서 자세한 사항을 확인할 수 있다.

두 번째는 TTL 컬렉션을 사용하는 방법이다. TTL 컬렉션을 사용하면 도큐먼트가 제거될 때 미세하게 조절할수 있다. 그러나 쓰기를 매우 많이 수행하는 컬렉션에 사용하기에는 충분히 빠르지 않다. 이는 사용자 요청 제거와 같은 방식으로 TTL 인덱스를 탐색해 도큐먼트를 제거한다. 그럼에도 TTL 컬렉션이 속도를 따라갈 수 있다면 아마 가장 쉬운 방법일 수 있다. TTL 인덱스에 대한 자세한 설명은 6.4 'TTL 인덱스'를 참조한다.

마지막은 여러 개의 컬렉션을 사용하는 방법이다. 예를 들어 한 달에 하나의 컬렉션을 사용할 수 있다. 달이 바뀔 때마다 애플리케이션은 (비어 있는) 달 컬렉션을 사용하고, 현재와 이전 달의 컬렉션에서 데이터를 찾기 시작한다. 컬렉션이 특정 시간보다(예를 들면 6개월) 오래되면 삭제할 수 있다. 이 방법을 사용하면 어떠한 양의 트래픽에도 대부분 버틸 수 있지만, 동적 컬렉션dynamic collection (또는 데이터베이스) 이름을 사용해 여러 데이터베이스를 조회하므로 애플리케이션 구축이 좀 더 복잡하다.

9.4 데이터베이스와 컬렉션 구상

도큐먼트 형태를 구상하고 나면 어떤 컬렉션 또는 데이터베이스에 넣을지 결정해야 한다. 이 과정은 상당히 직관적일 때가 많지만 몇 가지 지침을 염두에 둬야 한다.

일반적으로 스키마가 유사한 도큐먼트는 같은 컬렉션에 보관해야 한다. 몽고DB는 보통 서로 다른 컬렉션에 있는 데이터의 결합을 허용하지 않는다. 따라서 함께 쿼리하거나 집계해야 하는 도큐먼트는 하나의 큰 컬렉션에 넣는 것이 좋다. 예를 들어 '모양'이 꽤 다른 도큐먼트들을 집계

하려면 모두 같은 컬렉션에 있어야 한다(다른 컬렉션 혹은 데이터베이스에 있으면 $merge 단계를 사용할 수 있다).

컬렉션에서는 락(데이터베이스마다 읽기/쓰기 락이 있다)과 저장을 중요하게 고려해야 한다. 일반적으로 쓰기 워크로드가 높다면 여러 물리적 볼륨을 사용해 입출력 병목 현상을 줄일 수 있다. --directoryperdb 옵션을 사용하면 데이터베이스는 각자의 디렉터리에 있으므로 서로 다른 데이터베이스를 서로 다른 볼륨에 마운트mount할 수 있다. 그러므로 데이터베이스 내 모든 항목이 비슷한 '품질', 비슷한 접근 패턴, 비슷한 트래픽 수준을 갖는 것이 좋다.

예를 들어 애플리케이션에 몇 가지 구성 요소, 즉 그리 중요하지 않은 데이터를 매우 많이 생성하는 로깅 컴포넌트, 사용자 컬렉션, 사용자가 생성한 데이터를 위한 몇몇 컬렉션이 있다고 하자. 사용자 데이터는 안전해야 하므로 이 컬렉션들은 중요하다. 또한 소셜 활동을 위한 (트래픽이 높은) 컬렉션은 중요도가 다소 떨어지지만 로그보다는 중요하다. 주로 사용자 알림에 사용되므로 거의 추가 전용append-only 컬렉션이다.

구성 요소를 중요도에 따라 세 개의 데이터베이스(logs, activities, users)로 나눌 수 있다. 이렇게 세 개로 분리하면 가장 중요한 데이터가 가장 적은 데이터라는 장점이 있다(예를 들어 사용자는 아마도 데이터를 로그만큼 많이 생성하지는 않는다). 전체 데이터셋을 위해 SSD를 사용할 여유가 없을 수도 있지만 하나 정도 마련해 사용자(users)에 사용하거나, RAID10은 사용자에, RAID0은 로그와 활동에 사용하자.

몽고DB 4.2 이전 데이터베이스를 여러 개 사용하면 몇 가지 제약 사항이 있다. 또한 집계 프레임워크에 도입된 $merge 연산자를 사용하면 데이터베이스의 집계 결과를 다른 데이터베이스 혹은 해당 데이터베이스의 다른 컬렉션에 저장할 수 있음을 알아두자. 추가로 주의할 점은 데이터베이스의 컬렉션을 다른 데이터베이스로 복사할 때 renameCollection 명령을 사용하면 새 데이터베이스에 모든 도큐먼트를 복사해야 하므로 속도가 느리다는 점이다.

9.5 일관성 관리

애플리케이션의 읽기에 필요한 일관성이 어느 정도인지 파악해야 한다. 몽고DB는 직접 쓴 데이터를 읽는 것부터 알려지지 않은 오래된 데이터를 읽는 것까지, 상당히 다양한 수준의 일관성을 제공한다. 지난해의 활동 기록이 필요하다면 지난 며칠 간의 정확한 데이터만이 필요할 수 있다. 반대로 실시간 거래를 수행한다면 최근 쓴 데이터에 즉각적으로 읽기를 수행할 필요가 있다.

이러한 다양한 수준의 일관성을 얻는 방법을 이해하려면 몽고DB가 내부에서 무엇을 수행하는지 이해해야 한다. 서버는 각 연결에 대한 요청 큐를 보관한다. 클라이언트가 요청을 보내면 요청은 연결 큐의 가장 마지막에 위치하게 된다. 이후의 요청은 이전에 큐에 추가된 작업이 진행된 후에 발생한다. 따라서 각 연결은 데이터베이스에 대해 일관적인 관점을 가지며 자신의 쓰기를 항상 읽을 수 있다.

지금까지 큐는 하나의 연결에 대한 큐였다. 셸을 두 개 열면 데이터베이스에 대한 연결이 두 개가 된다. 하나의 셸에서 삽입을 수행하면 이후에 다른 셸에서 발생하는 쿼리는 삽입된 도큐먼트를 반환하지 못한다. 그러나 단일 셸에서 삽입 작업 후에 쿼리하면 삽입된 도큐먼트가 반환된다. 이 동작은 손으로 복제하기 어려울 수 있지만 분주한 서버에서는 교차 삽입interleaved insert과 쿼리가 발생할 수 있다. 이러한 현상은 한 스레드에서 데이터를 삽입한 후 다른 스레드에서 해당 삽입의 성공 여부를 확인할 때 일어난다. 잠시 동안은 데이터가 삽입되지 않은 것처럼 보였다가 갑자기 데이터가 나타난다.

이러한 동작은 특히 루비Ruby, 파이썬, 자바Java 드라이버를 사용할 때 염두에 둘 만한데, 세 언어 모두 커넥션 풀링connection pooling을 사용하기 때문이다. 드라이버는 효율성을 위해 서버에 대한 여러 연결(**풀**)을 열고 요청을 분산한다. 하지만 세 드라이버 모두 일련의 요청이 하나의 연결에 의해 처리되도록 보장하는 메커니즘을 가진다. 다양한 언어의 커넥션 풀링에 대한 내용은 '몽고DB 드라이버 커넥션 모니터링과 풀링 상세'(https://oreil.ly/nAt9i) 문서에서 자세히 다룬다.

읽기 요청을 복제 셋의 세컨더리secondary로 보낼 때(12장 참조) 이는 큰 문제가 될 수 있다. 세컨더리는 초, 분, 심지어 시간 단위 전부터 데이터를 읽으므로 프라이머리primary에 뒤처질 수 있다. 해결 방법은 여러 가지가 있으며, 데이터가 오래돼 쓸 수 없게 될까 걱정된다면 모든 읽기 요청을 프라이머리에 보냄으로써 쉽게 해결할 수 있다.

몽고DB는 읽을 데이터의 일관성과 격리 속성을 제어하는 readConcern 옵션을 제공한다. writeConcern과 결합하면 애플리케이션에 대한 일관성과 가용성 보장을 제어할 수 있다. "local", "available", "majority", "linearizable", "snapshot"이라는 5개의 수준이 있다. 애플리케이션에 따라 읽기 부실read staleness을 방지하려면 "majority"를 사용한다. "majority"는 대부분의 복제 셋 멤버에서 확인된 내구성 있는 데이터만 반환하며 롤백roll-back되지 않는다. "linearizable"을 사용할 수도 있다. 읽기 작업을 시작하기 전에, 완료된 (다수 승인된majority-acknowledged) 쓰기를 모두 반영하는 데이터를 반환한다. 몽고DB는 "linearizable" readConcern으로 결과를 반환하기 전에 동시 실행되는 쓰기가 완료될 때까지 기다린다.

몽고DB 수석 엔지니어 3명은 2019년 PVLDB 컨퍼런스에서 「몽고DB의 조정 가능한 일관성」(https://oreil.ly/PfcBx)이라는 논문을 발표했다.[1] 논문은 복제에 사용되는 여러 몽고DB 일관성 모델과 더불어 애플리케이션 개발자가 다양한 모델을 활용하는 개략적인 방법을 설명한다.

9.6 스키마 마이그레이션

애플리케이션의 규모가 커지고 요구 사항이 변할수록 스키마 또한 커지고 변화해야 한다. 여기에는 몇 가지 방법이 있는데, 어느 방법을 선택하든 애플리케이션이 사용하는 각 스키마를 신중히 기록해야 한다. 이상적으로는 도큐먼트 버전 관리 패턴(9.1.1 '스키마 설계 패턴' 참조)을 적용할 수 있는지 고려해야 한다.

가장 간단한 방법은 스키마를 애플리케이션의 요구에 맞춰 변화시키는 방법이다. 이때 애플리케이션이 구 버전 스키마를 모두 지원하는지 확인한다(예를 들면 필드의 존재 혹은 부재를 허용하는지, 여러 가능한 필드 유형을 정상적으로 취급하는지). 하지만 이 기법을 사용하면 코드가 복잡해질 수 있는데, 예를 들어 스키마 버전이 서로 충돌하는 경우 매우 지저분해진다. 예를 들어 어떤 버전은 "mobile" 필드를 요구하고, 다른 버전은 "mobile" 필드는 요구하지 않지만 다른 필드를 요구하고, 또 다른 버전은 "mobile" 필드를 선택적으로 요구한다. 이렇게 변화하는 요구 사항을 추적하는 것은 코드를 더 복잡하게 만든다.

변화하는 요구 사항을 더 구조화된 방식으로 처리할 수 있다. 각 도큐먼트에 "version" 필드

---

1 저자는 복제 소프트웨어 수석 엔지니어인 윌리엄 슐츠William Schultz, 복제 팀의 팀장인 테스 아비타빌레Tess Avitabile과 분산 시스템 상품 매니저인 앨리슨 카브랄Alyson Cabral이다

(혹은 "v")를 추가해, 애플리케이션이 도큐먼트 구조를 위해 무엇을 받아들일지 판단하는 데 사용한다. 이렇게 하면 스키마를 더욱 엄격하게 적용하게 된다. 만약 도큐먼트가 현재 버전이 아니라면 스키마의 다른 버전에서 유효해야 한다. 그러나 여전히 구 버전에 대한 지원이 필요하다.

마지막으로 스키마가 변경될 때 모든 데이터를 마이그레이션하는 방법이 있다. 하지만 일반적으로 이 방법은 바람직하지 않다. 몽고DB는 시스템에 많은 부하를 주는 마이그레이션을 피하기 위해 동적 스키마를 갖도록 허용한다. 그러나 모든 도큐먼트를 바꾸기로 결심하면 모든 도큐먼트가 성공적으로 갱신됐는지 확인해야 한다. 몽고DB는 이러한 마이그레이션을 지원하는 **트랜잭션**을 지원한다. 몽고DB가 트랜잭션 중간에 충돌하면 이전 스키마가 유지된다.

9.7 스키마 관리

몽고DB는 버전 3.2에서 스키마 유효성 검사^{schema validation}를 도입해 갱신 및 삽입 중에 유효성 검사를 허용한다. 버전 3.6에는 `$jsonSchema` 연산자를 사용하는 JSON 스키마 유효성 검사가 추가됐으며, 이 방법은 이제 몽고DB의 모든 스키마 유효성 검사에 권장된다. 현재 몽고DB는 JSON 스키마의 draft 4를 지원하지만, 최신 정보는 문서에서 확인하자.

유효성 검사는 기존 도큐먼트가 수정되기 전에는 확인하지 않으며 컬렉션별로 구성된다. 기존 컬렉션에 유효성 검사를 추가하려면 `validator` 옵션과 함께 `collMod` 명령을 사용한다. 새 컬렉션에 유효성 검사를 추가하려면 `db.createCollection()`을 사용할 때 `validator` 옵션을 지정한다. 또한 몽고DB는 `validationLevel`, `validationAction`이라는 두 개의 추가 옵션을 제공한다. `validationLevel`은 기존 도큐먼트 갱신 중에 유효성 검사 규칙을 얼마나 엄격하게 적용할지 결정한다. `validationAction`은 불법 도큐먼트를 오류와 함께 거절할지 혹은 경고와 함께 허용할지 결정한다.

9.8 몽고DB를 사용하지 않는 경우

몽고DB가 대부분의 애플리케이션에 잘 작동하는 범용 데이터베이스긴 하지만 모든 상황에 적합하지는 않다. 몽고DB는 다음과 같은 사례에는 부적합하다.

- 다양한 유형의 데이터를 여러 차원에 걸쳐 조인하는 작업은 관계형 데이터베이스에 적합하다. 몽고DB는 이러한 작업을 잘 처리하지 못하며 거의 다룰 일이 없다.
- 몽고DB보다 관계형 데이터베이스를 사용하는 가장 큰 이유는 몽고DB를 지원하지 않는 도구를 사용할 수 있기 때문이다. SQL알케미[SQLAlchemy]에서 워드프레스까지, 몽고DB를 지원하지 않는 도구는 수천 개가 있다. 지원하는 도구가 늘고 있긴 하지만 아직 관계형 데이터베이스 생태계를 따라가지 못한다.

복제

10장에서는 복제 셋을 구축하고 활용 가능한 설정 옵션을 다루는 방법을 제공한다. 11장에서는 복제와 관련된 다양한 개념을 다룬다. 12장에서는 복제가 어떻게 애플리케이션과 상호작용하는지 살펴보고, 13장에서는 관리자 측면에서 복제 셋을 운영하는 방법을 알아본다.

Part III

복제

복제 셋 설정

이 장에서는 몽고DB의 고가용성high−availability 시스템인 복제 셋을 소개하며 다음 내용을 다룬다.

- 복제 셋의 정의
- 복제 셋을 설정하는 방법
- 복제 셋 멤버 구성 옵션

10.1 복제 소개

첫 번째 장부터 지금까지 독립 실행형 서버standalone server인 단일 mongod 서버를 사용해왔다. 이는 몽고DB를 막 시작할 때는 쉬운 방법이지만 실제 서비스를 운영하는 데 사용하면 매우 위험하다. 만약 서버가 고장이 나거나 이용 불가능한 상태가 되면 어떻게 할 것인가? 적어도 잠시 동안은 데이터베이스를 사용할 수 없을 것이다. 하드웨어에 문제가 있다면 데이터를 다른 서버로 옮겨야 할지도 모른다. 최악의 경우에는 디스크나 네트워크 문제가 데이터 손상이나 접근 불가 문제를 야기할지도 모른다.

복제는 데이터의 동일한 복사본을 여러 서버상에서 보관하는 방법이며 실제 서비스를 배포할 때 권장된다. 한 대 또는 그 이상의 서버에 이상이 발생하더라도, 복제는 애플리케이션이 정상적으로 동작하게 하고 데이터를 안전하게 보존한다.

몽고DB를 사용하면 **복제 셋**을 생성함으로써 복제를 설정할 수 있다. 복제 셋은 클라이언트 요청을 처리하는 **프라이머리** 서버 한 대와, 프라이머리 데이터의 복사본을 갖는 **세컨더리** 서버 여러 대로 이루어진다. 프라이머리 서버에 장애가 발생하면 세컨더리 서버는 자신들 중에서 새로운 프라이머리 서버를 선출elect할 수 있다.

복제를 사용하는 상태에서 서버가 다운되면, 복제 셋에 있는 다른 서버를 통해 데이터에 접근할 수 있다. 서버상의 데이터가 손상되거나 접근할 수 없는 상태라면 복제 셋의 다른 멤버로부터 새로운 복제 데이터를 만들 수 있다.

이 장에서는 복제 셋을 소개하고 복제를 설정하는 방법을 다룬다. 메커니즘에는 관심이 없고 단순히 테스트/개발 혹은 운영을 위한 복제 셋을 생성하려면, 몽고DB의 클라우드 솔루션인 몽고DB 아틀라스(`https://atlas.mongodb.com`)를 사용해보자. 사용하기 쉬우며 실험을 위한 무료 옵션을 제공한다. 또는 자체 인프라에서 몽고DB 클러스터를 관리하려면 옵스 매니저Ops Manager(`https://oreil.ly/-X6yp`)를 사용하자.

10.2 복제 셋 설정 – 1장

이 장에서는 복제 셋 메커니즘을 실험할 수 있도록 단일 장비에 3-노드(노드가 3개인) 복제 셋을 설정하는 방법을 보여준다. 이 설정 유형을 통해 몽고DB가 고가용성 및 재해 복구disaster recovery를 처리하는 방법을 이해할 수 있다. 복제 셋을 설정하고 실행하기 위해 스크립팅한 후, `mongo` 셸에서 관리 명령을 실행하거나 네크워크 파티션 또는 서버 오류를 시뮬레이션한다. 운영 환경에서는 항상 복제 셋을 사용하며, 각 멤버에 전용 호스트를 할당해 리소스 경합resource contention을 방지하고 서버 오류에 대한 격리를 제공해야 한다. 추가적인 복원력을 제공하려면 DNS Seedlist 연결 형식(`https://oreil.ly/cCORE`)을 사용해 애플리케이션이 복제 셋에 연결하는 방법을 지정해야 한다. DNS를 사용하면 몽고DB 복제 셋 멤버를 호스팅하는 서버를, 클라이언트를 재구성reconfiguration할 필요 없이(특히 연결 문자열) 돌아가면서 변경할 수 있다는 장점이 있다.

다양한 가상화 및 클라우드 옵션을 사용할 수 있으므로, 전용 호스트에서 각 멤버와 함께 테스트 복제 셋을 가져오기가 쉽다. 여기서는 옵션을 실험할 수 있도록 Vagrant 스크립트를 제공한다(https://github.com/mongodb-the-definitive-guide-3e/mongodb-the-definitive-guide-3e 참조).

테스트 복제 셋을 시작하기에 앞서 각 노드에 대해 별도의 데이터 디렉터리를 생성한다. 리눅스나 맥 OS에서는 터미널에서 다음 명령을 실행해 3개의 디렉터리를 만든다.

```
$ mkdir -p ~/data/rs{1,2,3}
```

그러면 ~/data/rs1, ~/data/rs2, ~/data/rs3 디렉터리가 생성된다(~는 홈 디렉터리를 나타낸다).

윈도우에서 이러한 디렉터리를 만들려면 명령 프롬프트(cmd)나 파워셸PowerShell에서 다음을 실행한다.

```
> md c:\data\rs1 c:\data\rs2 c:\data\rs3
```

다음으로 리눅스나 맥 OS에서는 다음 명령을 각각 별도의 터미널에서 실행한다.

```
$ mongod --replSet mdbDefGuide --dbpath ~/data/rs1 --port 27017 \
    --oplogSize 200
$ mongod --replSet mdbDefGuide --dbpath ~/data/rs2 --port 27018 \
    --oplogSize 200
$ mongod --replSet mdbDefGuide --dbpath ~/data/rs3 --port 27019 \
    --oplogSize 200
```

윈도우에서는 다음 명령을 자체 명령 프롬프트나 파워셸 창에서 각각 실행한다.

```
> mongod --replSet mdbDefGuide --dbpath c:\data\rs1 --port 27017 \
    --oplogSize 200
> mongod --replSet mdbDefGuide --dbpath c:\data\rs2 --port 27018 \
    --oplogSize 200
> mongod --replSet mdbDefGuide --dbpath c:\data\rs3 --port 27019 \
    --oplogSize 200
```

시작했다면 3개의 별도 mongod 프로세스가 실행돼야 한다.

10.3 네트워크 고려 사항

복제 셋의 모든 멤버는 같은 셋 내 다른 멤버와 연결할 수 있어야 한다(자기 자신을 포함해서). 만약 이미 작동 중인 다른 멤버에 연결할 수 없다는 오류가 발생하면, 연결이 이뤄지도록 네트워크 구성을 바꿔야 한다.

시작한 프로세스는 별도의 서버에서 쉽게 실행할 수 있다. 그러나 몽고DB 3.6이 출시되면서 mongod는 기본적으로 **로컬호스트**^{localhost}(127.0.0.1)에만 바인딩^{binding}된다. 복제 셋의 각 멤버가 다른 멤버와 통신하려면 다른 멤버가 연결할 수 있는 IP 주소에도 바인딩해야 한다. 예를 들어 다음 예는 IP 주소가 198.51.100.1인 네트워크 인터페이스가 있는 서버에서 **mongod** 인스턴스를 실행 중이다. 인스턴스를 각기 다른 서버의 멤버와 함께 복제 셋의 멤버로 실행하려면, 명령행 매개변수 **--bind_ip**를 지정하거나 인스턴스 구성 파일^{configuration file}에 있는 **bind_ip**를 사용한다.

```
$ mongod --bind_ip localhost,192.51.100.1 --replSet mdbDefGuide \
    --dbpath ~/data/rs1 --port 27017 --oplogSize 200
```

리눅스, 맥 OS, 윈도우 중 어느 운영체제에서 실행하는지에 상관없이, 다른 mongod를 시작할 때도 유사하게 실행한다.

10.4 보안 고려 사항

localhost 이외의 IP 주소에 바인딩하기 전 복제 셋을 구성할 때, 권한 제어를 활성화하고 인증 메커니즘을 지정해야 한다. 또한 디스크의 데이터를 암호화[encrypt]하고, 복제 셋 멤버 간 통신 및 셋과 클라이언트 간 통신을 암호화하면 좋다. 복제 셋 보안은 19장에서 자세히 다룬다.

10.5 복제 셋 설정 – 2장

예제를 다시 살펴보자. 지금까지 수행한 작업으로는 아직 각 mongod가 다른 mongod의 존재를 알지 못한다. 각 멤버를 나열하는 구성[configuration]을 만들어 mongod 프로세스 중 하나로 보내면 멤버들은 서로의 존재를 알게 된다. 구성을 전달받은 프로세스는 이를 다른 멤버들에 전파한다.

네 번째 터미널(또는 윈도우 명령 프롬프트 또는 파워셸 창)에서 실행 중인 mongod 인스턴스 중 하나에 연결하는 mongo 셸을 시작한다. 다음 명령을 입력해 수행할 수 있다. 명령은 포트 27017에서 실행 중인 mongod에 연결한다.

```
$ mongo --port 27017
```

그런 다음 mongo 셸에서 구성 도큐먼트를 만들고 rs.initiate() 보조자에 전달해 복제 셋을 시작한다. 그러면 3개의 멤버가 있는 복제 셋이 시작되며 구성을 나머지 mongod들에 전파해 복제 셋이 형성된다.

```
> rsconf = {
    _id: "mdbDefGuide",
    members: [
      {_id: 0, host: "localhost:27017"},
      {_id: 1, host: "localhost:27018"},
      {_id: 2, host: "localhost:27019"}
    ]
  }
> rs.initiate(rsconf)
{ "ok" : 1, "operationTime" : Timestamp(1501186502, 1) }
```

복제 셋 구성 도큐먼트에는 몇 가지 중요한 부분이 있다. 구성의 "_id"는 명령행에 전달한 복제 셋의 이름이다(예제에서는 "mdbDefGuide"). 이름이 정확히 일치하는지 확인하자.

도큐먼트의 다음 부분은 셋 멤버의 배열이다. 각 멤버에는 두 개의 필드, 즉 "_id"와 호스트명이 필요하다. "_id"는 정수이며 복제 셋 멤버 간에 고유해야 한다.

여기서는 셋 멤버의 호스트명으로 localhost를 사용하는데, 이는 단지 예시다. 이후 장에서 복제 셋 보안을 설명하며 운영 배포에 더 적합한 구성을 살펴본다. 몽고DB에서는 로컬호스트 복제 셋을 로컬에서 테스트할 수 있지만, 구성에서 로컬 및 비로컬호스트 서버를 혼합하려고 하면 문제가 생긴다.

이 구성 도큐먼트는 복제 셋 구성이다. localhost : 27017에서 실행 중인 멤버는 구성을 구문 분석하고 다른 멤버들에 메시지를 보내 새 구성을 알린다. 멤버들은 구성을 모두 로드한 후 기본 구성을 선택하고 읽기 및 쓰기 처리를 시작한다.

> **TIP** 아쉽게도 독립 실행형 서버는, 서버를 재시작하고 셋을 초기화하기 위한 다운타임downtime 없이는 복제 셋으로 변환할 수 없다. 따라서 시작할 서버가 하나뿐이더라도 단일 멤버(멤버가 하나인) 복제 셋으로 구성할 수도 있다. 그러면 나중에 다운타임 없이 멤버를 더 추가할 수 있다.

새로운 셋을 시작한다면 셋 내 어떤 멤버로든 구성을 보낼 수 있다. 한 멤버에 있는 데이터로 셋을 시작하려면 그 데이터를 갖는 멤버로 구성을 보내야 한다. 둘 이상의 멤버에 대한 데이터로 복제 셋을 시작할 수 없다.

시작하고 나면 완전히 기능하는 복제 셋이 있어야 한다. 복제 셋은 프라이머리를 선출해야 한다. 복제 셋의 상태는 rs.status()를 사용해서 볼 수 있는데, 출력은 (아직 다루지 않은 것들을 포함해) 복제 셋에 대해 꽤 많은 것을 알려준다. 지금은 우선 members 배열을 살펴보자. 배열에 3개의 mongod 인스턴스가 모두 나열되며, 그 중 하나(여기서는 포트 27017에서 실행 중인 mongod)가 프라이머리로 선출됐다. 나머지 두 개는 세컨더리다. 예제를 직접 시도해보면 출력에서 다른 "date" 값과 여러 Timestamp 값을 얻는다. 또한 프라이머리로 선출된 mongod도 다를 수 있는데, 이는 전혀 문제가 되지 않는다.

```
> rs.status()
{
    "set" : "mdbDefGuide",
    "date" : ISODate("2017-07-27T20:23:31.457Z"),
```

```
"myState" : 1,
"term" : NumberLong(1),
"heartbeatIntervalMillis" : NumberLong(2000),
"optimes" : {
    "lastCommittedOpTime" : {
        "ts" : Timestamp(1501187006, 1),
        "t" : NumberLong(1)
    },
    "appliedOpTime" : {
        "ts" : Timestamp(1501187006, 1),
        "t" : NumberLong(1)
    },
    "durableOpTime" : {
        "ts" : Timestamp(1501187006, 1),
        "t" : NumberLong(1)
    }
},
"members" : [
    {
        "_id" : 0,
        "name" : "localhost:27017",
        "health" : 1,
        "state" : 1,
        "stateStr" : "PRIMARY",
        "uptime" : 688,
        "optime" : {
            "ts" : Timestamp(1501187006, 1),
            "t" : NumberLong(1)
        },
        "optimeDate" : ISODate("2017-07-27T20:23:26Z"),
        "electionTime" : Timestamp(1501186514, 1),
        "electionDate" : ISODate("2017-07-27T20:15:14Z"),
        "configVersion" : 1,
        "self" : true
    },
    {
        "_id" : 1,
        "name" : "localhost:27018",
        "health" : 1,
        "state" : 2,
        "stateStr" : "SECONDARY",
        "uptime" : 508,
        "optime" : {
            "ts" : Timestamp(1501187006, 1),
```

```
                "t" : NumberLong(1)
            },
            "optimeDurable" : {
                "ts" : Timestamp(1501187006, 1),
                "t" : NumberLong(1)
            },
            "optimeDate" : ISODate("2017-07-27T20:23:26Z"),
            "optimeDurableDate" : ISODate("2017-07-27T20:23:26Z"),
            "lastHeartbeat" : ISODate("2017-07-27T20:23:30.818Z"),
            "lastHeartbeatRecv" : ISODate("2017-07-27T20:23:30.113Z"),
            "pingMs" : NumberLong(0),
            "syncingTo" : "localhost:27017",
            "configVersion" : 1
        },
        {
            "_id" : 2,
            "name" : "localhost:27019",
            "health" : 1,
            "state" : 2,
            "stateStr" : "SECONDARY",
            "uptime" : 508,
            "optime" : {
                "ts" : Timestamp(1501187006, 1),
                "t" : NumberLong(1)
            },
            "optimeDurable" : {
                "ts" : Timestamp(1501187006, 1),
                "t" : NumberLong(1)
            },
            "optimeDate" : ISODate("2017-07-27T20:23:26Z"),
            "optimeDurableDate" : ISODate("2017-07-27T20:23:26Z"),
            "lastHeartbeat" : ISODate("2017-07-27T20:23:30.818Z"),
            "lastHeartbeatRecv" : ISODate("2017-07-27T20:23:30.113Z"),
            "pingMs" : NumberLong(0),
            "syncingTo" : "localhost:27017",
            "configVersion" : 1
        }
    ],
    "ok" : 1,
    "operationTime" : Timestamp(1501187006, 1)
}
```

10.6 복제 관찰

복제 셋이 포트 27017에 있는 mongod를 프라이머리로 선출했다면, 복제 셋을 시작하는 데 사용된 mongo 셸이 현재 프라이머리에 연결돼 있다. 다음과 같이 프롬프트가 변경돼야 한다.

```
mdbDefGuide:PRIMARY>
```

이는 "_id"가 "mdbDefGuide"인 복제 셋 프라이머리에 연결됐음을 뜻한다. 복제 예제를 간단하고 명료하게 하기 위해 mongo 셸 프롬프트를 >로 줄인다.

복제 셋이 다른 노드를 프라이머리로 선출했다면, 셸을 종료하고 이전에 mongo 셸을 시작할 때 했던 것처럼 명령행에서 올바른 포트 번호를 지정해 프라이머리 노드에 연결한다. 예를 들어 셋의 프라이머리가 포트 27018에 있으면 다음 명령을 사용해 연결한다.

```
$ mongo --port 27018
```

이제 프라이머리에 연결됐으므로 쓰기를 시도해보고 어떤 일이 발생하는지 확인하자. 먼저 1000개의 도큐먼트를 삽입한다.

```
> use test
> for (i=0; i<1000; i++) {db.coll.insert({count: i})}
```

```
>
> // 도큐먼트가 존재하는지 확인한다.
> db.coll.count()
1000
```

이제 세컨더리 중 하나를 확인해 모든 도큐먼트의 사본이 있는지 보자. 셸을 종료하고 세컨더리의 포트 번호를 사용해 연결하면 작업을 수행할 수 있다. 하지만 실행 중인 셸 내에서 Mongo 생성자를 사용해 연결 객체를 인스턴스화하면 세컨더리에 대한 연결을 쉽게 얻을 수 있다.

먼저 프라이머리의 **테스트** 데이터베이스에 대한 연결을 사용해 isMaster 명령을 실행하자. 이는 rs.status()보다 훨씬 더 간결한 형태로 복제 셋의 상태를 보여준다. 또한 애플리케이션 코드를 작성하거나 스크립팅할 때 어느 멤버가 프라이머리인지 판별하는 편리한 방법이다.

```
> db.isMaster()
{
    "hosts" : [
        "localhost:27017",
        "localhost:27018",
        "localhost:27019"
    ],
    "setName" : "mdbDefGuide",
    "setVersion" : 1,
    "ismaster" : true,
    "secondary" : false,
    "primary" : "localhost:27017",
    "me" : "localhost:27017",
    "electionId" : ObjectId("7fffffff0000000000000004"),
    "lastWrite" : {
        "opTime" : {
            "ts" : Timestamp(1501198208, 1),
            "t" : NumberLong(4)
        },
        "lastWriteDate" : ISODate("2017-07-27T23:30:08Z")
    },
    "maxBsonObjectSize" : 16777216,
    "maxMessageSizeBytes" : 48000000,
    "maxWriteBatchSize" : 1000,
    "localTime" : ISODate("2017-07-27T23:30:08.722Z"),
    "maxWireVersion" : 6,
    "minWireVersion" : 0,
    "readOnly" : false,
```

```
        "compression" : [
            "snappy"
        ],
        "ok" : 1,
        "operationTime" : Timestamp(1501198208, 1)
    }
```

어느 시점이든 선출이 호출되고 연결돼 있던 mongod가 세컨더리가 되면 isMaster 명령을 사용해 어느 멤버가 프라이머리가 됐는지 확인할 수 있다. 다음 출력은 localhost : 27018과 localhost : 27019가 둘 다 세컨더리이므로 용도에 따라 둘 중 하나를 사용할 수 있음을 알려준다. localhost : 27019에 대한 연결을 인스턴스화해보자.

```
> secondaryConn = new Mongo("localhost:27019")
connection to localhost:27019
>
> secondaryDB = secondaryConn.getDB("test")
test
```

이제 세컨더리로 복제된 컬렉션에 읽기를 시도하면 오류가 발생한다. 컬렉션에서 find를 시도한 다음 왜 오류를 얻었는지 살펴보자.

```
> secondaryDB.coll.find()
Error: error: {
    "operationTime" : Timestamp(1501200089, 1),
    "ok" : 0,
    "errmsg" : "not master and slaveOk=false",
    "code" : 13435,
    "codeName" : "NotMasterNoSlaveOk"
}
```

세컨더리는 프라이머리보다 뒤처지며(또는 **lag**) 데이터가 최신이 아닐 수 있다. 세컨더리는 애플리케이션이 실수로 실효stale 데이터를 읽지 않도록 기본적으로 읽기 요청을 거부한다. 따라서 세컨더리를 쿼리하려고 하면 프라이머리가 아니라는 오류가 표시된다. 세컨더리에 대한 쿼리를 허용하려면 다음처럼 '세컨더리에서 읽어도 괜찮다'라는 의미의 플래그를 설정한다.

```
> secondaryConn.setSlaveOk()
```

slaveOk는 데이터베이스(secondaryDB)가 아니라 **연결**(secondaryConn)에 설정된다.

이제 이 멤버로부터 읽을 준비가 됐다. 정상적으로 쿼리해보자.

```
> secondaryDB.coll.find()
{ "_id" : ObjectId("597a750696fd35621b4b85db"), "count" : 0 }
{ "_id" : ObjectId("597a750696fd35621b4b85dc"), "count" : 1 }
{ "_id" : ObjectId("597a750696fd35621b4b85dd"), "count" : 2 }
{ "_id" : ObjectId("597a750696fd35621b4b85de"), "count" : 3 }
{ "_id" : ObjectId("597a750696fd35621b4b85df"), "count" : 4 }
{ "_id" : ObjectId("597a750696fd35621b4b85e0"), "count" : 5 }
{ "_id" : ObjectId("597a750696fd35621b4b85e1"), "count" : 6 }
{ "_id" : ObjectId("597a750696fd35621b4b85e2"), "count" : 7 }
{ "_id" : ObjectId("597a750696fd35621b4b85e3"), "count" : 8 }
{ "_id" : ObjectId("597a750696fd35621b4b85e4"), "count" : 9 }
{ "_id" : ObjectId("597a750696fd35621b4b85e5"), "count" : 10 }
{ "_id" : ObjectId("597a750696fd35621b4b85e6"), "count" : 11 }
{ "_id" : ObjectId("597a750696fd35621b4b85e7"), "count" : 12 }
{ "_id" : ObjectId("597a750696fd35621b4b85e8"), "count" : 13 }
{ "_id" : ObjectId("597a750696fd35621b4b85e9"), "count" : 14 }
{ "_id" : ObjectId("597a750696fd35621b4b85ea"), "count" : 15 }
{ "_id" : ObjectId("597a750696fd35621b4b85eb"), "count" : 16 }
{ "_id" : ObjectId("597a750696fd35621b4b85ec"), "count" : 17 }
{ "_id" : ObjectId("597a750696fd35621b4b85ed"), "count" : 18 }
{ "_id" : ObjectId("597a750696fd35621b4b85ee"), "count" : 19 }
Type "it" for more
```

모든 도큐먼트가 있음을 확인할 수 있다.

이제 세컨더리에 쓰기를 해보자.

```
> secondaryDB.coll.insert({"count" : 1001})
WriteResult({ "writeError" : { "code" : 10107, "errmsg" : "not master" } })
> secondaryDB.coll.count()
1000
```

세컨더리가 쓰기를 받아들이지 않음을 알 수 있다. 세컨더리는 클라이언트가 아닌 복제를 통해 가져오는 쓰기만 수행한다.

자동 장애 조치automatic failover라는 흥미로운 기능도 시도해보자. 프라이머리가 중단되면 세컨더리 중 하나가 자동으로 프라이머리로 선출된다. 테스트하려면 프라이머리를 중지해보자.

```
> db.adminCommand({"shutdown" : 1})
```

명령을 실행하면 몇 개의 오류 메시지가 발생한다. 포트 27017(연결된 멤버)에서 실행 중인 mongod가 종료되고 사용중인 셸의 연결이 끊어지기 때문이다.

```
2017-07-27T20:10:50.612-0400 E QUERY    [thread1] Error: error doing query:
 failed: network error while attempting to run command 'shutdown' on host
 '127.0.0.1:27017'  :
DB.prototype.runCommand@src/mongo/shell/db.js:163:1
DB.prototype.adminCommand@src/mongo/shell/db.js:179:16
@(shell):1:1
2017-07-27T20:10:50.614-0400 I NETWORK  [thread1] trying reconnect to
 127.0.0.1:27017 (127.0.0.1) failed
2017-07-27T20:10:50.615-0400 I NETWORK  [thread1] reconnect
 127.0.0.1:27017 (127.0.0.1) ok
MongoDB Enterprise mdbDefGuide:SECONDARY>
2017-07-27T20:10:56.051-0400 I NETWORK  [thread1] trying reconnect to
 127.0.0.1:27017 (127.0.0.1) failed
2017-07-27T20:10:56.051-0400 W NETWORK  [thread1] Failed to connect to
 127.0.0.1:27017, in(checking socket for error after poll), reason:
 Connection refused
2017-07-27T20:10:56.051-0400 I NETWORK  [thread1] reconnect
 127.0.0.1:27017 (127.0.0.1) failed failed
MongoDB Enterprise >
MongoDB Enterprise > secondaryConn.isMaster()
2017-07-27T20:11:15.422-0400 E QUERY    [thread1] TypeError:
 secondaryConn.isMaster is not a function :
@(shell):1:1
```

이는 문제가 되지 않으며 셸의 크래시crash를 야기하지 않는다. 계속해서 세컨더리에서 isMaster를 실행해 어느 멤버가 프라이머리가 됐는지 확인해보자.

```
> secondaryDB.isMaster()
```

isMaster의 출력은 다음과 같다.

```
{
    "hosts" : [
        "localhost:27017",
```

```
            "localhost:27018",
            "localhost:27019"
        ],
        "setName" : "mdbDefGuide",
        "setVersion" : 1,
        "ismaster" : true,
        "secondary" : false,
        "primary" : "localhost:27018",
        "me" : "localhost:27019",
        "electionId" : ObjectId("7fffffff0000000000000005"),
        "lastWrite" : {
            "opTime" : {
                "ts" : Timestamp(1501200681, 1),
                "t" : NumberLong(5)
            },
            "lastWriteDate" : ISODate("2017-07-28T00:11:21Z")
        },
        "maxBsonObjectSize" : 16777216,
        "maxMessageSizeBytes" : 48000000,
        "maxWriteBatchSize" : 1000,
        "localTime" : ISODate("2017-07-28T00:11:28.115Z"),
        "maxWireVersion" : 6,
        "minWireVersion" : 0,
        "readOnly" : false,
        "compression" : [
            "snappy"
        ],
        "ok" : 1,
        "operationTime" : Timestamp(1501200681, 1)
    }
```

프라이머리 서버가 27018로 전환됐다. 실행할 때마다 다른 서버가 프라이머리가 될 수도 있다. 프라이머리의 중단을 가장 먼저 발견한 세컨더리가 선출된다. 이제 새 프라이머리에 쓰기를 보낼 수 있다.

> **TIP** isMaster는 매우 오래된 명령어로, 몽고DB가 복제 셋보다 앞서 마스터/슬레이브master/slave 복제만 지원했을 때 사용됐다. 따라서 복제 셋 용어를 일관되게 사용하지 않고 여전히 프라이머리를 '마스터'라고 부른다. 일반적으로 '마스터'는 '프라이머리'에 해당하며 '슬레이브'는 '세컨더리'에 해당한다.

localhost : 27017에서 실행 중이던 서버를 다시 살펴보자. 서버를 실행한 명령행 인터페이스를 찾기만 하면 된다. 서버가 종료됨을 알리는 메시지를 볼 수 있다. 원래 실행에 사용한 것과 동일한 명령을 사용해 다시 실행해보자.

지금까지 복제 셋을 설정하고 사용해봤으며, 강제 종료 및 새로운 프라이머리 선출까지 시도해봤다.

다음 핵심 개념을 기억하자.

- 클라이언트는 독립 실행형 서버에 보낼 수 있는 모든 작업을 프라이머리 서버에 보낼 수 있다(읽기, 쓰기, 명령, 인덱스 구축 등).
- 클라이언트는 세컨더리에 쓰기를 할 수 없다.
- 기본적으로 클라이언트는 세컨더리로부터 읽을 수 없다. '세컨더리에서 읽고 있음을 알고 있다'를 뜻하는 설정을 연결에 명시적으로 설정하면 읽기를 활성화할 수 있다.

10.7 복제 셋 구성 변경

복제 셋 구성은 언제든지 변경할 수 있으며 멤버 추가, 삭제, 변경이 가능하다. 셸 보조자로 몇 가지 일반적인 작업을 수행할 수 있다. 예를 들어 복제 셋에 새로운 멤버를 추가할 때는 rs.add를 사용한다.

```
> rs.add("localhost:27020")
```

마찬가지로 멤버를 제거할 수 있다.

```
> rs.remove("localhost:27017")
{ "ok" : 1, "operationTime" : Timestamp(1501202441, 2) }
```

재구성 성공 여부는 셸에서 rs.config()를 실행해 확인할 수 있다. 현재 구성을 출력한다.

```
> rs.config()
{
    "_id" : "mdbDefGuide",
    "version" : 3,
    "protocolVersion" : NumberLong(1),
    "members" : [
        {
```

```
                "_id" : 1,
                "host" : "localhost:27018",
                "arbiterOnly" : false,
                "buildIndexes" : true,
                "hidden" : false,
                "priority" : 1,
                "tags" : {

                },
                "slaveDelay" : NumberLong(0),
                "votes" : 1
        },
        {
                "_id" : 2,
                "host" : "localhost:27019",
                "arbiterOnly" : false,
                "buildIndexes" : true,
                "hidden" : false,
                "priority" : 1,
                "tags" : {

                },
                "slaveDelay" : NumberLong(0),
                "votes" : 1
        },
        {
                "_id" : 3,
                "host" : "localhost:27020",
                "arbiterOnly" : false,
                "buildIndexes" : true,
                "hidden" : false,
                "priority" : 1,
                "tags" : {

                },
                "slaveDelay" : NumberLong(0),
                "votes" : 1
        }
    ],
    "settings" : {
        "chainingAllowed" : true,
        "heartbeatIntervalMillis" : 2000,
        "heartbeatTimeoutSecs" : 10,
        "electionTimeoutMillis" : 10000,
```

```
        "catchUpTimeoutMillis" : -1,
        "getLastErrorModes" : {

        },
        "getLastErrorDefaults" : {
            "w" : 1,
            "wtimeout" : 0
        },
        "replicaSetId" : ObjectId("597a49c67e297327b1e5b116")
    }
}
```

구성을 변경할 때마다 "version" 필드 값이 증가한다. 필드는 1부터 시작한다.

멤버를 추가하고 제거할 뿐 아니라 이미 존재하는 멤버를 수정할 수도 있다. 수정을 하려면 셸에서 구성 도큐먼트를 만들고 **rs.reconfig**를 호출한다. 예를 들어 다음과 같은 구성이 있다고 가정하자.

```
> rs.config()
{
    "_id" : "testReplSet",
    "version" : 2,
    "members" : [
        {
            "_id" : 0,
            "host" : "198.51.100.1:27017"
        },
        {
            "_id" : 1,
            "host" : "localhost:27018"
        },
        {
            "_id" : 2,
            "host" : "localhost:27019"
        }
    ]
}
```

누군가가 실수로 호스트명 대신에 IP 주소로 멤버 0을 추가했다. 수정하려면 셸에서 현재 구성을 로드하고 관련 필드를 변경한다.

```
> var config = rs.config()
> config.members[0].host = "localhost:27017"
```

이제 구성 도큐먼트는 올바른 형태를 갖췄다. rs.config() 보조자를 이용해 도큐먼트를 데이터베이스로 보내야 한다.

```
> rs.reconfig(config)
```

복잡한 작업에는 rs.config()가 rs.add()와 rs.remove()보다 유용할 때가 많다. 예를 들면 멤버의 구성을 변경하거나, 여러 멤버를 한 번에 추가하거나 제거하는 작업이 있다. rs.reconfig()를 사용해 어떤 (유효한) 구성이든 변경할 수 있다. 원하는 구성을 나타내는 구성 도큐먼트를 작성해 rs.config()에 전달하면 된다.

10.8 복제 셋 설계 방법

복제 셋을 설계하기에 앞서 과반수majority 개념을 알아둬야 한다. 프라이머리를 선출하려면 멤버의 과반수 이상이 필요하고, 프라이머리는 과반수 이상이어야만 프라이머리 자격을 유지할 수 있다. 또한 쓰기는 과반수 이상에 복제되면 안전해진다. 과반수는 [표 10-1]과 같이 '복제 셋 내 모든 멤버의 절반보다 많은 것'으로 정의된다(11장에서 자세히 다룬다).

표 10-1 복제 셋 내 멤버의 수에 따른 과반수의 예

복제 셋 내 멤버의 수	복제 셋의 과반수
1	1
2	2
3	2
4	3
5	3
6	4
7	4

과반수는 복제 셋의 구성에 따라 산정되므로, 얼마나 많은 멤버가 다운되거나 사용할 수 없는 상태인지는 중요하지 않다.

예를 들어 [그림 10-1]과 같이 복제 셋에 멤버가 다섯 개이고, 그 중 세 개가 다운된다고 가정하자. 여전히 두 멤버는 살아 있다. 두 멤버는 복제 셋의 과반수에 미치지 않으므로(최소 세 개여야 한다) 프라이머리를 선출할 수 없다. 만약 둘 중 하나가 프라이머리였다면, 두 멤버가 과반수에 미치지 않는다는 것을 알자마자 프라이머리 자격을 내려놓는다. 몇 초 후 확인해보면 복제 셋은 두 개의 세컨더리와 세 개의 통신이 안 되는 멤버로 구성된다.

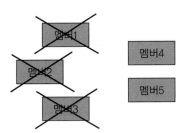

그림 10-1 이용 가능한 복제 셋 멤버가 과반수에 못 미치면 모든 멤버는 세컨더리가 된다.

남은 두 멤버로는 왜 프라이머리를 선출할 수 없는지 의문이 생길 수 있다. 문제는 다른 세 멤버가 완전히 다운되지 않았을 가능성이 있다는 점이다. [그림 10-2]와 같이 멤버가 아니라 네트워크가 다운됐을 수도 있다. 이때 왼쪽 세 멤버는 복제 셋의 과반수에 미치므로(다섯 멤버 중 셋) 프라이머리를 선출한다. 네트워크 파티션의 경우 파티션 양쪽에서 프라이머리를 선출하기를 원하지 않는데, 복제 셋이 두 개의 프라이머리를 갖게 되기 때문이다. 그러면 두 프라이머리 모두 데이터에 쓰기를 하며, 데이터셋이 나뉘게 된다. 프라이머리를 선출할 때 과반수 이상을 요구하는 방식은 프라이머리를 여러 개 갖게 되는 상황을 방지하는 깔끔한 해결책이다.

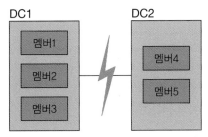

그림 10-2 멤버들에게 네트워크 파티션은 다운돼 있는 파티션의 다른 쪽 서버와 동일하게 보인다.

프라이머리를 하나만 갖도록 셋을 구성하는 것이 중요하다. 앞서 설명한 다섯 멤버로 구성된 복제 셋을 예로 들어보자. 멤버 1, 2, 3이 하나의 데이터 센터data center에 있고 나머지 멤버 4, 5가 다른 데이터 센터에 있다면, 복제 셋의 과반수는 거의 언제나 첫 번째 데이터 센터일 가능성이 높다(데이터 센터 내부보다는 데이터 센터 간 네트워크 단절의 가능성이 더 높다).

다음과 같은 일반적인 구성이 권장된다.

- [그림 10-2]처럼 하나의 데이터 센터에 복제 셋의 과반수가 있는 구성. 프라이머리 데이터 센터가 있고, 그 안에 복제 셋의 프라이머리를 위치시킬 때 적합한 설계다. 프라이머리 데이터 센터가 정상이면 프라이머리를 갖지만, 데이터 센터가 이용 불가능한 상태가 되면 세컨더리 데이터 센터는 새로운 프라이머리를 선출하지 못한다.
- 각 데이터 센터 내 서버 개수가 동일하고, 또 다른 위치에 동점 상황을 판가름할 서버가 있는 경우. 일반적으로 양쪽 데이터 센터 내 서버에서 복제 셋의 과반수를 확인할 수 있으므로, 두 데이터 센터의 선호도preference가 '동일'할 때 적합한 설계다. 하지만 이때 각 서버는 세 개의 분리된 위치에 있어야 한다.

요구 사항이 더 복잡하면 다른 구성이 필요할 수도 있지만, 셋이 불리한 조건에서 어떻게 과반수를 획득할 것인지에 명심해야 한다.

프라이머리를 하나 이상 갖도록 몽고DB가 지원한다면 모든 복잡성이 해결될 것이다. 하지만 다중 마스터multi-master는 그 자체로 복잡성을 수반한다. 프라이머리가 두 개가 되면 쓰기 충돌을 처리해야 할 수도 있다(예를 들어 누군가가 하나의 프라이머리에서 도큐먼트를 갱신하고, 다른 사용자가 또 다른 프라이머리에서 이를 삭제할 수 있다). 다중 쓰기를 지원하는 시스템에서 충돌 상황을 처리하는 방법은 일반적으로 두 가지가 있다. 수동 조정 방식manual reconciliation과 시스템이 임의로 '승자'를 선택하게 하는 방식이다. 두 방식 모두 개발자가 코드화하기 쉬운 모델은 아니다. 이미 쓴 데이터가 앞으로 변하지 않는다고 확신할 수 없기 때문이다. 따라서 몽고DB는 오직 단일 프라이머리만 지원한다. 그 결과 개발이 쉬워질 수 있지만 복제 셋이 읽기 전용 상태일 때는 어느 정도 시간이 걸린다.

10.8.1 어떻게 선출하는가

세컨더리가 프라이머리가 되지 못하면 다른 멤버들에 이를 알리고 자신을 프라이머리로 선출할 것을 요청한다. 요청을 받은 멤버들은 다음과 같은 항목을 토대로 검사를 수행한다.

- 요청받은 멤버가 (선출되고자 하는 멤버가 도달할 수 없는) 프라이머리에 도달할 수 있는가?
- 선출되고자 하는 멤버의 복제 데이터가 최신인가?
- 대신 선출돼야 하는 우선순위priority가 더 높은 멤버는 없는가?

몽고DB는 버전 3.2에서 복제 프로토콜replication protocol 버전 1을 도입했다. 프로토콜 버전 1은 스탠퍼드 대학Stanford University의 디에고 옹가로Diego Ongaro와 존 아우스터하우트John Ousterhout가 개발한 RAFT 합의 프로토콜RAFT consensus protocol을 기반으로 한다. 가장 큰 특징은 RAFT와 유사하다는 점이며, 아비터arbiter, 우선순위, 비투표 멤버nonvoting member, 쓰기 결과 확인write concern 등 몽고DB 특유의 복제 개념을 포함한다. 프로토콜 버전 1은 장애 조치failover 시간 단축 등 새로운 기능의 기반이 되며, 잘못된 프라이머리 상황을 감지하는 데 걸리는 시간을 크게 줄인다. 또한 용어 ID를 사용함으로써 이중 투표double voting를 방지한다.

> **NOTE_** RAFT는 비교적 독립적인 하위 문제로 분리되는 합의consensus 알고리즘이다. 합의는 여러 서버나 프로세스가 값에 동의하는 과정이다. RAFT는 동일한 일련의 명령이 동일한 일련의 결과를 생성하고 배포 멤버 전체에서 동일한 일련의 상태에 도달하도록 합의를 보장한다.

복제 셋 멤버는 2초마다 서로 하트비트heartbeat(핑ping)를 보낸다. 10초 이내에 멤버가 하트비트가 반환하지 않으면, 다른 멤버가 그 불량 멤버를 '접근할 수 없음'으로 표시한다. 선출 알고리즘은 우선순위가 가장 높은 세컨더리가 선출을 호출하도록 '최선의 노력'을 한다. 멤버 우선순위는 선출 시기와 결과에 영향을 미친다. 우선순위가 더 높은 세컨더리가 더 낮은 세컨더리보다 상대적으로 더 빨리 선출되며 이길 가능성도 더 높다. 그러나 우선순위가 더 높은 세컨더리가 있더라도, 더 낮은 인스턴스가 잠시 동안 프라이머리로 선출될 수 있다. 복제 셋 멤버들은 우선순위가 가장 높은 멤버가 프라이머리가 될 때까지 계속해서 선출을 호출한다.

어떤 멤버가 프라이머리로 선출되려면 (그 멤버가 도달 가능한 멤버들이 아는 한) 복제 데이터가 최신이어야 한다. 복제된 모든 작업은 오름차순 식별자에 따라 엄격하게 정렬되므로, 후보는 도달할 수 있는 모든 멤버보다 작업이 늦거나 같아야 한다.

10.9 멤버 구성 옵션

지금까지 구성한 복제 셋은 모든 멤버의 구성이 동일하므로 상당히 균일하다. 그러나 멤버들이 동일하지 않기를 원할 때도 많다. 특정 멤버가 우선적으로 프라이머리가 되게 하거나, 클라이언트에 보이지 않게 해 읽기 요청이 라우팅되지 않도록 할 수 있다. 이를 비롯한 다양한 구성 옵션은 복제 셋 구성의 멤버 서브도큐먼트에 명시할 수 있다. 이 절에서는 사용자가 설정할 수 있는 멤버 구성 옵션을 설명한다.

10.9.1 우선순위

우선순위는 특정 멤버가 얼마나 프라이머리가 되기를 '원하는지' 나타내는 지표다. 우선순위는 0과 100 사이 값으로 지정할 수 있으며 기본값은 1이다. 멤버의 "priority"를 0으로 지정하면 그 멤버는 절대 프라이머리가 될 수 없다. 이러한 멤버를 **수동적 멤버**passive member라고 한다.

우선순위가 높은 멤버는 언제나 프라이머리로 선출된다(복제 셋의 과반수에 미치고 데이터가 가장 최신이면). 예를 들어 우선순위가 1.5인 멤버를 다음과 같이 복제 셋에 추가한다고 가정하자.

```
> rs.add({"host" : "server-4:27017", "priority" : 1.5})
```

복제 셋에서 다른 멤버는 우선순위가 1이라고 가정하자. server-4가 다른 복제 셋 멤버와 같은 최신 데이터로 동기화되면, 현재의 프라이머리는 자동으로 프라이머리 자격을 내려놓고 server-4가 프라이머리로 선출된다. 만약 server-4가 어떤 이유로 최신 데이터로 동기화되지 못하면 현재의 프라이머리는 계속 자격을 유지한다. 이처럼 우선순위를 설정하면 복제 셋에 프라이머리가 없는 상황이 발생하지 않는다. 또한 데이터가 최신이 아닌 멤버가 (현재 복제 셋과 같은 최신 데이터를 갖게 될 때까지) 프라이머리가 되는 현상 또한 방지할 수 있다.

"priority"의 절댓값은 다른 복제 셋 멤버의 우선순위와 비교해 큰지 혹은 작은지만 중요하다. 우선순위가 100, 1, 1인 멤버들은 우선순위가 2, 1, 1일 때와 동일한 방식으로 동작한다.

10.9.2 숨겨진 멤버

클라이언트는 숨겨진 멤버^{hidden member}에 요청을 라우팅하지 않으며, 숨겨진 멤버는 복제 소스로서 바람직하지 않다(바람직한 소스를 이용할 수 없을 때는 사용하기도 한다). 따라서 많은 이들이 덜 강력한 서버 또는 백업 서버를 숨긴다.

예를 들어 다음과 같은 복제 셋이 있다고 가정하자.

```
> rs.isMaster()
{
    ...
    "hosts" : [
        "server-1:27107",
        "server-2:27017",
        "server-3:27017"
    ],
    ...
}
```

server-3을 숨기려면 hidden: true 필드를 구성에 추가해야 한다. 멤버가 숨겨지려면 우선순위가 0이어야 한다(프라이머리는 숨길 수 없다).

```
> var config = rs.config()
> config.members[2].hidden = true
0
> config.members[2].priority = 0
0
> rs.reconfig(config)
```

isMaster()를 실행하면 다음과 같은 결과를 확인할 수 있다.

```
> rs.isMaster()
{
    ...
    "hosts" : [
        "server-1:27107",
        "server-2:27017"
    ],
    ...
}
```

rs.status()와 rs.config()는 여전히 멤버를 보여주며, isMaster()에서만 멤버가 사라진다. 클라이언트는 복제 셋에 연결할 때 isMaster()를 호출해 복제 셋 멤버를 확인한다. 따라서 숨겨진 멤버는 읽기 요청을 처리하는 데 사용되지 않는다.

멤버를 다시 노출시키려면 hidden 옵션을 false로 변경하거나 옵션을 완전히 제거한다.

10.9.3 아비터 선출

2-멤버(멤버가 2개인) 복제 셋은 대부분의 요구 사항에서 명확한 단점이 있다. 하지만 소규모로 배포하는 사람들은 데이터 복사본을 세 개나 보관하기를 꺼린다. 복사본은 두 개면 충분하고, 세 번째 복사본은 관리, 운영, 비용을 고려하면 별 가치가 없다고 생각하기 때문이다.

이러한 배포에 대해 몽고DB는 프라이머리 선출에 참여하는 용도로만 쓰이는 아비터라는 특수한 멤버를 지원한다. 아비터는 데이터를 가지지 않으며 클라이언트에 의해 사용되지 않는다. 오로지 2-멤버 복제 셋에서 과반수를 구성하는 데 사용된다. 일반적으로는 아비터가 없는 배포가 바람직하다.

아비터는 mongod 서버의 작동과는 아무런 연관이 없다. 따라서 아비터는 일반적으로 몽고DB에 사용하는 서버보다 사양이 낮은 서버에서 경량화 프로세스로 실행할 수 있다. 10.8 '복제 셋 설계 방법'에서 권장되는 구성을 설명한 것처럼, 가능하면 다른 멤버와 분리된 별도의 장애 도메인에서 아비터를 실행함으로써 아비터가 복제 셋에 '외부 관점'을 갖게 하면 좋다.

--replSet name 옵션과 빈 데이터 디렉터리를 이용해 일반적으로 mongod를 시작하는 방식처럼 아비터를 시작할 수 있다. rs.addArb() 보조자를 이용하면 아비터를 복제 셋에 추가할 수 있다.

```
> rs.addArb("server-5:27017")
```

마찬가지로 멤버 구성에서 "arbiterOnly" 옵션을 지정할 수 있다.

```
> rs.add({"_id" : 4, "host" : "server-5:27017", "arbiterOnly" : true})
```

아비터는 복제 셋에 추가되고 나면 영원히 아비터다. 아비터에서 아비터가 아닌 것으로 재구성하거나, 아비터가 아닌 것을 아비터로 재구성하는 것은 불가능하다.

또한 아비터는 큰 클러스터상에서 동점 상황을 없앨 수 있다는 장점이 있다. 노드 개수가 짝수이면 절반은 한 멤버에 투표하고 나머지는 다른 멤버에 투표할 수도 있다. 이때 아비터를 추가하면 투표 결과를 결정지을 수 있다. 하지만 아비터를 사용할 때는 몇 가지 주의할 점이 있다.

아비터는 최대 하나까지만 사용하라

설명한 두 사례 모두 아비터가 최대 하나만 필요하다. 노드의 개수가 홀수이면 아비터는 필요하지 않다. 흔히 '만약의 경우'를 대비해서 여분의 아비터를 추가해야 한다고 오해한다. 하지만 아비터를 추가한다고 선출 속도가 빨라지지 않으며, 추가적인 데이터 안정성을 제공하지도 않는다.

복제 셋에 멤버가 세 개 있다고 가정하자. 프라이머리를 선출하려면 멤버 두 개가 필요하다. 아비터를 추가하면 복제 셋 멤버는 네 개가 되고, 따라서 프라이머리를 선발하는 데는 세 개가 필요하다. 따라서 복제 셋은 잠재적으로 덜 안정적인 상태가 되는데, 복제 셋 멤버의 67%가 아니라 이제는 75%가 살아 있어야 하기 때문이다.

여분의 멤버가 있으면 선출 시간 또한 길어질 수 있다. 아비터를 추가해서 노드 개수가 짝수가 되면 아비터는 동점 상황을 막는 게 아니라 오히려 야기할 수 있다.

아비터 사용의 단점

데이터 노드와 아비터 중 하나를 골라야 한다면 데이터 노드를 선택하자. 작은 규모의 복제 셋에서 데이터 노드 대신 아비터를 사용하면 운영 업무가 더 어려워질 수 있다. 예를 들어 '일반' 멤버 두 개와 아비터로 구성된 복제 셋을 구동 중에, 데이터를 보관하는 멤버 하나가 다운된다고 가정하자. 만약 그 멤버가 정말 죽게 되면(데이터를 복구할 수 없는 경우) 현재의 프라이머리에서 (세컨더리로 사용 중인) 새로운 서버로 데이터 복제본을 가져와야 한다. 데이터 복사는 서버에 상당한 부하를 줄 수 있으며 애플리케이션이 느려질 수도 있다(일반적으로 새로운 서버로 몇 기가바이트를 복사하는 것은 간단한 일이지만, 백 기가바이트 이상은 간단하지 않다).

반대로 데이터를 보관하는 멤버가 세 개라면 하나가 완전히 죽더라도 '숨 쉴 틈'이 있다. 프라이머리에 의지하는 대신, 남아 있는 세컨더리를 이용해 새로운 서버를 독자적으로 실행할 수 있다.

멤버 둘에 아비터가 추가된 경우, 프라이머리는 마지막으로 남아 있는 정상적인 데이터의 복제본이자, 또 다른 복제본을 온라인으로 가져오는 동안 애플리케이션으로부터 부하를 조절하는 개체다.

따라서 가능하다면 아비터 대신 홀수 개의 일반 멤버를 추가하는 것이 좋다.

> **WARNING_** 프라이머리–세컨더리–아비터Primary-Secondary-Arbiter(PSA) 아키텍처가 있는 3–멤버 복제 셋 혹은 3–멤버 PSA 샤드가 있는 샤드 클러스터에서 발생하는 문제로, 데이터를 보관하는 노드 두 개 중 하나가 다운되고 **"majority"** read concern이 활성화되면 캐시 압력이 증가하는 문제가 있다. 이러한 배포에서 이상적으로는 아비터를 데이터 보관 멤버로 교체해야 한다. 혹은 배포나 샤드의 각 mongod 인스턴스에서 **"majority"** read concern을 비활성화해 스토리지 캐시 압력을 방지할 수 있다(https://oreil.ly/p6nUm).

10.9.4 인덱스 구축

때때로 세컨더리는 프라이머리에 존재하는 것과 동일한 인덱스를 갖지 않아도 되며, 인덱스가 없어도 된다. 세컨더리를 데이터 백업이나 오프라인 배치 작업에만 사용한다면 **"buildIndexes"** : false를 멤버 구성에 명시하면 된다. 이 옵션은 세컨더리가 인덱스를 구축하지 않도록 한다.

이는 영구적인 설정이며 **"buildIndexes"** : false가 명시된 멤버는 인덱스를 구축할 수 있는 '일반' 멤버로 재구성될 수 없다. 인덱스 비구축 멤버를 인덱스 구축 멤버로 바꾸려면, 복제 셋에서 멤버를 제거하고 데이터를 모두 지운 뒤 해당 멤버를 다시 복제 셋에 추가해 처음부터 다시 동기화해야 한다.

옵션 사용 시 숨겨진 멤버와 마찬가지로 멤버의 우선순위가 0이어야 한다.

## CHAPTER 11

복제 셋 구성 요소

이 장에서는 다음을 포함해 복제 셋 조각들이 어떻게 조합되는지 살펴본다.

- 복제 셋 멤버가 새로운 데이터를 복제하는 방법
- 새로운 멤버를 영입하는 방법
- 선출이 작동하는 방법
- 발생할 수 있는 서버 및 네트워크 오류 시나리오

11.1 동기화

복제는 여러 서버에 걸쳐 데이터의 복사본을 보관하는 데 관련 있다. 몽고DB는 프라이머리가 수행한 쓰기를 모두 포함하는 로그, 즉 **oplog**를 보관함으로써 복제를 수행한다. oplog는 프라이머리의 **로컬** 데이터베이스에 있는 제한 컬렉션이며, 세컨더리는 이 컬렉션에 복제를 위한 연산을 쿼리한다.

각 세컨더리는 프라이머리로부터 복제한 작업을 각각 기록하는 oplog를 보관한다. 이는 [그림 11-1]처럼 어떤 멤버든지 다른 멤버에 대한 동기화 소스sync source로 사용되도록 한다. 세컨더리는 동기화하는 멤버로부터 연산을 가져와서 데이터셋에 적용한 뒤 자신의 oplog에 쓴다. 만약 연산 적용에 실패하면 세컨더리는 종료된다(기본 데이터에 오류가 생기거나 프라이머리와 다르면 실패한다).

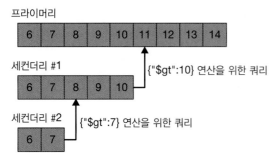

그림 11-1 oplog는 쓰기 연산의 정렬된 목록을 보관한다. 각 멤버는 **oplog**의 복제본을 가지며, 이는 프라이머리의 것과 동일하다(모듈로^{modulo} 연산 지연).

세컨더리가 어떤 이유로든 다운되면, 재시작할 때 oplog에 있는 마지막 연산과 동기화한다. 연산이 데이터에 적용되고 oplog에 쓰이면, 세컨더리는 그(이미 데이터에 적용된) 연산을 재생할 수 있다. oplog 연산은 여러 번 재생해도 한 번 재생할 때와 같은 결과를 얻는다. 몽고DB는 이러한 문제에 잘 대처하도록 설계됐다. oplog의 각 작업은 멱등이다. 즉 oplog 작업은 대상 데이터셋에 한 번 적용되든 여러 번 적용되든 동일한 결과를 생성한다.

oplog는 크기가 고정되어 있으므로 담을 수 있는 연산의 수가 정해져 있다. 일반적으로 oplog는 쓰기 연산이 시스템에 적용될 때와 비슷하게 공간을 차지한다. 프라이머리에 쓰기 연산이 분당 1킬로바이트 발생한다면, oplog는 대략 분당 1킬로바이트씩 채워진다. 하지만 몇 가지 예외가 있다. 삭제나 다중갱신처럼 여러 도큐먼트에 영향을 미치는 연산은 여러 개의 oplog 항목으로 분해된다. 연산 하나가 프라이머리에 수행되면, 영향받는 도큐먼트 개수당 하나씩 oplog 연산으로 분할된다. 따라서 `db.col.remove()`로 컬렉션에 있는 도큐먼트 중 100만 개를 삭제하면, oplog 항목 100만 개가 도큐먼트를 하나씩 삭제한다. 대량 작업을 수행하는 경우 oplog가 예상보다 빨리 채워질 수 있다.

일반적으로 oplog는 기본 크기면 충분하다. 복제 셋 워크로드가 다음 패턴 중 하나와 같다고 예상한다면 기본값보다 큰 oplog를 생성할 수 있다. 반대로 애플리케이션이 주로 최소한의 쓰기 작업으로 읽기를 수행한다면 작은 oplog로 충분하다. 다음은 oplog 크기가 기본 크기보다 커야 할 수도 있는 워크로드 종류다.

한 번에 여러 도큐먼트 갱신

oplog는 멱등성을 유지하기 위해 다중갱신을 개별 작업으로 변환해야 한다. 이때 oplog

공간을 많이 차지할 수 있으며, 데이터 크기나 디스크 사용은 이에 상응해 증가하지 않는다.

삽입한 데이터와 동일한 양의 데이터 삭제

삽입한 데이터와 거의 같은 양의 데이터를 삭제하면, 데이터베이스는 디스크 사용량 측면에서 크게 증가하지 않지만 oplog 크기는 상당히 클 수 있다.

상당한 수의 내부 갱신

워크로드 상당 부분이 도큐먼트 크기를 증가시키지 않는 갱신이면, 데이터베이스가 기록하는 작업의 수는 많지만 디스크상 데이터 양은 변하지 않는다.

mongod가 oplog를 만들기 전에 `oplogSizeMB` 옵션을 사용해 크기를 지정할 수 있다. 그러나 처음 복제 셋 멤버를 시작한 후에는 'Oplog 크기 변경' 절차(`https://oreil.ly/mh5SX`)에 따라서만 oplog 크기를 변경할 수 있다.

몽고DB에서 데이터 동기화는 두 가지 형태다. 전체 데이터셋으로 새 멤버를 채우는 초기 동기화initial sync와 전체 데이터셋에 지속적인 변경 사항을 적용하는 복제다. 각각 자세히 살펴보자.

11.1.1 초기 동기화

몽고DB는 초기 동기화를 수행해 복제 셋의 한 멤버에서 다른 멤버로 모든 데이터를 복사한다. 복제 셋 멤버는 시작할 때, 다른 멤버와 동기화를 시작하기에 유효한 상태인지 확인한다. 유효하다면 복제 셋의 다른 멤버의 데이터 전체를 복사한다. 프로세스는 여러 단계에 걸쳐 진행하며 mongod 로그에서 확인할 수 있다.

먼저 몽고DB는 `local` 데이터베이스를 제외한 모든 데이터베이스를 복제한다. mongod는 각 소스 데이터베이스 내 컬렉션을 모두 스캔하고, 모든 데이터를 대상 멤버에 있는 자체 컬렉션 복사본에 삽입한다. 대상 멤버의 기존 데이터는 복제 작업을 시작하기 전에 삭제된다.

> **WARNING_** mongod는 데이터를 모두 삭제하는 작업을 가장 먼저 수행한다. 따라서 초기 동기화는 해당 데이터 디렉터리에 있는 데이터가 필요 없거나 데이터를 다른 곳으로 옮겼을 때만 수행해야 한다.

몽고DB 3.4 및 이후 버전에서는 각 컬렉션에서 도큐먼트가 복사될 때 초기 동기화가 모든 컬렉션 인덱스를 구축한다(이전 버전에서는 이 단계에서 "_id" 인덱스만 구축됨). 또한 데이터 복사 중에 새로 추가된 oplog 레코드를 가져오므로, 대상 멤버가 데이터 복사 단계에서 레코드를 저장할 충분한 디스크 공간이 local 데이터베이스에 있는지 확인해야 한다.

모든 데이터베이스가 복제되면 mongod는 소스의 oplog를 사용해 복제 셋의 현재 상태를 반영하도록 데이터셋을 갱신하고, 복사가 진행되는 동안 발생한 데이터셋에 모든 변경 사항을 적용한다. 변경 사항에는 모든 유형의 쓰기(삽입, 갱신, 삭제)가 있을 수 있다. 즉 mongod는 복제자^{cloner}가 발견하지 못한 도큐먼트를 재복제해야 한다.

다음은 일부 도큐먼트를 재복제했을 때 기록된 로그를 나타낸다. 동기화 소스에서 발생하는 트래픽 수준과 연산 종류에 따라 개체가 누락될 수도, 누락되지 않을 수도 있다.

```
Mon Jan 30 15:38:36 [rsSync] oplog sync 1 of 3
Mon Jan 30 15:38:36 [rsBackgroundSync] replSet syncing to: server-1:27017
Mon Jan 30 15:38:37 [rsSyncNotifier] replset setting oplog notifier to
    server-1:27017
Mon Jan 30 15:38:37 [repl writer worker 2] replication update of non-mod
    failed:
    { ts: Timestamp 1352215827000¦17, h: -5618036261007523082, v: 2, op: "u",
     ns: "db1.someColl", o2: { _id: ObjectId('50992a2a7852201e750012b7') },
     o: { $set: { count.0: 2, count.1: 0 } } }
Mon Jan 30 15:38:37 [repl writer worker 2] replication info
    adding missing object
Mon Jan 30 15:38:37 [repl writer worker 2] replication missing object
    not found on source. presumably deleted later in oplog
```

이 시점에서 데이터는 세컨더리가 인덱스 구축을 시작할 수 있도록 프라이머리의 어느 시점에 존재하는 데이터셋과 정확히 일치해야 한다. 해당 멤버는 초기 동기화 과정을 완료하고 일반 동기화 단계로 전환된다. 일반 동기화 단계는 해당 멤버가 세컨더리가 되게 한다.

초기 동기화는 운영자 관점에서는 쉬운 작업이다. 데이터 디렉터리가 깔끔한 상태에서 mongod를 시작하면 된다. 하지만 23장에서 다룰 백업으로부터 복원하는 방식이 더 바람직하다. 백업으로부터 복원하면 mongod를 통해 모든 데이터를 복사할 때보다 빠를 때가 많다.

또한 복제는 동기화 소스의 작업 셋을 망칠 수 있다. 대부분의 배포는 결국 자주 접근하고 항상 메모리에 존재하는 데이터의 서브셋이다(운영체제가 자주 접근하기 때문이다). 초기 동기화를 수행하면 해당 멤버는 자주 사용되는 데이터를 축출해 메모리로 페이징paging하며, 이는 멤버가 급격하게 느려지게 한다. 램에 있는 데이터가 처리하던 요청들이 갑자기 디스크로 향하기 때문이다. 하지만 데이터셋이 작고 서버에 여유 공간이 있으면 초기 동기화는 쉽고 좋은 방법이다.

초기 동기화를 수행하면 시간이 오래 걸리는 문제가 흔히 발생한다. 이때 새로운 멤버는 동기화 소스의 oplog 끝부분으로 밀려날 수 있고, 동기화 소스를 따라잡을 수 없을 정도로 뒤처져 버린다. 동기화 소스의 oplog는 새로운 멤버가 계속 복제해야 하는 데이터를 덮어쓰기 때문이다.

문제를 해결하려면 덜 바쁜 시간에 초기 동기화를 시도하거나 백업으로부터 복원하는 방법을 사용해야 한다. 멤버가 동기화 소스의 oplog보다 뒤처지면 초기 동기화를 진행할 수 없다. 11.1.3 '실효 처리'에서 더 자세히 살펴본다.

11.1.2 복제

몽고DB가 수행하는 두 번째 동기화 유형은 복제다. 세컨더리 멤버는 초기 동기화 후 지속적으로 데이터를 복제한다. 동기화 소스에서 oplog를 복사한 후 이러한 작업을 비동기asynchronous 프로세스에 적용한다. 세컨더리는 핑 시간ping time 및 다른 멤버의 복제 상태 변경에 따라, 필요에 따라 동기화 소스를 자동으로 변경할 수 있다. 특정 노드가 어떤 멤버를 동기화할 수 있는지 제어하는 데는 몇 가지 규칙이 있다. 예를 들어 투표수가 1인 복제 셋 멤버는 투표수가 0인 멤버와 동기화할 수 없으며, 세컨더리 멤버는 지연된 멤버나 숨겨진 멤버와 동기화하지 않는다. 선출과 다른 복제 셋 멤버 종류는 11.2절과 11.3절에서 설명한다.

11.1.3 실효 처리

세컨더리는 동기화 소스상에서 수행된 실제 연산들보다 훨씬 뒤떨어지면 곧 실효 상태가 된다. 동기화 소스의 모든 연산이 실효 세컨더리보다 훨씬 앞서기 때문에 실효 세컨더리가 소스의 모든 연산을 따라잡는 것은 불가능하다. 동기화를 계속 진행할 경우 일부 작업을 건너뛰게 된다. 이는 세컨더리가 다운타임(비가동 시간) 중이거나, 쓰기 요청이 처리량을 뛰어넘거나, 읽기 작업 때문에 매우 바쁠 때 발생한다.

세컨더리가 실효 상태가 되면 복제 셋의 각 멤버로부터 차례로 복제를 시도해, 독자적으로 이행할 수 있는 긴 oplog를 갖는 멤버가 있는지 확인한다. 충분히 긴 oplog를 갖는 멤버를 발견하지 못하면 해당 멤버에서 복제가 중지되고 완전히 재동기화resync돼야 한다(또는 더 최근의 백업으로부터 복원돼야 한다).

세컨더리가 동기화되지 못하는 상황을 피하려면, 프라이머리가 많은 양의 연산 이력을 보관하도록 큰 oplog를 가져야 한다. 큰 oplog는 당연히 더 많은 디스크 공간을 사용하지만 충분히 감수할 만하다. 디스크 공간은 저렴한 편이고 대개는 oplog의 적은 부분만 사용 중이므로 램을 많이 차지하지 않는다. 일반적으로 oplog는 2~3일 분량의 정상적인 연산에 대해 적용 범위(복제 기간replication window)를 제공해야 한다. oplog 크기 조절 방법은 13.4.6 'oplog 크기 변경하기'에서 자세히 설명한다.

11.2 하트비트

멤버는 다른 멤버의 상태 정보, 즉 누가 프라이머리이고, 누구로부터 동기화하며, 누가 다운됐는지 등을 알아야 한다. 멤버는 복제 셋에 대한 최신 정보를 유지하기 위해 복제 셋의 모든 멤버로 2초마다 **하트비트 요청**heartbeat request을 보낸다. 하트비트 요청은 모두의 상태를 점검하는 짧은 메시지다.

하트비트의 가장 중요한 기능은 복제 셋의 과반수 도달 가능 여부를 프라이머리에 알리는 기능이다. 프라이머리가 더는 서버의 과반수에 도달할 수 없다면, 스스로를 강등해 세컨더리가 된다(10.8 '복제 셋 설계 방법' 참조).

11.2.1 멤버 상태

멤버들은 하트비트를 통해 상태state를 서로 주고받는다. 이미 두 가지 상태, 즉 프라이머리와 세컨더리를 살펴봤다. 이외에 멤버들이 가질 수 있는 일반적인 상태는 다음과 같다.

STARTUP

멤버를 처음 시작할 때의 상태로, 몽고DB가 멤버의 복제 셋 구성 정보 로드를 시도할 때 이

상태가 된다. 구성 정보가 로드되면 상태가 STARTUP2로 전환된다.

STARTUP2

이 상태는 초기 동기화 과정 전반에 걸쳐 지속되는데, 과정은 일반적으로 단 몇 초 동안만 지속된다. 복제와 선출을 다루기 위해 몇몇 스레드로 분리되며 다음 상태인 RECOVERING으로 변환된다.

RECOVERING

멤버가 현재 올바르게 작동하지만 읽기 작업은 수행할 수 없음을 의미한다. 조금 과부하된 상태로 다양한 상황에서 나타난다.

시작 시 멤버는 여러 검사를 수행해 읽기 요청을 받아들이기 전에 유효한 상태인지 확인해야 한다. 그러므로 모든 멤버는 시작하고 세컨더리가 되기 전에 짧게 RECOVERING 상태를 거친다. 멤버는 조각 모음^{compacting} 같은 긴 연산이 진행될 때나 `replSetMaintenance` 명령에 대한 응답으로 RECOVERING 상태가 될 수 있다(`https://oreil.ly/6mJu-`).

또한 멤버는 다른 멤버들보다 너무 많이 뒤처질 때 따라잡기 위해 RECOVERING 상태가 될 수 있다. 이는 일반적으로 멤버 재동기화가 요구되는 장애 상태^{failure state}이기도 한데, 이 시점에서 해당 멤버는 오류 상태^{error state}가 되지 않는다. 해당 멤버가 스스로 유효 상태^{non-staleness}로 돌아갈 수 있도록 누군가가 충분히 긴 oplog를 갖고 올 것이라 기대하기 때문이다.

ARBITER

아비터(10.9.3 '아비터 선출' 참조)는 일반적인 연산 중에는 특수한 상태인 ARBITER를 유지해야 한다.

또한 다음과 같이 몇몇 상태는 시스템상 문제를 나타낸다.

DOWN

멤버가 살아 있지만 도달할 수 없는 상태가 됐다고 하자. '다운'됐다고 보고된 멤버는 사실 여전히 살아 있고 단지 네트워크 문제 때문에 도달할 수 없을 수 있다.

UNKNOWN

멤버가 다른 멤버에 도달한 적이 없었다면 상태를 전혀 알 수 없으므로 UNKNOWN으로 알린다. 이는 일반적으로 알 수 없는 멤버unknown member가 다운되거나 두 멤버 간에 네트워크 문제가 있음을 나타낸다.

REMOVED

멤버가 복제 셋으로부터 제거된 상태다. 제거된 멤버가 복제 셋에 다시 추가되면 '정상적인' 상태로 변환된다.

ROLLBACK

멤버가 데이터를 롤백할 때 사용된다(11.4 '롤백' 참조). 롤백 과정 마지막에서 서버는 RECOVERING 상태로 전환되고 세컨더리가 된다.

11.3 선출

멤버가 프라이머리에 도달하지 못하면(멤버 자신은 프라이머리가 될 자격이 있으면) 프라이머리 선출을 모색한다. 선출되고자 하는 멤버는 도달할 수 있는 모든 멤버에 알림을 보낸다. 알림을 받은 멤버는 해당 멤버가 프라이머리가 될 자격이 있는지 알아본다. 해당 멤버가 복제에 뒤처졌을 수도 있고 (선출되고자 하는 멤버가 도달할 수 없는) 프라이머리가 이미 존재할지도 모른다. 이때 알림을 받은 멤버들은 해당 멤버에 반대 투표한다.

반대할 이유가 없으면 멤버들은 선출되고자 하는 멤버에 투표한다. 해당 멤버가 복제 셋의 과반수로부터 득표하면 선출은 성공적으로 이뤄지고 멤버는 프라이머리 상태로 전환된다. 반면에 과반수로부터 득표하지 못하면 멤버는 세컨더리 상태로 남으며 나중에 다시 프라이머리가 되려고 시도한다. 프라이머리는 멤버의 과반수에 도달할 수 없거나, 다운되거나, 세컨더리로 강등되거나, 복제 셋이 재구성될 때까지는 자격을 계속 유지한다.

네트워크 상태가 양호하고 서버의 과반수가 살아 있으면 선출은 빠르게 진행된다. (앞서 언급한 하트비트를 통해) 프라이머리가 다운됐다고 알리는 데 최대 2초가 소요된 후 선출을 즉시 시작한다(선출은 몇 밀리초만 소요된다). 하지만 최적의 상황이 아닐 때가 많은데, 네트워크에 문제가 있거나 너무 느리게 응답하는 과부하 서버 때문에 선출이 발생할 수도 있다. 이때 하트비트는 타임아웃 때문에 시간을 더 많이 소요할 수 있다(최대 몇 분까지).

11.4 롤백

11.3절에서 설명한 선출 과정은, 프라이머리가 수행한 쓰기를 세컨더리가 복제하기 전에 프라이머리가 다운되면 다음에 선출되는 프라이머리에 해당 쓰기가 없음을 의미한다. 예를 들어 [그림 11-2]처럼 두 개의 데이터 센터가 있어, 하나는 프라이머리와 세컨더리를 갖고 다른 하나는 세 개의 세컨더리를 갖는다고 가정하자.

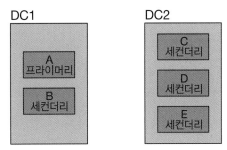

그림 11-2 두 데이터 센터 구성 예

[그림 10-3]처럼 두 데이터 센터 간에 네트워크 파티션이 존재한다고 가정하자. 첫 번째 데이터 센터에 있는 서버들은 연산 126까지 있지만, 데이터 센터는 아직 다른 데이터 센터에 있는 서버들로 복제되지 않았다.

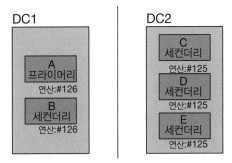

그림 11-3 데이터 센터 간 복제는 단일 데이터 센터 내 쓰기보다 느릴 수 있다.

다른 데이터 센터의 서버들은 여전히 복제 셋의 과반수에 도달할 수 있다(다섯 개의 서버 중 세 개). 따라서 그 중 하나가 프라이머리로 선출될 수 있다. 새로운 프라이머리는 [그림 11-4] 처럼 쓰기를 수행하기 시작한다.

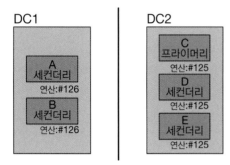

그림 11-4 복제되지 않은 쓰기는 네트워크 파티션 반대편 쓰기와 일치하지 않는다.

네트워크가 복구되면 첫 번째 데이터 센터의 서버들은 다른 서버들로부터 동기화하려고 연산 126을 찾지만 결국 찾지 못한다. 이런 현상이 발생하면 A와 B는 **롤백**이라는 과정을 시작한다. 롤백은 복구 전에 복제되지 않은 연산을 원래 상태로 되돌리는 데 사용된다. oplog에 126이 있는 서버들은 공통 지점을 찾으려고 다른 데이터 센터 서버들의 oplog를 살핀다. 그리고 일 치하는 가장 최신 연산이 연산 125임을 발견한다. [그림 11-5]는 oplog의 모습을 보여준다. A는 연산 126-128을 복제하기 전에 충돌이 발생했으므로, B에 이 작업들은 없고 더 최근 작 업들이 있다. A는 동기화를 다시 시작하기 전에 이 세 가지 작업을 롤백해야 한다.

A

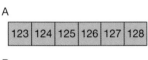

B

그림 11-5 oplog가 충돌하는 두 멤버 – 마지막 공통 연산은 125였고 B에는 더 최근 연산이 있으므로 A는 연산 126~128을 롤백해야 한다.

이 시점에서 oplog에 126이 있는 서버는, 자신이 가진 연산을 살펴보고 그 연산으로부터 영향 받은 각 도큐먼트 버전을 데이터 디렉터리의 `rollback` 디렉터리에 있는 `.bson` 파일에 쓴다. 그러므로 만약 (예를 들어) 연산 126이 갱신 작업이었다면, 연산 126에 의해 갱신된 도큐먼트를 **컬렉션명**.bson에 쓴다. 그 후 현재 프라이머리에서 해당 도큐먼트의 버전을 복제한다.

다음은 전형적인 롤백으로부터 생성된 로그 항목이다.

```
Fri Oct 7 06:30:35 [rsSync] replSet syncing to: server-1
Fri Oct 7 06:30:35 [rsSync] replSet our last op time written: Oct 7
   06:30:05:3
Fri Oct  7 06:30:35 [rsSync] replset source's GTE: Oct  7 06:30:31:1
Fri Oct  7 06:30:35 [rsSync] replSet rollback 0
Fri Oct  7 06:30:35 [rsSync] replSet ROLLBACK
Fri Oct  7 06:30:35 [rsSync] replSet rollback 1
Fri Oct  7 06:30:35 [rsSync] replSet rollback 2 FindCommonPoint
Fri Oct  7 06:30:35 [rsSync] replSet info rollback our last optime:  Oct  7
   06:30:05:3
Fri Oct  7 06:30:35 [rsSync] replSet info rollback their last optime: Oct  7
   06:30:31:2
Fri Oct  7 06:30:35 [rsSync] replSet info rollback diff in end of log times:
   -26 seconds
Fri Oct 7 06:30:35 [rsSync] replSet rollback found matching events at Oct 7
   06:30:03:4118
Fri Oct 7 06:30:35 [rsSync] replSet rollback findcommonpoint scanned : 6
Fri Oct 7 06:30:35 [rsSync] replSet replSet rollback 3 fixup
Fri Oct 7 06:30:35 [rsSync] replSet rollback 3.5
Fri Oct 7 06:30:35 [rsSync] replSet rollback 4 n:3
Fri Oct 7 06:30:35 [rsSync] replSet minvalid=Oct 7 06:30:31 4e8ed4c7:2
Fri Oct 7 06:30:35 [rsSync] replSet rollback 4.6
Fri Oct 7 06:30:35 [rsSync] replSet rollback 4.7
Fri Oct 7 06:30:35 [rsSync] replSet rollback 5 d:6 u:0
Fri Oct 7 06:30:35 [rsSync] replSet rollback 6
Fri Oct 7 06:30:35 [rsSync] replSet rollback 7
Fri Oct 7 06:30:35 [rsSync] replSet rollback done
Fri Oct 7 06:30:35 [rsSync] replSet RECOVERING
Fri Oct 7 06:30:36 [rsSync] replSet syncing to: server-1
Fri Oct 7 06:30:36 [rsSync] replSet SECONDARY
```

해당 서버는 다른 서버(여기서는 **server-1**)로부터 동기화를 시작하고, 동기화 소스에 가장 최근 수행한 연산을 찾을 수 없음을 인지한다. 그 시점에 ROLLBACK 상태로 전환(**replSet ROLLBACK**)함으로써 롤백 프로세스를 시작한다.

두 번째 단계에서는 26초 전인 두 oplog의 공통 지점을 발견한다. 그리고서 oplog에서 26초 전의 연산을 실행 취소하기 시작한다. 롤백이 완료되면 해당 서버는 RECOVERING 상태로 전환되고 다시 정상적으로 동기화를 시작한다. 현재 프라이머리로 롤백된 연산을 적용하려면 mongorestore를 사용해 해당 연산을 임시 컬렉션에 로드한다.

```
$ mongorestore --db stage --collection stuff \
    /data/db/rollback/important.stuff.2018-12-19T18-27-14.0.bson
```

이제 셸을 이용해 도큐먼트를 검토하고, 도큐먼트가 발생한 컬렉션의 현재 내용과 비교하자. 예를 들어 누군가가 롤백 멤버에 '일반' 인덱스를 만들고 현재 프라이머리에 고유 인덱스를 만들었다면, 롤백 데이터에 어떤 중복도 없어야 하며 중복이 있더라도 문제를 해결해야 한다.

스테이징 컬렉션staging collection에 원하는 도큐먼트들의 버전이 있다면 주 컬렉션에 로드한다.

```
> staging.stuff.find().forEach(function(doc) {
...     prod.stuff.insert(doc);
... })
```

입력 전용insert-only 컬렉션이 있다면 롤백 도큐먼트를 컬렉션에 직접 로드할 수 있다. 그러나 컬렉션에 갱신 작업을 진행하고 있다면 롤백 데이터를 병합할 때 좀 더 주의해야 한다. 자주 오용되는 멤버 구성으로 각 멤버의 득표수가 있다. 득표수를 조작해봤자 원하는 바를 달성할 수 없고 수많은 롤백이 발생한다(10장에서 멤버 속성 목록에 포함되지 않은 이유다). 규칙적인 롤백을 처리할 준비가 되지 않았다면 득표수를 바꾸지 말기를 바란다. 롤백을 방지하는 자세한 방법은 12장을 참조한다.

11.4.1 롤백에 실패할 경우

몽고DB 4.0 이전 버전에서는 롤백이 수행되기에 너무 큰지 여부를 결정할 수 있었다. 몽고DB 4.0부터는 롤백할 수 있는 데이터 양에 제한이 없다. 4.0 이전 버전에서는 데이터가 300메가바이트를 초과하거나 롤백에 시간이 30분 이상 걸리면 실패할 수 있다. 이때는 롤백에 갇힌 노드를 재동기화해야 한다.

이러한 현상은 세컨더리가 뒤처지고 프라이머리가 다운될 때 가장 흔히 발생한다. 세컨더리 중 하나가 프라이머리가 되면 이전 프라이머리로부터 많은 연산을 놓치게 된다. 멤버가 롤백에 갇히지 않게 하려면 세컨더리를 가능한 한 최신 상태로 유지하는 것이 좋다.

## CHAPTER 12

애플리케이션에서 복제 셋 연결

이 장에서는 다음 사항을 포함해 애플리케이션이 복제 셋과 어떻게 상호작용하는지 살펴본다.

- 연결 및 장애 조치를 수행하는 방법
- 쓰기 시 복제 대기하는 방법
- 올바른 멤버에 읽기 요청을 라우팅하는 방법

12.1 클라이언트–복제 셋 연결 동작

몽고DB 클라이언트 라이브러리(몽고DB 용어로 '드라이버')는 서버가 독립 실행형 몽고DB 인스턴스든 복제 셋이든 관계없이 몽고DB 서버와의 통신을 관리하도록 설계됐다. 복제 셋이면 기본적으로 드라이버는 프라이머리에 연결되고 모든 트래픽을 프라이머리에 라우팅한다. 애플리케이션은 복제 셋이 조용히 백그라운드에서 대기 상태standby를 유지하는 동안 마치 독립 실행형 서버와 통신하듯이 읽기와 쓰기를 수행할 수 있다.

복제 셋에 대한 연결은 단일 서버에 대한 연결과 비슷하다. 드라이버에서 MongoClient(또는 상응하는 것)를 사용하고, 연결할 드라이버를 위한 시드 목록seed list을 제공하자. 시드 목록은 단순히 서버 주소 목록이다. **시드**seed는 애플리케이션이 데이터를 읽고 쓸 복제 셋의 멤버다. 시드 목록에 모든 멤버를 나열할 필요는 없다(할 수는 있지만). 드라이버는 시드에 연결되면 다른 멤버들을 발견한다. 연결 문자열은 일반적으로 다음과 같다.

```
"mongodb://server-1:27017,server-2:27017,server-3:27017"
```

자세한 사항은 드라이버 관련 문서를 참조한다.

추가적인 복원력을 제공하려면 DNS Seedlist 연결 형식(https://oreil.ly/Uq4za)을 사용해 애플리케이션이 복제 셋에 연결하는 방법을 지정해야 한다. DNS 사용의 장점은 클라이언트(특히 연결 문자열)를 재구성할 필요 없이 몽고DB 복제 셋 멤버를 호스팅하는 서버를 순환적으로 변경할 수 있다는 점이다.

모든 몽고DB 드라이버는 서버 검색 및 모니터링^{server discovery and monitoring}(SDAM) 사양(https://oreil.ly/ZsS8p 참조)을 준수한다. 복제 셋의 토폴로지를 지속적으로 모니터링해 애플리케이션이 셋의 모든 멤버에 도달하는 기능에서 변화를 감지한다. 또한 드라이버는 어떤 멤버가 프라이머리인지 알기 위해 셋을 모니터링한다.

복제 셋의 목적은 네트워크 파티션이나 서버가 다운될 때도 데이터의 가용성을 높이는 것이다. 일반적으로 복제 셋은 애플리케이션이 데이터를 계속 읽고 쓰도록 새로운 프라이머리를 선출해 문제에 적절히 대응한다. 프라이머리가 다운되면 드라이버는 (한 멤버가 선출되면) 자동으로 새로운 프라이머리를 찾고, 가능한 한 빨리 그 프라이머리로 요청을 라우팅한다. 그러나 도달할 수 있는 프라이머리가 없는 동안에는 애플리케이션이 쓰기를 수행할 수 없다.

짧은 시간(프라이머리를 선출하는 동안) 혹은 연장된 시간(도달할 수 있는 멤버 모두 프라이머리가 될 수 없으면) 동안에 이용 가능한 프라이머리가 없을 수 있다. 기본적으로 드라이버는 이 기간 동안 요청(읽기 및 쓰기)을 처리하지 않는다. 애플리케이션에서 필요하다면 읽기 요청에 세컨더리를 사용하도록 드라이버를 구성할 수 있다.

흔히 드라이버가 (기존 프라이머리가 내려가고 새로운 프라이머리가 선출되는) 전체 선출 과정을 사용자로부터 숨기기를 원한다. 그러나 어떤 드라이버도 이런 방식으로 장애 조치를 처리하지 않는다. 첫째로 드라이버는 오랫동안 프라이머리의 부재만을 숨길 수 있다. 둘째로 드라이버는 프라이머리가 다운됨을 연산 실패로 알게 될 때가 많고, 이는 프라이머리가 다운되기 전에 해당 연산을 수행했는지 여부를 드라이버가 알지 못한다는 의미다. 이는 분산 시스템의 근본적인 문제로, 방지할 수 없다. 따라서 문제가 발생했을 때 처리할 전략이 필요하다. 프라이머리가 빨리 선출되면 새 프라이머리에서 작업을 다시 시도해야 할까? 이전 프라이머리에서 연산이 수행됐다고 가정할까? 새로운 프라이머리가 해당 연산을 갖는지 확인할까?

올바른 전략은 최대 한 번만 재시도하는 방법이다. 다음 세 가지 선택지를 고려해보자. 재시도하지 않기, 일정 횟수만큼 재시도한 후 포기하기, 최대 한 번만 재시도하기가 있다. 또한 문제의 원인이 될 수 있는 오류 유형도 고려해야 한다. 복제 셋에 쓰기를 시도할 때 볼 수 있는 오류에는 세 가지 유형이 있다. 일시적인 네트워크 오류, 지속적인 운영 중단^{outage}(네트워크 또는 서버에서), 잘못된 것(예를 들면 인증되지 않음)으로 간주해 서버에서 거부하는 명령으로 인한 오류 등이 있다. 각 오류 유형마다 재시도 방법을 고려해보자.

예시로 단순히 카운터를 증가시키는 쓰기를 살펴보자. 애플리케이션이 카운터를 증가시키려고 시도했지만 서버로부터 응답을 받지 못하면, 서버의 메시지를 수신하고 갱신을 수행했는지 여부를 알 수 없다. 따라서 쓰기를 재시도하지 않는 전략을 따르면, 일시적인 네트워크 오류가 원인이라면, 과소 계산을 할 수도 있다. 지속적인 운영 중단이나 명령 오류가 원인이라면 재시도하지 않는 것이 올바른 전략이다. 쓰기 작업을 재시도해도 원하는 효과가 없기 때문이다.

고정된 횟수만큼 재시도하는 전략을 따르면, 일시적인 네트워크 오류가 원인이라면, 초과 계산을 하게 된다(첫 번째 시도가 성공했으면). 지속적인 운영 중단이나 명령 오류가 원인일 때는 여러 번 재시도하면 그저 사이클만 낭비할 뿐이다.

이제 한 번만 재시도하는 전략을 살펴보자. 일시적인 네트워크 오류라면 초과 계산을 할 수 있다. 지속적인 운영 중단이나 명령 오류라면 올바른 전략이다. 그러나 연산이 멱등성을 보장할 수 있다면 어떨까? 멱등성 연산은 한 번 수행하든 여러 번 수행하든 동일한 결과를 내는 작업이다. 연산이 멱등이라면 네트워크 오류를 한 번 재시도하면 세 가지 유형의 오류를 모두 올바르게 처리할 수 있다.

몽고DB 3.6부터 서버와 모든 몽고DB 드라이버는 재시도 가능한 쓰기 옵션을 지원한다. 옵션을 사용하는 자세한 방법은 드라이버 설명서를 참조하자. 재시도 가능한 쓰기라면 드라이버는 자동으로 최대 한 번 재시도하는 전략을 따른다. 명령 오류는 클라이언트 측 처리를 위해 애플리케이션에 반환된다. 네트워크 오류는 일반적인 상황에서 프라이머리 선출을 수용할 수 있도록 적절한 지연 후 한 번 재시도된다. 재시도 가능한 쓰기를 설정하면 서버는 각 쓰기 연산에 대해 고유한 식별자를 유지하고, 따라서 이미 성공한 명령을 드라이버가 재시도하는 시기를 확인할 수 있다. 쓰기를 다시 적용하는 대신 쓰기가 성공함을 나타내는 메시지를 반환함으로써 일시적인 네트워크 문제로 인한 문제를 극복한다.

12.2 쓰기 시 복제 대기하기

애플리케이션의 요구 사항에 따라, 모든 쓰기가 서버에서 확인되기 전에 대부분의 복제 셋에 복제되도록 요구할 수 있다. 드물게 복제 셋의 프라이머리가 중단되고 새로 선출된 프라이머리 (이전에는 세컨더리)가 마지막 쓰기를 이전 프라이머리에 복제하지 않았을 때는, 이전 프라이머리가 다시 프라이머리가 될 때 해당 쓰기가 롤백된다. 복구할 수 있지만 수동 개입이 필요하다. 많은 애플리케이션에서, 롤백되는 쓰기의 수가 적으면 문제가 되지 않는다. 예를 들어 블로그 애플리케이션에서는 독자 한 명의 댓글 한두 개를 롤백해도 위험이 거의 없다.

그러나 다른 애플리케이션에서는 쓰기 롤백을 피해야 한다. 애플리케이션이 프라이머리에 쓰기를 보낸다고 가정해보자. 쓰기가 작성됐다는 확인을 받지만 세컨더리가 해당 쓰기를 복제하기 전에 프라이머리가 손상된다. 애플리케이션은 해당 쓰기에 접근할 수 있다고 생각하지만 복제 셋의 현재 멤버는 쓰기의 사본이 없다.

어느 시점에서 세컨더리가 프라이머리로 선출되고 새 쓰기를 수행할 수 있다. 이전 프라이머리가 다시 선출되면 현재 프라이머리에 없는 쓰기를 발견한다. 이를 바로잡기 위해 현재 프라이머리의 연산 순서와 일치하지 않는 쓰기를 실행 취소한다. 이러한 연산은 없어지지 않고, 현재 프라이머리에 수동으로 적용돼야 하는 특수한 롤백 파일에 기록된다. 몽고DB는 이러한 쓰기를 자동으로 적용할 수 없다. 충돌 이후 발생한 다른 쓰기와 충돌할 수 있기 때문이다. 따라서 쓰기는 관리자가 현재 프라이머리에 롤백 파일을 적용할 때까지 본질적으로 사라진다(롤백에 대한 자세한 내용은 11장 참조).

과반수에 쓰기를 수행하면 이러한 상황을 방지할 수 있다. 애플리케이션이 쓰기가 성공했다는 확인을 받으면, 새 프라이머리는 선출되려면 쓰기 사본이 있어야 한다(프라이머리로 선출하려면 멤버가 최신 상태여야 한다). 애플리케이션이 서버로부터 승인을 받지 못하거나 오류를 받으면 다시 시도해야 한다는 것을 알게 된다. 프라이머리가 손상되기 전에 쓰기가 복제 셋의 과반수로 전파되지 않았기 때문이다.

따라서 복제 셋에 어떤 일이 발생하든 쓰기가 지속되려면 각 쓰기가 복제 셋 멤버 과반수에 전파돼야 한다. writeConcern을 사용한다.

writeConcern은 몽고DB 2.6부터 쓰기 작업과 통합됐다. 예를 들어 자바스크립트에서 다음과 같이 writeConcern을 사용한다.

```
try {
   db.products.insertOne(
      { "_id": 10, "item": "envelopes", "qty": 100, type: "Self-Sealing" },
      { writeConcern: { "w" : "majority", "wtimeout" : 100 } }
   );
} catch (e) {
   print (e);
}
```

드라이버에서 구문은 프로그래밍 언어마다 다르지만 의미는 동일하게 유지된다. 예에서는 **"majority"**라는 쓰기 결과 확인을 지정한다. 성공하면 서버는 다음과 같은 메시지로 응답한다.

```
{ "acknowledged" : true, "insertedId" : 10 }
```

그러나 서버는 쓰기 작업이 복제 셋 멤버 과반수에 복제될 때까지 응답하지 않는다. 복제되고 나서야 애플리케이션이 쓰기가 성공했다는 승인을 받는다. 지정한 제한 시간 내에 쓰기가 성공하지 못하면 서버는 다음과 같은 오류 메시지로 응답한다.

```
WriteConcernError({
   "code" : 64,
   "errInfo" : {
      "wtimeout" : true
   },
   "errmsg" : "waiting for replication timed out"
})
```

쓰기 결과 확인 과반수와 복제 셋 선출 프로토콜은 승인된 쓰기가 있는 최신 세컨더리만 프라이머리로 선출되게 한다. 이러한 방식은 롤백이 발생하지 않도록 보장한다. 시간 제한 옵션과 더불어 조정 가능한 설정이 있어 애플리케이션 계층에서 장기 실행되는 쓰기를 감지하고 플래그를 지정할 수 있다.

12.2.1 "w"에 대한 다른 옵션

"majority"가 유일한 writeConcern 옵션은 아니다. 몽고DB는 다음처럼 "w"에 숫자를 전달함으로써 몇 개의 서버에 복제할지 임의로 명시하게 한다.

```
db.products.insertOne(
    { "_id": 10, "item": "envelopes", "qty": 100, type: "Self-Sealing" },
    { writeConcern: { "w" : 2, "wtimeout" : 100 } }
);
```

이때 두 멤버(프라이머리와 세컨더리 하나)에 쓰기가 있을 때까지 기다린다.

"w" 값은 프라이머리를 포함한다는 점을 알아두자. n개의 세컨더리에 쓰기를 전달하려면 "w"를 n+1(프라이머리를 포함하기 위해)로 설정한다. "w" : 1로 설정하면 "w" 옵션을 전혀 전달하지 않을 때와 같으며, 단지 프라이머리에서 쓰기가 성공했는지 확인한다.

숫자를 사용할 때 단점은 복제 셋 구성이 변하면 애플리케이션을 변경해야 한다는 점이다.

12.3 사용자 정의 복제 보증

복제 셋의 과반수에 쓰기를 하면 '안전'하다고 여겨진다. 그러나 어떤 복제 셋은 요구 사항이 더 복잡할 수도 있다. 데이터 센터마다 최소 한 개의 서버 혹은 숨겨지지 않은 노드의 과반수에 쓰기를 수행하도록 보장할 수도 있다. 복제 셋은 어떤 서버의 조합이 필요하든 관계없이 복제를 보장하기 위해, 사용자 규칙을 만들어 "getLastError"에 넘겨주게 해준다.

12.3.1 데이터 센터당 하나의 서버 보장하기

데이터 센터 간의 네트워크 문제는 데이터 센터 내의 문제보다 훨씬 더 일반적이다. 또한 여러 데이터 센터에 걸쳐 서버들이 동등하게 영향을 받기보단 한 개의 데이터 센터 전체가 오프라인이 될 가능성이 더 높다. 따라서 데이터 센터에 특화된 쓰기 로직이 필요할 수도 있다. 성공 통보를 받기 전에 모든 데이터 센터에 쓰기를 보장하는 것은, 오프라인이 돼가는 데이터 센터에 의해 수행된 쓰기의 경우, 다른 데이터 센터 모두 로컬 복제본을 적어도 한 개 가짐을 의미한다.

이를 설정하려면 먼저 멤버를 데이터 센터별로 분류해야 한다. 복제 셋 구성에 **"tags"** 필드를 추가해 수행한다.

```
> var config = rs.config()
> config.members[0].tags = {"dc" : "us-east"}
> config.members[1].tags = {"dc" : "us-east"}
> config.members[2].tags = {"dc" : "us-east"}
> config.members[3].tags = {"dc" : "us-east"}
> config.members[4].tags = {"dc" : "us-west"}
> config.members[5].tags = {"dc" : "us-west"}
> config.members[6].tags = {"dc" : "us-west"}
```

"tags" 필드는 객체이며, 각 멤버는 여러 태그를 가질 수 있다. 예를 들어 {**"dc"** : **"us-east"**, **"quality"** : **"high"**}와 같은 태그 필드는 **"us-east"** 데이터 센터의 '고성능' 서버를 의미한다.

두 번째 단계로, 복제 셋 구성에 **"getLastErrorMode"** 필드를 생성해 규칙을 추가한다. **"getLastErrorModes"**라는 이름은 몽고DB 2.6 이전에 애플리케이션이 쓰기 결과 확인을 지정하는 데 **"getLastError"**라는 메서드를 사용한 흔적이다. 복제본 구성에서 **"getLastErrorModes"**의 경우 각 규칙의 형식은 **"name"** : {**"key"** : number }}다. **"name"**은 규칙의 이름이며, 클라이언트가 getLastError를 호출할 때 이름을 사용하므로 클라이언트가 이해할 수 있는 방식으로 해당 규칙이 무엇을 수행하는지 적어둬야 한다. 예제에서는 규칙 이름을 **"eachDC"** 혹은 **"user-level safe"**와 같이 더 추상적인 이름으로 설정할 수 있다.

"key" 필드는 태그에서의 키 필드다. 예제에서 키는 **"dc"**가 된다. number는 규칙을 충족하는 데 필요한 그룹의 개수다. 여기서 number는 2다(서버가 적어도 **"us-east"**에 하나, **"us-west"**에 하나 있기를 원하기 때문이다). number는 항상 'number 개의 그룹 각각에서 적어도 하나의 서버'를 의미한다.

"getLastErrorModes"를 복제 셋 구성에 추가하고 규칙을 생성하기 위해 재구성하자.

```
> config.settings = {}
> config.settings.getLastErrorModes = [{"eachDC" : {"dc" : 2}}]
> rs.reconfig(config)
```

"getLastErrorModes"는 복제 셋 구성의 하위 객체[subobject]인 "settings"에 있으며, 복제 셋의 선택적인 설정을 몇 가지 포함한다.

이제 쓰기에 이 규칙을 사용할 수 있다.

```
db.products.insertOne(
    { "_id": 10, "item": "envelopes", "qty": 100, type: "Self-Sealing" },
    { writeConcern: { "w" : "eachDC", wtimeout : 1000 } }
);
```

애플리케이션 개발자에게는 다소 추상적인 규칙이다. 애플리케이션 개발자는 규칙을 사용하는데 "eachDC"에 어떤 서버가 있는지 알 필요가 없으며, 애플리케이션의 변화 없이 규칙을 변경할 수 있다. 데이터 센터를 추가하거나 복제 셋 멤버를 바꿀 수 있고, 애플리케이션은 이를 알 필요가 없다.

12.3.2 숨겨지지 않은 멤버의 과반수 보장하기

숨겨진 멤버는 종종 이류 멤버로 여겨진다. 사용자는 이러한 멤버를 위해 장애를 복구하지 않으며 거기서 어떤 읽기를 수행하지도 않는다. 사용자는 숨겨지지 않은 멤버가 쓰기를 받았다는데만 신경 쓰고, 숨겨진 멤버는 스스로 해결하도록 둬야 한다.

host0부터 host4까지 다섯 멤버가 있고, host4는 숨겨진 멤버라고 가정하자. 이때 숨겨지지 않은 멤버의 과반수 이상이 쓰기를 갖는지, 즉 host0, host1, host2, host3 중 적어도 세 멤버가 쓰기를 갖는지 확인하자. 이를 위한 규칙을 만들려면 먼저 숨겨진 멤버 각각을 태깅한다.

```
> var config = rs.config()
> config.members[0].tags = [{"normal" : "A"}]
> config.members[1].tags = [{"normal" : "B"}]
> config.members[2].tags = [{"normal" : "C"}]
> config.members[3].tags = [{"normal" : "D"}]
```

숨겨진 멤버인 host4는 태깅되지 않는다.

이제 서버의 과반수에 대한 규칙을 추가한다.

```
> config.settings.getLastErrorModes = [{"visibleMajority" : {"normal" : 3}}]
> rs.reconfig(config)
```

이제 애플리케이션에서 규칙을 사용할 수 있다.

```
db.products.insertOne(
    { "_id": 10, "item": "envelopes", "qty": 100, type: "Self-Sealing" },
    { writeConcern: { "w" : "visibleMajority", wtimeout : 1000 } }
);
```

이는 숨겨지지 않은 멤버 중 적어도 세 개가 쓰기를 가질 때까지 대기한다.

12.3.3 기타 보장 생성하기

사용자가 생성할 수 있는 규칙에는 제한이 없다. 사용자 정의 복제 규칙을 만들려면 다음 두 단계를 거쳐야 한다.

1. 키/값 쌍을 할당해서 멤버들을 태깅한다. 키는 분류를 나타낸다. 예를 들어 "data_center"나 "region" 혹은 "serverQuality" 같은 키를 가질 수 있다. 값은 서버가 분류 체계classification 내에서 어떤 그룹에 속할지 결정한다. 예를 들어 서버에서 키 "data_center"는 "us-east", "uswest", "aust" 등으로 태깅될 수 있다.

2. 생성한 분류 체계에 기반해 규칙을 생성한다. 규칙의 형태는 항상 {"name " : {"key " : number }}와 같고, 쓰기가 성공하기 전에 number 개의 그룹에서 적어도 하나의 서버는 쓰기를 가져야 한다. 예를 들어 {"twoDCs" : {"data_center" : 2}}라는 규칙을 생성할 수 있고, 이는 쓰기가 성공하기 전에 태깅된 데이터 센터 두 개에서 적어도 하나의 서버가 쓰기를 승인해야 함을 의미한다.

이제 이 규칙을 getLastErrorModes에서 사용할 수 있다.

규칙은 이해하고 구성하기는 복잡하지만 복제를 구성하는 매우 강력한 방법이다. 복제 요구 사항에 그다지 얽혀 있지 않다면 "w" : "majority"만 사용해도 안전하다.

12.4 세컨더리로 읽기 전송

기본적으로 드라이버는 모든 요청을 프라이머리로 라우팅한다. 이는 일반적으로 사용자가 원하는 바지만, 드라이버에서 읽기 선호도read preference를 설정해 다른 옵션을 구성할 수도 있다. 읽기 선호도를 통해 쿼리가 보내져야 하는 서버의 타입을 명시할 수 있다.

읽기 요청을 세컨더리에 보내면 일반적으로 좋지 않다. 몇몇 특정 상황에서는 의미가 있지만, 일반적으로 모든 트래픽은 프라이머리로 전송해야 한다. 세컨더리로 읽기를 전송하려고 고려한다면 그 전에 장단점을 신중히 생각해봐야 한다. 이 절에서는 읽기 요청을 세컨더리로 보내면 왜 안 좋으며, 보내도 괜찮은 특정 상황을 다룬다.

12.4.1 일관성 고려 사항

매우 일관된 읽기가 필요한 애플리케이션은 세컨더리로부터 읽기를 수행하면 안 된다.

세컨더리는 보통 프라이머리의 몇 밀리초 이내에 있어야 한다. 그러나 이는 보장되지 않는다. 때때로 세컨더리는 부하, 잘못된 구성, 네트워크 오류 등의 문제로 인해 분, 시간, 심지어 일 단위로 뒤처질 수 있다. 클라이언트 라이브러리는 세컨더리가 얼마나 최신인지 모르기 때문에 클라이언트는 기꺼이 훨씬 뒤처진 세컨더리에 쿼리를 전송한다. 클라이언트 읽기로부터 세컨더리를 숨길 수 있지만 이는 수동 프로세스다. 그러므로 애플리케이션에 최신 데이터가 필요하다면 세컨더리에서 읽으면 안 된다.

애플리케이션이 자기 자신의 쓰기를 읽어야 한다면(예를 들어 도큐먼트를 입력한 후 쿼리하고 찾아내기), 쓰기가 이전처럼 "w"를 이용해 모든 세컨더리에 대한 복제를 대기하지 않는 한, 읽기 요청을 세컨더리에 보내면 안 된다. 그렇지 않으면 애플리케이션은 성공적으로 쓰기를 수행하고 값을 읽으려 하지만 해당 값을 찾을 수 없다(값이 복제되기 전에 읽기를 세컨더리로 보내기 때문). 클라이언트는 복제가 연산을 복사하는 속도보다 빠르게 요청을 발행할 수 있다.

읽기 요청을 항상 프라이머리로 보내려면 읽기 선호도를 primary로 설정하자(혹은, primary가 기본이므로 그대로 둔다). 만약 프라이머리가 없으면 쿼리는 오류를 출력한다. 프라이머리가 다운되면 애플리케이션이 쿼리할 수 없음을 의미한다. 그러나 애플리케이션이 장애 조치나 네트워크 분할 동안 다운타임에 대처할 수 있을 때 혹은 실효 데이터를 받아오는 것이 용납되지 않을 때는 받아들일 만한 옵션이다.

12.4.2 부하 고려 사항

많은 사용자가 부하를 분산하려고 읽기를 세컨더리로 전송한다. 예를 들어 서버가 초당 만 개의 쿼리만 처리할 수 있지만 3만 개를 처리하게 하려면, 두 개의 세컨더리를 구성해서 부하를 일부 처리하도록 할 수 있다. 그러나 이러한 확장 법은 위험하다. 뜻하지 않게 시스템에 과부하 overload를 유발할 수 있고, 과부하가 발생하면 회복하기 어렵기 때문이다.

예를 들어 읽기가 초당 3만 개 발생한다고 가정하자. 읽기를 처리할 멤버가 네 개인 복제 셋을 생성한다(이 중 하나는 비투표 멤버로 구성해 선출에서 동점을 방지한다). 각 세컨더리의 부하는 최대 부하보다 훨씬 적으며 시스템은 완벽히 작동한다.

세컨더리 중 하나가 손상되기 전까지는 그렇다.

이제 남은 멤버들은 각각 처리 가능한 부하를 100% 처리하고 있다. 손상된 멤버를 재구축해 사용하려면 다른 서버 중 하나로부터 데이터를 복사해야 하는데, 이는 남은 서버들을 난처하게 한다. 서버가 과부하되면 종종 수행 속도가 느려지고, 복제 셋의 수용 능력을 더욱 낮추며, 다른 멤버에 더 많은 부하를 줘서 점점 느려지게 하는 악순환이 생긴다.

과부하는 복제가 느려지도록 하며, 남은 세컨더리 역시 뒤처질 수 있다. 갑작스럽게 멤버가 다운되거나 지연되고, 모두 과부하에 걸릴 가능성이 있다.

서버가 얼마나 많은 부하를 감당할 수 있는지 잘 안다면 더 좋은 계획을 세울 수 있을지도 모른다. 4개가 아닌 5개의 서버를 사용하면 하나가 다운되더라도 복제 셋은 과부하가 되지 않는다. 그러나 완벽한 계획을 세울 수 있더라도 (그리고 잃게 되는 서버 수를 예상할 수 있더라도) 그렇지 않을 때보다 더한 압박을 받는 다른 서버들의 문제를 해결해야 한다.

부하를 분산하는 더 좋은 방법은 샤딩이다. 샤딩 구성 법은 14장에서 다룬다.

12.4.3 세컨더리에서 읽기를 하는 이유

몇몇 경우에는 애플리케이션 읽기를 세컨더리로 전송하는 것이 합리적이다. 예를 들어 프라이머리가 다운되더라도 애플리케이션이 지속적으로 읽기 작업을 수행하기를 원할 수 있다(해당 읽기가 유효한지는 신경 쓰지 않는다). 이는 읽기를 세컨더리에 분산하는 가장 일반적인 경우다. 복제 셋이 프라이머리를 잃으면 사용자는 임시로 읽기 전용 모드를 원한다. 이 읽기 선호도를 primaryPreferred라고 한다.

세컨더리로부터의 읽기와 관련된 일반적인 문제로, 지연율이 낮은 읽기가 중요하다. nearest 를 읽기 선호도로 지정함으로써, 드라이버에서 복제 셋 멤버까지의 평균 핑 시간을 기반으로 지연율이 가장 낮은 멤버에 요청을 라우팅할 수 있다. 애플리케이션이 여러 데이터 센터의 같은 도큐먼트 중 지연율이 낮은 멤버에 접근해야 한다면 nearest가 유일한 방법이다. 그러나 도큐먼트가 더 위치기반location-based이라면(이 데이터 센터에 있는 애플리케이션 서버는 일부 데이터에 대해 지연율이 낮은 접근이 필요하고, 또 다른 데이터 센터에 있는 애플리케이션 서버는 나머지 데이터에 대해 지연율이 낮은 접근이 필요) 샤딩으로 처리할 수 있다. 애플리케이션에 지연율이 낮은 읽기와 쓰기가 필요하면 반드시 샤딩을 사용해야 한다. 복제 셋은 오직 하나의 위치에만 쓰기를 허용한다(프라이머리가 어디에 있든지간에).

아직 모든 쓰기를 복제하지 못한 멤버로부터 읽기를 수행하려면 일관성은 기꺼이 희생해야 한다. 그 대신 쓰기가 모든 멤버에 복제될 때까지 기다린다면 쓰기 속도를 희생할 수도 있다. 애플리케이션이 임의의 실효 데이터와 그런대로 동작한다면 secondary 또는 secondaryPreferred 읽기 선호도를 사용할 수 있다. secondary는 항상 세컨더리에 읽기 요청을 전송한다. 이용 가능한 세컨더리가 없으면 읽기 요청을 프라이머리에 보내지 않고 오류를 발생한다. 이는 실효 데이터를 별로 신경 쓰지 않고 프라이머리를 쓰기에만 사용하는 애플리케이션에 사용할 수 있다. 데이터 실효에 관한 우려가 있다면 이 방식은 권장하지 않는다.

secondaryPreferred는 (이용 가능하다면) 세컨더리에 읽기 요청을 보낸다. 이용 가능한 세컨더리가 없으면 프라이머리에 요청을 보낸다.

때때로 읽기 부하는 쓰기 부하와 매우 다르다. 즉 쓰고 있는 데이터와 완전히 다른 데이터를 읽게 된다. (프라이머리에 두고 싶지 않은) 오프라인 처리를 위해 꽤 많은 인덱스가 필요할 수 있다. 이때 세컨더리를 프라이머리와 다른 인덱스로 설정할 수 있다. 세컨더리를 이러한 용도로 사용하려면, 복제 셋 연결 대신 드라이버에서 세컨더리로 직접적인 연결을 만든다.

애플리케이션을 만드는 데 어떤 옵션이 도움이 되는지 고려해보자. 옵션을 조합할 수도 있다. 어느 정도의 읽기 요청이 프라이머리로부터 발생한다면 primary를 사용한다. 다른 읽기는 데이터가 최신이 아니어도 괜찮다면 primaryPreferred를 사용한다. 그리고 요청에 일관성보다는 낮은 지연율이 필요하다면 nearest를 사용한다.

## CHAPTER 13

관리

이 장에서는 다음의 내용 포함해 복제 셋 관리를 살펴본다.

- 개별 멤버에 유지 보수maintenance 수행하기
- 다양한 환경에서 복제 셋 구성하기
- 사용자 oplog 정보를 얻고 크기 조정하기
- 좀 더 색다른 복제 셋 구성하기
- 마스터/슬레이브 구조에서 복제 셋으로 전환하기

13.1 독립 실행형 모드에서 멤버 시작

많은 유지 보수 작업은 (쓰기와 관련되므로) 세컨더리에서 수행될 수 없으며, 애플리케이션 성능에 영향을 미치기 때문에 프라이머리에서 수행되면 안 된다. 그러므로 다음 절에서는 독립 실행형 모드 서버 시작을 자주 언급한다. 이는 멤버가 복제 셋의 멤버가 아닌 독립 실행형 서버로 재시작함을 의미한다.

독립 실행형 모드에서 멤버를 시작하려면 먼저 명령행 인수command-line option를 확인해야 한다. 인수가 다음과 같다고 가정하자.

```
> db.serverCmdLineOpts()
{
    "argv" : [ "mongod", "-f", "/var/lib/mongod.conf" ],
    "parsed" : {
        "replSet": "mySet",
        "port": "27017",
        "dbpath": "/var/lib/db"
    },
    "ok" : 1
}
```

이 서버에서 유지 보수를 수행하려면 replSet 옵션 없이 서버를 재시작하면 된다. 이는 일반적인 독립 실행형 mongod처럼 읽기와 쓰기가 가능하게 해준다. 복제 셋에 있는 다른 서버에서이 서버와 통신하기를 원치 않으므로, (다른 멤버들이 서버를 발견하지 못하도록) 서버가 다른 포트로 수신하게 한다. 마지막으로, 서버 데이터를 조작하려고 이런 방식으로 시작하므로 dbpath는 그대로 유지한다.

먼저 mongo 셸에서 서버를 종료한다.

```
> db.shutdownServer()
```

그런 다음 운영체제 셸(예를 들면 bash)에서 replSet 매개변수 없이 다른 포트에서 mongod를 시작한다.

```
$ mongod --port 30000 --dbpath /var/lib/db
```

이제 독립 실행형 서버로 구동되며 연결을 위한 포트는 30000번이다. 복제 셋의 다른 멤버는 27017번 포트로 이 서버에 접속을 시도하고, 곧 서버가 다운됐다고 추정하게 된다.

서버에서 유지 보수 수행을 마치면, 서버를 종료하고 원래 옵션으로 재시작할 수 있다. 서버는 유지 보수 모드 기간 동안 놓친 연산들을 복제해 복제 셋의 다른 멤버와 자동으로 동기화한다.

13.2 복제 셋 구성

복제 셋 구성은 항상 `local.system.replset` 컬렉션의 도큐먼트에 보관된다. 이 도큐먼트는 복제 셋의 모든 멤버에서 같다. 절대 `update`를 이용해 도큐먼트를 변경하지 말자. 대신 항상 `rs` 보조자나 `replSetReconfig` 명령을 사용하자.

13.2.1 복제 셋 생성하기

멤버로 만들 `mongod`들을 시작하고 그 중 하나에 `rs.initiate()`를 사용해 구성 정보를 전달함으로써 복제 셋을 생성한다.

```
> var config = {
... "_id" : <setName>,
... "members" : [
...     {"_id" : 0, "host" : <host1>},
...     {"_id" : 1, "host" : <host2>},
...     {"_id" : 2, "host" : <host3>}
... ]}
> rs.initiate(config)
```

WARNING_ 항상 config 객체를 `rs.initiate()`에 전달해야 한다. 그렇지 않으면 몽고DB는 자동으로 단일 멤버 복제 셋을 위한 config를 생성한다. 이 config는 사용자가 원하는 호스트명을 사용하지 않으며, 복제 셋을 올바르게 구성하지 않는다.

복제 셋의 한 멤버에서만 `rs.initiate`를 호출할 수 있다. 멤버는 구성 정보를 받아 다른 멤버들에 전달한다.

13.3.2 복제 셋 멤버 교체하기

복제 셋에 새로운 멤버를 추가할 때는 데이터 디렉터리에 아무것도 존재하지 않거나(이 경우 초기 동기화를 수행한다) 다른 멤버 데이터의 복제본이 있어야 한다. 복제 셋을 백업하거나 복구하는 자세한 방법은 23장을 참조한다.

프라이머리에 연결하고 다음처럼 새로운 멤버를 추가하자.

```
> rs.add("spock:27017")
```

혹은 더 복잡한 멤버 구성을 도큐먼트 형태로 명시한다.

```
> rs.add({"host" : "spock:27017", "priority" : 0, "hidden" : true})
```

"host" 필드를 이용해서 멤버를 제거할 수도 있다.

```
> rs.remove("spock:27017")
```

재구성을 통해 멤버의 설정을 바꿀 수 있다. 멤버의 설정을 바꾸는 데는 다음과 같은 제약 사항이 있다.

- 멤버의 "_id"는 변경할 수 없다.
- 재구성 정보를 전달하려는 멤버(일반적으로 프라이머리)의 우선순위를 0으로 할 수 없다.
- 아비터에서 아비터가 아닌 것으로 변경할 수 없으며, 반대도 마찬가지다.
- 멤버의 "buildIndexes"를 false에서 true로 변경할 수 없다.

멤버의 "host" 필드는 변경할 수 있다. 따라서 만약 호스트 정보를 잘못 명시했다면(예를 들어 사설 IP가 아니라 공인 IP를 사용하는 경우) 나중에 간단히 구성을 변경해 올바른 IP로 정정할 수 있다.

호스트명을 변경하려면 다음과 같이 한다.

```
> var config = rs.config()
> config.members[0].host = "spock:27017"
spock:27017
> rs.reconfig(config)
```

이 전략은 다른 옵션을 변경하는 데도 적용된다. rs.config()로 구성을 가져와서 원하는 부분을 수정한 후 rs.reconfig()에 새로운 구성 정보를 전달함으로써 복제 셋을 재구성한다.

13.2.3 큰 복제 셋 만들기

복제 셋에서 멤버는 50개, 투표 멤버는 7개로 제한된다. 다른 멤버에 하트비트를 보내는 데 필요한 네트워크 트래픽량을 줄이고 선출에 걸리는 시간을 제한하기 위함이다.

멤버가 7개 이상인 복제 셋을 생성한다면, 모든 추가적인 멤버는 투표권이 0개여야 한다. 이를 수행하려면 멤버 구성 정보에 다음처럼 명시한다.

```
> rs.add({"_id" : 7, "host" : "server-7:27017", "votes" : 0})
```

이는 해당 멤버들이 (거부권을 갖더라도) 선출 과정에서 투표권을 행사하는 것을 방지한다.

13.2.4 재구성 강제하기

복제 셋의 과반수를 영구적으로 잃으면, 프라이머리가 없는 상태에서 설정을 재구성할 필요가 있다. 이는 조금 까다로운데, 일반적으로 재구성을 프라이머리에 요청하기 때문이다. 이때 세컨더리에 재구성 명령을 보냄으로써 복제 셋 재구성을 강제할 수 있다. 셸에서 세컨더리에 연결하고 "force" 옵션을 이용해 재구성 명령을 전달한다.

```
> rs.reconfig(config, {"force" : true})
```

강제 재구성forced reconfiguration은 일반 재구성과 같은 규칙을 따르며, 사용자는 유효하고 잘 구성된 구성 정보를 올바른 옵션으로 보내야 한다. "force" 옵션은 유효하지 않은 구성 정보를 허용하지 않고, 다만 세컨더리가 재구성 정보를 받아들이도록 허용한다.

강제 재구성은 복제 셋 "version" 번호를 크게 높인다. 수천 단위를 건너뜀을 확인할 수 있으며, 이는 정상이다. 재구성 정보가 네트워크 파티션 양쪽에 있을 때 버전 번호가 충돌하지 않도록 하기 위함이다.

세컨더리는 재구성 정보를 받으면 자신의 구성 정보를 갱신하고 새로운 구성 정보를 다른 멤버에 전달한다. 복제 셋의 다른 멤버는, 정보를 전송하는 서버를 현재 구성 정보의 멤버로 인식하면 구성의 변화만을 찾아낸다. 그러므로 일부 멤버가 호스트명을 변경하면 예전 호스트명을 그대로 갖는 멤버를 강제 재구성해야 한다. 모든 멤버가 새로운 호스트명을 가지면 복제 셋의 각 멤버를 다운시키고, 새로운 멤버를 독립 실행형 모드로 시작한 뒤, `local.system.replset` 도큐먼트를 수동으로 변경하고 멤버를 재시작한다.

13.3 멤버 상태 조작

유지 보수를 수행할 때나 부하에 대한 응답으로 수동으로 멤버 상태를 변경하는 방법은 여러 가지다. 멤버가 프라이머리가 되도록 강제하려면 복제 셋을 상황에 맞게 구성하는 것 외에는 방법이 없다(이 경우 해당 복제 셋 멤버에 다른 멤버보다 높은 우선순위를 부여한다).

13.3.1 프라이머리에서 세컨더리로 변경하기

`stepDown` 함수를 이용하면 프라이머리를 세컨더리로 강등할 수 있다.

```
> rs.stepDown()
```

프라이머리를 60초 동안 SECONDARY 상태로 만든다. 그 기간 동안 다른 프라이머리가 선출 되지 않으면 세컨더리 상태로 변했던 프라이머리는 재선출reelection을 시도할 수 있다. 더 길거나 짧은 시간 동안 세컨더리 상태로 남겨두려면 몇 초간 SECONDARY 상태로 머물게 할지 지정 한다.

```
> rs.stepDown(600) // 10분
```

13.3.2 선출 방지하기

프라이머리상에서 유지 보수 작업을 수행해야 하고, 그 사이에 자격이 있는 다른 멤버가 프라 이머리가 되지 않도록 하려면, 각각의 멤버에 `freeze` 명령을 실행함으로써 세컨더리 상태에 머물게 한다.

```
> rs.freeze(10000)
```

마찬가지로 멤버는 몇 초 동안 세컨더리 상태로 유지된다.

시간이 경과하기 전에 프라이머리에서 수행 중인 유지 보수를 완료해 다른 멤버의 freeze 상태를 해제하려면, 각 멤버에 타임아웃을 0초로 지정해 명령을 다시 실행한다.

```
> rs.freeze(0)
```

freeze 상태가 아닌 멤버는 원한다면 선출을 실시할 수 있다. 또한 강등했던 프라이머리도 **rs.freeze(0)**를 사용해 freeze 상태를 해제할 수 있다.

13.4 복제 모니터링

복제 셋의 상태를 모니터링하는 것은 중요하다. 모든 멤버가 정상적으로 기동했는지, 멤버가 어떤 상태인지, 복제가 얼마나 최신 상태인지 모니터링한다. 몇 가지 명령으로 복제 셋 정보를 볼 수 있다. 아틀라스, 클라우드 매니저Cloud Manager, 옵스 매니저(22장 참조)를 포함한 몽고DB 호스팅 서비스hosting service와 관리 도구는, 복제를 모니터링하는 메커니즘과 주요 복제 지표에 대한 대시보드dashboard를 제공한다.

복제와 관련된 문제는 일시적일 때가 많다. 서버가 다른 서버에 도달할 수 없었다가 다시 도달할 수 있게 될 때가 있다. 로그를 확인하면 이 같은 문제를 쉽게 볼 수 있다. 로그가 어디에 저장되는지 확인하고, 로그가 잘 저장되며 해당 로그에 접근할 수 있음을 확실히 확인해야 한다.

13.4.1 상태 정보 가져오기

복제 셋의 모든 멤버의 정보(사용자가 명령을 실행 중인 멤버의 관점에서)를 얻는 데 가장 유용한 명령은 **replSetGetStatus**다. 셸에는 이 명령에 사용할 수 있는 보조자가 있다.

```
> rs.status()

    "set" : "replset",
    "date" : ISODate("2019-11-02T20:02:16.543Z"),
    "myState" : 1,
```

```
"term" : NumberLong(1),
"heartbeatIntervalMillis" : NumberLong(2000),
"optimes" : {
    "lastCommittedOpTime" : {
        "ts" : Timestamp(1478116934, 1),
        "t" : NumberLong(1)
    },
    "readConcernMajorityOpTime" : {
        "ts" : Timestamp(1478116934, 1),
        "t" : NumberLong(1)
    },
    "appliedOpTime" : {
        "ts" : Timestamp(1478116934, 1),
        "t" : NumberLong(1)
    },
    "durableOpTime" : {
        "ts" : Timestamp(1478116934, 1),
        "t" : NumberLong(1)
    }
},

"members" : [
    {
        "_id" : 0,
        "name" : "m1.example.net:27017",
        "health" : 1,
        "state" : 1,
        "stateStr" : "PRIMARY",
        "uptime" : 269,
        "optime" : {
                "ts" : Timestamp(1478116934, 1),
                "t" : NumberLong(1)
        },
        "optimeDate" : ISODate("2019-11-02T20:02:14Z"),
        "infoMessage" : "could not find member to sync from",
        "electionTime" : Timestamp(1478116933, 1),
        "electionDate" : ISODate("2019-11-02T20:02:13Z"),
        "configVersion" : 1,
        "self" : true
    },
    {
        "_id" : 1,
        "name" : "m2.example.net:27017",
        "health" : 1,
```

```
        "state" : 2,
        "stateStr" : "SECONDARY",
        "uptime" : 14,
        "optime" : {
            "ts" : Timestamp(1478116934, 1),
            "t" : NumberLong(1)
        },
        "optimeDurable" : {
            "ts" : Timestamp(1478116934, 1),
            "t" : NumberLong(1)
        },
        "optimeDate" : ISODate("2019-11-02T20:02:14Z"),
        "optimeDurableDate" : ISODate("2019-11-02T20:02:14Z"),
        "lastHeartbeat" : ISODate("2019-11-02T20:02:15.618Z"),
        "lastHeartbeatRecv" : ISODate("2019-11-02T20:02:14.866Z"),
        "pingMs" : NumberLong(0),
        "syncingTo" : "m3.example.net:27017",
        "configVersion" : 1
    },
    {
        "_id" : 2,
        "name" : "m3.example.net:27017",
        "health" : 1,
        "state" : 2,
        "stateStr" : "SECONDARY",
        "uptime" : 14,
        "optime" : {
            "ts" : Timestamp(1478116934, 1),
            "t" : NumberLong(1)
        },
        "optimeDurable" : {
            "ts" : Timestamp(1478116934, 1),
            "t" : NumberLong(1)
        },
        "optimeDate" : ISODate("2019-11-02T20:02:14Z"),
        "optimeDurableDate" : ISODate("2019-11-02T20:02:14Z"),
        "lastHeartbeat" : ISODate("2019-11-02T20:02:15.619Z"),
        "lastHeartbeatRecv" : ISODate("2019-11-02T20:02:14.787Z"),
        "pingMs" : NumberLong(0),
        "syncingTo" : "m1.example.net:27018",
        "configVersion" : 1
    }
    ],
    "ok" : 1
}
```

가장 유용한 필드들은 다음과 같다.

"self"

    rs.status()가 실행된 멤버에만 존재하며, 예제에서는 server-1이다(m1.example.net:27017).

"stateStr"

    서버의 상태를 나타내는 문자열이다. 다양한 상태에 대한 설명은 11.2.1 '멤버 상태'를 참조한다.

"uptime"

    멤버에 도달할 수 있었던 시간(초) 혹은 이 서버가 "self" 멤버를 위해 시작된 이후부터의 시간(초)이다. server-1은 269초 동안, server-2와 server-3은 14초 동안 가동했다.

"optimeDate"

    각 멤버의 oplog에서 (해당 멤버가 동기화된) 마지막 연산 수행 시각optime을 의미한다. 이는 하트비트에 의해 보고된 각 멤버의 상태이고, 보고된 연산 수행 시각은 몇 초 정도 차이가 날 수 있음을 알아두자.

"lastHeartbeat"

    서버가 "self" 멤버로부터 마지막으로 하트비트를 받은 시간. 네트워크에 문제가 있거나 서버가 분주하면 이 시간은 2초 전보다 길어질 수 있다.

"pingMs"

    이 서버에 대한 하트비트에 걸린 평균 실행 시간. 어느 멤버로부터 동기화할지 결정하는 데 사용된다.

"errmsg"

    멤버가 하트비트 요청에 반환하기로 선택한 모든 상태 메시지status message. 단지 정보 전달용이며 오류 메시지는 아니다.

몇몇 필드는 중복되는 정보를 제공한다. "state"는 "stateStr"과 같으며 단순히 상태의 내부 ID다. "health"는 특정 서버가 도달 가능한지(1) 혹은 도달 불가능한지(0) 여부를 반영한다. 도달 가능 여부는 "state"와 "stateStr"에서도 확인할 수 있다(서버가 도달 불가능한 상태면 "state"와 "stateStr"에서는 UNKNOWN 또는 DOWN으로 표시된다). 마찬가지로 "optime"과 "optimeDate"는 동일한 값이며 표현 방법만 다르다. 하나는 1970년 1월 1일 이후의 시간을 밀리초로 표현하고("t" : 135...), 다른 하나는 좀 더 사람이 읽기 편하게 표현한다.

> WARNING_ 이는 사용자가 명령을 수행한 복제 셋 멤버 관점이다. 여기 포함된 정보는 네트워크 문제로 인해 부정확하거나 오래됐을 수도 있다.

13.4.2 복제 그래프 시각화하기

세컨더리에서 rs.status()를 실행하면 "syncingTo"라는 최상위 필드를 확인할 수 있다. 이는 멤버가 복제를 수행하는 호스트를 제공한다. 복제 셋의 각 멤버에서 replSetGetStatus 명령을 실행하면 복제 그래프replication graph를 알아낼 수 있다. 예를 들어 server1이 server1에 대한 연결, server2가 server2에 대한 연결이라 가정하면 다음을 얻는다.

```
> server1.adminCommand({replSetGetStatus: 1})['syncingTo']
server0:27017
> server2.adminCommand({replSetGetStatus: 1})['syncingTo']
server1:27017
> server3.adminCommand({replSetGetStatus: 1})['syncingTo']
server1:27017
> server4.adminCommand({replSetGetStatus: 1})['syncingTo']
server2:27017
```

server0은 server1의 복제 소스이고, server1은 server2와 server3의 복제 소스이며, server2는 server4의 복제 소스다.

몽고DB는 핑 시간을 기준으로 동기화할 대상을 결정한다. 멤버는 다른 멤버에 하트비트를 보낼 때, 요청이 처리되기까지 걸리는 시간을 잰다. 몽고DB는 이러한 평균 실행 시간을 보관한다. 동기화할 멤버를 선택할 때, 멤버는 가장 가깝고 복제에서 자신보다 앞서 있는 멤버를 찾는다(따라서 복제 순환replication cycle이 발생하지 않는다. 멤버는 자신보다 앞서 있는 프라이머리나 세컨더리만 복제한다).

그러므로 만약 세컨더리가 있는 데이터 센터에 새로운 멤버를 투입하면 [그림 13-1]에 나타낸 것처럼, 프라이머리가 있는 데이터 센터의 멤버보다 세컨더리가 있는 데이터 센터의 다른 멤버와 동기화할 가능성이 높다(따라서 WAN 트래픽을 최소화한다).

그러나 자동 복제 사슬automatic replication chaining에는 몇 가지 단점이 있다. 복제 홉replication hop이 많을수록 모든 서버에 쓰기를 복제하는 데 시간이 좀 더 오래 걸린다. 예를 들어 모든 멤버가 하나의 데이터 센터에 있지만, 멤버를 추가할 때 네트워크 속도가 갑자기 변해 몽고DB가 [그림 13-2]와 같이 일렬로 복제하는 상황에 놓였다고 하자.

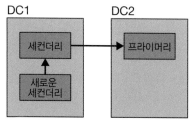

그림 13-1 새로운 세컨더리는 일반적으로 같은 데이터 센터에 있는 멤버를 동기화한다.

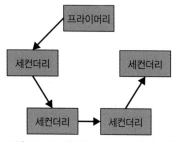

그림 13-2 복제 사슬replication chain이 길어질수록 모든 멤버가 데이터의 복제본을 얻는 데 오랜 시간이 걸린다.

이는 아주 희박하지만 불가능한 상황은 아니다. 그러나 바람직하지는 않다. 사슬 내에서 각 세컨더리는 앞에 있는 세컨더리보다 조금 뒤처져 있어야 한다. replSetSyncFrom 명령(혹은 rs.syncFrom() 보조자)을 이용해 멤버의 복제 소스를 수정함으로써 문제를 해결할 수 있다.

복제 소스를 바꾸려는 세컨더리에 연결해 다음 명령을 실행하자. 명령에는 동기화하기를 원하는 서버(복제 소스)를 전달한다.

```
> secondary.adminCommand({"replSetSyncFrom" : "server0:27017"})
```

동기화 소스를 전환하는 데 몇 초가 소요될 수 있지만, 멤버에서 다시 rs.status()를 실행해 보면 "syncingTo" 필드가 이제 "server0:27017"로 표시된다.

이 멤버(server4)는 이제 server0으로부터 복제를 수행한다(server0이 이용 불가능한 상태가 되거나, 세컨더리가 돼버려 다른 멤버들보다 크게 뒤처질 때까지).

13.4.3 복제 루프

복제 루프replication loop는 모든 멤버가 다른 멤버로부터 복제를 수행하는 상태다. 예를 들어 A는 B로부터 동기화하고, B는 C로부터, C는 다시 A로부터 동기화하는 상태를 말한다. 모든 복제 루프 멤버는 프라이머리가 될 수 없으므로, 멤버들은 복제를 위한 새로운 명령을 받을 수 없고 뒤처지게 된다. 멤버가 동기화할 멤버를 자동으로 고를 때는 복제 루프가 발생하지 않는다. 그러나 replSetSyncFrom 명령을 이용해 복제 루프를 강제로 수행할 수 있다. 수동으로 동기화 대상을 바꾸기 전에 rs.status() 결과를 주의 깊게 검사하고, 루프를 만들지 않도록 주의한다. 동기화 대상으로 앞서 있는 멤버를 선택하지 않으면 replSetSyncFrom 명령은 경고는 하되 허용한다.

13.4.4 복제 사슬 비활성화하기

복제 사슬은 세컨더리가 (프라이머리가 아니라) 또 다른 세컨더리와 동기화할 때 발생한다. 멤버는 자동으로 다른 멤버와 동기화하도록 결정할 수 있다.

"chainingAllowed" 설정을 false로 변경해(기본값은 true) 모든 멤버가 프라이머리와 동기화하게 함으로써 복제 사슬을 사용하지 않도록 설정할 수 있다.

```
> var config = rs.config()
> // (존재하지 않는다면) 하위 객체 생성
> config.settings = config.settings || {}
> config.settings.chainingAllowed = false
> rs.reconfig(config)
```

"chainingAllowed"을 false로 설정하면 모든 멤버는 프라이머리와 동기화한다. 프라이머리가 이용 불가능한 상태가 되면 세컨더리와 동기화하게 된다.

13.4.5 지연 계산하기

복제를 추적하는 지표로, 세컨더리가 얼마나 프라이머리를 잘 따라잡는지가 중요하다. **지연**lag은 세컨더리가 얼마나 뒤쳐져 있는지 나타내는데, 프라이머리가 마지막으로 수행한 연산과 세컨더리가 마지막으로 적용한 연산의 타임스탬프의 차이를 의미한다.

rs.status()를 사용해 멤버의 복제 상태를 볼 수 있으며, rs.printReplicationInfo()나 rs.printSlaveReplicationInfo()를 실행해 빠른 요약을 얻을 수도 있다.

rs.printReplicationInfo()는 연산의 크기와 날짜 범위를 포함하는 프라이머리 oplog의 요약 정보를 제공한다.

```
> rs.printReplicationInfo();
    configured oplog size:   10.48576MB
    log length start to end: 3590 secs (1.00hrs)
    oplog first event time:  Tue Apr 10 2018 09:27:57 GMT-0400 (EDT)
    oplog last event time:   Tue Apr 10 2018 10:27:47 GMT-0400 (EDT)
    now:                     Tue Apr 10 2018 10:27:47 GMT-0400 (EDT)
```

예제에서 oplog는 약 10메가바이트(10MiB)이며 약 1시간의 연산까지만 수행할 수 있다.

실제 배포라면 oplog가 더 커야 한다(oplog 크기를 변경하는 방법은 13.4.6 'Oplog 크기 변경하기'를 참조한다). 로그 길이는 적어도 전체적으로 재동기화하는 데 걸리는 시간만큼 길면 좋다. 그러면 초기 동기화를 완료하기 전에 세컨더리가 oplog의 끝에서 밀려나는 상황은 생기지 않는다.

다음 예제와 같이 `rs.printSlaveReplicationInfo()` 함수를 사용해 각 멤버의 syncedTo 값과 마지막 oplog 항목이 각 세컨더리에 기록된 시간을 가져올 수 있다.

```
> rs.printSlaveReplicationInfo();
source: m1.example.net:27017
    syncedTo: Tue Apr 10 2018 10:27:47 GMT-0400 (EDT)
    0 secs (0 hrs) behind the primary
source: m2.example.net:27017
    syncedTo: Tue Apr 10 2018 10:27:43 GMT-0400 (EDT)
    0 secs (0 hrs) behind the primary
source: m3.example.net:27017
    syncedTo: Tue Apr 10 2018 10:27:39 GMT-0400 (EDT)
    0 secs (0 hrs) behind the primary
```

복제 셋 멤버의 지연은 절대적인 시간이 아니라 프라이머리를 기준으로 상대적으로 계산된다는 점을 기억하자. 보통은 문제가 되지 않지만 쓰기 작업을 매우 드물게 수행하는 시스템에서는 유령 복제 지연인 '트래픽의 급격한 증가spike'를 발생시킬 수 있다. 예를 들어 한 시간에 한 번 쓰기를 수행한다고 가정하자. 쓰기 바로 직후, 복제되기 전에 세컨더리는 프라이머리보다 한 시간 뒤처진 것처럼 보인다. 그러나 그 '한 시간'의 연산은 몇 밀리초 안에 따라잡을 수 있다. 이는 처리량이 낮은 시스템을 모니터링할 때 때때로 혼동을 일으킨다.

13.4.6 Oplog 크기 변경하기

프라이머리의 oplog는 유지 보수 시간maintenance window으로 여겨진다. 프라이머리의 oplog 길이가 한 시간 정도라면, (세컨더리가 너무 많이 뒤처지거나 처음부터 재동기화하기 전에) 잘못된 부분을 고칠 수 있는 시간이 한 시간 정도라는 의미다. 따라서 뭔가가 잘못될 때 약간의 숨 쉴 틈이 있으려면 일반적으로 며칠에서 1주 정도 데이터를 보유할 수 있는 oplog가 바람직하다.

아쉽게도 oplog가 얼마나 지속될지는 가득 차기 전까지 쉽게 알 수 없다. 와이어드타이거 스토리지 엔진을 사용하면 서버가 실행되는 동안 oplog 크기를 조정할 수 있다. 먼저 각 세컨더리 복제 셋 멤버에서 다음 단계들을 수행해야 한다. 세컨더리가 변경되고 나면 프라이머리를 변경해야 한다. 프라이머리가 될 수 있는 서버는 온전한 유지 보수 시간을 제공하려면 각각 충분히 큰 oplog가 필요함을 기억하자.

oplog의 크기를 늘리려면 다음 단계를 수행한다.

1. 복제 셋 멤버에 연결한다. 인증이 활성화됐다면 local 데이터베이스를 수정할 권한이 있는 사용자를 사용해야 한다.

2. oplog의 현재 크기를 확인한다.

```
> use local
> db.oplog.rs.stats(1024*1024).maxSize
```

NOTE_ 컬렉션 크기가 메가바이트 단위로 표시된다.

3. 복제 셋 멤버의 oplog 크기를 변경한다.

```
> db.adminCommand({replSetResizeOplog: 1, size: 16000})
```

NOTE_ 연산은 복제 셋 멤버의 oplog 크기를 16기가바이트 (혹은 1만 6000메가바이트)로 변경한다.

4. 마지막으로, oplog의 크기를 줄였다면 compact를 실행해 할당된 디스크 공간을 회수해야 할 수도 있다. 하지만 대상 멤버가 프라이머리인 동안에는 실행해서는 안 된다. 예제 및 전체 절차에 대한 자세한 내용은 몽고DB 설명서(https://oreil.ly/krv0R)의 'Oplog 크기 변경'을 참조하자.

일반적으로 oplog의 크기는 줄이면 안 된다. oplog 크기가 수개월이더라도 일반적으로 디스크 공간은 충분하며 램이나 CPU 같은 귀중한 리소스를 소모하지 않는다.

13.4.7 인덱스 구축하기

프라이머리에 인덱스 구축을 전송하면 프라이머리는 정상적으로 인덱스를 구축하며, 세컨더리는 'build index' 연산을 복제할 때 인덱스를 구축한다. 이는 인덱스를 구축하는 가장 쉬운 방법이긴 하지만, 인덱스 구축은 멤버를 이용 불가능한 상태로 만들 수도 있는 리소스 집약적인resource-intensive 연산이다. 만약 모든 세컨더리가 동시에 인덱스를 구축하기 시작한다면 복제 셋의 거의 모든 멤버는 인덱스 구축이 완료될 때까지 오프라인 상태가 된다. 이 과정은 복제 셋에만 해당된다. 샤드 클러스터sharded cluster의 경우, 샤드 클러스터에서 인덱스를 구축하는 방법에 대한 몽고DB 설명서(https://oreil.ly/wJNeE)를 참조하자.

> **WARNING_** "unique" 인덱스를 만들 때는 컬렉션에 대한 모든 쓰기를 중지해야 한다. 중지하지 않으면 복제 셋 멤버끼리 데이터가 일치하지 않게 될 수 있다.

따라서 애플리케이션에 대한 영향을 최소화하려면 인덱스는 한 번에 한 멤버씩 구축하는 것이 바람직하다. 이를 수행하려면 다음과 같이 한다.

1. 세컨더리를 종료한다.
2. 종료한 세컨더리를 독립 실행형 서버로 재시작한다.
3. 재시작한 서버에 인덱스를 구축한다.
4. 인덱스 구축이 완료되면 서버를 복제 셋 멤버로 재시작한다. 멤버를 재시작할 때 명령행 옵션이나 구성 파일에 disableLogicalSessionCacheRefresh 매개변수가 있으면 제거해야 한다.
5. 복제 셋의 각 세컨더리에 1단계부터 4단계까지 반복한다.

이제 셋에서 프라이머리를 제외한 모든 멤버의 인덱스가 구축됐다. 다음 두 가지 선택지 중, 실제 시스템에 가장 적게 영향을 미치는 방법을 선택해야 한다.

1. 프라이머리에 인덱스를 구축한다. 트래픽이 적을 때 'off' 시간을 가질 수 있다면 이때 구축하면 좋다. 또한 읽기 선호도를 수정함으로써 구축이 진행 중일 때 세컨더리로 더 많은 부하를 보내도록 일시적으로 경로를 변경할 수 있다.

   프라이머리는 인덱스 구축을 세컨더리에 복제하지만, 세컨더리는 이미 인덱스가 있으므로 어떤 연산 작업도 발생하지 않는다.

2. 프라이머리를 강등한 후 앞에서 설명한 2~4단계를 거친다. 이 방식에는 장애 조치가 필요하지만 기존 프라이머리가 인덱스를 구축하는 동안 정상적으로 작동하는 프라이머리가 있다. 인덱스 구축이 완료된 후 기존 프라이머리를 복제 셋에 재도입할 수 있다.

이 방법으로 세컨더리에서 다른 복제 셋 멤버의 인덱스와 다른 인덱스를 구축할 수도 있다. 이는 오프라인 처리에 유용할 수 있다. 다만 인덱스가 다른 멤버는 절대 프라이머리가 될 수 없으며 우선순위가 항상 0임을 기억하자.

고유 인덱스를 구축할 때는 프라이머리가 중복 삽입을 하지 않아야 하며, 인덱스를 프라이머리에 먼저 구축해야 한다. 그렇지 않으면 프라이머리는 중복 삽입을 하게 되고 세컨더리에 복제 오류replication error를 발생시킨다. 이러한 오류가 발생하면 세컨더리는 스스로를 종료하며, 독립 실행형으로 재시작해 고유 인덱스를 삭제한 후 다시 시작해야 한다.

13.4.8 한정된 예산에서 복제하기

고성능 서버를 두 개 이상 구하기 어렵다면, 적은 램과 CPU, 속도가 느린 디스크 입출력을 갖는 재해 복구용 세컨더리 서버를 고려해보자. 좋은 서버는 항상 프라이머리로 쓰고, 상대적으로 값싼 서버는 절대 클라이언트 트래픽을 처리하지 않게 한다(모든 읽기 요청을 프라이머리에 보내도록 클라이언트를 구성한다). 다음은 이러한 값싼 서버를 설정하기 위한 옵션이다.

`"priority" : 0`

해당 서버가 절대 프라이머리가 되지 않도록 설정한다.

`"hidden" : true`

클라이언트가 해당 세컨더리에 읽기 요청을 절대 보내지 않도록 설정한다.

`"buildIndexes" : false`

이는 선택적이지만, 해당 서버가 처리해야 하는 부하를 상당히 줄일 수 있다. 이 서버로부터 복원할 경우 인덱스를 재구축해야 한다.

`"votes" : 0`

서버가 두 개뿐이라면 세컨더리의 `"votes"`를 0으로 설정해서 해당 서버가 다운되더라도 프라이머리가 프라이머리로 유지되도록 한다. 세 번째 서버가 있다면(애플리케이션 서버라도) 해당 서버의 `"votes"`를 0으로 설정하는 대신 아비터를 실행한다.

이러한 세컨더리가 있으면 두 개의 고성능 서버 없이도 안정성과 보안성을 얻을 수 있다.

샤딩

14장에서는 샤딩에 관한 간단한 설정을 다룬다. 15장에서는 클러스터 구성 요소의 전반적인 면을 살펴보고 어떻게 설정하는지 알아본다. 16장에서는 다양한 애플리케이션에서 샤드 키를 고르는 방법을 다룬다. 17장에서는 샤딩된 클러스터를 운영하는 방식을 살펴본다.

Part IV

샤딩

## CHAPTER 14

샤딩 소개

이 장에서는 몽고DB를 확장하는 방법을 다룬다.

- 샤딩과 클러스터 구성 요소 소개
- 샤딩 구성 방법
- 샤딩과 애플리케이션의 상호작용 기본

14.1 샤딩이란

샤딩은 여러 장비에 걸쳐 데이터를 분할하는 과정을 일컬으며, 때때로 **파티셔닝**이라는 용어로도 불린다. 각 장비에 데이터의 서브셋을 넣음으로써, 더 크거나 강력한 장비 없이도, 더 많은 수의 덜 강력한 장비로 더 많은 데이터를 저장하고 더 많은 부하를 처리할 수 있다. 샤딩은 다른 용도로도 사용한다. 더 자주 접근하는 데이터를 성능이 더 좋은 하드웨어에 배치하거나, 지역에 따라 데이터셋을 분할해 주로 접근하는 애플리케이션 서버와 가까운 컬렉션에서 도큐먼트의 서브셋을 찾을 수 있다(예를 들어 사용자가 특정 로케일^{locale}을 기반으로 할 때).

수동 샤딩^{manual sharding}은 어떤 데이터베이스 소프트웨어를 사용하든 대부분 수행할 수 있다. 수동 샤딩을 사용하면 애플리케이션이 여러 데이터베이스 서버와 연결을 유지하며, 각 서버는 완전히 독립적이다. 애플리케이션은 각기 다른 데이터를 다른 서버에 저장하고, 데이터를 가져오기 위해 적절한 서버에 쿼리하는 과정을 관리한다. 이 방식은 잘 작동하지만, 클러스터에서 노드를 추가하거나 삭제할 때 혹은 데이터 분산data distribution이나 부하 패턴이 변화할 때는 유지하기 어렵다.

몽고DB는 애플리케이션에서 구조를 추상화하고 시스템 관리를 간단하게 하는 자동 샤딩autosharding을 지원한다. 몽고DB는 애플리케이션이 독립 실행형 몽고DB 서버와 통신하지 않는다는 사실을 어느 정도 무시할 수 있도록 허용해준다. 운영 측면에서는, 몽고DB가 샤드에 걸쳐 데이터 분산을 자동화하므로 용량capacity을 추가하고 제거하기 쉽다.

개발 및 운영 측면에서 샤딩은 몽고DB를 구성하는 가장 어렵고 복잡한 방법이다. 구성하고 모니터링할 구성 요소가 많고, 클러스터에서 데이터가 자동으로 옮겨 다니기 때문이다. 따라서 샤드 클러스터를 배포하거나 사용하기에 앞서 독립 실행형 서버나 복제 셋을 다루는 데 충분히 익숙해져야 한다. 또한 복제 셋과 마찬가지로 샤드 클러스터를 구성하고 배포할 때도 몽고DB 옵스 매니저나 몽고DB 아틀라스를 사용하기를 권장한다. 컴퓨팅 인프라 제어를 유지해야 한다면 옵스 매니저를 사용하면 좋다. 몽고DB 아틀라스는 인프라 관리를 몽고DB에 맡길 수 있는 경우 권장된다(아마존 웹 서비스Amazon Web Services, 마이크로소프트 애저Microsoft Azure 또는 구글 컴퓨트 클라우드Google Compute Cloud에서 실행할 수 있음).

14.1.1 클러스터 구성 요소 이해하기

몽고DB 샤딩을 통해, 많은 장비(샤드)의 클러스터를 생성하고, 각 샤드에 데이터 서브셋을 넣음으로써 컬렉션을 쪼갤 수 있다. 따라서 애플리케이션이 독립 실행형 서버나 복제 셋의 리소스 한계에 구애되지 않는다.

> NOTE_ 많은 사람이 복제와 샤딩을 혼동한다. 복제는 여러 서버에 데이터의 복사본을 생성하므로 모든 서버는 다른 서버의 미러 이미지라는 점을 기억하자. 반면에 모든 샤드는 각각 다른 데이터 서브셋을 포함한다.

샤딩의 한 가지 목적은 2개, 3개, 10개, 심지어 1000개의 샤드 클러스터가 하나의 장비처럼 보이게 하는 것이다. 이러한 세부 사항을 애플리케이션으로부터 숨기기 위해, 샤드 앞단에 있는 mongos라는 라우팅 프로세스를 실행한다. mongos에는 어떤 샤드가 어떤 데이터를 포함하는지 알려주는 '컨텐츠 목차'가 있다. 애플리케이션은 라우터router에 연결해 [그림 14-1]과 같이 정상적으로 요청을 발행할 수 있다. 라우터는 어떤 데이터가 어떤 샤드에 있는지 알기 때문에 요청을 적절한 샤드(들)로 전달할 수 있다. 요청에 대한 응답이 있으면 라우터는 응답을 수집하고 (필요하다면) 통합해 애플리케이션으로 되돌려 보낸다. 애플리케이션이 아는 한 [그림 14-2]와 같이 독립 실행형 mongod와 연결된다.

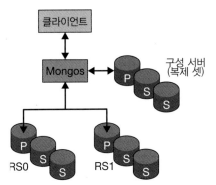

그림 14-1 샤드 클라이언트 연결sharded client connection

그림 14-2 비샤드 클라이언트 연결nonsharded client connection

14.2 단일 장비 클러스터에서의 샤딩

단일 장비에 빠르게 클러스터를 설정해보자. 먼저 --nodb 및 --norc 옵션을 사용해 mongo 셸을 시작한다.

```
$ mongo --nodb --norc
```

클러스터를 만들려면 ShardingTest 클래스를 사용한다. 방금 시작한 mongo 셸에서 다음을 실행한다.

```
st = ShardingTest({
  name:"one-min-shards",
  chunkSize:1,
  shards:2,
  rs:{
    nodes:3,
    oplogSize:10
  },
  other:{
    enableBalancer:true
  }
});
```

ShardingTest에 전달된 옵션은 다음과 같다. chunksize 옵션은 17장에서 다루며, 여기서는 간단히 1로 설정한다. name은 단순히 샤드 클러스터에 대한 레이블을 제공하고, shards는 클러스터가 두 개의 샤드로 구성되도록 지정하며(예제에서는 리소스 요구 사항을 낮게 유지하려고 수행함), rs는 각 샤드를 oplogSize가 10MiB인 3-노드 복제 셋(리소스 활용률을 낮게 유지하려고 수행함)으로 정의한다. 각 샤드에 대해 하나의 독립형 mongod를 실행할 수도 있지만, 각 샤드를 복제 셋으로 생성하면 샤드 클러스터의 전형적인 아키텍처를 보다 명확하게 볼 수 있다. 마지막으로 지정된 옵션에서는, 클러스터가 스핀 업^spin up되면 밸런서^balancer를 활성화 하도록 ShardingTest에 지시한다. 그러면 데이터가 두 샤드에 균등하게 분산된다.

ShardingTest는 몽고DB 엔지니어링^MongoDB Engineering 내부용으로 설계된 클래스이므로 외부적으로 문서화되지 않았다. 그러나 몽고DB 서버와 함께 제공되므로 샤드 클러스터를 실험하는 가장 간단한 수단이다. ShardingTest는 원래 서버 테스트 셋^server test suite을 지원하도록 설계됐고, 이런 용도로 여전히 사용된다. 기본적으로 리소스 사용률을 가능한 한 작게 유지하고 분할된 클러스터의 (비교적) 복잡한 아키텍처를 설정하는 데 도움이 되는 편의 기능을 많이 제공한다. ShardingTest는 컴퓨터에 /data/db 디렉터리가 있다고 가정한다. ShardingTest 실행이 실패하면 디렉터리를 만든 후 명령을 다시 실행해보자.

명령을 실행하면 ShardingTest가 자동으로 많은 작업을 수행한다. 두 개의 샤드가 있는 새 클러스터를 생성하며, 각 샤드는 복제 셋이다. 복제 프로토콜을 설정하는 데 필요한 옵션으로 복제 셋을 구성하고 각 노드를 시작한다. mongos를 시작해 전체 샤드의 요청을 관리하며, 따라서 클라이언트는 독립형 mongod와 통신하듯 클러스터와 상호작용할 수 있다(어느 정도는). 마지막으로 구성 서버config server에 대한 추가 복제 셋을 시작하는데, 이 서버는 쿼리를 올바른 샤드로 전달하는 데 필요한 라우팅 테이블routing table 정보를 유지한다.

샤딩은 주로 하드웨어 및 비용 제약을 해결하거나 애플리케이션에 나은 성능을 제공하려고 데이터셋을 분할하는 데 사용된다(예를 들면 지리적 분할). 몽고DB 샤딩은 이러한 기능을 여러 측면에서 애플리케이션에 원활한 방식으로 제공한다.

ShardingTest가 클러스터 설정을 마치면 연결 가능한 실행 중인 프로세스는 10개다. 노드 3개로 구성된 복제 셋 2개, 노드 3개로 구성된 구성 서버 복제 셋 1개, mongos 1개가 있다. 기본적으로 이러한 프로세스는 포트 20000에서 시작해야 한다. mongos는 포트 20009에서 실행해야 한다. 로컬 컴퓨터에서 실행 중인 다른 프로세스와, 이전에 실행된 ShardingTest에 대한 호출이 ShardingTest가 사용할 포트를 결정하는 데 영향을 줄 수도 있다. 하지만 클러스터 프로세스가 실행 중인 포트를 판별하는 데 큰 어려움은 없어야 한다.

다음으로 mongos에 연결한다. 전체 클러스터가 현재 셸에 로그를 떠넘기므로 두 번째 터미널 창terminal window을 열어 다른 mongo 셸을 시작하자.

```
$ mongo --nodb
```

이 셸을 사용해 클러스터의 mongos에 연결한다. mongos는 포트 20009에서 실행한다.

```
> db = (new Mongo("localhost:20009")).getDB("accounts")
```

mongo 셸의 프롬프트는 mongos에 연결됨을 반영하도록 변경돼야 한다. [그림 14-1]에서 본 상황과 같으며, 셸은 클라이언트이고 mongos에 연결된다. 이제 mongos에 요청을 전달할 수 있으며, mongos는 요청을 샤드로 라우팅한다. 샤드의 정보(개수, 주소 등)는 전혀 몰라도 된다. 샤드가 있는 한 요청을 mongos에 보내서 적절하게 전달하도록 허용할 수 있다.

데이터를 삽입해보자.

```
> for (var i=0; i<100000; i++) {
...     db.users.insert({"username" : "user"+i, "created_at" : new Date()}); ...
}
> db.users.count()
100000
```

보다시피 **mongos**와의 상호작용은 독립형 서버와의 상호작용과 동일한 방식으로 작동한다.

sh.status()를 실행해 클러스터를 전체적으로 볼 수 있다. 샤드, 데이터베이스, 컬렉션에 대한 요약을 제공한다.

```
> sh.status()
--- Sharding Status ---
sharding version: {
  "_id": 1,
  "minCompatibleVersion": 5,
  "currentVersion": 6,
  "clusterId": ObjectId("5a4f93d6bcde690005986071")
}
shards:
{
  "_id" : "one-min-shards-rs0",
  "host" :
    "one-min-shards-rs0/MBP:20000,MBP:20001,MBP:20002",
  "state" : 1 }
{  "_id" : "one-min-shards-rs1",
   "host" :
     "one-min-shards-rs1/MBP:20003,MBP:20004,MBP:20005",
   "state" : 1 }
active mongoses:
  "3.6.1" : 1
autosplit:
  Currently enabled: no
balancer:
  Currently enabled:  no
  Currently running:  no
  Failed balancer rounds in last 5 attempts:  0
  Migration Results for the last 24 hours:
    No recent migrations
databases:
  {  "_id" : "accounts",  "primary" : "one-min-shards-rs1",
     "partitioned" : false }
  {  "_id" : "config",  "primary" : "config",
     "partitioned" : true }
  config.system.sessions
shard key: { "_id" : 1 }
unique: false
balancing: true
```

```
chunks:
  one-min-shards-rs0    1
  { "_id" : { "$minKey" : 1 } } -->> { "_id" : { "$maxKey" : 1 } }
  on : one-min-shards-rs0 Timestamp(1, 0)
```

> **NOTE_** sh는 rs와 비슷하지만 샤딩의 경우 여러 샤딩 보조자 함수^{sharding helper function}를 정의하는 전역 변수다 (함수는 **sh.help()**를 실행하면 볼 수 있다). **sh.status()** 출력에서 볼 수 있듯 샤드 2개와 데이터베이스 2개가 있다(**config**는 자동으로 생성된다).

accounts 데이터베이스에는 여기에 표시된 것과 다른 프라이머리 샤드^{primary shard}가 있을 수 있다. 프라이머리 샤드는 '홈 베이스' 샤드이며, 각 데이터베이스마다 무작위로 선택된다. 모든 데이터는 프라이머리 샤드에 있다. 몽고DB는 데이터를 분산할 방법(혹은 분산 여부)을 모르기 때문에 아직 데이터를 자동으로 분산할 수 없다. 컬렉션마다 데이터를 어떻게 분산할지 알려야 한다.

> **NOTE_** 프라이머리 샤드는 복제 셋 프라이머리와 다르다. 프라이머리 샤드는 샤드를 구성하는 전체 복제 셋을 가리킨다. 복제 셋의 프라이머리는 쓰기를 수행할 수 있는 복제 셋의 단일 서버다.

특정 컬렉션을 샤딩하려면 먼저 컬렉션의 데이터베이스에서 샤딩을 활성화한다. 이를 위해 **enableSharding** 명령을 실행한다.

```
> sh.enableSharding("accounts")
```

이제 accounts 데이터베이스에서 샤딩이 활성화돼 데이터베이스 내에서 컬렉션을 샤딩할 수 있다.

컬렉션을 샤딩할 때 샤드 키^{shard key}를 선택하는데, 이는 몽고DB가 데이터를 분할하는 데 사용하는 필드다. 예를 들어 **"username"**에서 샤딩하도록 선택하면 몽고DB는 데이터를 사용자 이름 범위로 나눈다. 즉 **"a1-steak-sauce"**에서 **"defcon"**까지, **"defcon1"**에서 **"howie1998"**까지로 나눈다. 샤드 키를 선택하는 것은 컬렉션 내 데이터 순서를 선택하는 것으로 생각할 수 있다. 인덱싱과 유사한 개념이며, 컬렉션이 커질수록 샤드 키가 컬렉션에서 가장 중요한 인덱스가 된다. 샤드 키를 만들려면 필드에 인덱스를 생성해야 한다.

샤딩을 활성화하기 전에 샤딩하려는 키에 인덱스를 생성해야 한다.

```
> db.users.createIndex({"username" : 1})
```

이제 "username"으로 컬렉션을 샤딩할 수 있다.

```
> sh.shardCollection("accounts.users", {"username" : 1})
```

여기서는 별다른 고민 없이 샤드 키를 선택했지만 실제 시스템에서는 키를 선택할 때 신중하게 생각해야 한다. 샤드 키 선택에 대한 자세한 내용은 16장을 참조하자.

몇 분 기다렸다가 sh.status()를 다시 실행해보면 이전보다 훨씬 많은 정보가 표시된다.

```
> sh.status()
--- Sharding Status ---
sharding version: {
  "_id" : 1,
  "minCompatibleVersion" : 5,
  "currentVersion" : 6,
  "clusterId" : ObjectId("5a4f93d6bcde690005986071")
}
shards:
  {  "_id" : "one-min-shards-rs0",
     "host" :
       "one-min-shards-rs0/MBP:20000,MBP:20001,MBP:20002",
     "state" : 1 }
  {  "_id" : "one-min-shards-rs1",
     "host" :
       "one-min-shards-rs1/MBP:20003,MBP:20004,MBP:20005",
     "state" : 1 }
active mongoses:
  "3.6.1" : 1
autosplit:
  Currently enabled: no
balancer:
  Currently enabled:  yes
  Currently running:  no
  Failed balancer rounds in last 5 attempts:  0
  Migration Results for the last 24 hours:
```

```
      6 : Success
databases:
  { "_id" : "accounts",  "primary" : "one-min-shards-rs1",
      "partitioned" : true }
accounts.users
  shard key: { "username" : 1 }
  unique: false
  balancing: true
  chunks:
    one-min-shards-rs0  6
    one-min-shards-rs1  7
    { "username" : { "$minKey" : 1 } } -->>
      { "username" : "user17256" } on : one-min-shards-rs0 Timestamp(2, 0)
    { "username" : "user17256" } -->>
      { "username" : "user24515" } on : one-min-shards-rs0 Timestamp(3, 0)
    { "username" : "user24515" } -->>
      { "username" : "user31775" } on : one-min-shards-rs0 Timestamp(4, 0)
    { "username" : "user31775" } -->>
      { "username" : "user39034" } on : one-min-shards-rs0 Timestamp(5, 0)
    { "username" : "user39034" } -->>
      { "username" : "user46294" } on : one-min-shards-rs0 Timestamp(6, 0)
    { "username" : "user46294" } -->>
      { "username" : "user53553" } on : one-min-shards-rs0 Timestamp(7, 0)
    { "username" : "user53553" } -->>
      { "username" : "user60812" } on : one-min-shards-rs1 Timestamp(7, 1)
    { "username" : "user60812" } -->>
      { "username" : "user68072" } on : one-min-shards-rs1 Timestamp(1, 7)
    { "username" : "user68072" } -->>
      { "username" : "user75331" } on : one-min-shards-rs1 Timestamp(1, 8)
    { "username" : "user75331" } -->>
      { "username" : "user82591" } on : one-min-shards-rs1 Timestamp(1, 9)
    { "username" : "user82591" } -->>
      { "username" : "user89851" } on : one-min-shards-rs1 Timestamp(1, 10)
    { "username" : "user89851" } -->>
      { "username" : "user9711" } on : one-min-shards-rs1 Timestamp(1, 11)
    { "username" : "user9711" } -->>
      { "username" : { "$maxKey" : 1 } } on : one-min-shards-rs1 Timestamp(1, 12)
  { "_id" : "config",  "primary" : "config",  "partitioned" : true }
config.system.sessions
  shard key: { "_id" : 1 }
  unique: false
  balancing: true
```

```
chunks:
   one-min-shards-rs0 1
   { "_id" : { "$minKey" : 1 } } -->>
      { "_id" : { "$maxKey" : 1 } } on : one-min-shards-rs0 Timestamp(1, 0)
```

컬렉션은 13개의 청크로 분할됐고, 각 청크는 데이터의 서브셋이다. 청크는 샤드 키 범위에 따라 나열된다({"username": **minValue**} -->> {"username": **maxValue**}는 각 청크의 범위를 나타낸다). 출력의 "on": **shard** 부분을 보면 청크가 샤드 간에 균등하게 분산됨을 알수 있다.

[그림 14-3]부터 [그림 14-5]는 컬렉션이 청크로 분할되는 프로세스를 그림으로 나타낸다. 샤딩 전에 컬렉션은 기본적으로 단일 청크다. [그림 14-4]와 같이 샤딩은 샤드 키를 기반으로 컬렉션을 더 작은 청크로 분할한다. 분할된 청크는 [그림 14-5]처럼 여러 클러스터에 분산된다.

user0   user999999

그림 14-3 컬렉션을 샤딩하기 전에는 샤드 키의 가장 작은 값에서 가장 큰 값까지 단일 청크로 생각할 수 있다.

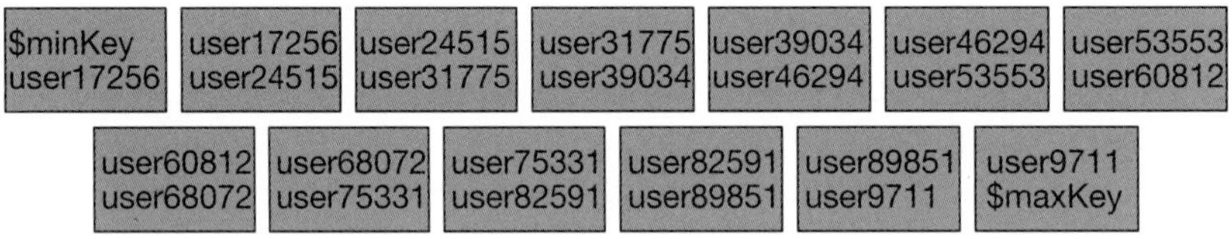

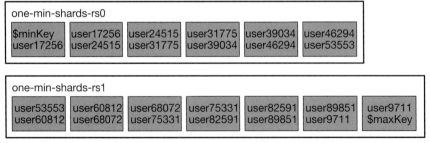

그림 14-4 샤딩은 샤드 키 범위를 기반으로 컬렉션을 여러 청크로 분할한다.

그림 14-5 청크는 사용 가능한 샤드에 균등하게 분산된다.

청크 리스트 시작과 끝에 있는 $minKey와 $maxKey 키를 확인하자. $minKey는 '음의 무한대'로 생각할 수 있으며, 몽고DB의 어느 값보다 작다. 마찬가지로 $maxKey는 '양의 무한대'와 같으며, 어느 값보다 크다. 따라서 항상 청크 범위chunk range의 '한도'로 표시된다. 샤드 키 값은 항상 $minKey와 $maxKey 사이에 있다. 이러한 값은 BSON 유형이고 애플리케이션에서 사용해서는 안 되며 주로 내부용이다. 셸에서 참조하려면 MinKey 및 MaxKey 상수를 사용하자.

데이터가 여러 샤드에 분산됐으므로 몇 가지 쿼리를 시도해보자. 먼저 특정 사용자 이름에 쿼리한다.

```
> db.users.find({username: "user12345"})
{
    "_id" : ObjectId("5a4fb11dbb9ce6070f377880"),
    "username" : "user12345",
    "created_at" : ISODate("2018-01-05T17:08:45.657Z")
}
```

쿼리는 정상적으로 작동한다. explain을 실행해 몽고DB가 내부적으로 수행하는 작업을 확인해보자.

```
> db.users.find({username: "user12345"}}).explain()
{
  "queryPlanner" : {
    "mongosPlannerVersion" : 1,
    "winningPlan" : {
      "stage" : "SINGLE_SHARD",
      "shards" : [{
    "shardName" : "one-min-shards-rs0",
    "connectionString" :
      "one-min-shards-rs0/MBP:20000,MBP:20001,MBP:20002",
    "serverInfo" : {
        "host" : "MBP",
        "port" : 20000,
      "version" : "3.6.1",
      "gitVersion" : "025d4f4fe61efd1fb6f0005be20cb45a004093d1"
    },
    "plannerVersion" : 1,
    "namespace" : "accounts.users",
    "indexFilterSet" : false,
    "parsedQuery" : {
```

```
      "username" : {
        "$eq" : "user12345"
      }
    },
    "winningPlan" : {
      "stage" : "FETCH",
      "inputStage" : {
        "stage" : "SHARDING_FILTER",
        "inputStage" : {
          "stage" : "IXSCAN",
        "keyPattern" : {
          "username" : 1
        },
        "indexName" : "username_1",
        "isMultiKey" : false,
        "multiKeyPaths" : {
            "username" : [ ]
        },
        "isUnique" : false,
          "isSparse" : false,
          "isPartial" : false,
        "indexVersion" : 2,
        "direction" : "forward",
        "indexBounds" : {
          "username" : [
              "[\"user12345\", \"user12345\"]"
      ]
        }
      }
        }
    },
    "rejectedPlans" : [ ]
      }]
    }
  },
  "ok" : 1,
  "$clusterTime" : {
    "clusterTime" : Timestamp(1515174248, 1),
    "signature" : {
      "hash" : BinData(0,"AAAAAAAAAAAAAAAAAAAAAAAAAAA="),
      "keyId" : NumberLong(0)
    }
  },
  "operationTime" : Timestamp(1515173700, 201)
}
```

explain 출력의 "winningPlan" 필드를 보면, 클러스터가 단일 샤드 one-min-shards-rs0을 사용해 쿼리를 충족했음을 알 수 있다. 이전에 본 sh.status() 출력을 기반으로 user12345가 클러스터의 해당 샤드에 대해 나열된 첫 번째 청크의 키 범위 내에 있음을 알 수 있다.

"username"이 샤드 키이기 때문에 mongos가 쿼리를 올바른 샤드로 직접 라우팅할 수 있었다. 모든 사용자에 대한 쿼리 결과와 대조해보자.

```
> db.users.find().explain()
{
  "queryPlanner":{
    "mongosPlannerVersion":1,
    "winningPlan":{
      "stage":"SHARD_MERGE",
      "shards":[
        {
          "shardName":"one-min-shards-rs0",
          "connectionString":
            "one-min-shards-rs0/MBP:20000,MBP:20001,MBP:20002",
          "serverInfo":{
            "host":"MBP.fios-router.home",
            "port":20000,
            "version":"3.6.1",
            "gitVersion":"025d4f4fe61efd1fb6f0005be20cb45a004093d1"
          },
          "plannerVersion":1,
          "namespace":"accounts.users",
          "indexFilterSet":false,
          "parsedQuery":{

          },
          "winningPlan":{
            "stage":"SHARDING_FILTER",
            "inputStage":{
              "stage":"COLLSCAN",
              "direction":"forward"
            }
          },
          "rejectedPlans":[

          ]
```

```
      },
      {
        "shardName":"one-min-shards-rs1",
        "connectionString":
          "one-min-shards-rs1/MBP:20003,MBP:20004,MBP:20005",
        "serverInfo":{
          "host":"MBP.fios-router.home",
          "port":20003,
          "version":"3.6.1",
          "gitVersion":"025d4f4fe61efd1fb6f0005be20cb45a004093d1"
        },
        "plannerVersion":1,
        "namespace":"accounts.users",
        "indexFilterSet":false,
        "parsedQuery":{

        },
        "winningPlan":{
          "stage":"SHARDING_FILTER",
          "inputStage":{
            "stage":"COLLSCAN",
            "direction":"forward"
          }
        },
        "rejectedPlans":[

        ]
      }
    ]
  }
},
"ok":1,
"$clusterTime":{
  "clusterTime":Timestamp(1515174893, 1),
  "signature":{
    "hash":BinData(0, "AAAAAAAAAAAAAAAAAAAAAAAAAAA="),
    "keyId":NumberLong(0)
  }
},
"operationTime":Timestamp(1515173709, 514)
}
```

explain에서 볼 수 있듯 쿼리는 모든 데이터를 찾으려면 두 샤드를 모두 방문해야 한다. 일반적으로 쿼리에서 샤드 키를 사용하지 않으면 mongos는 모든 샤드에 쿼리를 보내야 한다.

샤드 키를 포함하며 단일 샤드나 샤드 서브셋으로 보낼 수 있는 쿼리를 타겟 쿼리targeted queries라고 한다. 모든 샤드로 보내야 하는 쿼리는 분산–수집 쿼리scatter-gather queries라고 한다. mongos는 쿼리를 모든 샤드로 분산한 다음 결과를 수집한다.

이제 셋을 종료하자. 원래 셸로 다시 전환하고 엔터 키를 몇 번 눌러 명령행으로 돌아간 다음 st.stop()을 실행해 모든 서버를 완전히 종료한다.

```
> st.stop ()
```

연산이 어떤 작업을 하는지 확인하고 싶으면 ShardingTest를 사용해 간단한 로컬 클러스터를 가동하고 사용해보면 도움이 된다.

## CHAPTER 15

샤딩 구성

14장에서는 한 대의 장비에 '클러스터'를 설정했다. 이 장에서는 좀 더 현실적인 클러스터를 설정하는 방법과 각 요소를 조합하는 방법을 다룬다.

- 구성 서버, 샤드, mongos 프로세스 설정 방법
- 클러스터 용량 추가 방법
- 데이터 저장 및 분산 방법

15.1 언제 샤딩해야 하나

샤딩이 너무 이르거나 늦게 실행되지 않도록 조율해 언제 샤딩할지 결정한다. 너무 일찍 샤딩하면 좋지 않은데, 배포 운영이 더 복잡해지며 나중에 변경이 어려운 구조에 대한 결정을 내려야 하기 때문이다. 반면에 너무 늦게 샤딩해도 좋지 않은데, 과부하된 시스템을 중단 없이 샤딩하기 어렵기 때문이다.

일반적으로 샤딩은 다음과 같은 경우에 사용된다.

- 사용 가능한 메모리를 늘릴 때
- 사용 가능한 디스크 공간을 늘릴 때
- 서버의 부하를 줄일 때
- 한 개의 mongod가 다룰 수 있는 처리량보다 더 많이 데이터를 읽거나 쓸 때

따라서 샤딩이 필요한 시점을 결정하는 데 모니터링이 중요하며, 각 지표를 주의 깊게 측정해야 한다. 일반적으로 여러 병목 중 한 가지 항목에 빠르게 맞닥뜨리게 된다. 따라서 어떤 항목을 프로비저닝provisioning할지 찾고, 복제 셋 전환 방법과 시기를 미리 계획해야 한다.

15.2 서버 시작

클러스터를 생성하려면 먼저 필요한 프로세스를 모두 시작해야 한다. 14장에서 언급했듯 mongos와 샤드를 설정해야 한다. 또한 세 번째 구성 요소로, 구성 서버라는 중요한 요소가 있다. 구성 서버는 클러스터 구성cluster configuration을 저장하는 일반 mongod 서버이며, 클러스터 구성은 샤드를 호스팅하는 복제 셋, 샤딩된 컬렉션, 각 청크가 위치한 샤드 등을 포함한다. 몽고DB 3.2부터는 복제 셋을 구성 서버로 사용할 수 있다. 복제 셋은 구성 서버에서 사용하는 기존 동기화 메커니즘을 대체한다. 해당 메커니즘을 사용하는 기능은 몽고DB 3.4부터 없어졌다.

15.2.1 구성 서버

구성 서버는 클러스터의 두뇌부다. 어떤 서버가 무슨 데이터를 갖고 있는지에 대한 모든 메타데이터를 보유한다. 따라서 구성 서버를 가장 먼저 설정해야 한다. 또한 구성 서버에 있는 데이터는 매우 중요하므로 저널링journaling이 활성화된 채 실행 중이며 데이터가 영구적인 드라이브에 저장돼 있는지 확인하자. 운영 배포에서 구성 서버 복제 셋은 3개 이상의 멤버로 구성해야한다. 각 구성 서버는 지리적으로 분산된 별도의 물리적 장비에 있어야 한다.

mongos가 구성 서버로부터 구성을 가져오므로, 구성 서버는 mongos 프로세스에 앞서 시작해야 한다. 3개의 개별 시스템에서 다음 명령을 실행해 구성 서버를 시작하자.

```
$ mongod --configsvr --replSet configRS --bind_ip localhost,198.51.100.51

$ mongod --configsvr --replSet configRS --bind_ip localhost,198.51.100.52

$ mongod --configsvr --replSet configRS --bind_ip localhost,198.51.100.53
```

그런 다음 구성 서버를 복제 셋으로 시작한다. mongo 셸을 복제 셋 멤버 중 하나에 연결한다.

```
$ mongo --host <호스트명> --port <포트>
```

그리고 rs.initiate() 보조자를 사용한다.

```
> rs.initiate(
  {
    _id: "configRS",
    configsvr: true,
    members: [
      { _id : 0, host : "cfg1.example.net:27019" },
      { _id : 1, host : "cfg2.example.net:27019" },
      { _id : 2, host : "cfg3.example.net:27019" }
    ]
  }
)
```

여기서는 복제 셋 이름으로 configRS를 사용한다. 이 이름은 각 구성 서버를 인스턴스화할 때 명령행과, rs.initiate() 호출 모두에 나타난다.

--configsvr 옵션은 mongod를 구성 서버로 사용하겠다는 뜻이다. 이 옵션으로 실행되는 서버에서 클라이언트(즉 다른 클러스터 구성 요소)는 config와 admin 이외의 데이터베이스에 데이터를 쓸 수 없다.

admin 데이터베이스는 인증 및 권한 부여와 관련된 컬렉션과, 내부용 기타 system.* 컬렉션을 포함한다. config 데이터베이스는 샤딩된 클러스터 메타데이터를 보유하는 컬렉션을 포함한다. 몽고DB는 청크 마이그레이션^{chunk migration}이나 청크 분할^{chunk split} 후처럼 메타데이터가 변경될 때 config 데이터베이스에 데이터를 쓴다.

몽고DB는 구성 서버에 쓰기를 수행할 때 writeConcern 수준의 "majority"를 사용한다. 마찬가지로 구성 서버에서 읽을 때는 readConcern 수준의 "majority"를 사용한다. 그러면 샤딩된 클러스터 메타데이터가 롤백될 수 없을 때까지 구성 서버 복제 셋에 커밋되지 않는다. 또한 구성 서버 오류가 발생해도 살아남을 메타데이터만 읽을 수 있다. 이는 샤드 클러스터에서 데이터가 구성되는 방식을 모든 mongos 라우터가 일관되게 보도록 하는 데 필요하다.

구성 서버를 네트워킹 및 CPU 리소스 측면에서 적절하게 프로비저닝해야 한다. 구성 서버는 클러스터 내 데이터의 목차만 보유하므로, 필요한 스토리지 리소스가 최소화된다. 시스템 리소스에 대한 경합을 방지하려면 별도의 하드웨어에 배포해야 한다.

> **WARNING_** 만약 모든 구성 서버가 유실되면, 어느 데이터가 어디에 위치하는지 알아내려면 샤드들의 데이터를 파헤쳐야만 한다. 가능하긴 하지만 느리고 불편한 작업이다. 구성 서버 데이터를 자주 백업하고, 클러스터 유지 보수를 수행하기 전에는 항상 구성 서버를 백업하자.

15.2.2 mongos 프로세스

세 개의 구성 서버가 실행 중이면 애플리케이션이 접속할 mongos 프로세스를 시작하자. mongos 프로세스가 구성 서버들의 위치를 알아야 하므로 항상 --configdb 옵션으로 mongos 프로세스를 시작해야 한다.

```
$ mongos --configdb \
  configRS/cfg1.example.net:27019, \
  cfg2.example.net:27019,cfg3.example.net:27019 \
--bind_ip localhost,198.51.100.100 --logpath /var/log/mongos.log
```

mongos는 기본적으로 포트 27017로 실행한다. 데이터 디렉터리는 필요 없음을 알아두자 (mongos 자체는 데이터를 보유하지 않고, 시작할 때 구성 서버로부터 클러스터 구성을 가져온다). mongos 로그를 어딘가에 안전하게 저장하기 위해 --logpath를 설정한다.

적은 수의 mongos 프로세스를 시작해야 하며, 가능한 한 모든 샤드에 가까이 배치해야 한다. 그러면 여러 샤드에 접근해야 하거나 분산/수집 작업을 수행하는 쿼리의 성능이 향상된다. 고가용성을 보장하려면 mongos 프로세스가 최소 두 개 필요하다. mongos 프로세스를 수십, 수백 개 실행할 수 있지만, 이는 **구성 서버**에서 리소스 경합을 유발한다. 적은 수의 라우터를 사용하기를 권장한다.

15.2.3 복제 셋으로부터 샤딩 추가

드디어 샤드를 추가할 준비가 됐다. 이미 복제 셋이 있는 경우와 처음부터 시작하는 경우가 있다. 기존 복제 셋이 있는 경우를 살펴보자. 처음부터 시작한다면 빈 셋을 초기화하고 다음 단계들을 수행한다.

애플리케이션에 이미 복제 셋이 있다면 해당 셋이 첫 번째 샤드가 된다. 복제 셋을 샤드로 전환하려면 멤버의 구성을 약간 수정한 후, mongos에게 샤드를 구성할 복제 셋을 찾는 방법을 알려야 한다.

예를 들어 svr1.example.net, svr2.example.net, svr3.example.net에 rs0이라는 복제 셋이 있으면 먼저 mongo 셸을 사용해 멤버 중 하나에 연결한다.

```
$ mongo srv1.example.net
```

그런 다음 rs.status()를 사용해 어떤 멤버가 프라이머리이고 어떤 멤버가 세컨더리인지 확인한다.

```
> rs.status()
    "set" : "rs0",
    "date" : ISODate("2018-11-02T20:02:16.543Z"),
    "myState" : 1,
    "term" : NumberLong(1),
    "heartbeatIntervalMillis" : NumberLong(2000),
    "optimes" : {


        "lastCommittedOpTime" : {
            "ts" : Timestamp(1478116934, 1),
            "t" : NumberLong(1)
        },
        "readConcernMajorityOpTime" : {
            "ts" : Timestamp(1478116934, 1),
            "t" : NumberLong(1)
        },
        "appliedOpTime" : {
            "ts" : Timestamp(1478116934, 1),
            "t" : NumberLong(1)
        },
```

```
            "durableOpTime" : {
                "ts" : Timestamp(1478116934, 1),
                "t" : NumberLong(1)
            }
        },

    "members" : [
        {
            "_id" : 0,
            "name" : "svr1.example.net:27017",
            "health" : 1,
            "state" : 1,
            "stateStr" : "PRIMARY",
            "uptime" : 269,
            "optime" : {
                        "ts" : Timestamp(1478116934, 1),
                        "t" : NumberLong(1)
            },
            "optimeDate" : ISODate("2018-11-02T20:02:14Z"),
            "infoMessage" : "could not find member to sync from",
            "electionTime" : Timestamp(1478116933, 1),
            "electionDate" : ISODate("2018-11-02T20:02:13Z"),
            "configVersion" : 1,
            "self" : true
        },
        {
            "_id" : 1,
            "name" : "svr2.example.net:27017",
            "health" : 1,
            "state" : 2,
            "stateStr" : "SECONDARY",
            "uptime" : 14,
            "optime" : {
                "ts" : Timestamp(1478116934, 1),
                "t" : NumberLong(1)
            },
            "optimeDurable" : {
                "ts" : Timestamp(1478116934, 1),
                "t" : NumberLong(1)
            },
            "optimeDate" : ISODate("2018-11-02T20:02:14Z"),
            "optimeDurableDate" : ISODate("2018-11-02T20:02:14Z"),
            "lastHeartbeat" : ISODate("2018-11-02T20:02:15.618Z"),
            "lastHeartbeatRecv" : ISODate("2018-11-02T20:02:14.866Z"),
```

```
                "pingMs" : NumberLong(0),
                "syncingTo" : "m1.example.net:27017",
                "configVersion" : 1
        },
        {
                "_id" : 2,
                "name" : "svr3.example.net:27017",
                "health" : 1,
                "state" : 2,
                "stateStr" : "SECONDARY",
                "uptime" : 14,
                "optime" : {
                   "ts" : Timestamp(1478116934, 1),
                   "t" : NumberLong(1)
                },
                "optimeDurable" : {
                   "ts" : Timestamp(1478116934, 1),
                   "t" : NumberLong(1)
                },
                "optimeDate" : ISODate("2018-11-02T20:02:14Z"),
                "optimeDurableDate" : ISODate("2018-11-02T20:02:14Z"),
                "lastHeartbeat" : ISODate("2018-11-02T20:02:15.619Z"),
                "lastHeartbeatRecv" : ISODate("2018-11-02T20:02:14.787Z"),
                "pingMs" : NumberLong(0),
                "syncingTo" : "m1.example.net:27017",
                "configVersion" : 1
        }
    ],
    "ok" : 1
}
```

몽고DB 3.4부터 샤드용 mongod 인스턴스는 반드시 --shardsvr 옵션으로 구성해야 한다. 구성 파일 설정 sharding.clusterRole 혹은 명령행 옵션 --shardsvr을 통해 구성한다.

샤드로 변환하는 과정에서 복제 셋의 각 멤버에 대해 이 작업을 수행해야 한다. 먼저 --shardsvr 옵션을 사용해 각 세컨더리를 차례로 재시작한 후, 프라이머리를 단계적으로 강등하고 --shardsvr 옵션을 사용해 재시작하면 된다.

세컨더리를 종료한 후 다음과 같이 재시작하자.

```
$ mongod --replSet "rs0" --shardsvr --port 27017
    --bind_ip localhost,<멤버의 IP 주소>
```

--bind_ip 매개변수에 각 세컨더리의 올바른 IP 주소를 사용해야 한다.

이제 mongo 셸을 프라이머리에 연결한다.

```
$ mongo m1.example.net
```

그리고 프라이머리를 강등한다.

```
> rs.stepDown()
```

그런 다음 --shardsvr 옵션을 사용해 이전 프라이머리를 재시작한다.

```
$ mongod --replSet "rs0" --shardsvr --port 27017
    --bind_ip localhost,<이전 프라이머리의 IP 주소>
```

이제 복제 셋을 샤드로서 추가할 준비가 됐다. mongo 셸을 mongos의 admin 데이터베이스에 연결하자.

```
$ mongo mongos1.example.net:27017/admin
```

그리고 sh.addShard() 메서드를 사용해 클러스터에 샤드를 추가한다.

```
> sh.addShard(
    "rs0/svr1.example.net:27017,svr2.example.net:27017,svr3.example.net:27017" )
```

복제 셋의 모든 멤버를 지정할 수 있지만 그럴 필요는 없다. mongos는 시드 목록에 포함되지 않은 멤버를 자동으로 감지한다. sh.status()를 실행하면 몽고DB가 곧바로 샤드를 나열한다.

```
rs0/svr1.example.net:27017,svr2.example.net:27017,svr3.example.net:27017
```

복제 셋 이름 rs0은 이 샤드의 식별자가 된다. 샤드를 제거하거나 데이터를 샤드로 옮기려면 rs0를 사용해 설명한다. 복제 셋의 멤버십membership과 상태는 시간이 흐르면 바뀔 수 있으므로 특정한 서버(예를 들면 svr1.example.net)를 사용하는 것보다 낫다.

복제 셋을 샤드로 추가했으면 애플리케이션이 복제 셋 대신에 mongos에 접속하게 할 수 있다. 샤드를 추가할 때 mongos는 복제 셋 내 모든 데이터베이스를 해당 샤드가 '소유'한다는 것을 등록하므로, 모든 쿼리를 새로운 샤드로 전달한다. mongos는 클라이언트 라이브러리처럼 애플리케이션의 장애 조치를 자동으로 처리하며, 사용자에게 오류를 전달한다.

개발 환경에서 샤드의 프라이머리 장애 조치 기능을 테스트해서, 애플리케이션이 mongos로부터 받은 오류를 적절히 처리하는지 확인하자(출력되는 오류는 사용자가 프라이머리와 직접 통신해서 수신한 오류와 동일해야 한다).

> **NOTE_** 샤드를 추가했으면, 모든 클라이언트가 복제 셋에 접속하지 않고 요청을 mongos로 보내도록 **반드시** 설정해야 한다. 클라이언트가 계속 (mongos를 통하지 않고) 복제 셋에 직접 요청을 보내면 샤딩은 제대로 작동하지 않는다. 샤드를 추가하자마자 모든 클라이언트가 mongos에 접속하도록 전환하고, 샤드에 직접 접속할 수 없도록 방화벽 규칙firewall rule을 설정하자.

몽고DB 3.6 이전 버전에서는 독립 실행형 mongod 샤드를 생성할 수 있었다. 하지만 몽고DB 3.6 이후 버전에서는 불가능하며, 모든 샤드가 복제 셋이어야 한다.

15.2.4 용량 추가

용량을 추가하려면 샤드를 추가해야 한다. 복제 셋을 생성해 빈 샤드를 새로 추가하고, 기존 샤드들과 다른 이름을 갖게 하자. 복제 셋이 초기화되고 프라이머리를 갖게 되면, mongos를 통해 addShard 명령을 실행해 클러스터에 추가하고, 새로운 복제 셋의 이름과 호스트를 시드로 지정한다.

샤드가 아닌 기존 복제 셋이 여러 개 있으면, 데이터베이스 이름이 겹치지 않는 한 클러스터에 새로운 샤드로 추가할 수 있다. 예를 들어 blog 데이터베이스를 갖는 복제 셋 하나, calendar 데이터베이스를 갖는 복제 셋 하나, mail, tel, music 데이터베이스를 갖는 복제 셋 하나가 있다면, 각 복제 셋을 샤드로 추가해서 세 개의 샤드와 다섯 개의 데이터베이스로 클러스터를 구성할 수 있다. 하지만 새로 추가할 복제 셋에 tel 데이터베이스가 있다면 mongos는 복제 셋을 클러스터에 추가하기를 거부한다.

15.2.5 데이터 샤딩

몽고DB는 데이터를 어떻게 분산할지 알려주기 전에는 자동으로 데이터를 분산하지 않는다. 분산하려는 데이터베이스와 컬렉션을 명시적으로 알려줘야 한다. 예를 들어 music 데이터베이스의 artists 컬렉션을 "name" 키로 샤딩한다고 가정하자. 우선 music 데이터베이스의 샤딩을 활성화한다.

```
> sh.enableSharding("music")
```

데이터베이스는 항상 데이터베이스 내 컬렉션보다 먼저 샤딩해야 한다.

데이터베이스 수준에서 샤딩을 활성화하고 나면 sh.shardCollection을 실행해서 컬렉션을 샤딩할 수 있다.

```
> sh.shardCollection("music.artists", {"name" : 1})
```

이제 artists 컬렉션은 "name" 키로 샤딩된다. 기존 컬렉션을 샤딩하려면 "name" 필드에 인덱스가 있어야 한다. 그렇지 않으면 shardCollection 호출은 오류를 반환한다. 오류가 발생했다면 인덱스(mongos는 오류 메시지의 일부로 인덱스를 반환한다)를 만들고 shardCollection 명령을 다시 시도하자.

샤딩할 컬렉션이 아직 존재하지 않으면 mongos가 자동으로 샤드 키 인덱스shard key index를 만든다.

shardCollection 명령은 컬렉션을 청크로 나눈다(청크는 몽고DB가 데이터를 옮기는 데 사용하는 단위다). 명령 실행이 성공하면 몽고DB는 클러스터의 샤드에 컬렉션을 분산한다. 이 프로세스는 즉시 끝나지 않으며, 컬렉션이 크면 최초 분산을 끝내는 데 몇 시간이 걸릴 수도 있다. 데이터를 로드하기 전에, 샤드에서 청크가 생성될 곳을 사전 분할presplitting함으로써 시간을 줄일 수 있다. 이 시점 이후에 로드된 데이터는 추가 밸런싱 없이 현재 샤드에 직접 삽입된다.

15.3 몽고DB는 어떻게 클러스터 데이터를 추적하는가

각 mongos는 샤드 키가 주어지면, 도큐먼트를 어디서 찾을지 항상 알아야 한다. 이론상 몽고
DB는 각각의 도큐먼트가 어디 있는지 추적할 수 있지만, 도큐먼트가 수백만 혹은 수십 억 개
인 컬렉션은 다루기 어렵다. 그러므로 몽고DB는 주어진 샤드 키 범위 내에 있는 도큐먼트를
청크로 나눈다. 하나의 청크는 항상 하나의 샤드에 위치하므로 몽고DB는 샤드에 매핑된 청크
의 작은 테이블을 가진다.

예를 들어 사용자 컬렉션의 샤드 키가 {"age" : 1}이면, 하나의 청크는 "age" 필드가 3과 17
사이인 모든 도큐먼트가 된다. mongos는 {"age" : 5} 쿼리 요청을 받으면 청크(3과 17 사이)
가 있는 샤드에 쿼리를 라우팅한다.

쓰기가 발생하면 청크 안에 있는 도큐먼트 개수와 크기가 바뀐다. 삽입을 수행하면 청크가 더
많은 도큐먼트를 포함하게 되고, 제거를 수행하면 더 적은 도큐먼트를 포함하게 된다. 예를 들
어 어린이 및 십 대 초반 아동용 게임을 만든다면 3~17세 청크는 점점 더 커진다. 거의 모든
사용자가 해당 청크에 위치할 것이기 때문이다. 그러면 대부분의 데이터가 하나의 샤드에 위치
하게 되며, 데이터 분산 지점이 해결되지 않아 다소 곤란할 수도 있다. 그러므로 청크가 일정
크기까지 커지면 몽고DB는 자동으로 두 개의 작은 청크로 나눈다. 예로 든 청크는 3세부터 11
세까지의 도큐먼트를 포함하는 청크와 12세부터 17세까지의 도큐먼트를 포함하는 청크로 나
눌 수 있다. 두 청크는 원래 청크가 포함했던 나이 범위 전체(3~17세)를 포함함을 알아두자.
새로운 두 청크가 커지면, 나이별로 단일 청크가 될 때까지 점점 더 작은 청크로 나뉠 수 있다.

3~15와 12~17처럼 범위가 겹치는 청크는 가질 수 없다. 만약 범위가 겹칠 수 있다면 몽고
DB는 14와 같이 중복된 나이를 찾으려면 두 청크를 모두 확인해야 하기 때문이다. 청크가 클
러스터 내에서 (다른 샤드로) 이동하기 시작하면 하나의 청크만 확인해야 더 효율적이다.

도큐먼트는 항상 단 하나의 청크에만 속한다. 그 결과 배열 필드를 샤드 키로 사용할 수 없
다. 몽고DB가 배열에 여러 개의 인덱스 항목을 만들기 때문이다. 예를 들어 어떤 도큐먼트의
"age" 필드가 [5, 26, 83]과 같은 값을 갖는다면, 이 도큐먼트는 세 개의 청크에 속하게 될
수도 있다.

> **NOTE_** 한 청크에 속한 데이터가 디스크에서 물리적으로 그룹화된다고 흔히 오해하는데, 이는 잘못된 정보
> 다. 청크는 mongod가 컬렉션 데이터를 저장하는 방법에는 영향을 주지 않는다.

15.3.1 청크 범위

각 청크는 포함되는 범위에 의해 설명된다. 새로 샤딩된 컬렉션은 단일 청크로부터 출발하며 모든 도큐먼트는 이 청크에 위치한다. 청크 범위는 셸에서 $minKey와 $maxKey로 표시되며, 값은 음의 무한대와 양의 무한대 사이다.

청크가 커지면 몽고DB는 자동으로 음의 무한대에서 <some value>까지와 <some value>에서 양의 무한대까지의 범위를 갖는 두 개의 청크로 나눈다. 두 청크에서 <some value>는 똑같다. 하위 청크는 <some value>까지의 모든 값을 포함(<some value>는 포함하지 않는다)하며, 상위 청크는 <some value> 이상 값을 포함한다.

예시를 살펴보면 더 직관적으로 알 수 있다. 앞서 설명한 대로 "age"로 샤딩했다고 가정하자. "age"가 3과 17 사이인 모든 도큐먼트는 하나의 청크, 즉 3 ≤ "age" < 17에 포함된다. 이를 나누면 두 개의 범위가 되며, 한 청크는 3 ≤ "age" < 12이고 다른 청크는 12 ≤ "age" < 17이다. 이때 12는 **분할점**split point이라 불린다.

청크 정보는 config.chunks 컬렉션에 저장된다. 이 컬렉션의 내용을 살펴보면 다음과 같은 도큐먼트를 볼 수 있다(분명하게 볼 수 있도록 일부 필드는 생략했다).

```
> db.chunks.find(criteria, {"min" : 1, "max" : 1})
{
    "_id" : "test.users-age_-100.0",
    "min" : {"age" : -100},
    "max" : {"age" : 23}
}
{
    "_id" : "test.users-age_23.0",
    "min" : {"age" : 23},
    "max" : {"age" : 100}
}
{
    "_id" : "test.users-age_100.0",
    "min" : {"age" : 100},
    "max" : {"age" : 1000}
}
```

config.chunks 도큐먼트를 토대로 다음 도큐먼트들이 어느 청크에 위치하는지 살펴보자.

{"_id" : 123, "age" : 50}

"age"가 23과 100 사이인 모든 도큐먼트를 포함하는 두 번째 청크에 위치한다.

{"_id" : 456, "age" : 100}

하위 경곗값을 포함하는 세 번째 청크에 위치한다. 두 번째 청크는 "age" : 100까지인 모든 도큐먼트를 포함하지만, "age"가 100인 도큐먼트는 포함하지 않는다.

{"_id" : 789, "age" : -101}

예시에 있는 청크 중 어디에도 위치하지 않는다. 첫 번째 청크보다 낮은 범위의 청크에 위치한다.

복합 샤드 키compound shard key의 경우, 샤드 범위shard range는 두 개의 키로 정렬할 때와 동일한 방식으로 작동한다. 예를 들어 {"username" : 1, "age" : 1}에 샤드 키가 있다고 가정하자. 이때 청크 범위는 다음과 같을 수 있다.

```
{
    "_id" : "test.users-username_MinKeyage_MinKey",
    "min" : {
        "username" : { "$minKey" : 1 },
        "age" : { "$minKey" : 1 }
    },
    "max" : {
        "username" : "user107487",
        "age" : 73
    }
}
{
    "_id" : "test.users-username_\"user107487\"age_73.0",
    "min" : {
        "username" : "user107487",
        "age" : 73
    },
    "max" : {
        "username" : "user114978",
        "age" : 119
    }
}
```

```
{
    "_id" : "test.users-username_\"user114978\"age_119.0",
    "min" : {
        "username" : "user114978",
        "age" : 119
    },
    "max" : {
        "username" : "user122468",
        "age" : 68
    }
}
```

mongos는 주어진 사용자명(혹은 사용자명과 나이)을 갖는 누군가가 위치한 청크를 쉽게 찾을 수 있다. 그러나 나이만 주어지면 mongos는 모든 청크 혹은 대부분의 청크를 확인해야 한다. 올바른 청크에 나이로 쿼리하려면 {"age" : 1, "username" : 1}과 같이 '역순opposite'의 샤드 키를 사용해야 한다. 이는 자주 혼동하는 부분인데, 샤드 키의 후반부(두 번째 필드인 사용자명)에 걸린 범위는 여러 청크를 가로지른다.

15.3.2 청크 분할

[그림 15-1]과 [그림 15-2]에 나타낸 바와 같이, 각 샤드 프라이머리 mongod는 청크에 얼마나 많은 데이터가 삽입됐는지 추적하고, 특정 임계치threshold에 이르면 청크가 나뉘어야 할지 확인한다. 청크가 나뉘어야 한다면 mongod는 구성 서버에서 전역 청크 구성 값global chunk size configuration value을 요청한다. 그런 다음 청크 분할을 수행하고 구성 서버에서 메타데이터를 갱신한다. 새 청크 도큐먼트가 구성 서버에 생성되며 이전 청크의 범위("max")가 수정된다. 샤드의 최상위 청크top chunk인 경우 mongod는 청크를 다른 샤드로 이동하도록 밸런서에 요청한다. 샤드 키가 단조롭게 증가하는 키를 사용하는 경우 샤드가 과부하 상태가 되는 것을 방지하기 위함이다.

청크를 적합하게 분할하는 방법은 제한적이다. 따라서 심지어 큰 청크인데도 샤드가 분할점을 찾지 못할 수 있다. 샤드 키가 같은 두 도큐먼트는 같은 청크에 있어야 하기 때문에, 청크는 샤드 키 값이 변경되는 도큐먼트를 기준으로만 분할될 수 있다. 예를 들어 샤드 키가 "age"이면 청크는 다음처럼 샤드 키가 바뀌는 지점에서 분할된다.

```
{"age" : 13, "username" : "ian"}
{"age" : 13, "username" : "randolph"}
------------ // 분할점
{"age" : 14, "username" : "randolph"}
{"age" : 14, "username" : "eric"}
{"age" : 14, "username" : "hari"}
{"age" : 14, "username" : "mathias"}
------------ // 분할점
{"age" : 15, "username" : "greg"}
{"age" : 15, "username" : "andrew"}
```

샤드의 프라이머리 mongod는 분할 시 샤드의 최상위 청크만 밸런서로 이동하도록 요청한다. 다른 청크는 수동으로 이동하지 않는 한 샤드에 남는다.

하지만 청크가 다음 도큐먼트를 포함한다면 (애플리케이션이 분수^{fraction}로 된 나이를 입력하지 않는 한) 분할되지 않을 수도 있다.

```
{"age" : 12, "username" : "kevin"}
{"age" : 12, "username" : "spencer"}
{"age" : 12, "username" : "alberto"}
{"age" : 12, "username" : "tad"}
```

따라서 샤드 키에 대해 다양한 값을 갖는 것이 중요하다. 기타 중요한 속성은 16장에서 다룬다.

mongod가 분할을 시도할 때 구성 서버 중 하나가 작동하지 않으면 mongod는 메타데이터를 갱신할 수 없다(그림 15-3). 분할이 일어나려면 모든 구성 서버가 살아 있어야 하고 접근 가능해야 한다. mongod가 청크에 대한 쓰기 요청을 계속 받으면, 계속해서 청크를 분할하려고 시도하다가 실패한다. 구성 서버가 정상적이지 않으면 분할은 작동하지 않으며 모든 분할 시도([그림 15-1]부터 [그림 15-3]에 나타낸 쓰기 요청 처리를 반복)는 mongod 및 연관된 샤드가 느려지도록 한다. mongod가 반복적으로 청크 분할을 시도하고 실패하는 과정을 분할 소동$^{split\ storm}$이라고 한다. 분할 소동을 방지하는 유일한 방법은, 가능한 시간만큼 구성 서버가 살아 있고 정상이게 하는 것이다.

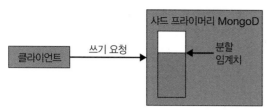

그림 15-1 클라이언트가 청크에 쓰기를 하면 mongod는 청크의 분할 임계치를 확인한다.

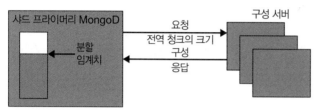

그림 15-2 분할 임계치에 이르면 mongod는 최상위 청크를 이동하도록 밸런서에 요청을 보낸다. 그렇지 않으면 청크가 샤드에 남는다.

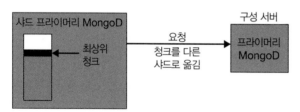

그림 15-3 mongod는 분할점을 결정하고, 구성 서버에 알려주려고 시도하지만 연결할 수 없다. 따라서 여전히 청크의 분할 임계치를 넘어서고, 뒤이어 일어나는 쓰기는 이 프로세스를 다시 발생시킨다.

15.4 밸런서

밸런서는 데이터 이동을 책임진다. 주기적으로 샤드 간의 불균형을 체크하다가, 불균형이면 청크를 이동하기 시작한다. 몽고DB 3.4 이후 버전에서 밸런서는 구성 서버 복제 셋의 프라이머리 멤버에 있다. 이전 버전에서는 각 mongos가 때때로 '밸런서' 역할을 했다.

밸런서는 각 샤드의 청크 수를 모니터링하는 구성 서버 복제 셋의 프라이머리에서 백그라운드 프로세스다. 샤드의 청크 수가 특정 마이그레이션 임계치^{migration threshold}에 이를 때만 활성화된다.

> **NOTE_** 몽고DB 3.4 이후 버전에서는 동시 마이그레이션 수가 샤드당 하나, 최대 동시 마이그레이션 수는 총 샤드 수의 절반이다. 이전 버전에서는 총 하나의 동시 마이그레이션만 지원했다.

일부 컬렉션이 임계치에 이르면 밸런서는 청크를 옮기기 시작한다. 과부하된 샤드에서 청크를 선택하고, 옮기기 전에 샤드에 청크를 분할해야 하는지 물어본다. 분할해야 하면 더 적은 청크를 갖는 장비로 청크를 옮긴다.

클러스터를 사용하는 애플리케이션은 데이터가 옮겨 다닌다는 사실을 몰라도 된다. 데이터 이동이 완료될 때까지 모든 읽기와 쓰기는 이전 청크로 전달된다. 메타데이터가 갱신된 후에는 이전 위치의 데이터에 접근을 시도하는 모든 mongos 프로세스에 오류가 발생한다. 이 오류는 클라이언트에 표시되지 않는데, mongos가 은밀히 오류를 처리하고 새로운 샤드에서 작업을 재시도하기 때문이다.

이는 mongos 로그에서 볼 수 있는 'unable to setShardVersion'에 관련된 오류의 일반적인 원인이다. mongos가 이런 오류를 받으면 구성 서버에서 데이터의 새로운 위치를 살펴보고, 청크 테이블^{chunk table}을 갱신하고, 요청을 다시 시도한다. 새로운 위치에서 데이터를 성공적으로 조회하고 나면 아무 문제 없었다는 듯이 클라이언트에 데이터를 반환한다(하지만 로그에는 오류가 발생했다는 메시지를 남긴다).

구성 서버가 사용 불가능해서 mongos가 새 청크 위치를 조회할 수 없으면 클라이언트에 오류를 반환한다. 이는 구성 서버가 항상 살아 있고 정상이어야 하는 또 다른 이유다.

15.5 콜레이션

몽고DB의 콜레이션^{collations}을 이용해 문자열 비교를 위한 언어별 규칙을 지정할 수 있다. 규칙의 예로는 대소문자와 강세 부호^{accent mark}를 비교하는 방법이 있다. 기본적으로 콜레이션인 컬렉션을 샤딩하는 것도 가능하다. 여기에는 두 가지 요구 사항이 있는데, 컬렉션에는 접두사가 샤드 키인 인덱스가 있어야 하며 인덱스에는 {locale : "simple"} 콜레이션이 있어야 한다.

15.6 스트림 변경

스트림 변경Change Stream을 사용하면 애플리케이션이 데이터베이스 내 데이터의 실시간 변경 사항을 추적할 수 있다. 몽고DB 3.6 이전에는 oplog를 추적해야만 가능하며 오류가 발생하기 쉬운 복잡한 작업이었다. 스트림 변경은 컬렉션, 컬렉션 집합, 데이터베이스 또는 전체 배포상의 모든 데이터 변경에 대한 구독subscription 메커니즘을 제공한다. 이 기능에는 집계 프레임워크가 사용된다. 이를 통해 애플리케이션은 특정 변경 사항을 필터링하거나 수신된 변경 알림을 변환할 수 있다. 샤드 클러스터에서 모든 스트림 변경 작업은 mongos에 대해 실행해야 한다.

샤드 클러스터의 변경 사항은 전역 논리 클록global logical clock을 사용해 순서대로 보관된다. 따라서 변경 순서가 보장되며, 스트림 알림은 수신된 순서대로 안전하게 해석된다. mongos는 변경 알림을 받으면 각 샤드를 살펴보고 더 최근의 변경 사항이 없는지 확인한다. 클러스터의 활동 수준과 샤드의 지리적 분포는 확인 과정의 응답 시간에 영향을 미칠 수 있다. 알림 필터를 사용하면 응답 시간을 개선할 수 있다.

> **NOTE_** 샤드 클러스터에서 스트림 변경을 사용할 때 주의할 사항이 몇 가지 있다. 스트림 변경 열기 작업을 실행함으로써 스트림 변경을 연다. 샤드 배포에서는 mongos에 대해 발행해야 한다. multi : true를 사용하는 갱신 작업이, 열린 스트림 변경이 있는 샤딩된 컬렉션에 대해 실행되는 경우, 고아 도큐먼트orphaned document에 대한 알림을 보낼 수 있다. 샤드가 제거되면 열린 스트림 변경 커서가 닫히며 해당 커서는 완전히 다시 시작되지 않을 수 있다.

## CHAPTER 16

샤드 키 선정

샤딩을 이용할 때 가장 중요하고 까다로운 작업은 데이터를 어떻게 분산할지 선택하는 일이다. 현명한 선택을 하려면 몽고DB가 어떻게 데이터를 분산하는지 이해해야 한다. 이 장에서는 샤드 키를 선정하는 데 도움이 되는 내용을 다룬다.

- 가능한 여러 샤드 키 중에서 결정하는 방법
- 샤드 키 사용 사례
- 샤드 키로 사용할 수 없는 것
- 사용자 정의 형태로 데이터를 분산할 때의 전략
- 데이터를 수동으로 샤딩하는 방법

이 장은 독자가 14, 15장에서 다뤘던 샤딩의 기본 요소를 이해한다고 가정한다.

16.1 용도 평가

컬렉션을 샤딩할 때는 데이터 분할에 사용할 한두 개의 필드를 선택한다. 이 키(혹은 키들)를 샤드 키라고 한다. 컬렉션을 샤딩하고 나서는 샤드 키를 변경할 수 없으므로 올바르게 선택하는 것이 중요하다.

좋은 샤드 키를 선정하려면 샤드 키가 애플리케이션의 요청을 분산하는 방법과 작업량을 이해해야 한다. 감을 잡기 어려울 수도 있으니 몇 가지 예제를 다뤄보거나, 좀 더 나은 방법으로 샘플 트래픽으로 백업 데이터셋에 시험해보자. 이 장에 그림과 설명이 많지만 데이터셋에 실습해보면 이해하는 데 큰 도움이 된다.

먼저 샤딩할 각 컬렉션에 대해 다음 질문에 답해보자.

- **샤드를 얼마나 많이 늘릴 것인가?**
  샤드가 세 개인 클러스터는 샤드가 천 개인 클러스터보다 훨씬 유연하다. 클러스터가 점점 더 커질 때, 쿼리가 모든 샤드를 방문해야 하는 쿼리를 피하려면 거의 모든 쿼리가 샤드 키를 포함해야 한다.

- **읽기 혹은 쓰기 응답 대기 시간을 줄이려고 샤딩하는가?**
  (응답 대기 시간은 무언가를 얻는 데 걸리는 시간을 일컫는다. 예를 들어 쓰기는 20밀리초가 걸리지만 10밀리초로 줄일 필요가 있다) 쓰기 응답 대기 시간을 줄이는 일은 일반적으로 요청을 지리적으로 더 가까운 곳이나 더 좋은 장비로 보내는 작업과 관련 있다.

- **읽기 혹은 쓰기 처리량을 늘리려고 샤딩하는가?**
  (처리량은 클러스터가 동시에 처리할 수 있는 요청의 개수를 일컫는다. 예를 들어 클러스터는 20밀리초 안에 천 개의 쓰기를 처리하지만 20밀리초 안에 5천 개의 쓰기를 처리할 필요가 있다) 처리량을 늘리는 일은, 더 많은 병렬 처리 기능parallelization을 추가하고 클러스터에 요청을 균일하게 분산하는 작업과 관련 있다.

- **시스템 리소스를 늘리려고 샤딩하는가?**
  예를 들어 데이터의 1기가바이트당 몽고DB에 더 많은 메모리를 제공하려고 하는가? 만약 그렇다면 작업 셋의 크기를 가능한 한 작게 유지할 필요가 있다.

이 답변을 이용해서 다음의 샤드 키 특징을 평가하고, 주어진 상황에서 샤드 키가 잘 작동하는지 판단하자.

- 샤드 키가 필요한 타겟 쿼리를 제공하는가?
- 샤드 키가 시스템의 처리량이나 응답 대기 시간을 의도한 대로 변경하는가?
- 작은 작업 셋이 필요하면 샤드 키가 그것을 제공하는가?

16.2 샤딩 구상

데이터를 분할할 때는 오름차순, 무작위, 위치 기반 키를 가장 일반적으로 사용한다. 다른 형태의 키도 사용할 수 있지만, 대부분의 사용 사례는 이 중 하나에 해당한다. 다양한 분산 유형을 살펴보자.

16.2.1 오름차순 샤드 키

오름차순 샤드 키는 일반적으로 "date" 필드나 ObjectId처럼 시간에 따라 꾸준히 증가하는 것이면 무엇이든 된다. 자동 증가하는 프라이머리 키 또한 오름차순 샤드 키의 예다(몽고DB에서는 다른 데이터베이스에서 가져오지 않는 한 흔치 않다).

ObjectId를 사용하는 컬렉션에 "_id"와 같은 오름차순 필드로 샤딩한다고 가정하자. "_id"로 샤딩하면 [그림 16-1]처럼 "_id" 범위의 청크로 분할된다. 청크들은 샤드 클러스터, 즉 [그림 16-2]에서 보이는 것처럼 세 개의 샤드에 분산된다.

$minKey -> ObjectId("5112fa61b4a4b396ff960262")
ObjectId("5112fa61b4a4b396ff960262") -> ObjectId("5112fa9bb4a4b396ff96671b")
ObjectId("5112fa9bb4a4b396ff96671b") -> ObjectId("5112faa0b4a4b396ff9732db")
ObjectId("5112faa0b4a4b396ff9732db") -> ObjectId("5112fabbb4a4b396ff97fb40")
ObjectId("5112fabbb4a4b396ff97fb40") -> ObjectId("5112fac0b4a4b396ff98c6f8")
ObjectId("5112fac0b4a4b396ff98c6f8") -> ObjectId("5112fac5b4a4b396ff998b59")
ObjectId("5112fac5b4a4b396ff998b59") -> ObjectId("5112facab4a4b396ff9a56c5")
ObjectId("5112facab4a4b396ff9a56c5") -> ObjectId("5112facfb4a4b396ff9b1b55")
ObjectId("5112facfb4a4b396ff9b1b55") -> ObjectId("5112fad4b4a4b396ff9bd69b")
ObjectId("5112fad4b4a4b396ff9bd69b") -> ObjectId("5112fae0b4a4b396ff9d0ee5")
ObjectId("5112fae0b4a4b396ff9d0ee5") -> $maxKey

그림 16-1 컬렉션은 ObjectId의 범위로 분할된다. 각 범위는 하나의 청크다.

새 도큐먼트를 생성한다고 가정하자. 어떤 청크에 들어갈까? 정답은 범위가 ObjectId ("5112fae0b4a4b 396ff9d0ee5")에서 $maxKey인 청크다. 이를 **최대 청크**[max chunk]라 하는데, $maxKey를 포함하는 청크이기 때문이다.

또 다른 도큐먼트를 입력하면 역시 최대 청크에 들어간다. 뒤이어 일어나는 입력은 모두 최대 청크에 들어간다. 모든 입력의 "_id" 필드는 앞서 입력된 것보다 더 무한대에 근접하기 때문이다(ObjectId가 항상 오름차순이므로).

shard0000

ObjectId("5112fa9bb4a4b396ff96671b") -> ObjectId("5112faa0b4a4b396ff9732db")
ObjectId("5112faa0b4a4b396ff9732db") -> ObjectId("5112fabbb4a4b396ff97fb40")
ObjectId("5112fabbb4a4b396ff97fb40") -> ObjectId("5112fac0b4a4b396ff98c6f8")

shard0001

$minKey -> ObjectId("5112fa61b4a4b396ff960262")
ObjectId("5112fa61b4a4b396ff960262") -> ObjectId("5112fa9bb4a4b396ff96671b")
ObjectId("5112fac0b4a4b396ff98c6f8") -> ObjectId("5112fac5b4a4b396ff998b59")
ObjectId("5112fac5b4a4b396ff998b59") -> ObjectId("5112facab4a4b396ff9a56c5")

shard0002

ObjectId("5112facab4a4b396ff9a56c5") -> ObjectId("5112facfb4a4b396ff9b1b55")
ObjectId("5112facfb4a4b396ff9b1b55") -> ObjectId("5112fad4b4a4b396ff9bd69b")
ObjectId("5112fad4b4a4b396ff9bd69b") -> ObjectId("5112fae0b4a4b396ff9d0ee5")
ObjectId("5112fae0b4a4b396ff9d0ee5") -> $maxKey

그림 16-2 청크는 임의의 순서대로 여러 샤드에 분산된다.

여기에는 몇 가지 재밌는(그리고 때로는 바람직하지 않은) 속성이 있다. 우선 모든 쓰기가 하나의 샤드(여기서는 shard0002)로 몰린다. 이 청크는 유일하게 입력을 받는 청크이므로, 커져서 분할하는 유일한 청크가 된다. 데이터를 입력하면 [그림 16-3]에 나타낸 것처럼 청크의 끝부분에서 새 청크들이 '떨어져' 나온다.

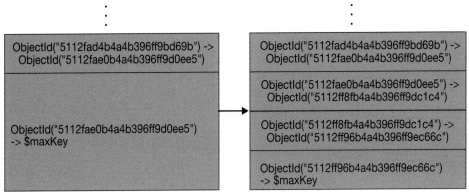

그림 16-3 최대 청크는 계속 커져서 여러 개의 청크로 분할된다.

이 패턴은 몽고DB가 청크를 균형 잡힌 상태로 유지하기 어렵게 할 때가 많다. 모든 청크가 하나의 샤드에서 생성되기 때문이다. 그러므로 몽고DB는 (좀 더 고르게 분산된 시스템에서 발생할 수 있는) 작은 불균형을 바로잡을 게 아니라, 지속적으로 청크를 다른 샤드로 옮겨야 한다.

> **NOTE_** 몽고DB 4.2에서 autosplit 기능을 샤드 프라이머리 **mongod**로 이동함으로써 오름차순 샤드 키 패턴 문제를 해결하는 최상위 청크 최적화가 추가됐다. 밸런서는 최상위 청크를 배치할 다른 샤드를 선택한다. 이는 새 청크가 모두 단 하나의 샤드에 생성되는 상황을 방지한다.

16.2.2 무작위 분산 샤드 키

오름차순 키와 대조되는 무작위 분산 샤드 키randomly distributed shard key가 있다. 사용자명, 이메일 주소, UUID, MD5 해시 혹은 데이터셋에서 고유하지 않은 키는 모두 무작위 분산 샤드 키가 될 수 있다.

샤드 키가 0과 1 사이의 임의의 숫자라고 가정하자. [그림 16-4]에 나타낸 것처럼 여러 샤드에 청크가 무작위로 분산된다.

shard0000

$minKey -> 0.07152752857759748
0.5050852404345105 -> 0.5909494812833331
0.5909494812833331 -> 0.6969766499990353

shard0001

0.6969766499990353 -> 0.8400606470845913
0.8400606470845913 -> 0.9190519609736775
0.9190519609736775 -> 0.9999498302686232
0.9999498302686232 -> $maxKey

shard0002

0.07152752857759748 -> 0.15425320872988635
0.15425320872988635 -> 0.25743183243034107
0.25743183243034107 -> 0.3640577812240344
0.3640577812240344 -> 0.5050852404345105

그림 16-4 앞 절에서와 마찬가지로 청크는 클러스터에 무작위로 분산된다.

더 많은 데이터가 입력될 때 데이터의 무작위성은 입력이 모든 청크에 고르게 이루어져야 함을 의미한다. 만 개의 도큐먼트를 입력한 후 어디에 위치하는지 확인해보자.

```
> var servers = {}
> var findShard = function (id) {
...     var explain = db.random.find({_id:id}).explain();
...     for (var i in explain.shards) {
...         var server = explain.shards[i][0];
...         if (server.n == 1) {
...             if (server.server in servers) {
...                 servers[server.server]++;
...             } else {
...                 servers[server.server] = 1;
...             }
...         }
...     }
... }
> for (var i = 0; i < 10000; i++) {
...     var id = ObjectId();
...     db.random.insert({"_id" : id, "x" : Math.random()});
...     findShard(id);
... }
> servers
{
    "spock:30001" : 2942,
    "spock:30002" : 4332,
    "spock:30000" : 2726
}
```

쓰기가 무작위로 분산되므로, 발생할 수 있는 이동 횟수를 제한하면서 각 샤드가 거의 비슷한 비율로 커진다.

무작위 분산 샤드 키의 유일한 단점은, 몽고DB가 메모리 크기를 넘어서는 데이터를 임의로 접근하는 데 효율적이지 않다는 점이다. 하지만 가용 메모리가 있거나 성능이 저하돼도 상관없다면 무작위 키는 클러스터에 부하를 분산하는 훌륭한 방법이다.

16.2.3 위치 기반 샤드 키

위치 기반 샤드 키는 사용자 IP, 경도와 위도, 주소 등이 될 수 있다. 반드시 물리적 위치 필드와 관련될 필요는 없으며, '위치'는 데이터를 그룹화하는 추상적인 방법이다. 어떤 경우든 위치 기반 키는, 어떤 유사성을 갖는 도큐먼트가 해당 필드 기반의 범위에 포함되는 키다. 이는 데이터를 사용자와 가까운 곳에 두거나 관계 있는 데이터를 디스크에 함께 보관하는 데 편리하다. GDPR 혹은 기타 유사한 데이터 개인 정보 보호법을 준수하기 위한 법적 요구 사항일 수도 있다. 몽고DB는 영역 샤딩zone sharding을 사용해 이를 관리한다.

> **NOTE_** 몽고DB 4.0.3 이후 버전에서는 컬렉션을 샤딩하기 전에 영역zone과 영역 범위zone range를 정의할 수 있다. 영역 범위와 샤드 키 값에 대한 청크가 채워지고 초기 청크가 배포된다. 따라서 샤딩된 영역 설정의 복잡성이 크게 줄어든다.

예를 들어 IP 주소로 샤딩된 도큐먼트의 컬렉션이 있다고 가정하자. [그림 16-5]에 나타낸 것처럼 도큐먼트는 IP 기반 청크로 구성되며 클러스터에 무작위로 분산된다.

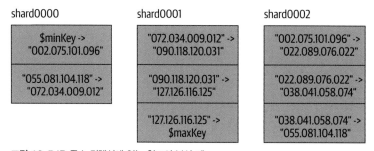

그림 16-5 IP 주소 컬렉션에 있는 청크의 분산 예

특정 청크 범위chunk range를 특정 샤드와 연결하려면, 샤드를 영역화하고 청크 범위를 각 영역에 할당한다. 예들 들어 특정 샤드에 특정 IP 블록을 보관하려 한다고 가정하자. 56.*.*.*(미국 우정공사the United States Postal Service의 IP 블록)은 shard0000에 보관하고, 17.*.*.*(애플Apple의 IP 블록)은 shard0000나 shard0002에 보관하려 한다. 다른 IP는 어디에 위치하든 상관없다. 영역을 설정해 밸런서가 이를 수행하도록 요청하자.

```
> sh.addShardToZone("shard0000", "USPS")
> sh.addShardToZone("shard0000", "Apple")
> sh.addShardToZone("shard0002", "Apple")
```

다음으로 규칙을 생성한다.

```
> sh.updateZoneKeyRange("test.ips", {"ip" : "056.000.000.000"},
... {"ip" : "057.000.000.000"}, "USPS")
```

이는 56.0.0.0보다 크거나 같고 57.0.0.0보다 작은 IP를 모두 **"USPS"** 샤드 영역에 붙인다. 다음에는 애플에 대한 규칙을 추가한다.

```
> sh.updateZoneKeyRange("test.ips", {"ip" : "017.000.000.000"},
... {"ip" : "018.000.000.000"}, "Apple")
```

밸런서는 청크를 옮길 때 청크의 범위를 갖고 해당 샤드로 옮기려 한다. 이 프로세스는 즉시 실행되지 않음을 알아두자. 영역 키 범위에 포함되지 않는 청크는 평범하게 이동되며, 밸런서는 계속 청크를 여러 샤드에 고르게 분산하려 한다.

16.3 샤드 키 전략

이 절에서는 다양한 종류의 애플리케이션을 위한 여러 샤드 키 옵션을 살펴본다.

16.3.1 해시 샤드 키

데이터를 가능한 한 빠르게 로드하려면 해시 샤드 키hashed shard key가 최선의 선택이다. 해시 샤드 키는 어떤 필드라도 무작위로 분산한다. 따라서 많은 쿼리에서 오름차순 키를 사용하지만 쓰기는 무작위로 분산하려고 할 때 해시 샤드 키를 사용하면 좋다.

단점은 해시 샤드 키로는 범위 쿼리를 할 수 없다는 점이다. 다만 범위 쿼리를 하지 않는다면 해시 샤드 키는 유용하다.

해시 샤드 키를 생성하려면 우선 해시 인덱스^{hashed index}를 생성한다.

```
> db.users.createIndex({"username" : "hashed"})
```

다음으로 다음 명령을 이용해서 컬렉션을 샤딩한다.

```
> sh.shardCollection("app.users", {"username" : "hashed"})
{ "collectionsharded" : "app.users", "ok" : 1 }
```

존재하지 않는 컬렉션에 해시 샤드 키를 생성하려 하면 shardCollection은 흥미롭게 동작한다. shardCollection은 사용자가 고르게 분산된 청크를 원한다고 가정해, 즉시 한 무더기의 빈 청크를 생성해서 클러스터에 분산한다. 예를 들어 해시 샤드 키를 생성하기 전에 클러스터가 다음처럼 생겼다고 가정하자.

```
> sh.status()
--- Sharding Status ---
  sharding version: { "_id" : 1, "version" : 3 }
  shards:
        { "_id" : "shard0000",  "host" : "localhost:30000" }
        { "_id" : "shard0001",  "host" : "localhost:30001" }
        { "_id" : "shard0002",  "host" : "localhost:30002" }
  databases:
        { "_id" : "admin",  "partitioned" : false,  "primary" : "config" }
        { "_id" : "test",  "partitioned" : true,  "primary" : "shard0001" }
```

shardCollection을 실행한 직후, 각 샤드는 클러스터에 키 범위가 균등하게 분산된 두 개의 청크를 갖는다고 출력된다.

```
> sh.status()
--- Sharding Status ---
  sharding version: { "_id" : 1, "version" : 3 }
  shards:
    { "_id" : "shard0000", "host" : "localhost:30000" }
    { "_id" : "shard0001", "host" : "localhost:30001" }
    { "_id" : "shard0002", "host" : "localhost:30002" }
  databases:
    { "_id" : "admin", "partitioned" : false, "primary" : "config" }
    { "_id" : "test", "partitioned" : true, "primary" : "shard0001" }
```

```
test.foo
    shard key: { "username" : "hashed" }
    chunks:
        shard0000       2
        shard0001       2
        shard0002       2
    { "username" : { "$MinKey" : true } }
        -->> { "username" : NumberLong("-6148914691236517204") }
        on : shard0000 { "t" : 3000, "i" : 2 }
    { "username" : NumberLong("-6148914691236517204") }
        -->> { "username" : NumberLong("-3074457345618258602") }
        on : shard0000 { "t" : 3000, "i" : 3 }
    { "username" : NumberLong("-3074457345618258602") }
        -->> { "username" : NumberLong(0) }
        on : shard0001 { "t" : 3000, "i" : 4 }
    { "username" : NumberLong(0) }
        -->> { "username" : NumberLong("3074457345618258602") }
        on : shard0001 { "t" : 3000, "i" : 5 }
    { "username" : NumberLong("3074457345618258602") }
        -->> { "username" : NumberLong("6148914691236517204") }
        on : shard0002 { "t" : 3000, "i" : 6 }
    { "username" : NumberLong("6148914691236517204") }
        -->> { "username" : { "$MaxKey" : true } }
        on : shard0002 { "t" : 3000, "i" : 7 }
```

컬렉션에는 아직 도큐먼트가 존재하지 않지만, 도큐먼트를 입력하기 시작하면 쓰기는 처음부터 샤드 간에 균등하게 분산된다. 일반적으로 다른 샤드에 쓰기를 시작하려면 청크가 커져서 나뉘고 옮겨 가기를 기다려야 한다. 반면에 이러한 자동 처리 과정을 통해 모든 샤드는 즉시 청크 범위를 갖게 된다.

NOTE_ 해시 샤드 키를 사용할 때 샤드 키에 대한 몇 가지 제약 사항이 있다. **unique** 옵션을 사용할 수 없고, 다른 샤드 키와 마찬가지로 배열 필드를 사용할 수 없으며, 부동소수점 값은 해싱hashing 전에 정수로 절삭된다. 따라서 1과 1.999999는 같은 해시 값이 된다.

16.3.2 GridFS를 위한 해시 샤드 키

GridFS 컬렉션을 샤딩하기에 앞서, GridFS가 데이터를 보관하는 방법을 확실히 이해하자(자세한 설명은 6장을 참조한다).

이어지는 내용에서 GridFS가 파일을 청크로 나누고 샤딩이 컬렉션을 청크로 나눈다고 할 때 '청크'라는 용어는 다소 혼용된다. 따라서 두 가지 유형의 청크를 'GridFS 청크'와 '샤딩 청크 sharding chunk'라고 칭한다.

일반적으로 GridFS 컬렉션은 방대한 양의 파일 데이터를 포함하므로 샤딩 후보로 적합하다. 하지만 fs.chunks에 자동으로 생성된 두 가지 인덱스는 그다지 좋은 샤드 키가 아니다. {"_id" : 1}은 오름차순 키이고, {"files_id" : 1, "n" : 1}은 fs.files의 "_id" 필드를 가지므로 역시 오름차순 키다.

하지만 "files_id" 필드에 해시 인덱스를 생성하면 각 파일은 클러스터에 무작위로 분산되고, 하나의 파일은 항상 하나의 청크에 포함된다. 이는 읽기와 쓰기 모두에 최선의 방법인데, 쓰기는 모든 샤드에 균등하게 이뤄지고, 파일 데이터 읽기는 단 하나의 샤드에서 수행되기 때문이다.

이를 설정하려면 {"files_id" : "hashed"}에 새로운 인덱스를 생성해야 한다(현재 mongos는 복합 인덱스의 서브셋을 샤드 키로 사용할 수 없다). 그 다음에 다음 필드로 컬렉션을 샤딩한다.

```
> db.fs.chunks.ensureIndex({"files_id" : "hashed"})
> sh.shardCollection("test.fs.chunks", {"files_id" : "hashed"})
{ "collectionsharded" : "test.fs.chunks", "ok" : 1 }
```

참고로 fs.files 컬렉션은 fs.chunks보다 훨씬 작으므로 샤딩할 필요가 없을 수도 있다. 원한다면 샤딩할 수 있지만 필요할 확률은 낮다.

16.3.3 파이어호스 전략

다른 서버들보다 좀 더 강력한 서버가 있다면, 덜 강력한 서버보다 더 많은 부하를 다루게 할 수도 있다. 예를 들어 샤드 하나가 다른 장비의 10배에 이르는 부하를 다룰 수 있다고 가정하자. 운 좋게 샤드도 10개 더 있다. 이때 모든 입력이 더 강력한 샤드로 가도록 강제할 수 있고, 밸런서는 오래된 청크를 다른 샤드로 보낼 수 있다. 이는 쓰기의 응답 대기 시간을 줄인다.

이 전략을 사용하려면 최상위 청크를 더 강력한 샤드에 고정해야 한다. 우선 이러한 샤드를 영역화하자.

```
> sh.addShardToZone("<shard-name>", "10x")
```

이제 오름차순 키의 현재 값부터 무한대까지 샤드에 고정한다. 그러면 새로운 쓰기가 모두 해당 샤드로 간다.

```
> sh.updateZoneKeyRange("<dbName.collName>", {"_id" : ObjectId()},
... {"_id" : MaxKey}, "10x")
```

이제 모든 입력은 이 마지막 청크로 전달되고 항상 "10x"로 영역화된 샤드에 위치한다.

하지만 현재 값부터 무한대까지의 범위는, 영역 범위를 수정하지 않는 한 이 샤드에 갇히게 된다. 문제를 해결하려면 다음과 같이 하루에 한 번씩 키 범위를 갱신하는 cron 잡을 설정한다.

```
> use config
> var zone = db.tags.findOne({"ns" : "<dbName.collName>",
... "max" : {"<shardKey>" : MaxKey}})
> zone.min.<shardKey> = ObjectId()
> db.tags.save(zone)
```

이제 이전 날짜의 모든 청크를 다른 샤드로 옮길 수 있다.

이 전략의 또 다른 단점은 확장을 위해 다소 변경이 필요하다는 점이다. 가장 강력한 서버가 유입되는 쓰기 분량을 더는 처리하지 못한다면, 부하를 다른 서버와 나눌 방법은 전혀 없다.

파이어호스^{firehose}를 끼워 넣을 고성능 서버가 없거나 영역 샤딩을 사용하지 않는다면, 오름차순 키를 샤드 키로 사용하지 말자. 오름차순 키를 사용하면 모든 쓰기가 하나의 샤드로 몰리게 된다.

16.3.4 다중 핫스팟

독립 실행형 mongod 서버는 오름차순 쓰기를 할 때 가장 효율적이다. 이는 쓰기를 클러스터에 분산할 때 샤딩이 가장 효율적이라는 점과 상충한다. 여기서 설명할 기법은 기본적으로 다중 핫스팟multiple hotspot을 생성한다(각 샤드에 여러 개의 핫스팟이 있으면 최선). 이는 쓰기가 클러스터에 고르게 분산되고, 샤드 내에서는 오름차순이 되도록 한다.

복합 샤드 키를 사용해 수행한다. 복합 키에서 첫 번째 값은 카디널리티가 낮은 대략적인 임의의 값이다. [그림 15-6]과 같이 샤드 키 첫 번째 부분의 값을 청크로 나타낼 수 있다. 깔끔하게 ($minKey 부분에서 즉시) 분할되지는 않지만, 데이터를 더 입력할수록 결국에는 고르게 배분된다. 하지만 충분한 데이터를 입력하면 결국 임의의 값마다 (거의) 하나의 청크를 갖게 된다. 데이터를 계속 입력하면 결국에는 동일한 임의의 값을 갖는 여러 개의 청크로 구성된다. 이제 샤드 키의 두 번째 부분을 보자.

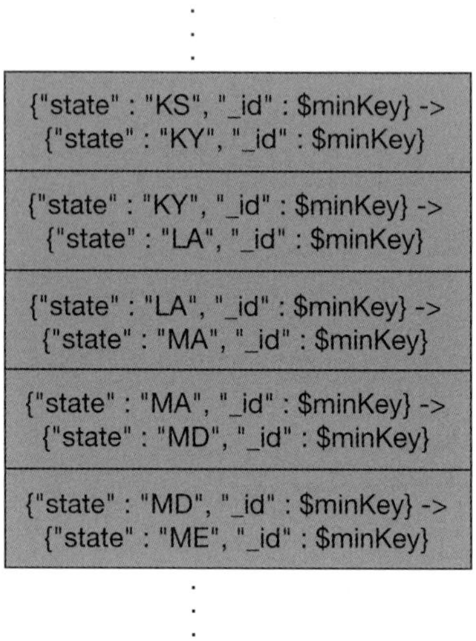

그림 16-6 청크의 서브셋. 각 청크는 하나의 주state와 "_id" 값의 범위를 포함한다.

샤드 키의 두 번째 부분은 오름차순 키다. [그림 16-7]의 샘플 도큐먼트와 같이 청크 안에서는 값이 항상 증가한다. 따라서 샤드마다 하나의 청크가 있다면 모든 샤드에 오름차순의 쓰기를 하는 완벽한 설정이 된다(그림 16-8). 물론 n개의 샤드에 분산된 n개의 핫스팟을 갖는 n개의 청크가 있으면 확장성이 아주 좋지는 않다. 새 샤드를 추가하면 거기에 쓰기가 발생하지 않는데, 샤드에 놓을 핫스팟 청크가 없기 때문이다. 그러므로 (커지려면) 각 샤드에 몇몇 핫스팟 청크가 있으면 좋은데, 너무 많으면 좋지 않다. 핫스팟 청크 개수가 적으면 오름차순 쓰기의 효율성이 유지되지만, 샤드에 핫스팟이 너무 많아지면(예를 들면 수천 개) 결국 무작위 쓰기와 동일해진다.

```
{ "state" : "MA", "_id" : ObjectId("511bfb9e17d55c62b2371f1d") }

{ "state" : "NY", "_id" : ObjectId("511bfb9e17d55c62b2371f1e") }

{ "state" : "CA", "_id" : ObjectId("511bfb9e17d55c62b2371f1f") }

{ "state" : "NY", "_id" : ObjectId("511bfb9e17d55c62b2371f20") }

{ "state" : "MA", "_id" : ObjectId("511bfb9e17d55c62b2371f21") }

{ "state" : "MA", "_id" : ObjectId("511bfb9e17d55c62b2371f22") }

{ "state" : "NY", "_id" : ObjectId("511bfb9e17d55c62b2371f23") }

{ "state" : "CA", "_id" : ObjectId("511bfb9e17d55c62b2371f24") }

{ "state" : "CA", "_id" : ObjectId("511bfb9e17d55c62b2371f25") }
```

그림 16-7 입력된 도큐먼트 목록의 샘플(모든 "_id" 값이 증가한다는 점을 알아두자)

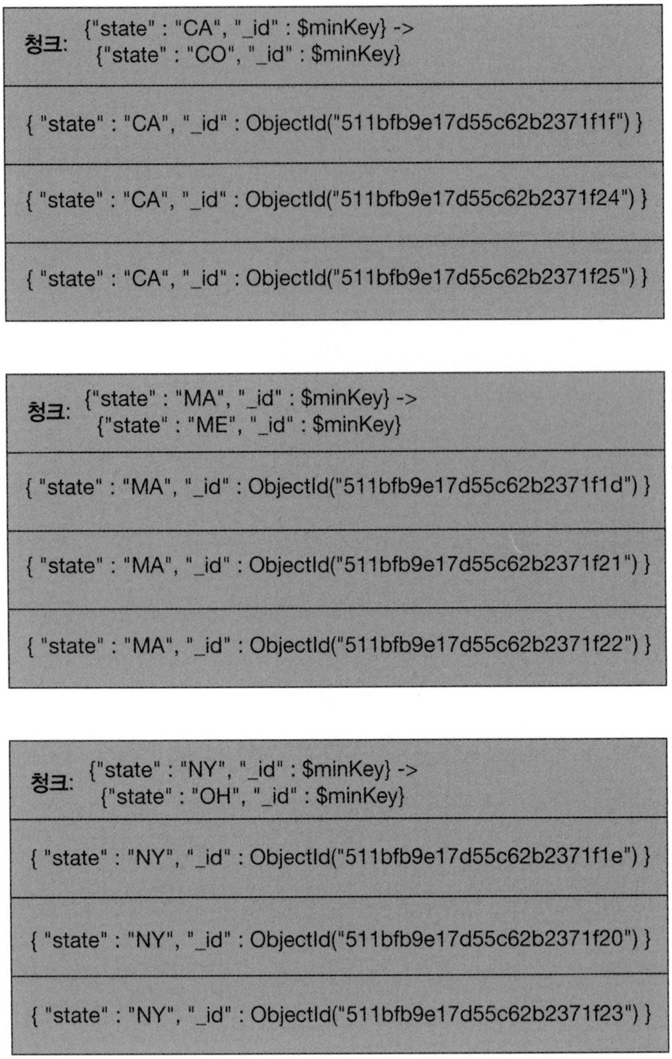

청크: {"state" : "CA", "_id" : $minKey} ->
        {"state" : "CO", "_id" : $minKey}

{ "state" : "CA", "_id" : ObjectId("511bfb9e17d55c62b2371f1f") }

{ "state" : "CA", "_id" : ObjectId("511bfb9e17d55c62b2371f24") }

{ "state" : "CA", "_id" : ObjectId("511bfb9e17d55c62b2371f25") }

청크: {"state" : "MA", "_id" : $minKey} ->
        {"state" : "ME", "_id" : $minKey}

{ "state" : "MA", "_id" : ObjectId("511bfb9e17d55c62b2371f1d") }

{ "state" : "MA", "_id" : ObjectId("511bfb9e17d55c62b2371f21") }

{ "state" : "MA", "_id" : ObjectId("511bfb9e17d55c62b2371f22") }

청크: {"state" : "NY", "_id" : $minKey} ->
        {"state" : "OH", "_id" : $minKey}

{ "state" : "NY", "_id" : ObjectId("511bfb9e17d55c62b2371f1e") }

{ "state" : "NY", "_id" : ObjectId("511bfb9e17d55c62b2371f20") }

{ "state" : "NY", "_id" : ObjectId("511bfb9e17d55c62b2371f23") }

그림 16-8 청크에 나뉘어 입력된 도큐먼트(각 청크에서 "_id"가 증가한다는 점을 알아두자)

여기서 각 청크는 오름차순의 도큐먼트 더미stack로 볼 수 있다. 각 샤드에는 여러 개의 더미가 있고 각각은 청크가 나뉠 때까지 증가한다. 청크가 나뉘고 나면 새 청크들 중 단 하나가 핫스팟 청크가 된다. 다른 청크는 사실 '죽은' 상태이며 절대로 다시 커지지 않는다. 더미가 여러 샤드에 골고루 분산됐으면 쓰기는 균등하게 분산된다.

16.4 샤드 키 규칙 및 지침

샤드 키를 선정하기 전에 알아야 할 실질적인 제약 조건이 몇 가지 있다.

샤드 키를 결정하고 생성하는 작업은 인덱싱과 개념이 비슷하다. 사실 샤드 키는 가장 자주 사용하는(혹은 약간 변형된) 인덱스다.

16.4.1 샤드 키 한계

샤드 키는 배열이 될 수 없다. 값이 배열인 키가 있으면 sh.shardCollections()는 실패하며, 그 필드에 배열을 입력하도록 허용되지 않는다.

도큐먼트의 샤드 키 값은 입력 후 (변경 불가능한 _id 필드가 아닌 한) 수정할 수 있다. 몽고 DB 4.2 이전 버전에서는 도큐먼트의 샤드 키 값을 수정할 수 없었다.

특이한 형태의 인덱스는 대부분 샤드 키로 사용할 수 없다. 특히 위치 인덱스로는 샤딩할 수 없다. 앞서 살펴본 것처럼 해시 인덱스는 샤드 키로 사용할 수 있다.

16.4.2 샤드 키 카디널리티

샤드 키가 급격하게 증가하든 꾸준히 증가하든 상관없이, 고르게 입력될 값으로 키를 선택해야 한다. 인덱스와 마찬가지로 샤딩은 카디널리티가 높은 필드에 좀 더 효율적으로 작동한다. 예를 들어 값이 오직 "DEBUG", "WARN", "ERROR"뿐인 "logLevel" 키가 있으면 (샤드 키 값이 세 가지뿐이므로) 몽고DB는 데이터를 세 개 이상의 청크로 쪼갤 수 없다. 변화(다양성)가 거의 없는 키를 샤드 키로 사용하려면 "logLevel"과 "timestamp"처럼 더욱 다양성 있는 키와 함께 복합 샤드 키를 생성해서 사용하자. 키 조합의 카디널리티가 높으면 좋다.

16.5 데이터 분산 제어

자동 데이터 분산은 때때로 사용자의 요구와 맞지 않는다. 이 절에서는 샤드 키 선정 및 몽고 DB의 자동 분산을 넘어서는 몇 가지 방법을 살펴본다.

여기서 설명할 방법은 클러스터가 크고 분주할수록 덜 실용적이다. 하지만 작은 규모의 클러스터에는 더 많이 제어하는 것이 바람직하다.

16.5.1 다중 데이터베이스와 컬렉션을 위한 클러스터 사용

몽고DB는 컬렉션을 클러스터의 모든 샤드에 균등하게 분산하는데, 성질이 같은 데이터를 저장할때는 잘 작동한다. 하지만 다른 데이터보다 '가치가 낮은' 로그 컬렉션이 있으면, 비싼 서버에서 공간을 차지하지 않기를 원할 것이다. 혹은 강력한 샤드가 하나 있으면 실시간 컬렉션에만 사용하고, 나머지 컬렉션은 사용하지 못하게 할 수 있다. 별도의 클러스터를 생성할 수도 있지만 몽고DB에 특정 데이터를 넣고 싶은 위치에 대한 구체적인 지시를 내릴 수 있다.

설정하려면 셸에서 sh.addShardToZone() 보조자를 사용한다.

```
> sh.addShardToZone("shard0000", "high")
> // shard0001 - 영역 없음
> // shard0002 - 영역 없음
> // shard0003 - 영역 없음
> sh.addShardToZone("shard0004", "low")
> sh.addShardToZone("shard0005", "low")
```

이제 컬렉션마다 다른 샤드에 할당할 수 있다. 예를 들어 (매우 중요한) 실시간 컬렉션은 다음과 같다.

```
> sh.updateZoneKeyRange("super.important", {"<shardKey>" : MinKey},
... {"<shardKey>" : MaxKey}, "high")
```

'이 컬렉션의 음의 무한대부터 무한대까지를 "high"로 태깅된 샤드에 저장한다'라는 의미다. super.important 컬렉션의 모든 데이터는 다른 서버에 저장되지 않는다. 이는 다른 컬렉션을 분산하는 방법에는 영향을 미치지 않음을 알아두자. 다른 컬렉션은 여전히 이 샤드 및 다른 샤드에 균등하게 분산된다.

품질이 낮은 서버에서 로그 컬렉션을 보관하는 데 비슷한 작업을 수행한다.

```
> sh.updateZoneKeyRange("some.logs", {"<shardKey>" : MinKey},
... {"<shardKey>" : MaxKey}, "low")
```

로그 컬렉션은 이제 shard0004와 shard0005에 균등하게 분할된다.

영역 키 범위를 컬렉션에 할당하고 나서 즉시 영향을 미치지는 않는다. 이 작업은 해당 샤드들이 컬렉션을 옮길 목적지라고 밸런서에 알려준다. 따라서 로그 컬렉션 전체가 shard0002에 있거나 샤드 간에 균등하게 분산됐다면, 모든 청크가 shard0004와 shard0005로 이동하는 데 약간의 시간이 걸린다.

또 다른 예로, "high"로 영역화된 샤드를 제외하면 어떤 샤드로 가든 상관없는 컬렉션이 있을수 있다. 고성능이 아닌 모든 샤드를 영역화해 그룹을 만들자. 샤드는 사용자가 필요한 만큼 영역을 가질 수 있다.

```
> sh.addShardToZone("shard0001", "whatever")
> sh.addShardToZone("shard0002", "whatever")
> sh.addShardToZone("shard0003", "whatever")
> sh.addShardToZone("shard0004", "whatever")
> sh.addShardToZone("shard0005", "whatever")
```

이제 다섯 개의 샤드에 이 컬렉션(normal.coll이라고 하자)이 분산되도록 지정하자.

```
> sh.updateZoneKeyRange("normal.coll", {"<shardKey>" : MinKey},
... {"<shardKey>" : MaxKey}, "whatever")
```

TIP 컬렉션을 동적으로 할당할 수는 없다. 다시 말하면 '컬렉션이 생성될 때 이를 샤드에 무작위로 배치'하지 않는다. 하지만 이러한 작업을 수행할 수 있는 cron 잡을 가질 수는 있다.

실수를 하거나 마음이 바뀌면 sh.removeShardFromZone()으로 영역에서 샤드를 제거할 수있다.

```
> sh.removeShardFromZone("shard0005", "whatever")
```

영역 키 범위로 설명된 영역에서 모든 샤드를 제거하면(예를 들어 **"high"** 영역에서 shard0000을 제거), 유효한 위치가 나열되지 않았기 때문에 밸런서는 데이터를 어디로도 분산하지 않는다. 모든 데이터는 여전히 조회나 쓰기가 가능하지만, 태그나 태그 범위를 변경할 때까지는 이동할 수 없다.

영역에서 키 범위를 제거하려면 sh.removeRangeFromZone()을 사용하자. 다음 예를 보자. 범위는 이전에 네임스페이스 some.logs 및 특정 영역에 대해 정의한 범위와 정확히 일치하도록 지정해야 한다.

```
> sh.removeRangeFromZone("some.logs", {"<shardKey>" : MinKey},
... {"<shardKey>" : MaxKey})
```

16.5.2 수동 샤딩

때때로 요구 사항이 복잡할 때나 특수한 상황에서는 데이터를 분산할 위치를 완전히 제어하고 싶을 수 있다. 데이터가 자동으로 분산되지 않도록 밸런서를 끄고, moveChunk 명령으로 수동으로 데이터를 분산하자.

밸런서를 끄려면 mongos(어떤 mongos라도 괜찮다)에 접속해서 셸 보조자 sh.stopBalancer()를 사용해 밸런서를 비활성화한다.

```
> sh.stopBalancer()
```

현재 이동이 진행 중이라면, 이동이 끝날 때까지는 아무런 효과가 나타나지 않는다. 진행 중인 이동이 끝나면 밸런서는 데이터를 이동하는 것을 멈춘다. 밸런서를 비활성화한 후 진행 중인 이동이 없는지 확인하려면 mongo 셸에서 다음을 실행한다.

```
> use config
> while(sh.isBalancerRunning()) {
...     print("waiting...");
...     sleep(1000);
... }
```

밸런서가 꺼지고 나면 (필요하다면) 데이터를 수동으로 옮길 수 있다. 우선 `config.chunks`를 확인해서 어떤 청크가 어디에 위치하는지 찾아내자.

```
> db.chunks.find()
```

이제 moveChunk 명령으로 청크를 다른 샤드로 이동한다. 이동할 청크의 하한 범위를 명시하고 청크가 옮겨갈 샤드의 이름을 입력한다.

```
> sh.moveChunk(
...    "test.manual.stuff",
...    {user_id: NumberLong("-1844674407370955160")},
...    "test-rs1")
```

하지만 특수한 상황이 아니라면 수동으로 하지 말고 몽고DB의 자동 샤딩을 사용하자. 예상치 않던 샤드에 핫스팟이 생기면 결국 그 샤드에 대부분의 데이터가 들어가게 된다.

특히, 수동으로 독특한 분산을 하면서 동시에 밸런서를 실행하지 말자. 밸런서가 불균형한 수의 청크를 감지하면 컬렉션을 다시 균등하게 하려고 수동으로 작업한 것을 뒤섞는다. 청크의 불균형한 분산을 원한다면 16.5.1 '다중 데이터베이스와 컬렉션을 위한 클러스터 사용'에서 설명한 영역 샤딩 기법을 사용하자.

## CHAPTER 17

샤딩 관리

복제 셋과 마찬가지로 샤드 클러스터를 관리하는 여러 옵션이 있다. 수동 관리는 하나의 옵션이다. 요즘에는 모든 클러스터 관리에 사용하는 옵스 매니저, 클라우드 매니저, 아틀라스 서비스형 데이터베이스Atlas Database-as-a-Service(DBaaS) 등 도구가 점점 보편화되고 있다. 이 장에서는 다음을 포함해 샤드 클러스터를 수동으로 관리하는 방법을 다룬다.

- 멤버가 누구인지, 데이터가 어디에 보관됐는지, 어떤 연결이 열려 있는지 등 클러스터 상태 검사
- 클러스터 멤버 추가, 제거, 변경
- 데이터 이동 관리 및 데이터 수동 이동

17.1 현재 상태 확인

데이터의 위치, 샤드 구성, 클러스터 실행 작업을 조회할 수 있는 몇 가지 보조자가 있다.

17.1.1 sh.status()를 사용해 요약 정보 얻기

sh.status()는 샤드, 데이터베이스, 샤딩된 컬렉션의 개요를 제공한다. 청크의 개수가 적다면 어느 청크가 어디에 위치하는지도 출력한다. 그렇지 않으면 단순히 컬렉션의 샤드 키와 각 샤드가 갖는 청크 개수를 보고한다.

```
> sh.status()
--- Sharding Status ---
sharding version: {
  "_id" : 1,
  "minCompatibleVersion" : 5,
  "currentVersion" : 6,
  "clusterId" : ObjectId("5bdf51ecf8c192ed922f3160")
}
shards:
  {  "_id" : "shard01",
     "host" : "shard01/localhost:27018,localhost:27019,localhost:27020",
     "state" : 1 }
  {  "_id" : "shard02",
     "host" : "shard02/localhost:27021,localhost:27022,localhost:27023",
     "state" : 1 }
  {  "_id" : "shard03",
     "host" : "shard03/localhost:27024,localhost:27025,localhost:27026",
     "state" : 1 }
active mongoses:
  "4.0.3" : 1
autosplit:
  Currently enabled: yes
balancer:
  Currently enabled:  yes
  Currently running:  no
  Failed balancer rounds in last 5 attempts:  0
  Migration Results for the last 24 hours:
    6 : Success
  databases:
    {  "_id" : "config",  "primary" : "config",  "partitioned" : true }
      config.system.sessions
        shard key: { "_id" : 1 }
        unique: false
        balancing: true
        chunks:
          shard01       1
          { "_id" : { "$minKey" : 1 } } -->>
          { "_id" : { "$maxKey" : 1 } } on : shard01 Timestamp(1, 0)
    {  "_id" : "video",  "primary" : "shard02",  "partitioned" : true,
       "version" :
          {  "uuid" : UUID("3d83d8b8-9260-4a6f-8d28-c3732d40d961"),
             "lastMod" : 1 } }
      video.movies
```

```
shard key: { "imdbId" : "hashed" }
unique: false
balancing: true
chunks:
  shard01 3
  shard02 4
  shard03 3
  { "imdbId" : { "$minKey" : 1 } } -->>
      { "imdbId" : NumberLong("-7262221363006655132") } on :
      shard01 Timestamp(2, 0)
  { "imdbId" : NumberLong("-7262221363006655132") } -->>
      { "imdbId" : NumberLong("-5315530662268120007") } on :
      shard03 Timestamp(3, 0)
  { "imdbId" : NumberLong("-5315530662268120007") } -->>
      { "imdbId" : NumberLong("-3362204802044524341") } on :
      shard03 Timestamp(4, 0)
  { "imdbId" : NumberLong("-3362204802044524341") } -->>
      { "imdbId" : NumberLong("-1412311662519947087") }
      on : shard01 Timestamp(5, 0)
  { "imdbId" : NumberLong("-1412311662519947087") } -->>
      { "imdbId" : NumberLong("524277486033652998") } on :
      shard01 Timestamp(6, 0)
  { "imdbId" : NumberLong("524277486033652998") } -->>
      { "imdbId" : NumberLong("2484315172280977547") } on :
      shard03 Timestamp(7, 0)
  { "imdbId" : NumberLong("2484315172280977547") } -->>
      { "imdbId" : NumberLong("4436141279217488250") } on :
      shard02 Timestamp(7, 1)
  { "imdbId" : NumberLong("4436141279217488250") } -->>
      { "imdbId" : NumberLong("6386258634539951337") } on :
      shard02 Timestamp(1, 7)
  { "imdbId" : NumberLong("6386258634539951337") } -->>
      { "imdbId" : NumberLong("8345072417171006784") } on :
      shard02 Timestamp(1, 8)
  { "imdbId" : NumberLong("8345072417171006784") } -->>
      { "imdbId" : { "$maxKey" : 1 } } on :
      shard02 Timestamp(1, 9)
```

청크가 여러 개이면 sh.status()는 각 청크를 출력하기보다는 청크 상태를 요약한다. 모든 청크를 보려면 sh.status(true)를 실행한다(true를 입력하면 상세한 정보를 출력한다).

sh.status()는 config 데이터베이스에서 수집한 정보를 모두 보여준다.

17.1.2 구성 정보 확인하기

클러스터에 대한 모든 구성 정보는 구성 서버의 config 데이터베이스 내 컬렉션에 보관된다. 셸 보조자를 사용하면 구성 정보를 더 읽기 쉽게 볼 수 있다. 하지만 클러스터에 대한 메타데이터를 조회하려면 언제든지 config 데이터베이스를 직접 쿼리할 수 있다.

> **WARNING_** 구성 서버에 직접 접속하면 데이터를 실수로 바꾸거나 제거할 수도 있다. 데이터를 확인하려면 다른 데이터베이스와 마찬가지로 mongos 프로세스에 접속해서 config 데이터베이스를 이용하자.
>
> ```
> > use config
> ```
>
> (구성 서버에 직접 접속하는 대신) mongos를 통해 구성 데이터를 조작하면 mongos는 모든 구성 서버가 동기화 상태를 유지하도록 한다. 또한 config 데이터베이스를 실수로 날려버리는 등 여러 가지 위험한 동작을 막아준다.

일반적으로 config 데이터베이스에 들어 있는 데이터는 직접 수정하면 안 된다(예외는 다음 절에서 언급한다). 무언가를 수정하고 나면 (일반적으로) 모든 mongos 서버를 재시작해야 변경 사항이 적용된다.

config 데이터베이스에는 몇 가지 컬렉션이 있다. 이 절에서는 각 컬렉션이 무엇을 포함하며 어떻게 사용되는지 다룬다.

config.shards

shards 컬렉션은 클러스터 내 모든 샤드를 추적한다. shards 컬렉션에 들어 있는 전형적인 도큐먼트는 다음처럼 보인다.

```
> db.shards.find()
{ "_id" : "shard01",
  "host" : "shard01/localhost:27018,localhost:27019,localhost:27020",
  "state" : 1 }
{ "_id" : "shard02",
  "host" : "shard02/localhost:27021,localhost:27022,localhost:27023",
  "state" : 1 }
{ "_id" : "shard03",
```

```
  "host" : "shard03/localhost:27024,localhost:27025,localhost:27026",
  "state" : 1 }
```

샤드의 "_id"는 복제 셋의 이름에서 가져온다. 그러므로 클러스터 안에 있는 각 복제 셋의 이름은 고유해야 한다.

복제 셋 구성을 변경하면(예를 들어 멤버를 추가하거나 삭제하면) "host" 필드는 자동으로 변경된다.

config.databases

databases 컬렉션은 클러스터가 알고 있는 모든 샤딩 및 비샤딩 데이터베이스를 추적한다.

```
> db.databases.find()
{ "_id" : "video", "primary" : "shard02", "partitioned" : true,
  "version" : { "uuid" : UUID("3d83d8b8-9260-4a6f-8d28-c3732d40d961"),
  "lastMod" : 1 } }
```

enableSharding이 데이터베이스에서 실행된 적이 있으면 "partitioned"는 true가 된다. "primary"는 데이터베이스의 '홈 베이스'다. 기본적으로 데이터베이스 내 새로운 컬렉션은 모두 데이터베이스의 프라이머리 샤드에 생성된다.

config.collections

collections 컬렉션은 모든 샤딩된 컬렉션을 추적한다(샤딩되지 않은 컬렉션은 보이지 않는다). 다음은 전형적인 도큐먼트의 모습이다.

```
> db.collections.find().pretty()
{
    "_id" : "config.system.sessions",
    "lastmodEpoch" : ObjectId("5bdf53122ad9c6907510c22d"),
    "lastmod" : ISODate("1970-02-19T17:02:47.296Z"),
    "dropped" : false,
    "key" : {
        "_id" : 1
    },
    "unique" : false,
```

```
            "uuid" : UUID("7584e4cd-fac4-4305-a9d4-bd73e93621bf")
    }
    {
        "_id" : "video.movies",
        "lastmodEpoch" : ObjectId("5bdf72c021b6e3be02fabe0c"),
        "lastmod" : ISODate("1970-02-19T17:02:47.305Z"),
        "dropped" : false,
        "key" : {
            "imdbId" : "hashed"
        },
        "unique" : false,
        "uuid" : UUID("e6580ffa-fcd3-418f-aa1a-0dfb71bc1c41")
    }
```

중요한 필드는 다음과 같다.

"_id"

컬렉션의 네임스페이스.

"key"

샤드 키. 여기서는 **"imdbId"**에 해시된 샤드 키.

"unique"

샤드 키가 고유한 인덱스는 아님을 나타낸다. 기본적으로 샤드 키는 고유하지 않다.

config.chunks

chunks 컬렉션은 모든 컬렉션 내 모든 청크의 기록을 보관한다. chunks 컬렉션 내 전형적인 도큐먼트는 다음처럼 보인다.

```
> db.chunks.find().skip(1).limit(1).pretty()
{
    "_id" : "video.movies-imdbId_MinKey",
    "lastmod" : Timestamp(2, 0),
    "lastmodEpoch" : ObjectId("5bdf72c021b6e3be02fabe0c"),
    "ns" : "video.movies",
    "min" : {
```

```
            "imdbId" : { "$minKey" : 1 }
        },
        "max" : {
            "imdbId" : NumberLong("-7262221363006655132")
        },
        "shard" : "shard01",
        "history" : [
            {
                "validAfter" : Timestamp(1541370579, 3096),
                "shard" : "shard01"
            }
        ]
    }
```

가장 유용한 필드는 다음과 같다.

"_id"

청크의 고유 식별자. 일반적으로 네임스페이스, 샤드 키, 하위 청크 범위다.

"ns"

청크가 위치한 컬렉션.

"min"

청크 범위(경계 포함) 내 최솟값.

"max"

청크 내 모든 값은 이 값보다 작다.

"shard"

청크가 위치하는 샤드.

"lastmod" 필드는 청크 버전 관리를 추적한다. 예를 들어 **"video.movies-imdbId_MinKey"** 청크가 두 개의 청크로 분할됐다면, 이전의 단일 청크와 분할돼서 작아진 **"video.movies-imdbId_MinKey"** 청크를 구별하는 방법이 필요하다. 따라서 **Timestamp** 값의 첫 번째 구성 요소는 청크가 새 샤드로 마이그레이션된 횟수를 반영한다. 두 번째 구성 요소는 분할 수를 반영한다. "lastmodEpoch" 필드는 컬렉션의 생성 시기를 지정하며, 컬렉션이 삭제되고 즉시 재생성될 때 동일한 컬렉션 이름에 대한 요청을 구별하는 데 사용된다.

sh.status()는 config.chunks 컬렉션을 사용해 대부분의 정보를 수집한다.

config.changelog

changelog 컬렉션은 발생한 분할과 마이그레이션을 모두 기록하므로 클러스터가 무엇을 하고 있는지 추적하는 데 유용하다.

분할은 다음과 같은 도큐먼트에 기록된다.

```
> db.changelog.find({what: "split"}).pretty()
{
    "_id" : "router1-2018-11-05T09:58:58.915-0500-5be05ab2f8c192ed922ffbe7",
    "server" : "bob",
    "clientAddr" : "127.0.0.1:64621",
    "time" : ISODate("2018-11-05T14:58:58.915Z"),
    "what" : "split",
    "ns" : "video.movies",
    "details" : {
        "before" : {
            "min" : {
                "imdbId" : NumberLong("2484315172280977547")
            },
            "max" : {
                "imdbId" : NumberLong("4436141279217488250")
            },
            "lastmod" : Timestamp(9, 1),
            "lastmodEpoch" : ObjectId("5bdf72c021b6e3be02fabe0c")
        },
        "left" : {
            "min" : {
                "imdbId" : NumberLong("2484315172280977547")
            },
            "max" : {
                "imdbId" : NumberLong("3459137475094092005")
            },
            "lastmod" : Timestamp(9, 2),
            "lastmodEpoch" : ObjectId("5bdf72c021b6e3be02fabe0c")
```

```
        },
        "right" : {
            "min" : {
                "imdbId" : NumberLong("3459137475094092005")
            },
            "max" : {
                "imdbId" : NumberLong("4436141279217488250")
            },
            "lastmod" : Timestamp(9, 3),
            "lastmodEpoch" : ObjectId("5bdf72c021b6e3be02fabe0c")
        }
    }
}
```

"details"는 원본 도큐먼트가 어떻게 생겼으며 무엇으로 분할됐는지 알려준다.

출력 결과는 컬렉션의 첫 번째 청크 분할 모습이다. 각각의 새 청크에서 "lastmod"의 두 번째 구성 요소가 갱신됐고, 값은 각각 Timestamp(9, 2)와 Timestamp(9, 3)이다.

마이그레이션은 더 복잡하며, 실제로 네 개로 나뉜 체인지로그changelog 도큐먼트가 생긴다. 하나는 마이그레이션의 시작을 명시하고, 하나는 '원본' 샤드, 하나는 '목적지' 샤드, 나머지 하나는 (마이그레이션이 마무리될 때) 마이그레이션에 대한 커밋 정보를 포함한다. '원본' 샤드와 '목적지' 샤드에 대한 도큐먼트는 프로세스에서 단계별로 소요된 시간의 명세를 제공한다. 이를 통해 마이그레이션에서 병목 현상을 일으키는 원인이 디스크인지, 네트워크 혹은 다른 무언가인지 추정할 수 있다. 예를 들어 '원본' 샤드에 의해 생성된 도큐먼트는 다음과 같다.

```
> db.changelog.findOne({what: "moveChunk.to"})
{
    "_id" : "router1-2018-11-04T17:29:39.702-0500-5bdf72d32ad9c69075112f08",
    "server" : "bob",
    "clientAddr" : "",
    "time" : ISODate("2018-11-04T22:29:39.702Z"),
    "what" : "moveChunk.to",
    "ns" : "video.movies",
    "details" : {
        "min" : {
            "imdbId" : { "$minKey" : 1 }
        },
        "max" : {
            "imdbId" : NumberLong("-7262221363006655132")
```

```
        },
        "step 1 of 6" : 965,
        "step 2 of 6" : 608,
        "step 3 of 6" : 15424,
        "step 4 of 6" : 0,
        "step 5 of 6" : 72,
        "step 6 of 6" : 258,
        "note" : "success"
    }
}
```

"details"에 나열된 각 단계에서 시간이 기록되며 "stepN of N" 메시지는 단계의 소요 시간을 밀리초 단위로 보여준다.

'원본' 샤드가 mongos로부터 moveChunk 명령을 받으면 다음과 같은 작업을 수행한다.

1. 명령 매개변수를 확인한다.
2. 구성 서버가 마이그레이션을 위해 분산된 락을 획득할 수 있는지 확인한다.
3. '목적지' 샤드에 접속을 시도한다.
4. 데이터를 복사한다. 이는 'the critical section'으로 명시돼 기록된다.
5. '목적지' 샤드 및 구성 서버와 조정^{coordinate}해 이동을 확정한다.

'목적지'와 '원본' 샤드는 "step4 of 6"부터는 서로 통신이 가능한 상태여야 함을 알아두자. 샤드는 마이그레이션을 수행하기 위해 다른 샤드 및 구성 서버와 직접 통신한다. 마지막 단계에서 '원본 서버의 네트워크 연결이 비정상적이라면, 마이그레이션을 되돌리거나 계속 진행할 수 없는 상태가 된다. 이럴 때는 mongod가 종료된다.

'목적지' 샤드의 changelog 도큐먼트는 '원본' 샤드의 changelog 도큐먼트와 비슷하지만 단계가 약간 다르며, 다음과 같은 모습이다.

```
> db.changelog.find({what: "moveChunk.from", "details.max.imdbId":
  NumberLong("-7262221363006655132")}).pretty()
{
    "_id" : "router1-2018-11-04T17:29:39.753-0500-5bdf72d321b6e3be02fabf0b",
    "server" : "bob",
    "clientAddr" : "127.0.0.1:64743",
    "time" : ISODate("2018-11-04T22:29:39.753Z"),
    "what" : "moveChunk.from",
```

```
    "ns" : "video.movies",
    "details" : {
        "min" : {
            "imdbId" : { "$minKey" : 1 }
        },
        "max" : {
            "imdbId" : NumberLong("-7262221363006655132")
        },
        "step 1 of 6" : 0,
        "step 2 of 6" : 4,
        "step 3 of 6" : 191,
        "step 4 of 6" : 17000,
        "step 5 of 6" : 341,
        "step 6 of 6" : 39,
        "to" : "shard01",
        "from" : "shard02",
        "note" : "success"
    }
}
```

'목적지' 샤드가 '원본' 샤드로부터 명령을 받으면 다음 작업을 수행한다.

1. 인덱스를 마이그레이션한다. 이 샤드가 마이그레이션된 컬렉션에서 예전에 청크를 가진 적이 없다면 어떤 필드가 인덱싱됐는지 알아야 한다. 해당 컬렉션으로부터 청크가 샤드에 마이그레이션된 것이 처음이 아니라면, 이는 no-op[1]가 돼야 한다.

2. 청크 범위 안에 있는 모든 데이터를 삭제한다. 마이그레이션에 실패한 데이터 혹은 (현재 데이터를 방해하지 않기를 바라는) 복구 절차가 남아 있을 수도 있다.

3. 청크 내 모든 도큐먼트를 '목적지' 샤드로 복사한다.

4. 복사하는 동안에 도큐먼트에 일어난 작업을 재실행한다.

5. '목적지' 샤드가 새로 마이그레이션된 데이터를 대부분의 서버로 복제하도록 기다린다.

6. 청크의 메타데이터가 '목적지' 샤드에 위치한다고 바꿔서 마이그레이션을 확정한다.

config.settings

이 컬렉션은 현재의 밸런서 설정과 청크 크기를 나타내는 도큐먼트를 포함한다. 컬렉션 내 도큐먼트를 변경해서 밸런서를 켜고 끄거나 청크 크기를 변경할 수 있다. 컬렉션 안의 값을 변경할 때 구성 서버에 직접 연결하지 말고 항상 mongos에 연결해야 함을 명심하자.

---

1 옮긴이_ 'No-Operation'의 약어. 공간은 차지하지만 작업을 지정하지 않는 컴퓨터 명령을 말한다.

17.2 네트워크 연결 추적

클러스터의 구성 요소들 사이에는 수많은 연결이 있다. 이 절에서는 샤딩에 특화된 정보를 다룬다. 네트워크에 관련된 자세한 정보는 24장을 참조한다.

17.2.1 연결 통계 정보 얻어오기

connPoolStats 명령은 현재 데이터베이스 인스턴스에서 샤드 클러스터나 복제 셋의 다른 멤버로 나가는 열린 연결에 대한 정보를 반환한다.

connPoolStats는 실행 중인 작업과 간섭을 피하려고 락을 사용하지 않는다. 따라서 connPoolStats가 정보를 수집할 때 개수가 약간 바뀌어, 호스트와 풀 연결 개수 간에 약간의 차이가 생길 수 있다.

```
> db.adminCommand({"connPoolStats": 1})
{
    "numClientConnections" : 10,
    "numAScopedConnections" : 0,
    "totalInUse" : 0,
    "totalAvailable" : 13,
    "totalCreated" : 86,
    "totalRefreshing" : 0,
    "pools" : {
        "NetworkInterfaceTL-TaskExecutorPool-0" : {
            "poolInUse" : 0,
            "poolAvailable" : 2,
            "poolCreated" : 2,
            "poolRefreshing" : 0,
            "localhost:27027" : {
                "inUse" : 0,
                "available" : 1,
                "created" : 1,
                "refreshing" : 0
            },
            "localhost:27019" : {
                "inUse" : 0,
                "available" : 1,
                "created" : 1,
                "refreshing" : 0
```

```
            }
        },
        "NetworkInterfaceTL-ShardRegistry" : {
            "poolInUse" : 0,
            "poolAvailable" : 1,
            "poolCreated" : 13,
            "poolRefreshing" : 0,
            "localhost:27027" : {
                "inUse" : 0,
                "available" : 1,
                "created" : 13,
                "refreshing" : 0
            }
        },
        "global" : {
            "poolInUse" : 0,
            "poolAvailable" : 10,
            "poolCreated" : 71,
            "poolRefreshing" : 0,
            "localhost:27026" : {
                "inUse" : 0,
                "available" : 1,
                "created" : 8,
                "refreshing" : 0
            },
            "localhost:27027" : {
                "inUse" : 0,
                "available" : 1,
                "created" : 1,
                "refreshing" : 0
            },
            "localhost:27023" : {
                "inUse" : 0,
                "available" : 1,
                "created" : 7,
                "refreshing" : 0
            },
            "localhost:27024" : {
                "inUse" : 0,
                "available" : 1,
                "created" : 6,
                "refreshing" : 0
            },
            "localhost:27022" : {
```

```
                    "inUse" : 0,
                    "available" : 1,
                    "created" : 9,
                    "refreshing" : 0
                },
                "localhost:27019" : {
                    "inUse" : 0,
                    "available" : 1,
                    "created" : 8,
                    "refreshing" : 0
                },
                "localhost:27021" : {
                    "inUse" : 0,
                    "available" : 1,
                    "created" : 8,
                    "refreshing" : 0
                },
                "localhost:27025" : {
                    "inUse" : 0,
                    "available" : 1,
                    "created" : 9,
                    "refreshing" : 0
                },
                "localhost:27020" : {
                    "inUse" : 0,
                    "available" : 1,
                    "created" : 8,
                    "refreshing" : 0
                },
                "localhost:27018" : {
                    "inUse" : 0,
                    "available" : 1,
                    "created" : 7,
                    "refreshing" : 0
                }
            }
        },
        "hosts" : {
            "localhost:27026" : {
                "inUse" : 0,
                "available" : 1,
                "created" : 8,
                "refreshing" : 0
            },
```

```
    "localhost:27027" : {
        "inUse" : 0,
        "available" : 3,
        "created" : 15,
        "refreshing" : 0
    },
    "localhost:27023" : {
        "inUse" : 0,
        "available" : 1,
        "created" : 7,
        "refreshing" : 0
    },
    "localhost:27024" : {
        "inUse" : 0,
        "available" : 1,
        "created" : 6,
        "refreshing" : 0
    },
    "localhost:27022" : {
        "inUse" : 0,
        "available" : 1,
        "created" : 9,
        "refreshing" : 0
    },
    "localhost:27019" : {
        "inUse" : 0,
        "available" : 2,
        "created" : 9,
        "refreshing" : 0
    },
    "localhost:27021" : {
        "inUse" : 0,
        "available" : 1,
        "created" : 8,
        "refreshing" : 0
    },
    "localhost:27025" : {
        "inUse" : 0,
        "available" : 1,
        "created" : 9,
        "refreshing" : 0
    },
    "localhost:27020" : {
        "inUse" : 0,
```

```
                "available" : 1,
                "created" : 8,
                "refreshing" : 0
            },
            "localhost:27018" : {
                "inUse" : 0,
                "available" : 1,
                "created" : 7,
                "refreshing" : 0
            }
        },
        "replicaSets" : {
            "shard02" : {
                "hosts" : [
                    {
                        "addr" : "localhost:27021",
                        "ok" : true,
                        "ismaster" : true,
                        "hidden" : false,
                        "secondary" : false,
                        "pingTimeMillis" : 0
                    },
                    {
                        "addr" : "localhost:27022",
                        "ok" : true,
                        "ismaster" : false,
                        "hidden" : false,
                        "secondary" : true,
                        "pingTimeMillis" : 0
                    },
                    {
                        "addr" : "localhost:27023",
                        "ok" : true,
                        "ismaster" : false,
                        "hidden" : false,
                        "secondary" : true,
                        "pingTimeMillis" : 0
                    }
                ]
            },
            "shard03" : {
                "hosts" : [
                    {
                        "addr" : "localhost:27024",
```

```
                        "ok" : true,
                        "ismaster" : false,
                        "hidden" : false,
                        "secondary" : true,
                        "pingTimeMillis" : 0
                },
                {
                        "addr" : "localhost:27025",
                        "ok" : true,
                        "ismaster" : true,
                        "hidden" : false,
                        "secondary" : false,
                        "pingTimeMillis" : 0
                },
                {
                        "addr" : "localhost:27026",
                        "ok" : true,
                        "ismaster" : false,
                        "hidden" : false,
                        "secondary" : true,
                        "pingTimeMillis" : 0
                }
            ]
        },
        "configRepl" : {
            "hosts" : [
                {
                        "addr" : "localhost:27027",
                        "ok" : true,
                        "ismaster" : true,
                        "hidden" : false,
                        "secondary" : false,
                        "pingTimeMillis" : 0
                }
            ]
        },
        "shard01" : {
            "hosts" : [
                {
                        "addr" : "localhost:27018",
                        "ok" : true,
                        "ismaster" : false,
                        "hidden" : false,
                        "secondary" : true,
```

```
                    "pingTimeMillis" : 0
                },
                {
                    "addr" : "localhost:27019",
                    "ok" : true,
                    "ismaster" : true,
                    "hidden" : false,
                    "secondary" : false,
                    "pingTimeMillis" : 0
                },
                {
                    "addr" : "localhost:27020",
                    "ok" : true,
                    "ismaster" : false,
                    "hidden" : false,
                    "secondary" : true,
                    "pingTimeMillis" : 0
                }
            ]
        }
    },
    "ok" : 1,
    "operationTime" : Timestamp(1541440424, 1),
    "$clusterTime" : {
        "clusterTime" : Timestamp(1541440424, 1),
        "signature" : {
            "hash" : BinData(0,"AAAAAAAAAAAAAAAAAAAAAAAAAAA="),
            "keyId" : NumberLong(0)
        }
    }
}
```

출력에서 각 필드는 다음을 나타낸다.

- "totalAvailable"은 현재 mongod/mongos 인스턴스에서 샤드 클러스터나 복제 셋의 다른 구성원으로 나가는 사용 가능한 총 발신 연결outgoing connection 수를 나타낸다.

- "totalCreated"는 현재 mongod/mongos 인스턴스가 샤드 클러스터나 복제 셋의 다른 구성원으로 생성한 총 발신 연결 수를 나타낸다.

- "totalInUse"는 현재 mongod/mongos 인스턴스에서 현재 사용 중인 샤드 클러스터나 복제 셋의 다른 구성원으로 나가는 총 연결 수를 나타낸다.

- "totalRefreshing"은 현재 mongod/mongos 인스턴스에서 현재 새로 새로고침되는 샤드 클러스터나 복제 셋의 다른 구성원으로 나가는 총 발신 연결 수를 나타낸다.

- "numClientConnections"는 현재 mongod/mongos 인스턴스에서 샤드 클러스터나 복제 셋의 다른 구성원으로 나가는 활성 및 저장된 동기^{synchronous} 연결 수를 나타낸다. 이는 "totalAvailable", "totalCreated", "totalInUse"에서 보고된 연결의 서브셋을 나타낸다.

- "numAScopedConnection"은 현재 mongod/mongos 인스턴스에서 샤드 클러스터나 복제 셋의 다른 구성원으로 나가는 활성 및 저장된 범위 동기 연결 수를 보고한다. 이는 "totalAvailable", "totalCreated", "totalInUse"에서 보고된 연결의 서브셋을 나타낸다.

- "pools"는 연결 풀별로 그룹화된 연결 통계$^{connection\ statistics}$(사용 중/사용 가능/생성됨/새로고침 중)를 나타낸다. mongod와 mongos에는 두 종류의 발신 연결 풀이 있다.
  - DBClient 기반 풀("pools" 도큐먼트에서 "global" 필드명으로 식별되는 '쓰기 경로$^{write\ path}$')
  - NetworkInterfaceTL 기반 풀('읽기 경로$^{read\ path}$')

- "hosts"는 호스트별로 그룹화된 연결 통계(사용 중/사용 가능/생성됨/새로고침 중)를 나타낸다. 현재 mongod/mongos 인스턴스와 샤드 클러스터나 복제 셋의 각 구성원 간의 연결에 대해 보고한다.

샤드가 데이터를 이동하려고 다른 샤드에 연결할 때, connPoolStats 출력 결과에서 다른 샤드에 대한 연결을 확인할 수 있다. 샤드의 프라이머리는 다른 샤드의 프라이머리에 직접 연결해 데이터를 '빨아들인다'.

이동이 발생하면, 샤드는 이동할 부분에 있는 샤드의 건강 상태를 추적하려고 ReplicaSetMonitor(복제 셋 상태를 모니터링하는 프로세스)를 설정한다. mongod는 이 모니터링 프로세스를 절대 죽이지 않으므로, 복제 셋의 로그에서 다른 복제 셋 멤버에 대한 메시지를 볼 수 있다. 이는 정상이며 사용자의 애플리케이션에 영향을 끼치지 않는다.

17.2.2 연결 개수 제한하기

클라이언트가 mongos에 접속하면 mongos는 클라이언트의 요청을 전달하려고 적어도 하나의 샤드에 연결을 생성한다. 따라서 mongos에 들어온 각 클라이언트 연결은 mongos에서 샤드로 나가는 연결을 적어도 한 개는 만든다.

mongos 프로세스가 여러 개이면 샤드가 다룰 수 있는 양보다 더 많은 연결을 생성할 수도 있다. mongos는 기본적으로 최대 6만 5536개의 연결을 허용하며(mongod와 동일), 각각 1만 개의 클라이언트 연결을 갖는 5개의 mongos 프로세스가 있다면 하나의 샤드에 5만 개의 연결 생성을 시도한다.

이를 방지하려면 mongos 명령행 구성에서 --maxConns 옵션을 사용해 생성 가능한 연결 개수를 제한하면 된다. 다음 공식은 하나의 mongos에서 샤드가 다룰 수 있는 연결의 최대 수를 계산하는 데 사용한다.

- maxConns = maxConnsPrimary − (numMembersPerReplicaSet × 3)
- (other x 3) / numMongosProcesses

공식의 각 부분을 분석해보면 다음과 같다.

maxConnsPrimary

프라이머리의 최대 연결 수. mongos로부터의 연결로 샤드를 압도하지 않도록 일반적으로 2만으로 설정한다.

(numMembersPerReplicaSet × 3)

프라이머리는 각 세컨더리에 연결을 하나씩 생성하고, 세컨더리는 프라이머리에 두 개의 연결을 생성해서 총 세 개의 연결이 있다.

(other x 3)

other는 모니터링이나 백업 에이전트와 같이 mongod에 접속하거나, (관리를 위해) 직접 셸에 연결하거나, 이동을 위해 다른 샤드로 연결하는 등 부수적인 역할을 하는 프로세스의 개수다.

numMongosProcesses

샤드 클러스터에서 mongos의 총 개수

--maxConns는 단지 mongos가 연결을 이 이상 생성하지 않도록 함을 명심하자. 한계에 이를 때 특별히 도움 되는 동작을 하지는 않으며, 그저 요청을 막고 연결이 '해제'되기를 기다린다. 그러므로 애플리케이션이 너무 많은 연결을 사용하지 못하게 해야 한다. 특히 mongos 프로세스의 개수가 늘어날 때는 주의하자.

몽고DB 인스턴스가 순조롭게 종료되면 몽고DB는 중지하기 전에 모든 연결을 닫는다. 인스턴스에 연결된 멤버는 즉시 해당 연결에 대해 소켓 오류socket error를 받고 연결을 갱신한다. 하지만 몽고DB 인스턴스가 전력 손실, 파손, 네트워크 문제 때문에 갑자기 단절되면 모든 소켓이 깔끔하게 닫히지는 않는다. 이때 클러스터의 다른 서버들은 몽고DB 인스턴스에 작업 수행을 시도할 때까지는 연결이 정상이라고 알고 있을 것이다. 이 시점에 오류를 받고 (그때 멤버가 가동 중이라면) 연결을 갱신한다.

연결 개수가 적으면 이 과정은 매우 빠르게 수행된다. 하지만 갱신할 연결이 수천 개라면 많은 오류가 발생할 수 있다. 다운된 멤버에 맺어진 각 연결이, 접속을 시도하고 비정상이라고 판단한 후 다시 접속해야 하기 때문이다. 방지하려면 재접속으로 재시작하는 방법뿐이다.

17.3 서버 관리

클러스터가 커지면 용량을 추가하거나 구성을 바꿀 필요가 있다. 이 절에서는 클러스터에서 서버를 추가하거나 제거하는 방법을 다룬다.

17.3.1 서버 추가

언제든지 새로운 mongos 프로세스를 추가할 수 있다. mongos의 --configdb 옵션이 올바른 구성 서버 셋을 명시하는지 확인하자. 또한 mongos에 클라이언트가 즉시 연결할 수 있어야 한다.

새로운 샤드를 추가하려면 15장에서 봤듯 addShard 명령을 사용한다.

17.3.2 샤드의 서버 변경

샤드 클러스터를 사용할 때, 각 샤드에서 서버를 변경할 수도 있다. 샤드의 멤버 구성을 변경하려면 (mongos를 통하지 않고) 샤드의 프라이머리에 직접 연결해 복제 셋을 재구성하자. 클러스터 구성은 변경 사항을 가져와서 config.shards를 자동으로 수정한다. 수동으로 config.shards를 수정하지 않도록 주의하자.

유일한 예외는 샤드 클러스터를 복제 셋이 아닌 독립 실행형 서버로 시작한 경우다.

샤드를 독립 실행형 서버에서 복제 셋으로 변경하기

가장 쉬운 방법은 빈 복제 셋 샤드를 새로 추가하고 독립 실행형 서버 샤드를 제거하는 방법이다(다음 절에서 설명한다). 마이그레이션은 데이터를 새로운 샤드로 옮기는 작업을 한다.

17.3.3 샤드 제거

일반적으로 샤드는 클러스터에서 제거되면 안 된다. 주기적으로 샤드를 추가하거나 제거하면 시스템에 필요 이상으로 무리를 준다. 너무 많은 샤드를 추가한다면, 제거했다가 나중에 다시 추가하지 말고 샤드 안에서 시스템이 커지도록 하는 편이 낫다. 하지만 필요하다면 샤드를 제거할 수 있다.

우선 밸런서가 켜진 것을 확인한다. 밸런서는 **배출**draining이라는 프로세스에서, 제거하려는 샤드의 모든 데이터를 다른 샤드로 이동하는 임무가 있다. 배출을 시작하려면 removeShard 명령을 실행한다. removeShard는 샤드명을 가져와서 샤드의 모든 청크를 다른 샤드로 배출한다.

```
> db.adminCommand({"removeShard" : "shard03"})
{
    "msg" : "draining started successfully",
    "state" : "started",
    "shard" : "shard03",
    "note" : "you need to drop or movePrimary these databases",
    "dbsToMove" : [ ],
    "ok" : 1,
    "operationTime" : Timestamp(1541450091, 2),
    "$clusterTime" : {
        "clusterTime" : Timestamp(1541450091, 2),
        "signature" : {
            "hash" : BinData(0,"AAAAAAAAAAAAAAAAAAAAAAAAAAA="),
            "keyId" : NumberLong(0)
        }
    }
}
```

청크가 많거나 이동할 청크가 크면 배출이 오래 걸릴 수 있다. 점보 청크jumbo chunk(17.4.4 '점보 청크' 참조)가 있으면, 청크를 옮기려면 청크 크기를 일시적으로 늘려야 할 수도 있다.

얼마만큼 옮겨졌는지 확인하려면 removeShard를 다시 실행해 현재 상태를 제공받자.

```
> db.adminCommand({"removeShard" : "shard02"})
{
    "msg" : "draining ongoing",
    "state" : "ongoing",
    "remaining" : {
        "chunks" : NumberLong(3),
        "dbs" : NumberLong(0)
    },
    "note" : "you need to drop or movePrimary these databases",
    "dbsToMove" : [
            "video"
        ],
    "ok" : 1,
    "operationTime" : Timestamp(1541450139, 1),
    "$clusterTime" : {
        "clusterTime" : Timestamp(1541450139, 1),
        "signature" : {
            "hash" : BinData(0,"AAAAAAAAAAAAAAAAAAAAAAAAAAA="),
            "keyId" : NumberLong(0)
        }
    }
}
```

removeShard는 원하는 만큼 여러 번 실행할 수 있다.

청크를 옮기려면 분할해야 할 수도 있으므로, 배출하는 동안 시스템에서 청크 개수가 증가할 수도 있다. 예를 들어 샤드가 5개인 클러스터에서 청크가 다음처럼 분포한다고 가정하자.

```
test-rs0 10
test-rs1 10
test-rs2 10
test-rs3 11
test-rs4 11
```

이 클러스터에는 총 52개의 청크가 있다. **test-rs3**을 제거하면 다음처럼 된다.

```
test-rs0 15
test-rs1 15
test-rs2 15
test-rs4 15
```

클러스터에는 이제 60개의 청크가 있고, 그 중 18개는 **test-rs3**에서 나왔다(11개는 시작할 때부터 있었고, 7개는 배출 분할에서 생성됐다).

모든 청크가 옮겨졌으면, 제거된 샤드를 프라이머리로 하는 데이터베이스가 있다면 샤드를 제거하기 전에 먼저 제거해야 한다. 샤드 클러스터의 각 데이터베이스에는 프라이머리 샤드가 있다. 제거하려는 샤드가 클러스터 데이터베이스 중 하나의 프라이머리이면 removeShard는 "dbsToMove" 필드에 데이터베이스를 나열한다. 샤드 제거를 완료하려면 샤드에서 모든 데이터를 마이그레이션한 후 데이터베이스를 새 샤드로 이동하거나, 데이터베이스를 삭제(관련 데이터 파일을 삭제)해야 한다. removeShard의 출력은 다음과 같다.

```
> db.adminCommand({"removeShard" : "shard02"})
{
    "msg" : "draining ongoing",
    "state" : "ongoing",
    "remaining" : {
        "chunks" : NumberLong(3),
        "dbs" : NumberLong(0)
    },
    "note" : "you need to drop or movePrimary these databases",
    "dbsToMove" : [
            "video"
      ],
    "ok" : 1,
    "operationTime" : Timestamp(1541450139, 1),
    "$clusterTime" : {
        "clusterTime" : Timestamp(1541450139, 1),
        "signature" : {
            "hash" : BinData(0,"AAAAAAAAAAAAAAAAAAAAAAAAAAA="),
            "keyId" : NumberLong(0)
        }
    }
}
```

제거를 완료하려면 movePrimary 명령을 사용해 나열된 데이터베이스를 이동한다.

```
> db.adminCommand({"movePrimary" : "video", "to" : "shard01"})
{
    "ok" : 1,
    "operationTime" : Timestamp(1541450554, 12),
    "$clusterTime" : {
        "clusterTime" : Timestamp(1541450554, 12),
        "signature" : {
            "hash" : BinData(0,"AAAAAAAAAAAAAAAAAAAAAAAAAAA="),
            "keyId" : NumberLong(0)
        }
    }
}
```

데이터베이스를 모두 옮겼으면 removeShard를 한 번 더 실행한다.

```
> db.adminCommand({"removeShard" : "shard02"})
{
    "msg" : "removeshard completed successfully",
    "state" : "completed",
    "shard" : "shard03",
    "ok" : 1,
    "operationTime" : Timestamp(1541450619, 2),
    "$clusterTime" : {
        "clusterTime" : Timestamp(1541450619, 2),
        "signature" : {
            "hash" : BinData(0,"AAAAAAAAAAAAAAAAAAAAAAAAAAA="),
            "keyId" : NumberLong(0)
        }
    }
}
```

이 과정은 꼭 필요하지는 않지만 처리가 완료됐는지 확인할 수 있다. 이 샤드를 프라이머리로 사용하는 데이터베이스가 없으면 모든 청크 이동이 완료되자마자 응답을 받는다.

> **WARNING_** 샤드 배출이 시작되고 나서 멈추는 방법은 기본적으로 제공되지 않는다.

17.4 데이터 밸런싱

일반적으로 몽고DB는 자동으로 데이터를 균등하게 분산한다. 이 절에서는 자동 밸런싱 작업을 켜고 끄는 방법과 밸런싱 과정에 개입하는 방법을 다룬다.

17.4.1 밸런서

대부분의 관리 작업에서는 밸런서를 끄는 작업이 선행된다. 셸 보조자를 사용하면 쉽다.

```
> sh.setBalancerState(false)
{
    "ok" : 1,
    "operationTime" : Timestamp(1541450923, 2),
    "$clusterTime" : {
        "clusterTime" : Timestamp(1541450923, 2),
        "signature" : {
            "hash" : BinData(0,"AAAAAAAAAAAAAAAAAAAAAAAAAAA="),
            "keyId" : NumberLong(0)
        }
    }
}
```

밸런서가 꺼진 상태에서는 새로운 밸런싱 작업이 시작되지 않는다. 하지만 진행 중에 밸런서를 끄면 밸런싱 작업이 강제로 중지되지 않는다. 일반적으로 마이그레이션은 쉽게 중지할 수 없다. 따라서 `config.locks` 컬렉션을 확인해 밸런싱 작업이 아직 진행 중인지 확인해야 한다.

```
> db.locks.find({"_id" : "balancer"})["state"]
0
```

`0`은 밸런서가 꺼져 있음을 의미한다.

밸런싱 작업은 시스템에 부하를 준다. 목적지 샤드는 원본 샤드 청크 안에 있는 모든 도큐먼트를 쿼리하고 목적지 샤드에 입력해야 한다. 그리고 원본 샤드는 도큐먼트를 삭제해야 한다. 다음은 마이그레이션이 성능 문제를 일으킬 수 있는 두 가지 상황이다.

1. 핫스팟 샤드 키를 사용하면 지속적으로 마이그레이션이 일어난다(새로운 청크가 모두 핫스팟에 생성되므로). 시스템은 핫스팟 샤드에서 발생하는 데이터 흐름을 처리할 수 있어야 한다.

2. 새로운 샤드를 추가하면 밸런서가 해당 샤드를 채우려고 시도할 때 지속적인 마이그레이션이 발생한다.

마이그레이션이 애플리케이션 성능에 영향을 미친다고 판단하면 config.settings 컬렉션에서 밸런싱 작업할 시간대를 예약하자. 밸런싱 작업이 오후 1시에서 4시 사이에 실행되도록 다음 갱신을 실행하자. 먼저 밸런서가 켜져 있는지 확인한 다음 시간대를 설정한다.

```
> sh.setBalancerState( true )
{
    "ok" : 1,
    "operationTime" : Timestamp(1541451846, 4),
    "$clusterTime" : {
        "clusterTime" : Timestamp(1541451846, 4),
        "signature" : {
            "hash" : BinData(0,"AAAAAAAAAAAAAAAAAAAAAAAAAAA="),
            "keyId" : NumberLong(0)
        }
    }
}
> db.settings.update(
    { _id: "balancer" },
    { $set: { activeWindow : { start : "13:00", stop : "16:00" } } },
    { upsert: true }
)
WriteResult({ "nMatched" : 1, "nUpserted" : 0, "nModified" : 1 })
```

밸런싱 작업 시간대를 설정했으면, 할당한 시간에 mongos가 균형 잡힌 클러스터를 유지할 수 있는지 면밀히 살펴보자.

수동 밸런싱 작업을 자동 밸런서와 같이 사용하려 한다면 주의해야 한다. 자동 밸런서는 항상 셋의 현재 상태를 기준으로 무엇을 이동할지 결정하며, 셋의 이력을 고려하지 않는다. 예를 들어 각각 500개의 청크를 갖는 shardA와 shardB가 있다고 가정하자. shardA가 많은 쓰기 요청을 받게 돼 밸런서를 끄고 가장 활발한 청크 30개를 shardB로 옮겼다. 이때 다시 밸런서를 켜면 청크 개수를 맞추려고 밸런서는 즉시 30개(아마도 옮겨온 것과는 다른 30개)의 청크를 낚아채서 shardB에서 shardA로 이동한다.

이를 방지하려면 밸런서를 시작하기 전에 활발하지 않은 청크 30개를 shardB에서 shardA로 옮기면 된다. 그러면 샤드 간 불균형은 없고 밸런서는 청크를 그대로 둔다. 또한 shardA의 청크를 30번 분할해 청크 개수를 맞추는 방법도 있다.

밸런서는 청크 개수를 (데이터의 크기가 아니라) 단순히 지표로 이용함을 알아두자. 청크 이동은 마이그레이션이라고 불리며, 몽고DB가 클러스터 전체에서 데이터 균형을 조절하는 방법이다. 따라서 큰 청크가 조금 있는 샤드는 작은 청크가 많은 (데이터 크기는 더 작은) 샤드로부터 이동할 목적지가 된다.

17.4.2 청크 크기 변경

청크에는 도큐먼트가 0개부터 수백만 개까지 존재할 수 있다. 일반적으로 청크가 클수록 다른 샤드로 이동하는 데 시간이 많이 걸린다. 14장에서는 1메가바이트의 청크를 사용했기 때문에 청크 이동을 쉽고 빠르게 확인할 수 있었다. 이는 일반적으로 실제 시스템에서는 실용적이지 않다. 샤드를 몇 메가바이트 내로 유지하려고 몽고DB가 많은 불필요한 작업을 해야 하기 때문이다. 기본적으로 청크 크기는 64메가바이트며, 이는 마이그레이션 용이성과 대규모 마이그레이션을 적절히 고려해 정한 수치다.

때로는 64메가바이트 청크로는 마이그레이션이 너무 오래 걸린다. 청크 크기를 줄여서 속도를 높일 수 있다. 셸을 통해서 mongos에 연결하고 config.settings 컬렉션을 다음처럼 변경하자.

```
> db.settings.findOne()
{
    "_id" : "chunksize",
    "value" : 64
}
> db.settings.save({"_id" : "chunksize", "value" : 32})
WriteResult({ "nMatched" : 1, "nUpserted" : 0, "nModified" : 1 })
```

예제는 청크 크기를 32메가바이트로 변경한다. 하지만 기존 청크가 즉시 변경되지는 않는다. 자동 분할automatic splitting은 삽입이나 갱신을 할 때만 발생한다. 따라서 청크 크기를 줄이고 나서 모든 청크가 새로운 크기로 분할되는 데는 시간이 걸린다.

분할은 취소할 수 없다. 청크 크기를 늘리면 기존 청크는 새 크기에 이를 때까지 삽입이나 갱신을 통해서만 커진다. 청크 크기의 허용 범위는 1~1024메가바이트다(경계 포함).

이는 모든 컬렉션과 데이터베이스에 영향을 미치는 클러스터 전역 설정임을 알아두자. 따라서 어떤 컬렉션에서는 작은 청크 크기가 필요하고 어떤 컬렉션에서는 큰 청크 크기가 필요하다면, 둘 사이에서 청크 크기를 절충해야 한다(혹은 컬렉션을 각기 다른 클러스터에 넣는다).

> **TIP** 몽고DB가 너무 많은 마이그레이션을 수행하거나 도큐먼트가 크다면 청크 크기를 늘릴 수 있다.

17.4.3 청크 이동

이전에 언급한 대로 청크 내 모든 데이터는 특정 샤드에 자리 잡는다. 그 샤드가 다른 샤드보다 더 많은 청크를 가지면 몽고DB는 일부 청크를 옮겨버린다.

moveChunk 셸 보조자를 이용해서 수동으로 청크를 이동할 수 있다.

```
> sh.moveChunk("video.movies", {imdbId: 500000}, "shard02")
{ "millis" : 4079, "ok" : 1 }
```

"imdbId"가 500000인 도큐먼트가 포함된 청크를 shard02로 이동한다. 옮길 청크를 찾으려면 샤드 키를 사용해야 한다(여기서는 "imdbId"). 일반적으로 청크 안의 어떤 값이든 유효하지만(상한값은 청크 안에 존재하지 않으므로 유효하지 않다), 가장 쉬운 방법은 청크의 하한값으로 지정하는 방법이다. 이 명령은 결과를 반환하기 전에 청크를 이동하기 때문에 실행하는데 시간이 걸린다. 오래 걸린다면 무엇을 하고 있는지 로그를 통해 확인하자.

청크가 최대 청크 크기보다 더 크면 mongos는 청크를 옮기기를 거부한다.

```
> sh.moveChunk("video.movies", {imdbId: NumberLong("8345072417171006784")},
  "shard02")
{
    "cause" : {
        "chunkTooBig" : true,
        "estimatedChunkSize" : 2214960,
        "ok" : 0,
```

```
            "errmsg" : "chunk too big to move"
        },
        "ok" : 0,
        "errmsg" : "move failed"
    }
```

청크를 옮기기 전에 splitAt 명령을 사용해 수동으로 분할해야 한다.

```
> db.chunks.find({ns: "video.movies", "min.imdbId":
  NumberLong("6386258634539951337")}).pretty()
{
    "_id" : "video.movies-imdbId_6386258634539951337",
    "ns" : "video.movies",
    "min" : {
        "imdbId" : NumberLong("6386258634539951337")
    },
    "max" : {
        "imdbId" : NumberLong("8345072417171006784")
    },
    "shard" : "shard02",
    "lastmod" : Timestamp(1, 9),
    "lastmodEpoch" : ObjectId("5bdf72c021b6e3be02fabe0c"),
    "history" : [
        {
            "validAfter" : Timestamp(1541370559, 4),
            "shard" : "shard02"
        }
    ]
}
> sh.splitAt("video.movies", {"imdbId":
  NumberLong("7000000000000000000")})
{
    "ok" : 1,
    "operationTime" : Timestamp(1541453304, 1),
    "$clusterTime" : {
        "clusterTime" : Timestamp(1541453306, 5),
        "signature" : {
            "hash" : BinData(0,"AAAAAAAAAAAAAAAAAAAAAAAAAAA="),
            "keyId" : NumberLong(0)
        }
    }
}
> db.chunks.find({ns: "video.movies", "min.imdbId":
```

```
    NumberLong("6386258634539951337")}).pretty()
{
    "_id" : "video.movies-imdbId_6386258634539951337",
    "lastmod" : Timestamp(15, 2),
    "lastmodEpoch" : ObjectId("5bdf72c021b6e3be02fabe0c"),
    "ns" : "video.movies",
    "min" : {
        "imdbId" : NumberLong("6386258634539951337")
    },
    "max" : {
        "imdbId" : NumberLong("7000000000000000000")
    },
    "shard" : "shard02",
    "history" : [
        {
            "validAfter" : Timestamp(1541370559, 4),
            "shard" : "shard02"
        }
    ]
}
```

청크가 작은 조각으로 분할되고 나면 옮길 수 있다. 최대 청크 크기를 늘린 후 옮길 수도 있지만, 큰 청크는 쪼갤 수 있을 때마다 쪼개야 한다. 하지만 때로는 청크를 나눌 수 없는데, 이에 관련해 다음을 살펴보자.[2]

17.4.4 점보 청크

샤드 키로 **"date"** 필드를 선택했다고 가정하자. 이 컬렉션에서 **"date"** 필드는 '년/월/일'처럼 보이는 문자열이며, mongos는 청크를 하루에 한 개까지만 생성할 수 있다. 이는 대체로 문제가 없다. 애플리케이션이 갑자기 평소보다 1000배나 많은 트래픽을 받기 전까지는.

이날의 청크는 다른 날보다 훨씬 커지지만 모든 도큐먼트가 샤드 키로 동일한 값을 갖기 때문에 전혀 분할되지 않는다. 청크가 `config.settings`에 설정된 최대 청크 크기보다 커지면 밸런서는 청크를 이동할 수 없다. 나눌 수도, 옮길 수도 없는 이 청크를 점보 청크라고 한다. 점보

---

2 몽고DB 4.4에는 moveChunk 함수에 새 매개변수 forceJumbo와, 점보 청크를 처리하기 위한 밸런서 구성 설정 attemptToBalanceJumboChunks가 추가됐다. 자세한 내용은 해당 작업을 설명하는 JIRA 티켓(https://jira.mongodb.org/browse/SERVER-42273)을 확인하자.

청크는 다루기 불편하다.

예를 들어 shard1, shard2, shard3과 같이 세 개의 샤드가 있다고 가정하자. 16.2.1 '오름차순 샤드 키'의 핫스팟 샤드 키 패턴을 사용하면 모든 쓰기는 하나의 샤드로 몰린다(shard1로 하자). 샤드 프라이머리 mongod는 다른 샤드들 간에 새 최상위 청크를 균등하게 이동하도록 밸런서에 요청한다. 하지만 밸런서는 점보 청크가 아닌 청크만 옮길 수 있으므로, 청크가 많은 샤드에서 작은 청크를 모두 이동한다.

이제 모든 샤드의 청크 개수는 대략 비슷하지만 shard2와 shard3의 청크는 모두 크기가 64메가바이트보다 작다. 그리고 점보 청크가 생성된다면 shard1의 청크 크기는 점점 더 커져서 64메가바이트 이상이 된다. 따라서 세 개 샤드에 있는 청크 개수가 완전히 균등하더라도 shard1은 다른 두 샤드보다 훨씬 빨리 차오른다.

따라서 한 샤드가 다른 것들보다 훨씬 빨리 커지는 상황은 점보 청크 문제가 있음을 나타내는 지표다. 점보 청크가 있는지 sh.status()로 확인할 수 있으며, 점보 청크는 jumbo라고 표시된다.

```
> sh.status()
...
  { "x" : -7 } -->> { "x" : 5 } on : shard0001
  { "x" : 5 } -->> { "x" : 6 } on : shard0001 jumbo
  { "x" : 6 } -->> { "x" : 7 } on : shard0001 jumbo
  { "x" : 7 } -->> { "x" : 339 } on : shard0001
...
```

dataSize 명령으로 청크 크기를 확인할 수 있다. 우선 config.chunks 컬렉션으로 청크 범위를 확인하자.

```
> use config
> var chunks = db.chunks.find({"ns" : "acme.analytics"}).toArray()
```

이 청크 범위를 사용해 점보 청크일 가능성이 있는 청크를 찾는다.

```
> use <dbName>
> db.runCommand({"dataSize" : "<dbName.collName>",
... "keyPattern" : {"date" : 1}, // shard key
```

```
... "min" : chunks[0].min,
... "max" : chunks[0].max})
{
    "size" : 33567917,
    "numObjects" : 108942,
    "millis" : 634,
    "ok" : 1,
    "operationTime" : Timestamp(1541455552, 10),
    "$clusterTime" : {
        "clusterTime" : Timestamp(1541455552, 10),
        "signature" : {
            "hash" : BinData(0,"AAAAAAAAAAAAAAAAAAAAAAAAAAA="),
            "keyId" : NumberLong(0)
        }
    }
}
```

dataSize 명령이 청크 크기를 알아내려면 청크의 데이터를 스캔해야 한다는 점에 주의하자. 가능하면 데이터에 대한 정보를 활용해 검색 범위를 좁히자. '점보 청크가 특정 날짜에 생성됐는가?'와 같은 질문을 할 수 있다. 예를 들어 11월 1일이 매우 바쁜 날이었다면 그 날짜가 샤드키 범위 안에 있는 청크를 찾는다.

TIP GridFS를 사용 중이고 "files_id"로 샤딩하고 있다면 fs.files 컬렉션을 살펴봐서 파일의 크기를 찾을수 있다.

점보 청크 분산하기

점보 청크 때문에 균형이 깨진 클러스터를 바로잡으려면 샤드 간에 점보 청크를 고르게 분산해야 한다.

이 방법은 복잡한 수작업이긴 하지만, 다운타임이 발생하지 않는다(많은 데이터를 마이그레이션하므로 느려질 수는 있다). 설명에서 점보 청크가 있는 샤드는 '원본' 샤드로 간주한다. 점보청크가 마이그레이션할 샤드는 '목적지' 샤드라고 한다. 청크를 옮기려는 '원본' 샤드가 여러 개일 수 있다는 점을 알아두자. 각 '원본' 샤드에 다음 단계를 반복한다.

1. 밸런서를 종료한다. 이 과정이 진행되는 동안 밸런서의 '도움'은 필요하지 않다.

```
> sh.setBalancerState(false)
```

2. 몽고DB는 최대 청크보다 큰 청크를 옮기는 것을 허용하지 않으므로 청크 크기를 일시적으로 늘린다. 원래 청크 크기는 따로 적어두고, 1만과 같이 큰 크기로 변경한다. 청크 크기는 메가바이트 단위다.

```
> use config
> db.settings.findOne({"_id" : "chunksize"})
{
    "_id" : "chunksize",
    "value" : 64
}
> db.settings.save({"_id" : "chunksize", "value" : 10000})
```

3. moveChunk 명령으로 점보 청크를 '원본' 샤드에서 옮긴다.

4. '목적지' 샤드들과 청크 개수가 비슷해질 때까지 '원본' 샤드에 남아 있는 청크에 splitChunk를 실행한다.

5. 청크 크기를 원래 값으로 설정한다.

```
> db.settings.save({"_id" : "chunksize", "value" : 64})
```

6. 밸런서를 켠다.

```
> sh.setBalancerState(true)
```

밸런서가 다시 켜지면 다시 점보 청크를 이동할 수 없게 된다. 점보 청크는 크기에 따라 자리를 잡는다.

점보 청크 방지하기

보관하는 데이터의 양이 많아질수록 앞에서 설명한 수작업으로는 처리하기 힘들어진다. 그러므로 점보 청크가 문제가 된다면 형성되기 전에 방지해야 한다.

점보 청크를 방지하려면 샤드 키를 더 고르게 분포된 것으로 바꾼다. 거의 모든 도큐먼트가 샤드 키로 고유한 값을 갖도록 하거나, 적어도 단일 샤드 키 값에 대해 청크 크기 값보다 큰 데이터를 갖지 않도록 하자.

예를 들어 앞서 설명한 년/월/일 키를 사용한다면 시, 분, 초를 추가해서 세밀하게 할 수 있다. 비슷하게, 로그 레벨처럼 세밀하지 않은 것에 샤딩하고 있다면 MD5 해시나 UUID 같이 더 세밀한 샤드 키를 두 번째 키로 추가한다. 그러면 첫 번째 필드가 여러 도큐먼트에서 동일하더라도 항상 청크를 분할할 수 있다.

17.4.5 구성 갱신

때로는 mongos가 구성 서버에서 가져온 구성을 올바르게 갱신하지 않는다. 예상치 않은 구성 값을 받거나, mongos가 최신이 아니거나, 거기 있다고 알고 있는 데이터를 찾을 수 없다면, flushRouterConfig 명령으로 수동으로 모든 캐시를 정리한다.

```
> db.adminCommand({"flushRouterConfig" : 1})
```

flushRouterConfig가 작동하지 않는다면 모든 mongos 혹은 mongod 프로세스를 재시작해서 모든 캐시 데이터를 정리하자.

Part **V**

애플리케이션 관리

18, 19장에서는 애플리케이션 관점에서 몽고DB 관리의 여러 측면을 다룬다. 18장에서는 몽고DB가 어떤 작업을 하는 중인지 살펴보는 방법을 알아보며, 19장에서는 몽고DB의 보안과 더불어 배포를 위한 인증 및 권한을 구성하는 방법을 다룬다. 그리고 20장에서는 몽고DB가 어떻게 데이터를 견고하게 저장하는지 설명한다.

Part V

애플리케이션 관리

## CHAPTER 18

애플리케이션 작업 확인

애플리케이션이 실행되고 나면 애플리케이션이 무엇을 하고 있는지 어떻게 알까? 이 장에서는 몽고DB가 실행 중인 쿼리의 종류 및 사용하는 데이터 양과 실제로 무엇을 하고 있는지 알아내는 방법을 다룬다. 배울 내용은 다음과 같다.

- 느린 작업을 찾아내서 강제 종료하기
- 컬렉션과 데이터베이스에 대한 통계를 가져오고 해석하기
- 명령행 도구를 사용해서 몽고DB가 실행 중인 작업 알아내기

18.1 현재 작업 확인

실행 중인 작업을 확인하면 느린 작업을 쉽게 찾아낼 수 있다. 느린 것은 나타나기 쉽고 더 오래 실행 중일 가능성이 높다. 확실치는 않지만 애플리케이션을 느려지게 하는 요소를 확인하기 좋은 첫 번째 단계다. 실행 중인 작업을 확인하려면 db.currentOp() 함수를 사용한다.

```
> db.currentOp()
{
  "inprog": [{
    "type" : "op",
    "host" : "eoinbrazil-laptop-osx:27017",
    "desc" : "conn3",
    "connectionId" : 3,
```

```
    "client" : "127.0.0.1:57181",
    "appName" : "MongoDB Shell",
    "clientMetadata" : {
        "application" : {
            "name" : "MongoDB Shell"
        },
        "driver" : {
            "name" : "MongoDB Internal Client",
            "version" : "4.2.0"
        },
        "os" : {
            "type" : "Darwin",
            "name" : "Mac OS X",
            "architecture" : "x86_64",
            "version" : "18.7.0"
        }
    },
    "active" : true,
    "currentOpTime" : "2019-09-03T23:25:46.380+0100",
    "opid" : 13594,
    "lsid" : {
        "id" : UUID("63b7df66-ca97-41f4-a245-eba825485147"),
        "uid" : BinData(0,"47DEQpj8HBSa+/TImW+5JCeuQeRkm5NMpJWZG3hSuFU=")
    },
    "secs_running" : NumberLong(0),
    "microsecs_running" : NumberLong(969),
    "op" : "insert",
    "ns" : "sample_mflix.items",
    "command" : {
        "insert" : "items",
        "ordered" : false,
        "lsid" : {
            "id" : UUID("63b7df66-ca97-41f4-a245-eba825485147")
        },
        "$readPreference" : {
            "mode" : "secondaryPreferred"
        },
        "$db" : "sample_mflix"
    },
    "numYields" : 0,
    "locks" : {
        "ParallelBatchWriterMode" : "r",
        "ReplicationStateTransition" : "w",
        "Global" : "w",
```

```
            "Database" : "w",
            "Collection" : "w"
        },
        "waitingForLock" : false,
        "lockStats" : {
            "ParallelBatchWriterMode" : {
                "acquireCount" : {
                    "r" : NumberLong(4)
                }
            },
            "ReplicationStateTransition" : {
                "acquireCount" : {
                    "w" : NumberLong(4)
                }
            },
            "Global" : {
                "acquireCount" : {
                    "w" : NumberLong(4)
                }
            },
            "Database" : {
                "acquireCount" : {
                    "w" : NumberLong(4)
                }
            },
            "Collection" : {
                "acquireCount" : {
                    "w" : NumberLong(4)
                }
            },
            "Mutex" : {
                "acquireCount" : {
                    "r" : NumberLong(196)
                }
            }
        },
        "waitingForFlowControl" : false,
        "flowControlStats" : {
            "acquireCount" : NumberLong(4)
        }
    }],
    "ok": 1
}
```

출력은 데이터베이스가 수행하고 있는 작업의 목록을 나타낸다. 출력 결과에서 중요한 필드는 다음과 같다.

"opid"

작업의 고유 식별자다. 작업을 강제 종료할 때 이 번호를 사용한다(18.1.2 '작업 강제 종료하기' 참조).

"active"

작업이 실행 중인지 아닌지 나타낸다. 이 필드가 false면 다른 작업의 수행을 위해 우위를 양보했거나 락을 기다리는 중임을 의미한다.

"secs_running"

작업의 실행 기간을 초 단위로 보여준다. 너무 오래 걸리는 쿼리를 찾아내는 데 사용한다.

"microsecs_running"

작업의 실행 기간을 마이크로초microsecond 단위로 보여준다. 너무 오래 걸리는 쿼리를 찾아내는 데 사용한다.

"op"

작업의 타입. 일반적으로 "query", "insert", "update", "remove" 타입이다. 데이터베이스 명령은 쿼리로 수행된다는 점을 알아두자.

"desc"

클라이언트 식별자. 로그의 메시지와 연관될 수 있다. 예제의 연결과 관련된 로그 메시지는 모두 [conn3] 접두사를 가지므로, 알맞은 정보를 위해 로그를 패턴으로 검색하는 데 이용할 수 있다.

"locks"

작업으로 인해 획득한 락 타입을 설명한다.

"waitingForLock"

작업이 락을 획득하려고 기다리는 중인지 나타낸다.

"numYields"

다른 작업의 실행을 위해 락을 해제하고 우위를 양보한 횟수다. 일반적으로 도큐먼트를 검색하는 작업(쿼리, 갱신, 제거)은 우위를 양보할 수 있다. 이러한 작업은 우선순위가 높은 다른 작업이 큐에 입력돼 대기하면 곧바로 실행 권한을 양보한다. 일반적으로 **"waitingForLock"** 상태인 작업이 없다면 현재 작업은 우위를 양보하지 않는다.

"lockstats.timeAcquiringMicros"

작업하는 데 필요한 락을 획득하는 데 걸린 시간을 보여준다.

currentOp를 필터링하면 특정 기준을 충족하는 작업을 찾아낼 수 있다(특정 네임스페이스에서 수행되거나 특정 기간 동안 수행되는 작업 등). 쿼리 인수를 전달해 결과를 필터링한다.

```
> db.currentOp(
  {
    "active" : true,
    "secs_running" : { "$gt" : 3 },
    "ns" : /^db1\./
  }
)
```

모든 쿼리 연산자를 사용해 currentOp 안의 모든 필드에 쿼리할 수 있다.

18.1.1 문제 있는 작업 찾기

db.currentOp()는 주로 느린 작업을 찾아내는 용도로 사용한다. 앞 절에서 설명한 필터링으로 특정 시간보다 오래 걸리는 쿼리를 모두 확인할 수 있다. 이는 누락된 인덱스나 부적절한 필드 필터링에 대한 힌트를 준다.

때때로 예상치 못한 쿼리가 실행 중인 것을 발견하게 되는데, 대체로 오래되거나 결함 있는 버전의 소프트웨어를 실행하는 애플리케이션 서버 때문이다. **"client"** 필드는 예상치 못한 작업의 출처를 추적하는 데 도움을 준다.

18.1.2 작업 강제 종료하기

중단하려는 작업을 찾았으면 db.killOp()에 해당 작업의 "opid"를 넘겨줘서 강제 종료[kill]할
수 있다.

```
> db.killOp(123)
```

모든 작업을 강제 종료할 수 있는 것은 아니다. 일반적으로 해당 작업이 우위를 양보했을 때만
강제 종료할 수 있으며, 따라서 갱신, 조회, 제거는 모두 강제 종료가 가능하다. 일반적으로 락
을 갖거나 기다리는 작업은 강제 종료할 수 없다.

작업에 '강제 종료' 메시지를 보내면 db.currentOp() 출력에 "killed" 필드가 생긴다. 하지
만 해당 작업은 현재 작업 목록에서 사라질 때까지는 실제로 종료되지 않는다.

몽고DB 4.0에서 killOP 메서드는 mongos에서 실행할 수 있도록 확장됐다. 이제 클러스터 내
두 개 이상의 샤드에서 실행 중인 쿼리(읽기 작업)를 종료할 수 있다. 이전 버전에서는 샤드마
다 프라이머리 mongod에서 수동으로 kill 명령을 실행했다.

18.1.3 거짓 양성

느린 작업을 찾다 보면 장기 실행 중인 내부 작업을 볼 수 있다. 사용자 설정에 따라 몽고DB
가 몇몇 장기 실행 요청을 실행할 수도 있다. 가장 일반적인 것은 (가능한 한 오랫동안 동기화
할 소스로부터 작업을 가져오는) 복제 스레드와, 샤딩에 대한 라이트백 리스너[writeback listener]다.
writebacklistener 명령뿐 아니라 local.oplog.rs의 모든 장기 실행 쿼리는 무시해도 된
다(https://oreil.ly/95e3x).

두 작업 중 하나를 강제 종료하면 몽고DB는 종료된 작업을 바로 재시작한다. 하지만 일반적으
로는 강제 종료하지 말아야 한다. 복제 스레드를 강제 종료하면 일시적으로 복제를 중지하고,
라이트백 리스너를 강제 종료하면 mongos가 정규적인 쓰기 오류를 놓치는 원인이 될 수 있다.

18.1.4 유령 작업 방지하기

컬렉션에 데이터를 대량으로 로드하면 몽고DB 특유의 이상한 문제점에 맞닥뜨릴 수 있다. 사용자가 몽고DB에 수천 개의 갱신을 유발하는 작업을 수행해서 몽고DB가 버거워하며 정지하려 한다고 가정하자. 사용자는 재빨리 작업을 정지하고 현재 발생하는 모든 갱신을 강제로 종료한다. 하지만 작업이 더는 실행되지 않는데도 이전 갱신을 강제로 종료하자마자 새로운 갱신이 계속해서 나타난다!

미확인unacknowledged 쓰기를 사용해서 데이터를 로드하면, 애플리케이션은 내부적으로 몽고DB가 처리할 때보다 더 빠른 속도로 몽고DB에 쓰기를 발생시킨다. 몽고DB가 백업되면 쓰기는 운영체제의 소켓 버퍼socket buffer에 쌓인다. 사용자가 몽고DB에서 실행되는 쓰기를 강제 종료하면, 몽고DB는 버퍼에 있는 쓰기 작업을 시작할 수 있다. 클라이언트가 쓰기를 보내지 못하게 막더라도, 버퍼에 들어간 쓰기는 이미 (처리되지 않았을 뿐) '수신'됐기 때문에 몽고DB에 의해 처리된다.

이러한 유령 쓰기phantom write를 방지하는 가장 좋은 방법은 **확인 쓰기**acknowledged write를 하는 방법이다. 각각의 쓰기가, 이전 쓰기가 데이터베이스 서버의 버퍼에 자리 잡을 때까지가 아니라 완료될 때까지 기다리게 한다.

18.2 시스템 프로파일러 사용

시스템 프로파일러system profiler로 느린 작업을 찾아낼 수 있다. 시스템 프로파일러는 특수한 `system.profile` 컬렉션에 작업을 기록한다. 오래 걸리는 작업에 대한 많은 정보를 제공하지만, `mongod`의 전반적인 성능을 느려지게 한다는 단점이 있다. 따라서 프로파일러를 주기적으로 작동시켜 트래픽의 일부를 획득하는 데 사용한다. 이미 시스템에 부하가 심하다면 이 절에서 설명하는 다른 기법으로 문제를 분석하자.

기본적으로 프로파일러는 꺼져 있으며 아무것도 기록하지 않는다. 셸에서 `db.setProfilingLevel()`을 실행해 프로파일러를 켠다.

```
> db.setProfilingLevel(2)
{ "was" : 0, "slowms" : 100, "ok" : 1 }
```

프로파일링 레벨profiling level이 2이면 '모든 것을 프로파일링profiling한다'라는 의미다. 데이터베이스에서 받은 모든 읽기와 쓰기 요청은 현재 데이터베이스의 system.profile 컬렉션에 기록된다. 각 데이터베이스마다 프로파일링하며 심한 성능 저하를 일으킨다. 모든 쓰기는 기록될 때 추가 시간이 필요하고, 모든 읽기는 쓰기 락write lock을 획득해야 한다(system.profile 컬렉션에 항목을 기록하기 때문에). 성능은 저하되지만 시스템이 무엇을 하는지 나타내는 상세 목록을 얻을 수 있다.

```
> db.foo.insert({x:1})
> db.foo.update({},{$set:{x:2}})
> db.foo.remove()
> db.system.profile.find().pretty()
{
    "op" : "insert",
    "ns" : "sample_mflix.foo",
    "command" : {
        "insert" : "foo",
        "ordered" : true,
        "lsid" : {
            "id" : UUID("63b7df66-ca97-41f4-a245-eba825485147")
        },
        "$readPreference" : {
            "mode" : "secondaryPreferred"
        },
        "$db" : "sample_mflix"
    },
    "ninserted" : 1,
    "keysInserted" : 1,
    "numYield" : 0,
    "locks" : { ... },
    "flowControl" : {
        "acquireCount" : NumberLong(3)
    },
    "responseLength" : 45,
    "protocol" : "op_msg",
    "millis" : 33,
    "client" : "127.0.0.1",
    "appName" : "MongoDB Shell",
    "allUsers" : [ ],
    "user" : ""
}
{
```

```
    "op" : "update",
    "ns" : "sample_mflix.foo",
    "command" : {
        "q" : {

        },
        "u" : {
            "$set" : {
                "x" : 2
            }
        },
        "multi" : false,
        "upsert" : false
    },
    "keysExamined" : 0,
    "docsExamined" : 1,
    "nMatched" : 1,
    "nModified" : 1,
    "numYield" : 0,
    "locks" : { ... },
    "flowControl" : {
        "acquireCount" : NumberLong(1)
    },
    "millis" : 0,
    "planSummary" : "COLLSCAN",
    "execStats" : { ...
        "inputStage" : {
            ...
        }
    },
    "ts" : ISODate("2019-09-03T22:39:33.856Z"),
    "client" : "127.0.0.1",
    "appName" : "MongoDB Shell",
    "allUsers" : [ ],
    "user" : ""
}
{
    "op" : "remove",
    "ns" : "sample_mflix.foo",
    "command" : {
        "q" : {

        },
        "limit" : 0
```

```
        },
        "keysExamined" : 0,
        "docsExamined" : 1,
        "ndeleted" : 1,
        "keysDeleted" : 1,
        "numYield" : 0,
        "locks" : { ... },
        "flowControl" : {
            "acquireCount" : NumberLong(1)
        },
        "millis" : 0,
        "planSummary" : "COLLSCAN",
        "execStats" : { ...
            "inputStage" : { ... }
        },
        "ts" : ISODate("2019-09-03T22:39:33.858Z"),
        "client" : "127.0.0.1",
        "appName" : "MongoDB Shell",
        "allUsers" : [ ],
        "user" : ""
    }
```

"client" 필드를 이용해 어떤 사용자가 어떤 작업을 데이터베이스에 보내는지 확인할 수 있다. 인증을 사용하고 있다면 각 작업을 수행하는 사용자가 누구인지도 확인할 수 있다.

보통 데이터베이스가 수행 중인 모든 작업이 아니라 느린 작업에만 관심을 가진다. 따라서 프로파일링 레벨을 1로 설정하며, 기본적으로 레벨 1은 100밀리초보다 오래 걸리는 작업을 프로파일링한다. 또한 두 번째 인수를 지정해 '느린' 작업의 기준을 정의할 수 있다. 다음은 500밀리초보다 오래 걸리는 작업을 모두 기록한다.

```
> db.setProfilingLevel(1, 500)
{ "was" : 2, "slowms" : 100, "ok" : 1 }
```

프로파일링을 끄려면 프로파일링 레벨을 0으로 설정한다.

```
> db.setProfilingLevel(0)
{ "was" : 1, "slowms" : 500, "ok" : 1 }
```

일반적으로 slowms를 낮은 값으로 설정하면 좋지 않다. slowms는 로그에 느린 작업을 출력하는 임계치를 설정하므로 프로파일링이 꺼져 있더라도 mongod에 영향을 미친다. 따라서 slowms를 2로 설정하면 프로파일링이 꺼져 있더라도 2밀리초보다 오래 걸리는 모든 작업이 로그에 나타난다. 무언가에 대해 프로파일링하려고 slowms를 낮게 설정했다면 프로파일링을 끄기 전에 다시 높이자.

db.getProfilingLevel()로 현재 프로파일링 레벨을 확인할 수 있다. 프로파일링 레벨은 영구적이지 않고, 데이터베이스를 재시작하면 초기화된다.

프로파일링 레벨을 구성하는 --profile level, --slow time 같은 명령행 옵션이 있긴 하지만, 일반적으로 프로파일링 레벨을 높이는 것은 임시적인 디버깅 조치일 뿐, 장기적인 구성 추가가 아니다.

몽고DB 4.2에서는 느린 쿼리 식별을 개선하도록 읽기/쓰기 작업에서 프로파일러 항목과 진단 로그 메시지가 확장됐고, queryHash 및 planCacheKey 필드가 추가됐다. queryHash 문자열은 쿼리 모양의 해시를 나타내며 쿼리 모양에만 상관있다. 각 쿼리 모양은 queryHash와 연결되므로 동일한 모양을 사용하는 쿼리를 쉽게 강조 표시할 수 있다. planCacheKey는 쿼리와 연관된 플랜 캐시plan cache 항목에 대한 키의 해시다. 쿼리 모양과 현재 모양에 사용 가능한 인덱스의 세부 정보를 포함한다. 이는 쿼리 성능 진단을 위해 프로파일러에서 사용 가능한 정보를 연관시키는 데 도움이 된다.

프로파일링을 켰는데 system.profile 컬렉션이 아직 존재하지 않으면 몽고DB는 작은 제한 컬렉션(몇 메가바이트 크기)을 생성한다. 프로파일러를 오랫동안 실행할 때는 작업을 모두 기록할 만큼 공간이 충분하지 않을 수도 있다. system.profile 컬렉션을 더 크게 만들려면 프로파일링을 끄고 system.profile 컬렉션을 제거한 후 원하는 크기의 system.profile 제한 컬렉션을 새로 만들면 된다. 그런 다음 데이터베이스에 프로파일링을 활성화한다.

18.3 크기 계산

적절한 양의 디스크와 메모리를 제공하려면 도큐먼트, 인덱스, 컬렉션, 데이터베이스가 공간을 얼마나 차지하는지 알아야 한다. 작업 셋 계산과 관련된 정보는 22.2 '작업 셋 계산'을 참조한다.

18.3.1 도큐먼트

도큐먼트 크기를 구하는 가장 쉬운 방법은 셸의 `object.bsonsize()` 함수를 사용하는 방법이다. 도큐먼트를 전달하면 몽고DB에 저장될 때의 크기를 구할 수 있다.

예를 들어 _id는 문자열보다는 `ObjectId`로 저장할 때 더 효율적이다.

```
> Object.bsonsize({_id:ObjectId()})
22
> // ""+ ObjectId()는 ObjectId를 문자열로 변환한다.
> Object.bsonsize({_id:""+ObjectId()})
39
```

더 실용적으로는 컬렉션에서 도큐먼트를 직접 전달한다.

```
> Object.bsonsize(db.users.findOne())
```

도큐먼트 하나가 디스크에서 정확히 몇 바이트를 차지하는지 보여준다. 하지만 컬렉션 크기에서 종종 중요한 요소가 되는 패딩이나 인덱스는 계산하지 않는다.

18.3.2 컬렉션

전체 컬렉션에 대한 정보를 확인할 때는 stats 함수를 사용한다.

```
>db.movies.stats()
{
   "ns" : "sample_mflix.movies",
   "size" : 65782298,
   "count" : 45993,
   "avgObjSize" : 1430,
   "storageSize" : 45445120,
   "capped" : false, "wiredTiger" : {
      "metadata" : {
         "formatVersion" : 1
      },
      "creationString" : "access_pattern_hint=none,allocation_size=4KB,\
      app_metadata=(formatVersion=1),assert=(commit_timestamp=none,\
      read_timestamp=none),block_allocation=best,block_compressor=\
```

```
snappy,cache_resident=false,checksum=on,colgroups=,collator=,\
columns=,dictionary=0,encryption=(keyid=,name=),exclusive=\
false,extractor=,format:btree,huffman_key=,huffman_value=,\
ignore_in_memory_cache_size=false,immutable=false,internal_item_\
max=0,internal_key_max=0,internal_key_truncate=true,internal_\
page_max=4KB,key_format=q,key_gap=10,leaf_item_max=0,leaf_key_\
max=0,leaf_page_max=32KB,leaf_value_max=64MB,log=(enabled=true),\
lsm=(auto_throttle=true,bloom=true,bloom_bit_count=16,bloom_\
config=,bloom_hash_count=8,bloom_oldest=false,chunk_count_limit\
=0,chunk_max=5GB,chunk_size=10MB,merge_custom=(prefix=,start_\
generation=0,suffix=),merge_max=15,merge_min=0),memory_page_image\
_max=0,memory_page_max=10m,os_cache_dirty_max=0,os_cache_max=0,\
prefix_compression=false,prefix_compression_min=4,source=,split_\
deepen_min_child=0,split_deepen_per_child=0,split_pct=90,type=file,\
value_format=u", "type" : "file",
"uri" : "statistics:table:collection-14--2146526997547809066",
"LSM" : {
    "bloom filter false positives" : 0,
    "bloom filter hits" : 0,
    "bloom filter misses" : 0,
    "bloom filter pages evicted from cache" : 0,
    "bloom filter pages read into cache" : 0,
    "bloom filters in the LSM tree" : 0,
    "chunks in the LSM tree" : 0,
    "highest merge generation in the LSM tree" : 0,
    "queries that could have benefited from a Bloom filter
       that did not exist" : 0,
    "sleep for LSM checkpoint throttle" : 0,
    "sleep for LSM merge throttle" : 0,
    "total size of bloom filters" : 0
},
"block-manager" : {
    "allocations requiring file extension" : 0,
    "blocks allocated" : 1358,
    "blocks freed" : 1322,
    "checkpoint size" : 39219200,
    "file allocation unit size" : 4096,
    "file bytes available for reuse" : 6209536,
    "file magic number" : 120897,
    "file major version number" : 1,
    "file size in bytes" : 45445120,
    "minor version number" : 0
},
"btree" : {
```

        "btree checkpoint generation" : 22,
        "column-store fixed-size leaf pages" : 0,
        "column-store internal pages" : 0,
        "column-store variable-size RLE encoded values" : 0,
        "column-store variable-size deleted values" : 0,
        "column-store variable-size leaf pages" : 0,
        "fixed-record size" : 0,
        "maximum internal page key size" : 368,
        "maximum internal page size" : 4096,
        "maximum leaf page key size" : 2867,
        "maximum leaf page size" : 32768,
        "maximum leaf page value size" : 67108864,
        "maximum tree depth" : 0,
        "number of key/value pairs" : 0,
        "overflow pages" : 0,
        "pages rewritten by compaction" : 1312,
        "row-store empty values" : 0,
        "row-store internal pages" : 0,
        "row-store leaf pages" : 0
    },
    "cache" : {
        "bytes currently in the cache" : 40481692,
        "bytes dirty in the cache cumulative" : 40992192,
        "bytes read into cache" : 37064798,
        "bytes written from cache" : 37019396,
        "checkpoint blocked page eviction" : 0,
        "data source pages selected for eviction unable to be evicted" : 32,
        "eviction walk passes of a file" : 0,
        "eviction walk target pages histogram - 0-9" : 0,
        "eviction walk target pages histogram - 10-31" : 0,
        "eviction walk target pages histogram - 128 and higher" : 0,
        "eviction walk target pages histogram - 32-63" : 0,
        "eviction walk target pages histogram - 64-128" : 0,
        "eviction walks abandoned" : 0,
        "eviction walks gave up because they restarted their walk twice" : 0,
        "eviction walks gave up because they saw too many pages
and found no candidates" : 0,
        "eviction walks gave up because they saw too many pages
and found too few candidates" : 0,
        "eviction walks reached end of tree" : 0,
        "eviction walks started from root of tree" : 0,
        "eviction walks started from saved location in tree" : 0,
        "hazard pointer blocked page eviction" : 0,
        "in-memory page passed criteria to be split" : 0,

```
    "in-memory page splits" : 0,
    "internal pages evicted" : 8,
    "internal pages split during eviction" : 0,
    "leaf pages split during eviction" : 0,
    "modified pages evicted" : 1312,
    "overflow pages read into cache" : 0,
    "page split during eviction deepened the tree" : 0,
    "page written requiring cache overflow records" : 0,
    "pages read into cache" : 1330,
    "pages read into cache after truncate" : 0,
    "pages read into cache after truncate in prepare state" : 0,
    "pages read into cache requiring cache overflow entries" : 0,
    "pages requested from the cache" : 3383,
    "pages seen by eviction walk" : 0,
    "pages written from cache" : 1334,
    "pages written requiring in-memory restoration" : 0,
    "tracked dirty bytes in the cache" : 0,
    "unmodified pages evicted" : 8
},
"cache_walk" : {
    "Average difference between current eviction generation
    when the page was last considered" : 0,
    "Average on-disk page image size seen" : 0,
    "Average time in cache for pages that have been visited
    by the eviction server" : 0,
    "Average time in cache for pages that have not been visited
    by the eviction server" : 0,
    "Clean pages currently in cache" : 0,
    "Current eviction generation" : 0,
    "Dirty pages currently in cache" : 0,
    "Entries in the root page" : 0,
    "Internal pages currently in cache" : 0,
    "Leaf pages currently in cache" : 0,
    "Maximum difference between current eviction generation
    when the page was last considered" : 0,
    "Maximum page size seen" : 0,
    "Minimum on-disk page image size seen" : 0,
    "Number of pages never visited by eviction server" : 0,
    "On-disk page image sizes smaller than a single allocation unit" : 0,
    "Pages created in memory and never written" : 0,
    "Pages currently queued for eviction" : 0,
    "Pages that could not be queued for eviction" : 0,
    "Refs skipped during cache traversal" : 0,
    "Size of the root page" : 0,
```

```
        "Total number of pages currently in cache" : 0
    },
    "compression" : {
        "compressed page maximum internal page size
        prior to compression" : 4096,
        "compressed page maximum leaf page size
        prior to compression " : 131072,
        "compressed pages read" : 1313,
        "compressed pages written" : 1311,
        "page written failed to compress" : 1,
        "page written was too small to compress" : 22
    },
    "cursor" : {
        "bulk loaded cursor insert calls" : 0,
        "cache cursors reuse count" : 0,
        "close calls that result in cache" : 0,
        "create calls" : 1,
        "insert calls" : 0,
        "insert key and value bytes" : 0,
        "modify" : 0,
        "modify key and value bytes affected" : 0,
        "modify value bytes modified" : 0,
        "next calls" : 0,
        "open cursor count" : 0,
        "operation restarted" : 0,
        "prev calls" : 1,
        "remove calls" : 0,
        "remove key bytes removed" : 0,
        "reserve calls" : 0,
        "reset calls" : 2,
        "search calls" : 0,
        "search near calls" : 0,
        "truncate calls" : 0,
        "update calls" : 0,
        "update key and value bytes" : 0,
        "update value size change" : 0
    },
    "reconciliation" : {
        "dictionary matches" : 0,
        "fast-path pages deleted" : 0,
        "internal page key bytes discarded using suffix compression" : 0,
        "internal page multi-block writes" : 0,
        "internal-page overflow keys" : 0,
```

```
            "leaf page key bytes discarded using prefix compression" : 0,
            "leaf page multi-block writes" : 0,
            "leaf-page overflow keys" : 0,
            "maximum blocks required for a page" : 1,
            "overflow values written" : 0,
            "page checksum matches" : 0,
            "page reconciliation calls" : 1334,
            "page reconciliation calls for eviction" : 1312,
            "pages deleted" : 0
        },
        "session" : {
            "object compaction" : 4
        },
        "transaction" : {
            "update conflicts" : 0
        }
    },
    "nindexes" : 5,
    "indexBuilds" : [ ],
    "totalIndexSize" : 46292992,
    "indexSizes" : {
        "_id_" : 446464,
        "$**_text" : 44474368,
        "genres_1_imdb.rating_1_metacritic_1" : 724992,
        "tomatoes_rating" : 307200,
        "getMovies" : 339968
    },
    "scaleFactor" : 1,
    "ok" : 1
}
```

stats는 먼저 네임스페이스("sample_mflix.movies")를 보여주고, 이어서 컬렉션 내 도큐먼트 개수를 보여준다. 다음 두 필드는 컬렉션의 크기를 보여준다. "size"는 컬렉션의 각 요소에 대해 Object.bsonsize()를 호출해서 모든 크기를 합한 결과다. 이는 메모리에서 압축되지 않았을 때 컬렉션의 도큐먼트가 차지하는 실제 바이트 수를 뜻한다. 동일하게 "avgObjSize"를 가져와서 "count"를 곱하면 메모리에서 압축되지 않은 "size"를 얻는다.

도큐먼트들의 바이트 총합은 컬렉션을 압축함으로써 절약되는 공간을 제외한다. "storageSize"는 압축으로 절약된 공간을 반영하므로 "size"보다 작은 수일 수 있다.

"nindexes"는 컬렉션에 있는 인덱스 수다. 인덱스는 구축이 끝날 때까지는 "nindexes"에 합산되지 않으며, 목록에 나타나기 전에는 인덱스를 사용할 수 없다. 일반적으로 인덱스는 저장하는 데이터 양보다 훨씬 더 크다. (5.1.2 '복합 인덱스 소개'에서 설명한) 우편향right-balanced 인덱스를 사용하면 여유 공간을 최소화할 수 있다. 무작위로 분산된 인덱스는 일반적으로 대략 50%의 여유 공간을 갖는 반면 오름차순 인덱스는 10%의 여유 공간을 갖는다.

컬렉션이 커질수록 stats 출력이 수십 억 바이트 혹은 그 이상으로 커지므로 가독성이 떨어질 수 있다. 그러므로 킬로바이트는 1024, 메가바이트는 1024*1024와 같이 단위를 넘겨줄 수 있다. 다음 예는 테라바이트 단위로 컬렉션 정보를 얻는다.

```
> db.big.stats(1024*1024*1024*1024)
```

18.3.3 데이터베이스

데이터베이스에도 컬렉션과 유사한 stats 함수가 있다.

```
> db.stats()
{
    "db" : "sample_mflix",
    "collections" : 5,
    "views" : 0,
    "objects" : 98308,
    "avgObjSize" : 819.8680982219148,
    "dataSize" : 80599593,
    "storageSize" : 53620736,
    "numExtents" : 0,
    "indexes" : 12,
    "indexSize" : 47001600,
    "scaleFactor" : 1,
    "fsUsedSize" : 355637043200,
    "fsTotalSize" : 499963174912,
    "ok" : 1
}
```

우선 데이터베이스 이름과 포함하는 컬렉션 개수가 나타난다. "object"는 이 데이터베이스 내 모든 컬렉션에 있는 모든 도큐먼트의 수다.

도큐먼트의 대부분은 데이터 크기 정보를 포함한다. "fsTotalSize"는 몽고DB 인스턴스가 데이터를 저장하는 파일시스템의 총 디스크 용량 크기로, 항상 가장 커야 한다. "fsUsedSize"는 현재 몽고DB가 해당 파일시스템에서 사용하는 총 공간을 나타낸다. 이는 데이터 디렉터리 내 모든 파일이 사용하는 총 공간과 일치해야 한다.

다음으로 큰 필드는 일반적으로 "dataSize"다. 데이터베이스에 보관된 압축되지 않은 데이터의 크기로 "storageSize"와 일치하지 않는다. 데이터는 일반적으로 와이어드타이거에서 압축되기 때문이다. "indexSize"는 이 데이터베이스의 모든 인덱스가 차지하는 공간의 양이다.

db.stats()는 컬렉션의 stats 함수와 마찬가지로 단위 설정을 위한 인수를 가질 수 있다. 존재하지 않는 데이터베이스에 db.stats()를 호출하면 값은 0이 된다.

락 비율[lock percent]이 높은 시스템에서 데이터베이스를 일람하면 시간이 오래 걸리고 다른 작업을 중단시킬 수 있다는 점에 유의하자. 가능하면 피하는 것이 좋다.

18.4 mongotop과 mongostat 사용

몽고DB가 제공하는 몇 가지 명령행 도구를 사용해, 몇 초마다 상태를 출력해서 무엇을 하는 중인지 확인할 수 있다.

mongotop은 유닉스의 **top** 유틸리티와 유사하며, 어떤 컬렉션이 가장 분주한지에 대한 개요를 제공한다. 또한 mongotop --locks를 실행하면 각 데이터베이스의 락에 대한 통계 정보를 얻을 수 있다.

mongostat은 서버 차원의 정보를 제공한다. 기본적으로 초마다 한 번씩 통계 목록을 출력하지만, 명령행에서 초 단위로 출력 주기를 구성할 수도 있다. 각각의 필드는 필드가 마지막으로 출력된 이후로 활동이 발생한 횟수를 나타낸다.

insert/query/update/delete/getmore/command
   각 작업이 발생한 횟수.

flushes

mongod가 데이터를 디스크에 플러시^{flush}한 횟수.

mapped

mongod가 매핑한 메모리의 양. 일반적으로 데이터 디렉터리의 크기다.

vsize

mongod가 사용 중인 가상 메모리$^{\text{virtual memory}}$의 양. 일반적으로 데이터 디렉터리의 두 배 크기다(매핑된 파일을 저널링하므로 두 배).

res

mongod가 사용 중인 메모리의 양. 일반적으로 장비의 총 메모리에 최대한 근접해야 한다.

locked d

마지막 타임슬라이스^{timeslice}에 락이 걸린 채 대부분의 시간을 소비한 데이터베이스를 보여준다. 이 필드는 전역 락$^{\text{global lock}}$이 유지된 기간과, 데이터베이스가 락에 걸렸던 시간 비율을 합쳐서 알려준다. 따라서 값은 100%를 초과할 수 있다.

idx miss %

페이지 폴트$^{\text{page fault}}$를 해야 했던 인덱스 접근 비율(검색하는 인덱스 항목이나 인덱스 섹션이 메모리에 없어서 mongod가 디스크로 이동해야 했다). 이는 출력 필드 중에서 가장 혼동을 일으키기 쉬운 이름이다.

qr¦qw

읽기 및 쓰기용 큐의 크기, 즉 중단된 채 처리되기를 기다리는 읽기와 쓰기의 수다.

ar¦aw

읽기와 쓰기를 수행하는 현재 활동 중인 클라이언트 수.

netIn

몽고DB에 의해 집계된 바이트 단위 네트워크 유입량(운영체제 측정치와 반드시 동일하지는 않다).

netOut

몽고DB에 의해 집계된 바이트 단위 네트워크 유출량.

conn

서버가 열어놓은 연결의 개수. 수신과 발신을 포함한다.

time

통계가 찍힌 시간.

mongostat은 복제 셋이나 샤드 클러스터에서 실행할 수 있다. --discover 옵션을 사용하면 mongostat은 처음에 연결한 멤버로부터 복제 셋이나 클러스터의 모든 멤버를 찾으려 하며, 1초에 하나씩 서버마다 한 줄씩 출력한다. 대규모 클러스터에서는 다루기 힘들 정도로 빠를 수도 있지만, 소규모 클러스터와 도구에서는 데이터를 읽기 쉬운 형태로 제시하므로 유용할 수도 있다.

mongostat은 데이터베이스가 무엇을 하는지에 대한 정보를 재빨리 얻는 데 좋은 방법이지만, 장기간 모니터링에는 몽고DB 아틀라스나 옵스 매니저 같은 도구가 더 적합하다(22장 참조).

## CHAPTER 19

몽고DB 보안 소개

몽고DB 클러스터와 몽고DB 클러스터가 보유한 데이터를 보호하려면 다음 보안 조치를 사용한다.

- 권한 활성화와 인증 적용
- 통신 암호화
- 데이터 암호화

이 장에서는 처음 두 가지 보안 조치를 다룬다. 몽고DB의 x.509 지원을 사용해 (몽고DB 복제 셋 클라이언트와 서버 간의 보안 통신을 위해) 인증 및 전송 계층transport layer 암호화를 구성하는 방법을 설명한다. 스토리지 계층storage layer에서 데이터를 암호화하는 방법은 이 장의 후반부에서 다룬다.

19.1 몽고DB 인증과 권한

인증과 권한은 밀접하게 연결되긴 하지만 분명히 구별된다는 점에 유의해야 한다. 인증은 사용자의 신원을 확인하는 용도로 사용하며, 권한은 확인된 사용자의 리소스와 작업에 대한 접근을 결정한다.

19.1.1 인증 메커니즘

몽고DB 클러스터에서 권한을 활성화하면, 인증이 적용되고 사용자는 역할role에 따라 권한
이 부여된 작업만 수행할 수 있다. 몽고DB의 커뮤니티 버전은 SCRAM(Salted Challenge
Response Authentication Mechanism)과 x.509 인증서certificate 인증을 지원한다. SCRAM
과 x.509 외에도 몽고DB 엔터프라이즈MongoDB Enterprise는 케르베로스Kerberos 인증과 LDAP 프
록시 인증을 지원한다. 몽고DB가 지원하는 다양한 인증 메커니즘에 대한 자세한 내용은
`https://oreil.ly/RQ5Jp`를 참조하자. 이 장에서는 x.509 인증에 중점을 둔다. x.509 디지
털 인증서는 널리 사용되는 x.509 공개 키 기반public key infrastructure(PKI) 표준을 사용해 공개 키
가 제출자presenter의 것인지 검증한다.

19.1.2 권한

몽고DB에 사용자를 추가할 때는 특정 데이터베이스에 사용자를 생성해야 한다. 이는 사용자
의 인증 데이터베이스authentication database이며, 어느 데이터베이스든 이 용도로 사용할 수 있다. 사
용자명과 인증 데이터베이스는 사용자의 고유 식별자 역할을 한다. 그러나 사용자의 권한은 인
증 데이터베이스에 국한되지 않는다. 사용자를 생성할 때 사용자가 접근 권한을 가져야 하는
(어느 리소스에서든 수행할 수 있는) 작업을 지정할 수 있다. 리소스는 클러스터, 데이터베이
스, 컬렉션을 포함한다.

몽고DB는 데이터베이스 사용자에게 일반적으로 필요한 권한을 부여하는 내장된 역할을 여러
개 제공한다. 내장된 역할은 다음을 포함한다.

read

모든 비시스템 컬렉션nonsystem collection 및 `system.indexes`, `system.js`, `system.`
`namespaces`와 같은 시스템 컬렉션의 데이터를 읽는다.

readWrite

`read`와 동일한 권한을 부여하며, 모든 비시스템 컬렉션 및 `system.js` 컬렉션의 데이터를
수정할 수 있는 기능을 제공한다.

dbAdmin

스키마 관련 작업, 인덱싱, 통계 수집과 같은 관리 작업을 수행한다(사용자와 역할 관리에 대한 권한을 부여하지 않음).

userAdmin

현재 데이터베이스에서 역할과 사용자를 생성하고 수정한다.

dbOwner

readWrite, dbAdmin, userAdmin 역할이 부여한 권한을 결합한다.

clusterManager

클러스터상에서 관리와 모니터링 작업을 수행한다.

clusterMonitor

몽고DB 클라우드 매니저와 옵스 매니저 모니터링 에이전트monitoring agent 같은 모니터링 도구에 대한 읽기 전용 접근을 제공한다.

hostManager

서버를 모니터링하고 관리한다.

clusterAdmin

clusterManager, clusterMonitor, hostManager 역할이 부여한 권한과 dropDatabase 작업을 결합한다.

backup

몽고DB 클라우드 매니저 백업 에이전트backup agent 혹은 옵스 매니저 백업 에이전트를 사용하는 권한이나, mongodump를 사용해 전체 mongod 인스턴스를 백업하는 권한을 충분히 제공한다.

restore

system.profile 컬렉션 데이터를 포함하지 않는 백업으로부터 데이터를 복원하는 데 필요한 권한을 제공한다.

readAnyDatabase

local과 config를 제외한 모든 데이터베이스에서 read와 동일한 권한과 더불어 클러스터 전체에 대한 listDatabases 작업을 제공한다.

readWriteAnyDatabase

local과 config를 제외한 모든 데이터베이스에서 readWrite와 동일한 권한과 더불어 클러스터 전체에 대한 listDatabases 작업을 제공한다.

userAdminAnyDatabase

local과 config를 제외한 모든 데이터베이스에서 userAdmin과 동일한 권한을 제공한다 (사실상 슈퍼유저superuser 역할).

dbAdminAnyDatabase

local과 config를 제외한 모든 데이터베이스에서 dbAdmin과 동일한 권한과 더불어 클러스터 전체에 대한 listDatabases 작업을 제공한다.

root

readWriteAnyDatabase, dbAdminAnyDatabase, userAdminAnyDatabase, clusterAdmin, restore, backup 역할이 결합된 작업과 모든 리소스에 대한 접근을 제공한다.

또한 '사용자 정의 역할user-defined role'을 만들 수도 있다. 특정 작업을 수행하도록 권한을 그룹화하고, 그룹화된 권한을 여러 사용자에게 쉽게 부여할 수 있게 이름으로 레이블링한다.

내장된 역할이나 사용자 정의 역할에 대한 자세한 내용은 이 장의 범위를 벗어난다. 하지만 지금까지 소개한 내용을 통해, 몽고DB 권한으로 무엇을 할 수 있는지 알 수 있다. 자세한 내용은 몽고DB 문서(https://docs.mongodb.com/manual/core/authorization)의 인증 항목을 참조하자.

필요에 따라 새 사용자를 추가할 수 있는지 확인하려면 먼저 관리자admin user를 만들어야 한다. 몽고DB는 사용 중인 인증 모드authentication mode에 관계없이, 인증과 권한을 활성화할 때 기본 루트default root나 관리자를 생성하지 않는다(x.509도 예외는 아니다).

몽고DB에서 인증과 권한은 기본적으로 활성화되지 않는다. `mongod` 명령에 `--auth` 옵션을 사용하거나 몽고DB 구성 파일의 `security.authorization` 설정에 `"enabled"` 값을 지정해 명시적으로 활성화해야 한다.

복제 셋을 구성하려면 먼저 인증과 권한을 활성화하지 않고 복제 셋을 가져온 다음, 각 클라이언트에 필요한 관리자와 사용자를 만들자.

19.1.3 멤버와 클라이언트를 인증하기 위해 x.509 인증서 사용하기

모든 운영 환경production 몽고DB 클러스터는 여러 멤버로 구성된다. 따라서 클러스터를 보호하려면 클러스터 내에서 통신하는 모든 서비스가 서로 인증해야 한다. 복제 셋의 각 멤버는 데이터를 교환하려면 다른 멤버와 인증해야 한다. 마찬가지로 클라이언트는 통신하는 프라이머리 및 세컨더리와 인증해야 한다.

x.509의 경우 신뢰할 수 있는 인증 기관certification authority(CA)이 모든 인증서에 서명해야 한다. 서명은 인증서의 명명된 소유자subject가 해당 인증서와 연결된 공개 키를 소유함을 인증한다. CA는 중간자 공격man-in-the-middle attack을 방지하는 신뢰할 수 있는 제3자 역할을 한다.

[그림 19-1]은 3-멤버 몽고DB 복제 셋을 보호하는 데 사용하는 x.509 인증을 나타낸다. 클라이언트와 복제 셋 멤버 간 인증 및 CA와의 신뢰 관계trust relationship에 주목하자.

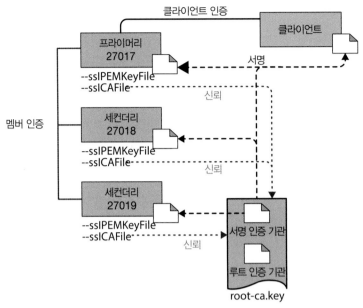

X.509 인증서 기반 인증

그림 19-1 이 장에서 사용된 3-멤버 복제 셋에 대한 X.509 인증을 위한 신뢰 계층trust hierarchy 개요

각 멤버와 클라이언트는 CA에서 서명한 자체 인증서가 있다. 운영 환경에서 사용할 경우, 몽고 DB 배포는 단일 인증 기관에서 생성하고 서명한 유효한 인증서를 사용해야 한다. 독립적인 인증 기관을 생성하고 유지하거나, 혹은 다른 TLS/SSL 공급 업체에서 생성한 인증서를 사용한다.

클러스터 내 멤버 자격을 확인하는 내부 인증internal authentication에 사용하는 인증서를 멤버 인증서member certificate라고 하자. 멤버 인증서와 클라이언트 인증서client certificate(클라이언트 인증에 사용)는 둘 다 다음과 같은 구조를 가진다.

```
Certificate:
    Data:
        Version: 1 (0x0)
        Serial Number: 1 (0x1)
    Signature Algorithm: sha256WithRSAEncryption
        Issuer: C=US, ST=NY, L=New York, O=MongoDB, CN=CA-SIGNER
        Validity
            Not Before: Nov 11 22:00:03 2018 GMT
            Not After : Nov 11 22:00:03 2019 GMT
        Subject: C=US, ST=NY, L=New York, O=MongoDB, OU=MyServers, CN=server1
```

```
        Subject Public Key Info:
            Public Key Algorithm: rsaEncryption
                Public-Key: (2048 bit)
                Modulus:
                    00:d3:1c:29:ba:3d:29:44:3b:2b:75:60:95:c8:83:
                    fc:32:1a:fa:29:5c:56:f3:b3:66:88:7f:f9:f9:89:
                    ff:c2:51:b9:ca:1d:4c:d8:b8:5a:fd:76:f5:d3:c9:
                    95:9c:74:52:e9:8d:5f:2e:6b:ca:f8:6a:16:17:98:
                    dc:aa:bf:34:d0:44:33:33:f3:9d:4b:7e:dd:7a:19:
                    1b:eb:3b:9e:21:d9:d9:ba:01:9c:8b:16:86:a3:52:
                    a3:e6:e4:5c:f7:0c:ab:7a:1a:be:c6:42:d3:a6:01:
                    8e:0a:57:b2:cd:5b:28:ee:9d:f5:76:ca:75:7a:c1:
                    7c:42:d1:2a:7f:17:fe:69:17:49:91:4b:ca:2e:39:
                    b4:a5:e0:03:bf:64:86:ca:15:c7:b2:f7:54:00:f7:
                    02:fe:cf:3e:12:6b:28:58:1c:35:68:86:3f:63:46:
                    75:f1:fe:ac:1b:41:91:4f:f2:24:99:54:f2:ed:5b:
                    fd:01:98:65:ac:7a:7a:57:2f:a8:a5:5a:85:72:a6:
                    9e:fb:44:fb:3b:1c:79:88:3f:60:85:dd:d1:5c:1c:
                    db:62:8c:6a:f7:da:ab:2e:76:ac:af:6d:7d:b1:46:
                    69:c1:59:db:c6:fb:6f:e1:a3:21:0c:5f:2e:8e:a7:
                    d5:73:87:3e:60:26:75:eb:6f:10:c2:64:1d:a6:19:
                    f3:0b
                Exponent: 65537 (0x10001)
    Signature Algorithm: sha256WithRSAEncryption
         5d:dd:b2:35:be:27:c2:41:4a:0d:c7:8c:c9:22:05:cd:eb:88:
         9d:71:4f:28:c1:79:71:3c:6d:30:19:f4:9c:3d:48:3a:84:d0:
         19:00:b1:ec:a9:11:02:c9:a6:9c:74:e7:4e:3c:3a:9f:23:30:
         50:5a:d2:47:53:65:06:a7:22:0b:59:71:b0:47:61:62:89:3d:
         cf:c6:d8:b3:d9:cc:70:20:35:bf:5a:2d:14:51:79:4b:7c:00:
         30:39:2d:1d:af:2c:f3:32:fe:c2:c6:a5:b8:93:44:fa:7f:08:
         85:f0:01:31:29:00:d4:be:75:7e:0d:f9:1a:f5:e9:75:00:9a:
         7b:d0:eb:80:b1:01:00:c0:66:f8:c9:f0:35:6e:13:80:70:08:
         5b:95:53:4b:34:ec:48:e3:02:88:5c:cd:a0:6c:b4:bc:65:15:
         4d:c8:41:9d:00:f5:e7:f2:d7:f5:67:4a:32:82:2a:04:ae:d7:
         25:31:0f:34:e8:63:a5:93:f2:b5:5a:90:71:ed:77:2a:a6:15:
         eb:fc:c3:ac:ef:55:25:d1:a1:31:7a:2c:80:e3:42:c2:b3:7d:
         5e:9a:fc:e4:73:a8:39:50:62:db:b1:85:aa:06:1f:42:27:25:
         4b:24:cf:d0:40:ca:51:13:94:97:7f:65:3e:ed:d9:3a:67:08:
         79:64:a1:ba
-----BEGIN CERTIFICATE-----
MIIDODCCAiACAQEwDQYJKoZIhvcNAQELBQAwWTELMAkGA1UEBhMCQ04xCzAJBgNV
BAgMAkdEMREwDwYDVQQHDAhTaGVuemhlbjEWMBQGA1UECgwNTW9uZ29EQiBDaGlu
YTESMBAGA1UEAwwJQ0EtU0lHTkvSMB4XDTE4MTExMTIyMDAwM1oXDTE5MTExMTIy
MDAwM1owazELMAkGA1UEBhMCQ04xCzAJBgNVBAgMAkdEMREwDwYDVQQHDAhTaGVu
```

```
emhlbjEWMBQGA1UECgwNTW9uZ29EQiBDaGluYTESMBAGA1UECwwJTXlTZXJ2ZXJz
MRAwDgYDVQQDDAdzZXJ2ZXIxMIIBIjANBgkqhkiG9w0BAQEFAAOCAQ8AMIIBCgKC
AQEA0xwpuj0pRDsrdWCVyIP8Mhr6KVxW87NmiH/5+Yn/wlG5yh1M2Lha/Xb108mV
nHRS6Y1fLmvK+GoWF5jcqr800EQzM/OdS37dehkb6zueIdnZugGcixaGo1Kj5uRc
9wyrehq+xkLTpgGOCleyzVso7p31dsp1esF8QtEqfxf+aRdJkUvKLjm0peADv2SG
yhXHsvdUAPcC/s8+EmsoWBw1aIY/Y0Z18f6sG0GRT/IkmVTy7Vv9AZhlrHp6Vy+o
pVqFcqae+0T7Oxx5iD9ghd3RXBzbYoxq99qrLnasr219sUZpwVnbxvtv4aMhDF8u
jqfVc4c+YCZ1628QwmQdphnzCwIDAQABMA0GCSqGSIb3DQEBCwUAA4IBAQBd3bI1
vifCQUoNx4zJIgXN64idcU8owXlxPG0wGfScPUg6hNAZALHsqRECyaacdOdOPDqf
IzBQWtJHU2UGpyILWXGwR2FiiT3Pxtiz2cxwIDW/Wi0UUXlLfAAwOS0dryzzMv7C
xqW4k0T6fwiF8AExKQDUvnV+Dfka9el1AJp70OuAsQEAwGb4yfA1bhOAcAhblVNL
NOxI4wKIXM2gbLS8ZRVNyEGdAPXn8tf1Z0oygioErtclMQ806GOlk/K1WpBx7Xcq
phXr/MOs71Ul0aExeiyA40LCs31emvzkc6g5UGLbsYWqBh9CJyVLJM/QQMpRE5SX
f2U+7dk6Zwh5ZKG6
-----END CERTIFICATE-----
```

몽고DB에서 x.509 인증과 함께 사용하려면 멤버 인증서에 다음 속성이 있어야 한다.

- 단일 CA는 클러스터 멤버에 대해 모든 x.509 인증서를 발급해야 한다.
- 멤버 인증서의 제목에 있는 고유 이름Distinguished Name(DN)은 조직Organization(O), 조직 단위Organization Unit(OU), 도메인 구성 요소Domain Component(DC) 속성 중 적어도 하나에 비어 있지 않은 값을 지정해야 한다.
- O, OU, DC 속성은 다른 클러스터 멤버에 대한 인증서의 속성과 일치해야 한다.
- 일반 이름Common Name(CN) 혹은 소유자 대체 이름Subject Alternative Name(SAN)은 다른 클러스터 멤버가 사용하는 서버의 호스트명과 일치해야 한다.

19.2 몽고DB 인증 및 전송 계층 암호화에 대한 지침

이 절에서는 루트 CAroot CA와 중간 CAintermediate CA를 설정한다. 서버 및 클라이언트 인증서에는 중간 CA를 사용해 서명하는 것을 권장한다.

19.2.1 CA 수립하기

복제 셋 멤버에 대해 서명된 인증서signed certificate를 생성하려면 먼저 인증 기관 문제를 해결해야 한다. 앞서 언급했듯 독립 인증 기관을 생성하고 유지하거나, 혹은 다른 TLS/SSL 공급 업체에서 생성한 인증서를 사용한다. 이 장에서는 자체 CA를 생성해 실행 예제에 사용한다. 이 책의 깃허브 저장소에서 이 장의 모든 코드 예제를 찾을 수 있다. 예제는 보안 복제 셋을 배포하는 데 사용할 수 있는 스크립트에서 가져온다. 예제 전체에서 스크립트의 주석을 볼 수 있다.

루트 CA 생성하기

OpenSSL을 사용해 CA를 생성한다. 로컬 장비에서 OpenSSL에 접근할 수 있는지 확인하자.

루트 CA는 인증서 체인의 맨 위에 있으며, 이는 신뢰[trust]의 궁극적인 원천이다. 이상적으로는 제3자의 CA를 사용해야 한다. 그러나 격리된 네트워크(대규모 기업 환경에서 일반적인)에 사용하거나 테스트용이라면 로컬 CA[local CA]를 사용해야 한다.

먼저 몇 가지 변수를 초기화하자.

```
dn_prefix="/C=US/ST=NY/L=New York/O=MongoDB"
ou_member="MyServers"
ou_client="MyClients"
mongodb_server_hosts=( "server1" "server2" "server3" )
mongodb_client_hosts=( "client1" "client2" )
mongodb_port=27017
```

그런 다음 키 쌍을 만들고 root-ca.key 파일에 저장한다.

```
# !!! In production you will want to password-protect the keys
# openssl genrsa -aes256 -out root-ca.key 4096
openssl genrsa -out root-ca.key 4096
```

다음에는 인증서를 생성하는 데 사용할 OpenSSL 설정을 저장할 구성 파일을 만든다.

```
# For the CA policy
[ policy_match ]
countryName = match
stateOrProvinceName = match
organizationName = match
organizationalUnitName = optional
commonName = supplied
emailAddress = optional

[ req ]
default_bits        = 4096
```

```
default_keyfile     = server-key.pem
default_md       = sha256
distinguished_name  = req_dn
req_extensions = v3_req
x509_extensions = v3_ca # The extensions to add to the self-signed cert

[ v3_req ]
subjectKeyIdentifier  = hash
basicConstraints = CA:FALSE
keyUsage = critical, digitalSignature, keyEncipherment
nsComment = "OpenSSL Generated Certificate"
extendedKeyUsage  = serverAuth, clientAuth

[ req_dn ]
countryName = Country Name (2-letter code)
countryName_default = US
countryName_min = 2
countryName_max = 2

stateOrProvinceName = State or Province Name (full name)
stateOrProvinceName_default = NY
stateOrProvinceName_max = 64

localityName = Locality Name (eg, city)
localityName_default = New York
localityName_max = 64

organizationName = Organization Name (eg, company)
organizationName_default = MongoDB
organizationName_max = 64

organizationalUnitName = Organizational Unit Name (eg, section)
organizationalUnitName_default = Education
organizationalUnitName_max = 64

commonName = Common Name (eg, YOUR name)
commonName_max = 64

[ v3_ca ]
# Extensions for a typical CA

subjectKeyIdentifier = hash
basicConstraints = critical,CA:true
authorityKeyIdentifier = keyid:always,issuer:always
```

```
# Key usage: this is typical for a CA certificate. However, since it will
# prevent it being used as a test self-signed certificate it is best
# left out by default.
keyUsage = critical,keyCertSign,cRLSign
```

그런 다음 openssl req 명령을 사용해 루트 인증서[root certificate]를 생성한다. 루트가 기관 체인[authority chain]의 맨 위에 있으므로, 이전 단계에서 만든 개인 키[private key] (**root-ca.key**에 저장됨)를 사용해 인증서에 자체 서명한다. **-x509** 옵션은 **-key** 옵션에 제공된 개인 키로 인증서에 자체 서명하겠다고 openssl req 명령에 알려준다. 출력은 **root-ca.crt**라는 파일이다.

```
openssl req -new -x509 -days 1826 -key root-ca.key -out root-ca.crt \
-config openssl.cnf -subj "$dn_prefix/CN=ROOTCA"
```

root-ca.crt 파일을 살펴보면 루트 CA에 대한 공개 인증서를 포함함을 알 수 있다. 인증서 내용을 확인하려면 다음 명령으로 사람이 읽을 수 있는 버전을 생성한다.

```
openssl x509 -noout -text -in root-ca.crt
```

명령의 결과는 다음과 같다.

```
Certificate:
    Data:
        Version: 3 (0x2)
        Serial Number:
            1e:83:0d:9d:43:75:7c:2b:d6:2a:dc:7e:a2:a2:25:af:5d:3b:89:43
        Signature Algorithm: sha256WithRSAEncryption
        Issuer: C = US, ST = NY, L = New York, O = MongoDB, CN = ROOTCA
        Validity
            Not Before: Sep 11 21:17:24 2019 GMT
            Not After : Sep 10 21:17:24 2024 GMT
        Subject: C = US, ST = NY, L = New York, O = MongoDB, CN = ROOTCA
        Subject Public Key Info:
            Public Key Algorithm: rsaEncryption
                RSA Public-Key: (4096 bit)
                Modulus:
                    00:e3:de:05:ae:ba:c9:e0:3f:98:37:18:77:02:35:
                    e7:f6:62:bc:c3:ae:38:81:8d:04:88:da:6c:e0:57:
```

```
                    c2:90:86:05:56:7b:d2:74:23:54:f8:ca:02:45:0f:
                    38:e7:e2:0b:69:ea:f6:c8:13:8f:6c:2d:d6:c1:72:
                    64:17:83:4e:68:47:cf:de:37:ed:6e:38:b2:ab:3a:
                    e4:45:a8:fa:08:90:a0:f3:0d:3a:14:d8:9a:8d:69:
                    e7:cf:93:1a:71:53:4f:13:29:50:b0:2f:b6:b8:19:
                    2a:40:21:15:90:43:e7:d8:d8:f3:51:e5:95:58:87:
                    6c:45:9f:61:fc:b5:97:cf:5b:4e:4a:1f:72:c9:0c:
                    e9:8c:4c:d1:ca:df:b3:a4:da:b4:10:83:81:01:b1:
                    c8:09:22:76:c7:1e:96:c7:e6:56:27:8d:bc:fb:17:
                    ed:d9:23:3f:df:9c:ef:03:20:cc:c3:c4:55:cc:9f:
                    ad:d4:8d:81:95:c3:f1:87:f8:d4:5a:5e:e0:a8:41:
                    27:c8:0d:52:91:e4:2b:db:25:d6:b7:93:8d:82:33:
                    7a:a7:b8:e8:cd:a8:e2:94:3d:d6:16:e1:4e:13:63:
                    3f:77:08:10:cf:23:f6:15:7c:71:24:97:ef:1c:a2:
                    68:0f:82:e2:f7:24:b3:aa:70:1a:4a:b4:ca:4d:05:
                    92:5e:47:a2:3d:97:82:f6:d8:c8:04:a7:91:6c:a4:
                    7d:15:8e:a8:57:70:5d:50:1c:0b:36:ba:78:28:f2:
                    da:5c:ed:4b:ea:60:8c:39:e6:a1:04:26:60:b3:e2:
                    ee:4f:9b:f9:46:3c:7e:df:82:88:29:c2:76:3e:1a:
                    a4:81:87:1f:ce:9e:41:68:de:6c:f3:89:df:ae:02:
                    e7:12:ee:93:20:f1:d2:d6:3d:36:58:ee:71:bf:b3:
                    c5:e7:5a:4b:a0:12:89:ed:f7:cc:ec:34:c7:b2:28:
                    a8:1a:87:c6:8b:5e:d2:c8:25:71:ba:ff:d0:82:1b:
                    5e:50:a9:8a:c6:0c:ea:4b:17:a6:cc:13:0a:53:36:
                    c6:9d:76:f2:95:cc:ac:b9:64:d5:72:fc:ab:ce:6b:
                    59:b1:3a:f2:49:2f:2c:09:d0:01:06:e4:f2:49:85:
                    79:82:e8:c8:bb:1a:ab:70:e3:49:97:9f:84:e0:96:
                    c2:6d:41:ab:59:0c:2e:70:9a:2e:11:c8:83:69:4b:
                    f1:19:97:87:c3:76:0e:bb:b0:2c:92:4a:07:03:6f:
                    57:bf:a9:ec:19:85:d6:3d:f8:de:03:7f:1b:9a:2f:
                    6c:02:72:28:b0:69:d5:f9:fb:3d:2e:31:8f:61:50:
                    59:a6:dd:43:4b:89:e9:68:4b:a6:0d:9b:00:0f:9a:
                    94:61:71
                Exponent: 65537 (0x10001)
        X509v3 extensions:
            X509v3 Subject Key Identifier:
                8B:D6:F8:BD:B7:82:FC:13:BC:61:3F:8B:FA:84:24:3F:A2:14:C8:27
            X509v3 Basic Constraints: critical
                CA:TRUE
            X509v3 Authority Key Identifier:
                keyid:8B:D6:F8:BD:B7:82:FC:13:BC:61:3F:8B:FA:84:24:3F:A2:14:C8:27
                DirName:/C=US/ST=NY/L=New York/O=MongoDB/CN=ROOTCA
                serial:1E:83:0D:9D:43:75:7C:2B:D6:2A:DC:7E:A2:A2:25:AF:5D:3B:89:43
```

```
X509v3 Key Usage: critical
        Certificate Sign, CRL Sign
Signature Algorithm: sha256WithRSAEncryption
    c2:cc:79:40:8b:7b:a1:87:3a:ec:4a:71:9d:ab:69:00:bb:6f:
    56:0a:25:3b:8f:bd:ca:4d:4b:c5:27:28:3c:7c:e5:cf:84:ec:
    2e:2f:0d:37:35:52:6d:f9:4b:07:fb:9b:da:ea:5b:31:0f:29:
    1f:3c:89:6a:10:8e:ae:20:30:8f:a0:cf:f1:0f:41:99:6a:12:
    5f:5c:ce:15:d5:f1:c9:0e:24:c4:81:70:df:ad:a0:e1:0a:cc:
    52:d4:3e:44:0b:61:48:a9:26:3c:a3:3d:2a:c3:ca:4f:19:60:
    da:f7:7a:4a:09:9e:26:42:50:05:f8:74:13:4b:0c:78:f1:59:
    39:1e:eb:2e:e1:e2:6c:cc:4d:96:95:79:c2:8b:58:41:e8:7a:
    e6:ad:37:e4:87:d7:ed:bb:7d:fa:47:dd:46:dd:e7:62:5f:e9:
    fe:17:4b:e3:7a:0e:a1:c5:80:78:39:b7:6c:a6:85:cf:ba:95:
    d2:8d:09:ab:2d:cb:be:77:9b:3c:22:12:ca:12:86:42:d8:c5:
    3c:31:a0:ed:92:bc:7f:3f:91:2d:ec:db:01:bd:26:65:56:12:
    a3:56:ba:d8:d3:6e:f3:c3:13:84:98:2a:c7:b3:22:05:68:fa:
    8e:48:6f:36:8e:3f:e5:4d:88:ef:15:26:4c:b1:d3:7e:25:84:
    8c:bd:5b:d2:74:55:cb:b3:fa:45:3f:ee:ef:e6:80:e9:f7:7f:
    25:a6:6e:f2:c4:22:f7:b8:40:29:02:f1:5e:ea:8e:df:80:e0:
    60:f1:e5:3a:08:81:25:d5:cc:00:8f:5c:ac:a6:02:da:27:c0:
    cc:4e:d3:f3:14:60:c1:12:3b:21:b4:f7:29:9b:4c:34:39:3c:
    2a:d1:4b:86:cc:c7:de:f3:f7:5e:8f:9d:47:2e:3d:fe:e3:49:
    70:0e:1c:61:1c:45:a0:5b:d6:48:49:be:6d:f9:3c:49:26:d8:
    8b:e6:a1:b2:61:10:fe:0c:e8:44:2c:33:cd:3c:1d:c2:de:c2:
    06:98:7c:92:7b:c4:06:a5:1f:02:8a:03:53:ec:bd:b7:fc:31:
    f3:2a:c1:0e:6a:a5:a8:e4:ea:4d:cc:1d:07:a9:3f:f6:0e:35:
    5d:99:31:35:b3:43:90:f3:1c:92:8e:99:15:13:2b:8f:f6:a6:
    01:c9:18:05:15:2a:e3:d0:cc:45:66:d3:48:11:a2:b9:b1:20:
    59:42:f7:88:15:9f:e0:0c:1d:13:ae:db:09:3d:bf:7a:9d:cf:
    b2:41:1e:7a:fa:6b:35:20:03:58:a1:6c:02:19:21:5f:25:fc:
    ba:2f:fc:79:d7:92:e7:37:77:14:10:d9:33:b6:e5:fb:7a:46:
    ab:d1:86:70:88:92:59:c3
```

서명을 위한 중간 CA 생성하기

이제 루트 CA를 만들었으므로 멤버와 클라이언트 인증서에 서명하기 위한 중간 CA를 만들자. 중간 CA는 루트 인증서를 사용해 서명한 인증서에 불과하다. 서버(즉 멤버)와 클라이언트 인증서에 서명하는 데는 중간 CA를 사용하면 가장 좋다. 일반적으로 CA는 서로 다른 범주의 인증서에 서명하는 데 서로 다른 중간 CA를 사용한다. 중간 CA가 손상되고 인증서를 해지해야 할 때는 (루트 CA가 모든 인증서에 서명하는 데 사용된 경우처럼) CA에서 서명한 모든 인증서가 아니라 신뢰 트리[trust tree]의 일부만 영향을 받는다.

```
# again, in production you would want to password protect your signing key:
# openssl genrsa -aes256 -out signing-ca.key 4096
openssl genrsa -out signing-ca.key 4096

openssl req -new -key signing-ca.key -out signing-ca.csr \
  -config openssl.cnf -subj "$dn_prefix/CN=CA-SIGNER"
openssl x509 -req -days 730 -in signing-ca.csr -CA root-ca.crt -CAkey \
  root-ca.key -set_serial 01 -out signing-ca.crt -extfile openssl.cnf \
  -extensions v3_ca
```

여기서는 openssl req 명령 뒤에 openssl ca 명령을 사용해 루트 인증서로 서명 인증서[signing certificate]에 서명한다는 점에 유의하자. openssl req 명령은 서명 요청을 만들며, openssl ca 명령은 요청을 입력으로 사용해 서명된 중간(서명) 인증서를 생성한다.

서명 CA를 만드는 마지막 단계로 루트 인증서(루트 공개 키를 포함)와 서명 인증서(서명 공개 키를 포함)를 단일 pem 파일로 연결한다. 파일은 나중에 --tlsCAFile 옵션의 값으로 mongod나 클라이언트 프로세스에 제공된다.

```
cat root-ca.crt > root-ca.pem
cat signing-ca.crt >> root-ca.pem
```

루트 CA와 서명 CA를 설정했으므로 이제 몽고DB 클러스터에서 인증에 사용되는 멤버 및 클라이언트 인증서를 만들 준비가 됐다.

19.2.2 멤버 인증서 생성 및 서명하기

멤버 인증서는 일반적으로 x.509 서버 인증서[server certificate]라고 부른다. mongod와 mongos 프로세스에 이 유형의 인증서를 사용하자. 몽고DB 클러스터 멤버는 이러한 인증서를 사용해 클러스터의 멤버 자격을 확인한다. 달리 말하면 하나의 mongod는 서버 인증서를 사용해 복제 셋의 다른 멤버와 함께 자신을 인증한다.

복제 셋 멤버에 대한 인증서를 생성하려면 for 루프를 사용해 여러 인증서를 생성한다.

```
# Pay attention to the OU part of the subject in "openssl req" command
for host in "${mongodb_server_hosts[@]}"; do
    echo "Generating key for $host"
    openssl genrsa -out ${host}.key 4096
    openssl req -new -key ${host}.key -out ${host}.csr -config openssl.cnf \
    -subj "$dn_prefix/OU=$ou_member/CN=${host}"
    openssl x509 -req -days 365 -in ${host}.csr -CA signing-ca.crt -CAkey \
    signing-ca.key -CAcreateserial -out ${host}.crt -extfile openssl.cnf \
    -extensions v3_req
    cat ${host}.crt > ${host}.pem
    cat ${host}.key >> ${host}.pem
done
```

각 인증서는 세 단계를 포함한다.

- openssl genrsa 명령을 사용해 새 키 쌍을 만든다.
- openssl req 명령을 사용해 키에 대한 서명 요청을 생성한다.
- openssl x509 명령을 사용해 서명하고 서명 CA를 사용해 출력한다.

$ou_member 변수를 주목하자. 변수는 서버 인증서와 클라이언트 인증서의 차이를 나타낸다. 서버와 클라이언트 인증서는 고유 이름의 조직 부분이 달라야 한다. 구체적으로는 O, OU, DC 값 중 최소 한 개는 달라야 한다.

19.2.3 클라이언트 인증서 생성 및 서명하기

클라이언트 인증서는 mongo 셸, 몽고DB 컴퍼스^{MongoDB Compass}, 몽고DB 유틸리티와 도구, 몽고DB 드라이버를 사용하는 애플리케이션에서 사용된다. 클라이언트 인증서를 생성하는 과정은 근본적으로 멤버 인증서 생성 과정과 동일하다. 한 가지 차이점은 $ou_client 변수를 사용한다는 점이다. 그 결과 O, OU, DC 값의 조합이 앞에서 생성된 서버 인증서의 조합과 달라진다.

```
# Pay attention to the OU part of the subject in "openssl req" command
for host in "${mongodb_client_hosts[@]}"; do
    echo "Generating key for $host"
    openssl genrsa -out ${host}.key 4096
    openssl req -new -key ${host}.key -out ${host}.csr -config openssl.cnf \
-subj "$dn_prefix/OU=$ou_client/CN=${host}"
```

```
    openssl x509 -req -days 365 -in ${host}.csr -CA signing-ca.crt -CAkey \
        signing-ca.key -CAcreateserial -out ${host}.crt -extfile openssl.cnf \
        -extensions v3_req
    cat ${host}.crt > ${host}.pem
    cat ${host}.key >> ${host}.pem
done
```

19.2.4 인증과 권한 활성화 없이 복제 셋 불러오기

인증을 활성화하지 않고 복제 셋의 각 멤버를 시작할 수 있다. 이전에 복제 셋으로 작업할 때도 인증을 사용하도록 설정하지 않았으므로 익숙할 것이다. 19.2.1의 '루트 CA 생성'(혹은 이 장의 전체 스크립트 참조)에서 정의한 몇 가지 변수와 루프로 복제 셋의 각 멤버(mongod)를 시작한다.

```
mport=$mongodb_port
for host in "${mongodb_server_hosts[@]}"; do
    echo "Starting server $host in non-auth mode"
    mkdir -p ./db/${host}
    mongod --replSet set509 --port $mport --dbpath ./db/$host \
        --fork --logpath ./db/${host}.log
    let "mport++"
done
```

각 mongod가 시작되면, mongod들을 사용해 복제 셋을 초기화하자.

```
myhostname=`hostname`
cat > init_set.js <<EOF
rs.initiate();
mport=$mongodb_port;
mport++;
rs.add("localhost:" + mport);
mport++;
rs.add("localhost:" + mport);
EOF
mongo localhost:$mongodb_port init_set.js
```

단순히 일련의 명령을 구성하고 자바스크립트 파일에 저장한 다음, 생성된 스크립트를 mongo 셸에서 실행한다. mongo 셸에서 이 명령을 실행하면, 포트 27017(19.2.1의 '루트 CA 생성'에서 설정한 $mongodb_port 변수의 값)에서 실행 중인 mongod에 연결하고 복제 셋을 시작한 다음, 나머지 2개의 mongod(포트 27018과 27019에 있음)를 각각 복제 셋에 추가한다.

19.2.5 관리자 생성하기

이제 19.2.3 '클라이언트 인증서 생성 및 서명하기'에서 만든 클라이언트 인증서 중 하나를 기반으로 관리자를 생성하자. mongo 셸이나 다른 클라이언트에서 연결할 때 이 사용자로 인증해서 관리 작업을 수행한다. 클라이언트 인증서로 인증하려면 먼저 클라이언트 인증서의 소유자 값을 몽고DB 사용자로 추가해야 한다. 각각의 고유한 x.509 클라이언트 인증서는 단일 몽고DB 사용자에 해당한다. 즉 단일 클라이언트 인증서로 여러 몽고DB 사용자를 인증할 수 없다. $external 데이터베이스에 사용자를 추가하자. 즉 $external 데이터베이스가 인증 데이터베이스다.

먼저 openssl x509 명령을 사용해 클라이언트 인증서에서 소유자를 가져온다.

```
openssl x509 -in client1.pem -inform PEM -subject -nameopt RFC2253 | grep subject
```

이는 다음과 같은 결과를 만들어낸다.

```
subject= CN=client1,OU=MyClients,O=MongoDB,L=New York,ST=NY,C=US
```

관리자를 생성하려면 먼저 mongo 셸을 사용해 복제 셋 프라이머리에 연결한다.

```
mongo --norc localhost:27017
```

mongo 셸에서 다음 명령을 실행한다.

```
db.getSiblingDB("$external").runCommand(
    {
        createUser: "CN=client1,OU=MyClients,O=MongoDB,L=New York,ST=NY,C=US",
        roles: [
```

```
            { role: "readWrite", db: 'test' },
            { role: "userAdminAnyDatabase", db: "admin" },
            { role: "clusterAdmin", db:"admin"}
        ],
      writeConcern: { w: "majority" , wtimeout: 5000 }
    }
);
```

이 명령에서 $external 데이터베이스를 사용했으며, 클라이언트 인증서의 소유자를 사용자명으로 지정했다는 점에 유의하자.

19.2.6 인증과 권한이 활성화된 상태에서 복제 셋 다시 시작하기

이제 관리자가 있으므로 인증과 권한이 활성화된 복제 셋을 다시 시작하고 클라이언트로 연결할 수 있다. 어떤 종류의 사용자도 없다면 인증이 활성화된 복제 셋에 연결할 수 없다.

현재 복제 셋을 중지하자(인증 활성화 없음).

```
kill $(ps -ef | grep mongod | grep set509 | awk '{print $2}')
```

이제 인증이 활성화된 복제 셋을 다시 시작할 준비가 됐다. 운영 환경이라면 각 인증서와 키 파일을 해당 호스트에 복사한다. 여기서는 작업을 더 쉽게 하고자 로컬호스트에서 모든 작업을 수행한다. mongod의 각 호출에 다음 명령행 옵션을 추가해 보안 복제 셋을 시작하자.

- --tlsMode
- --clusterAuthMode
- --tlsCAFile – 루트 CA 파일(root-ca.key)
- --tlsCertificateKeyFile – mongod용 인증서 파일
- --tlsAllowInvalidHostnames – 테스트에만 사용함. 유효하지 않은 호스트명 허용.

여기서 tlsCAFile 옵션의 값으로 제공하는 파일은 신뢰 체인trust chain을 설정하는 데 사용된다. root-ca.key 파일은 서명 CA뿐 아니라 루트 CA의 인증서도 포함한다. 이 파일을 mongod 프로세스에 제공함으로써 우리는 파일에 포함된 인증서와, 이 인증서로 서명된 다른 모든 인증서를 신뢰하겠다는 의사를 밝힌다.

이제 시작해보자.

```
mport=$mongodb_port
for host in "${mongodb_server_hosts[@]}"; do
    echo "Starting server $host"
    mongod --replSet set509 --port $mport --dbpath ./db/$host \
        --tlsMode requireTLS --clusterAuthMode x509 --tlsCAFile root-ca.pem \
        --tlsAllowInvalidHostnames --fork --logpath ./db/${host}.log \
        --tlsCertificateKeyFile ${host}.pem --tlsClusterFile ${host}.pem \
        --bind_ip 127.0.0.1
    let "mport++"
done
```

이렇게 해서(인증과 전송 계층 암호화를 위해) x.509 인증서를 사용해 안전하게 보호되는 3-멤버 복제 셋을 확보했다. 이제 mongo 셸에 연결하기만 하면 된다. 여기서는 client1 인증서를 사용해 인증하는데, 관리자를 생성한 인증서이기 때문이다.

```
mongo --norc --tls --tlsCertificateKeyFile client1.pem --tlsCAFile root-ca.pem \
--tlsAllowInvalidHostnames --authenticationDatabase "\$external" \
--authenticationMechanism MONGODB-X509
```

연결했으면 컬렉션에 데이터를 삽입해 실험해보는 것이 좋다. 다른 사용자를 사용해서도 연결을 시도해봐야 한다(예를 들면 client2.pem). 연결을 시도하면 다음과 같은 오류가 발생한다.

```
mongo --norc --tls --tlsCertificateKeyFile client2.pem --tlsCAFile root-ca.pem \
--tlsAllowInvalidHostnames --authenticationDatabase "\$external" \
--authenticationMechanism MONGODB-X509
MongoDB shell version v4.2.0
2019-09-11T23:18:31.696+0100 W NETWORK  [js] The server certificate does not
match the host name. Hostname: 127.0.0.1    does not match
2019-09-11T23:18:31.702+0100 E QUERY     [js] Error: Could not find user
"CN=client2,OU=MyClients,O=MongoDB,L=New York,ST=NY,C=US" for db "$external" :
connect@src/mongo/shell/mongo.js:341:17
@(connect):3:6
2019-09-11T23:18:31.707+0100 F - [main] exception: connect failed 2019-09-
11T23:18:31.707+0100 E - [main] exiting with code 1
```

이 장에서는 x.509 인증서를 인증의 기반으로 사용하고, 클라이언트와 복제 셋 멤버 간의 통신을 암호화하는 예를 살펴봤다. 샤드 클러스터에도 동일한 절차가 적용된다. 몽고DB 클러스터 보안과 관련해 다음 사항에 유의하자.

- 멤버 장비나 클라이언트에 대한 인증서를 생성하고 서명하는 호스트를 비롯해 디렉터리, 루트 CA, 서명 CA는 무단 접근으로부터 보호해야 한다.
- 여기에서는 단순함을 위해 루트 CA와 서명 CA 키를 암호로 보호하지 않았다. 운영 환경에서는 암호를 사용해 무단 사용으로부터 키를 보호해야 한다.

책의 깃허브 저장소에서 이 장을 위해 제공한 데모 스크립트를 다운로드하고 실험해볼 것을 권장한다.

## CHAPTER 20

영속성

영속성은 데이터베이스에 커밋된 쓰기 작업이 영구적으로 유지되도록 보장하는 데이터베이스 시스템의 속성이다. 예를 들어 티켓 예약 시스템에서 콘서트 좌석이 예약됐다고 보고하면, 예약 시스템의 일부가 충돌하더라도 좌석은 예약된 상태로 유지된다. 몽고DB에서는 클러스터 (또는 보다 구체적으로 복제 셋) 수준에서 영속성을 고려해야 한다.

이 장에서는 다음 내용을 다룬다.

- 몽고DB가 저널링을 통해 복제 셋 멤버 수준에서 영속성을 보장하는 방법
- 몽고DB가 쓰기 결과 확인을 사용해 클러스터 수준에서 영속성을 보장하는 방법
- 필요한 영속성 수준을 제공하도록 애플리케이션과 몽고DB 클러스터를 구성하는 방법
- 몽고DB가 읽기 결과 확인read concern을 사용해 클러스터 수준에서 영속성을 보장하는 방법
- 복제 셋에서 트랜잭션의 영속성 수준을 설정하는 방법

이 장에서는 복제 셋의 영속성에 대해 설명한다. 운영 환경 애플리케이션에 권장되는 가장 기본적인 클러스터는 3-멤버 복제 셋이다. 여기서 설명하는 내용은 멤버가 더 많은 복제 셋과 샤드 클러스터에 적용된다.

20.1 저널링을 통한 멤버 수준의 영속성

서버 오류 발생 시 영속성을 제공하기 위해 몽고DB는 **저널**^{journal}이라는 로그 선행 기입^{write-ahead} ^{log}(WAL)을 사용한다. WAL은 데이터베이스 시스템의 영속성을 위해 흔히 사용하는 기술이다. WAL을 사용하면 데이터베이스 자체에 변경 사항을 적용하기 전에 영속성 있는 매체(즉 디스크)에 변경 사항을 간단히 작성한다. 많은 데이터베이스 시스템에서 원자성 데이터베이스 속성을 제공하는 데도 WAL을 사용한다. 하지만 몽고DB는 다른 기술로 원자적 쓰기를 보장한다.

몽고DB 4.0부터 애플리케이션이 복제 셋에 쓰기를 수행하면, 모든 복제된 컬렉션의 데이터에 대해 몽고DB는 (oplog와 동일한 형식을 사용하는) 저널 항목^{journal entry}을 생성한다.[1] 11장에서 설명했듯 몽고DB는 작업 로그(또는 **oplog**)를 기반으로 하는 명령문^{statement} 기반 복제를 사용한다. oplog에 있는 명령문은 (쓰기의 영향을 받는 각 도큐먼트에 적용된) 실제 몽고DB 변경 사항을 대표한다. 따라서 oplog문은 버전, 하드웨어 등 복제 셋 멤버 간의 차이점에 관계없이 어느 복제 셋 멤버에든 쉽게 적용할 수 있다. 또한 각 oplog 문은 멱등이므로 여러 번 적용할 수 있으며, 결과는 항상 동일한 데이터베이스 변경 사항이 된다.

대부분의 데이터베이스와 마찬가지로, 몽고DB는 저널과 데이터베이스 데이터 파일의 인메모리 뷰^{in-memory view}를 유지한다. 기본적으로 저널 항목을 50밀리초마다 디스크로 플러시하고 데이터베이스 파일을 60초마다 디스크로 플러시한다. 데이터 파일을 플러시하는 60초 간격을 **체크포인트**^{checkpoint}라고 한다. 저널은 마지막 체크포인트 이후 기록된 데이터의 영속성을 제공하는 데 사용된다. 영속성 문제와 관련해, 서버가 갑자기 중지되면 재시작할 때 저널을 사용함으로써 종료 전에 디스크에 플러시되지 않은 쓰기를 다시 진행할 수 있다.

저널 파일의 경우, 몽고DB는 `dbPath` 디렉터리 아래에 `journal`이라는 서브디렉터리를 만든다. 와이어드타이거(몽고DB의 기본 스토리지 엔진) 저널 파일에는 `WiredTigerLog.<sequence>` 형식의 이름이 있는데, 여기서 `<sequence>`는 0으로 채워진 수이며 `0000000001`로 시작한다. 몽고DB는 (아주 작은 로그 기록을 제외하고) 저널에 기록된 데이터를 압축한다. 저널 파일의 크기 제한은 약 100메가바이트다. 저널 파일이 제한을 초과하면 몽고DB는 새 저널 파일을 만들고 거기에 새 기록을 쓰기 시작한다. 저널 파일은 마지막

---

[1] 몽고DB는 복제 프로세스와 기타 인스턴스별 데이터에 사용되는 데이터를 저장하는 로컬 데이터베이스 쓰기에 다른 형식을 사용하지만, 그 원칙과 적용은 비슷하다.

체크포인트 이후의 데이터를 복구하는 데만 필요하므로, 몽고DB는 새 체크포인트가 작성되면 '오래된' 저널 파일(즉 가장 최근 체크포인트 이전에 작성된 파일)을 자동으로 제거한다.

충돌(또는 `kill -9`)이 발생하면 `mongod`는 시작할 때 저널 파일을 다시 진행한다. 기본적으로 손실된 쓰기의 가장 큰 범위는, 지난 100밀리초 동안 작성된 쓰기와 저널 쓰기를 디스크에 플러시하는 데 걸리는 시간을 더한 것이다.

애플리케이션에서 저널 플러시journal flush 간격이 더 짧아야 한다면 두 가지 선택지가 있다. 하나는 `mongod` 명령에 `--journalCommitInterval` 옵션을 사용해 간격을 변경하는 방법이다. 이 옵션은 1~500밀리초 범위 내 값을 허용한다. 다음 절에서 살펴볼 다른 선택지는 모든 쓰기가 디스크에 저널링해야 한다는 쓰기 결과 확인을 지정하는 방법이다. 디스크 저널링 간격을 줄이면 성능에 부정적인 영향을 미치므로 저널링 기본값을 변경하기 전에 애플리케이션에 미치는 영향을 확인해야 한다.

20.2 쓰기 결과 확인을 사용하는 클러스터 수준의 영속성

쓰기 결과 확인을 사용하면 애플리케이션이 쓰기 요청에 응답하는 데 필요한 승인 수준을 지정할 수 있다. 복제 셋에서는 네트워크 파티션이나 서버 오류 또는 데이터 센터 중단으로 인해 일부 멤버에(혹은 대다수의 멤버에) 쓰기가 복제되지 않을 수 있다. 복제 셋에 정상 상태가 복원되면, 대다수의 멤버에 복제되지 않은 쓰기가 롤백된다. 이런 상황에서는 커밋된 데이터가 클라이언트와 데이터베이스에서 서로 다르게 보일 수 있다.

어떤 애플리케이션에서는 상황에 따라 쓰기 롤백이 허용된다. 예를 들어 소셜 애플리케이션에서 적은 수의 댓글은 롤백해도 괜찮을 수 있다. 몽고DB는 애플리케이션 설계자가 사용 사례에 가장 적합한 영속성 수준을 선택하도록, 클러스터 수준에서 다양한 영속성 보장을 지원한다.

20.2.1 writeConcern에 대한 w와 wtimeout 옵션

몽고DB 쿼리 언어는 모든 삽입과 갱신 메서드에 대해 쓰기 결과 확인을 지정하도록 지원한다.
예를 들어 전자상거래 애플리케이션에서 모든 주문이 영속성이 있는지 확인한다고 가정하자.
데이터베이스에서 다음과 같이 주문을 작성한다.

```
try {
   db.products.insertOne(
      { sku: "H1100335456", item: "Electric Toothbrush Head", quantity: 3 },
      { writeConcern: { w : "majority", wtimeout : 100 } }
   );
} catch (e) {
   print (e);
}
```

모든 삽입과 갱신 메서드는 두 번째 매개변수, 즉 도큐먼트를 사용한다. 해당 도큐먼트 내에서
writeConcern에 대한 값을 지정할 수 있다. 예제에서 지정한 쓰기 결과 확인은, 쓰기가 애플
리케이션 복제 셋 멤버 대부분에 성공적으로 복제됐을 때만, 쓰기가 성공적으로 완료됨을 서버
로부터 확인받고자 함을 의미한다. 또한 쓰기가 100밀리초 내에 대부분의 복제 셋 멤버에 복
제되지 않으면 오류를 반환해야 한다. 이러한 오류가 발생하면 몽고DB는 쓰기 결과 확인이 시
간 제한을 초과하기 전에 성공한 데이터 수정을 실행 취소하지 않는다. 이러한 상황에서 타임
아웃을 처리하는 방법은 애플리케이션에 달려 있다. 일반적으로 **wtimeout** 값을 구성해야 한
다. 이는 애플리케이션에서 비정상적인 상황에만 타임아웃이 발생하도록 하며, 타임아웃 오류
에 대한 응답으로 애플리케이션이 수행하는 모든 작업이 데이터의 올바른 상태를 보장하도록
한다. 대부분의 경우 애플리케이션은 타임아웃이 네트워크 통신의 일시적인 속도 저하 때문에
발생했는지 혹은 더 중요한 원인이 있는지 확인해야 한다.

쓰기 결과 확인 도큐먼트의 **w** 값으로 **"majority"**를 지정할 수 있다(예제에서 수행한 것처
럼). 혹은 0과 복제 셋 멤버 수 사이의 정수를 지정할 수 있다. 마지막으로 복제 셋 멤버에 태
그를 지정할 수 있다. 예를 들어 SSD와 회전 디스크의 멤버를 식별하거나, OLTP 워크로드와
비교해 보고(리포팅)에 사용되는 멤버를 식별할 수 있다. **w** 값으로 태그 셋을 지정함으로써,
제공된 태그 셋과 일치하는 복제 셋의 하나 이상의 멤버에 커밋된 후에만 쓰기가 승인되게 할
수 있다.

20.2.2 writeConcern에 대한 j 옵션

w 옵션에 대한 값을 제공할 뿐 아니라 쓰기 결과 확인 도큐먼트에서 j 옵션을 사용해서, 쓰기 작업이 저널에 기록됐다는 확인을 요청할 수도 있다. j의 값이 true이면 몽고DB는 요청된 수만큼의 멤버(w의 값)가 온디스크on disk 저널에 작업을 기록한 후에만 쓰기가 성공했다고 확인한다. 예제를 계속 진행하자. 모든 쓰기가 대다수의 멤버에 대해 저널링되도록 하려면 코드를 다음처럼 수정한다.

```
try {
    db.products.insertOne(
        { sku: "H1100335456", item: "Electric Toothbrush Head", quantity: 3 },
        { writeConcern: { w : "majority", wtimeout : 100, j : true } }
    );
} catch (e) {
    print (e);
}
```

저널링되기를 기다리지 않으면, 각 멤버에 대해 약 100밀리초 동안은 서버 프로세스나 하드웨어가 다운되면 쓰기가 손실된다. 하지만 복제 셋의 멤버에 대한 쓰기를 승인하기 전에 저널링되기를 기다리면 성능이 저하된다.

애플리케이션의 영속성 문제를 해결하려면 애플리케이션의 요구 사항을 신중하게 평가해야 하며, 선택한 영속성 설정의 성능 영향을 따져봐야 한다.

20.3 읽기 결과 확인을 사용하는 클러스터 수준의 영속성

몽고DB에서 읽기 결과 확인은 결과를 읽을 때의 구성을 허용한다. 따라서 클라이언트는 쓰기가 영속되기 전에 쓰기 결과를 볼 수 있다. 읽기 결과 확인을 쓰기 결과 확인과 함께 사용해서 애플리케이션의 일관성과 가용성 보장 수준을 제어한다. 데이터를 읽는 위치를 읽기 선호도read preference와 혼동하지 말자. 읽기 선호도는 데이터를 포함하는 복제 셋 멤버를 결정한다. 기본적으로 읽기 결과 확인은 프라이머리에서 읽는다.

읽기 결과 확인은 읽는 데이터의 일관성과 격리 속성을 결정한다. 기본적으로 readConcern

은 local이며, 이는 데이터를 포함하는 복제 셋 멤버 대다수에 기록됐다는 보장 없이 데이터를 반환한다. 이로 인해 나중에 데이터가 롤백될 수도 있다. majority concern은 대다수의 복제 셋 멤버가 확인한 영속성 있는 데이터(롤백되지 않음)만 반환한다. 몽고DB 3.4에서는 linearizable concern이 추가됐다. 이는 반환된 데이터가 (읽기 작업 시작 전에 완료된) 다수에 의해 승인된 성공적인 쓰기를 모두 반영하는지 확인한다. 결과를 제공하기 전에, 동시에 실행되는 쓰기가 완료될 때까지 기다릴 수 있다.

애플리케이션에 대한 적절한 concern을 선택하기 전에, 쓰기 결과 확인을 사용해, 읽기 결과 확인이 제공하는 영속성 및 격리 보장과 성능 영향을 따져봐야 한다.

20.4 쓰기 결과 확인을 사용하는 트랜잭션의 영속성

몽고DB에서 개별 도큐먼트에 대한 작업은 원자적이다. 여러 컬렉션에서 개체와 관계를 분할하는 정규화된 데이터 모델을 사용하는 대신에, 내장 도큐먼트와 배열을 사용해 단일 도큐먼트에서 개체 간의 관계를 표현할 수 있다. 결과적으로 많은 애플리케이션에서 다중 도큐먼트 트랜잭션이 필요하지 않다.

그러나 여러 도큐먼트를 갱신할 때 원자성이 필요한 경우가 있으므로, 몽고DB는 복제 셋에 대해 다중 도큐먼트 트랜잭션을 수행하는 기능을 제공한다. 다중 도큐먼트 트랜잭션은 여러 개의 작업, 도큐먼트, 컬렉션, 데이터베이스에서 사용한다.

트랜잭션을 사용하면 트랜잭션 내의 모든 데이터 변경이 성공해야만 한다. 작업이 실패하면 트랜잭션이 중단되고 모든 데이터 변경 사항이 삭제된다. 모든 작업이 성공하면 트랜잭션의 모든 데이터 변경 사항이 저장되고 쓰기가 향후 읽기에 표시된다.

개별 쓰기 작업과 마찬가지로 트랜잭션에 대한 쓰기 결과 확인을 지정할 수 있다. 개별 작업 수준이 아닌 트랜잭션 수준에서 쓰기 결과 확인을 설정한다. 쓰기 작업을 커밋할 때 트랜잭션은 트랜잭션 수준의 쓰기 결과 확인을 사용한다. 트랜잭션 내부의 개별 작업에 대해 설정된 쓰기 결과 확인은 무시된다.

트랜잭션 시작 시, 트랜잭션 커밋에 대한 쓰기 결과 확인을 설정할 수 있다. 트랜잭션에는 0의 쓰기 결과 확인이 지원되지 않는다. 트랜잭션에 쓰기 결과 확인 1을 사용하는 경우, 장애 조치가 있으면 롤백할 수 있다. "majority"를 사용해 (복제 셋에서 장애 조치를 강요할 수 있는) 네트워크와 서버 장애에도 트랜잭션이 지속되도록 할 수 있다. 다음은 관련 예제다.

```
function updateEmployeeInfo(session) {
    employeesCollection = session.getDatabase("hr").employees;
    eventsCollection = session.getDatabase("reporting").events;

    session.startTransaction( {writeConcern: { w: "majority" } } );

    try{
        employeesCollection.updateOne( { employee: 3 },
                                       { $set: { status: "Inactive" } } );
        eventsCollection.insertOne( { employee: 3, status: { new: "Inactive",
                                      old: "Active" } } );
    } catch (error) {
        print("Caught exception during transaction, aborting.");
        session.abortTransaction();
        throw error;
    }

    commitWithRetry(session);
}
```

20.5 몽고DB가 보장하지 않는 것

몽고DB는 하드웨어 문제나 파일시스템 버그가 있는 상황에서는 영속성을 보장하지 못한다. 특히 하드 디스크가 손상되면 몽고DB는 데이터를 보호할 수 없다. 또한 하드웨어와 소프트웨어는 종류마다 영속성 보장이 다르다. 예를 들어 싸고 오래된 어떤 하드 디스크는, 쓰기가 실제로 기록되고 난 후가 아니라 작업 큐에 들어가 있는 동안 쓰기가 성공했다고 보고한다. 몽고DB는 이 수준에서 틀린 보고에 대응할 수 없으므로, 시스템이 갑자기 고장 나면 데이터가 유실될 수 있다.

기본적으로 몽고DB는 기저 시스템이 안전한 만큼만 안전하다. 하드웨어나 파일시스템이 파일을 망가뜨리면 몽고DB는 막을 방법이 없다. 시스템 문제에 대응하려면 복제를 이용하자. 장비 하나가 실패해도 원컨대 다른 장비는 여전히 정상적으로 작동한다.

20.6 데이터 손상 확인

validate 명령을 사용해 컬렉션이 손상됐는지 확인한다. 다음과 같이 movies 컬렉션에 validate를 실행하자.

```
db.movies.validate({full: true})
{
        "ns" : "sample_mflix.movies",
        "nInvalidDocuments" : NumberLong(0),
        "nrecords" : 45993,
        "nIndexes" : 5,
        "keysPerIndex" : {
                "_id_" : 45993,
                "$**_text" : 3671341,
                "genres_1_imdb.rating_1_metacritic_1" : 94880,
                "tomatoes_rating" : 45993,
                "getMovies" : 45993
        },
        "indexDetails" : {
                "$**_text" : {
                        "valid" : true
                },
                "_id_" : {
                        "valid" : true
                },
                "genres_1_imdb.rating_1_metacritic_1" : {
                        "valid" : true
                },
                "getMovies" : {
                        "valid" : true
                },
                "tomatoes_rating" : {
                        "valid" : true
                }
        },
        "valid" : true,
        "warnings" : [ ],
        "errors" : [ ],
        "extraIndexEntries" : [ ],
        "missingIndexEntries" : [ ],
        "ok" : 1
}
```

확인할 주요 항목은 "valid"이며 바라건대 true일 것이다. 그렇지 않다면 validate는 찾아낸 손상에 대한 자세한 내용을 제공한다.

validate의 출력 대부분은 컬렉션의 내부 구조와 (클러스터 전체의 작업 순서를 이해하는 데 사용하는) 타임스탬프를 설명한다. 이는 디버깅에는 별로 유용하지 않다(컬렉션 내부에 대한 자세한 내용은 부록 B를 참조하자).

validate는 컬렉션에 대해서만 실행할 수 있으며, indexDetails 필드 내 관련 인덱스도 확인한다. 그러나 이를 위해서는 {full : true} 옵션으로 구성된 완전한 validate가 필요하다.

서버 관리

6부에서는 서버 관리에 초점을 맞춘다. 21장에서는 몽고DB를 구동하고 멈출 때의 일반적인 옵션을 다루고, 22장에서는 모니터링할 때 무엇을 봐야 하며 어떻게 기록을 읽는지 알아본다. 23장에서는 각 유형별 배포에 대해 백업하고 복구하는 방법을 다룬다. 24장에서는 몽고DB를 배포할 때 유의해야 하는 여러 시스템 설정을 살펴본다.

Part VI

서버 관리

## CHAPTER 21

몽고DB 시작과 중지

2장에서는 몽고DB를 시작하는 기본적인 내용을 알아봤다. 이 장에서는 다음을 포함해 실제 서비스 환경에서 몽고DB를 구성하는 데 중요한 옵션이 무엇인지 살펴본다.

- 주로 사용하는 옵션
- 몽고DB 시작과 중지
- 보안 관련 옵션
- 로깅 고려 사항

21.1 명령행에서 시작하기

몽고DB 서버는 mongod 실행 파일로 시작한다. mongod는 시작 시 구성할 수 있는 옵션이 많으며, 명령행에서 mongod --help를 실행하면 모두 볼 수 있다. 자주 사용되는 중요한 옵션 몇 가지를 알아두면 좋다.

--dbpath

데이터 디렉터리로 사용할 경로를 지정한다. 기본값은 /data/db다(윈도우에서는 몽고DB 바이너리 볼륨상에서 \data\db\). 하나의 서버 내 mongod 프로세스들은 각각 별도 데이터 디렉터리를 사용한다. 예를 들어 mongod 프로세스 세 개가 실행된다면 데이터 디렉터리도 세 개가 필요하다. mongod가 시작되면 다른 mongod 프로세스가 해당 데이터 디렉터리를 사용하지 못하도록 데이터 디렉터리에 mongod.lock 파일을 생성한다. 또 다른 몽고DB 서버를 시작하면서 같은 데이터 디렉터리를 사용하도록 설정하면 다음과 같은 오류가 발생한다.

```
exception in initAndListen: DBPathInUse: Unable to lock the
     lock file: \ data/db/mongod.lock (Resource temporarily unavailable).
     Another mongod instance is already running on the
     data/db directory,
     \ terminating
```

--port

서버가 연결을 대기할 포트 번호를 지정한다. 기본적으로 mongod는 27017번 포트를 사용하며, 이 포트는 (mongod 프로세스 외의) 다른 프로세스에서는 잘 사용하지 않는다. 단일 장비에서 하나 이상의 mongod 프로세스를 시작하려면 각각 다른 포트 번호를 지정해야 한다. 이미 사용 중인 포트를 사용하면 다음과 같은 오류가 발생한다.

```
Failed to set up listener: SocketException: Address already in use.
```

--fork

유닉스 기반 시스템에서는 서버 프로세스를 포크(생성)해서 몽고DB를 데몬daemon으로 작동시킨다.

mongod를 (데이터 디렉터리가 빈 상태로) 처음으로 작동시키면 파일시스템이 데이터베이스 파일을 할당하는 데 몇 분이 걸릴 수도 있다. 부모 프로세스는 사전 할당이 완료되고 mongod가 연결을 받아들일 준비가 될 때까지 포크로부터 반환되지 않는다. 따라서 fork는 멈춘 상태로 보일 수 있다. 무엇을 수행 중인지 확인하려면 로그를 추적한다. --fork를 명시할 때는 --logpath를 사용해야 한다.

--logpath

모든 출력을 명령행에 표시하지 않고 지정한 파일로 출력한다. 만약 파일이 존재하지 않으면 새로 생성하는데, 이때 해당 디렉터리에 대한 쓰기 권한이 있어야 한다. 또한 이미 로그 파일이 존재하면 덮어쓰기를 한다. 예전 로그를 지우지 않고 남기려면 --logpath와 함께 --logappend 옵션을 사용한다(강력 추천).

--directoryperdb

각 데이터베이스를 자신의 디렉터리에 저장한다. 필요에 따라 다른 디스크상의 데이터베이스를 마운트할 수도 있다. 일반적으로 로컬 데이터베이스를 자신의 디스크에 올리거나(복제), 디스크가 가득 차서 데이터베이스를 다른 디스크로 이동하는 용도로 사용한다. 또한 부하가 많은 데이터베이스를 빠른 디스크에, 부하가 적은 데이터베이스를 느린 디스크에 놓을 수 있다. 그러면 나중에 데이터베이스를 더 유연하게 이동할 수 있다.

--config

명령행에서 지정하지 않은 옵션을 추가하는 용도의 구성 파일을 사용한다. 이는 mongod가 늘 동일한 옵션으로 시작되도록 보장한다(21.1.1 '파일 기반 구성' 참조).

예를 들어 5586 포트를 사용하고 mongodb.log 파일에 로그를 출력하는 mongod를 데몬으로 시작하려면 다음과 같이 실행한다.

```
$ ./mongod --dbpath data/db --port 5586 --fork --logpath
  mongodb.log --logappend 2019-09-06T22:52:25.376-0500 I CONTROL [main]
  Automatically disabling TLS 1.0, \ to force-enable TLS 1.0 specify
  --sslDisabledProtocols 'none' about to fork child process, waiting until
  server is ready for connections. forked process: 27610 child process
  started successfully, parent exiting
```

처음 몽고DB를 설치하고 시작할 때 로그를 살펴보자. 이는 초기 스크립트^{init script}로 몽고DB를 시작하는 경우에 특히 놓치기 쉽다. 로그는 오류를 발생시키는 요소를 방지할 수 있는 중요한 경고를 많이 포함하므로 살펴보면 좋다. 시작 시 몽고DB 로그에 아무런 경고 메시지가 없으면 제대로 설치된 것이다(시작 시 경고는 셸 시작 시에도 나타난다).

시작 배너^{startup banner}상에 경고 메시지가 있으면 기록해두자. 몽고DB는 다양한 문제에 대해 경고한다. 예를 들어 32비트 장비에서 실행하거나(몽고DB는 32비트 장비를 사용하도록 설계되지 않았다), NUMA를 활성화시키거나(애플리케이션을 느리게 할 수 있다), 시스템이 충분한 개방 파일 기술자^{open file descriptor}를 허용하지 않을 때 경고를 발생한다(몽고DB는 수많은 파일 기술자를 사용한다).

데이터베이스를 다시 시작할 때 로그 전문preamble은 변하지 않는다. 그러므로 로그의 의미를 이
해했다면, 몽고DB를 초기 스크립트로 실행하고 해당 로그는 무시하자. 하지만 설치, 업그레이
드, 장애 복구를 할 때마다 몽고DB와 사용자의 시스템이 같은 페이지에 존재하는지 확인하면
좋다.

데이터베이스를 시작하면 몽고DB는 몽고DB의 버전, 기반 시스템, 사용된 플래그를 설명하는
local.startup_log 컬렉션에 도큐먼트를 쓴다. mongo 셸을 사용해 도큐먼트를 볼 수 있다.

```
> use local
switched to db local
> db.startup_log.find().sort({startTime: -1}).limit(1).pretty()
{
    "_id" : "server1-1544192927184",
    "hostname" : "server1.example.net",
    "startTime" : ISODate("2019-09-06T22:50:47Z"),
    "startTimeLocal" : "Fri Sep  6 22:57:47.184",
    "cmdLine" : {
        "net" : {
            "port" : 5586
        },
        "processManagement" : {
            "fork" : true
        },
        "storage" : {
            "dbPath" : "data/db"
        },
        "systemLog" : {
            "destination" : "file",
            "logAppend" : true,
            "path" : "mongodb.log"
        }
    },
    "pid" : NumberLong(27278),
    "buildinfo" : {
        "version" : "4.2.0",
        "gitVersion" : "a4b751dcf51dd249c5865812b390cfd1c0129c30",
        "modules" : [
            "enterprise"
        ],
```

```
"allocator" : "system",
"javascriptEngine" : "mozjs",
"sysInfo" : "deprecated",
"versionArray" : [
    4,
    2,
    0,
    0
],
"openssl" : {
    "running" : "Apple Secure Transport"
},
"buildEnvironment" : {
    "distmod" : "",
    "distarch" : "x86_64",
    "cc" : "gcc: Apple LLVM version 8.1.0 (clang-802.0.42)",
    "ccflags" : "-mmacosx-version-min=10.10 -fno-omit\
            -frame-pointer -fno-strict-aliasing \
            -ggdb -pthread -Wall
            -Wsign-compare -Wno-unknown-pragmas \
            -Winvalid-pch -Werror -O2 -Wno-unused\
            -local-typedefs -Wno-unused-function
            -Wno-unused-private-field \
            -Wno-deprecated-declarations \
            -Wno-tautological-constant-out-of\
            -range-compare
            -Wno-unused-const-variable -Wno\
            -missing-braces -Wno-inconsistent\
            -missing-override
            -Wno-potentially-evaluated-expression \
            -Wno-exceptions -fstack-protector\
            -strong -fno-builtin-memcmp",
    "cxx" : "g++: Apple LLVM version 8.1.0 (clang-802.0.42)",
    "cxxflags" : "-Woverloaded-virtual -Werror=unused-result \
            -Wpessimizing-move -Wredundant-move \
            -Wno-undefined-var-template -stdlib=libc++ \
            -std=c++14",
    "linkflags" : "-mmacosx-version-min=10.10 -Wl, \
            -bind_at_load -Wl,-fatal_warnings \
            -fstack-protector-strong \
            -stdlib=libc++",
    "target_arch" : "x86_64",
    "target_os" : "macOS"
},
```

```
        "bits" : 64,
        "debug" : false,
        "maxBsonObjectSize" : 16777216,
        "storageEngines" : [
            "biggie",
            "devnull",
            "ephemeralForTest",
            "inMemory",
            "queryable_wt",
            "wiredTiger"
        ]
    }
}
```

이 컬렉션은 업그레이드와 변화를 추적하는 데 용이하다.

21.1.1 파일 기반 구성

몽고DB는 파일로부터 구성 정보를 읽어들이는 기능을 지원한다. 이 기능은 사용하려는 옵션이 많을 때나 몽고DB 시작을 자동화할 때 유용하다. 서버가 구성 파일에서 옵션을 받게 하려면 -f나 --config 플래그를 사용한다. 예를 들어 ~/.mongodb.conf를 구성 파일로 사용하려면 mongod --config ~/.mongodb.conf를 실행한다.

구성 파일에서 지원하는 옵션은 명령행에서 지원하는 옵션과 동일하다. 그러나 형식은 다르다. 몽고DB 2.6부터 몽고DB 구성 파일은 YAML 형식을 사용한다. 다음은 구성 파일의 예다.

```
systemLog:
    destination: file
    path: "mongod.log"
    logAppend: true
storage:
    dbPath: data/db
processManagement:
    fork: true
net:
    port: 5586
...
```

구성 파일은 앞에서 명령행으로 시작할 때 지정했던 옵션과 같은 옵션을 지정한다. 이러한 동일한 옵션은 21.1 '명령행에서 시작하기' 앞부분에서 살펴본 startup_log 컬렉션 도큐먼트에 반영돼 있다. 유일한 차이점은 옵션이 YAML이 아닌 JSON을 사용해 지정된다는 점이다.

몽고DB 4.2에서는 특정 구성 파일 옵션이나 전체 구성 파일을 로드하도록 확장 지시자expansion directives가 추가됐다. 확장 지시자는 암호 및 보안 인증서와 같은 기밀 정보를 구성 파일에 직접 저장할 필요가 없다는 장점이 있다. --configExpand 명령행 옵션은 이 기능을 활성화하며, 활성화하려는 확장 지시자를 포함해야 한다. 몽고DB에서 현재 확장 지시자는 __rest와 __exec으로 구현된다. __rest 확장 지시자는 특정 구성 파일 값을 로드하거나 REST 엔드포인트endpoint에서 전체 구성 파일을 로드한다. __exec 확장 지시자는 특정 구성 파일 값을 로드하거나 셸 또는 터미널 명령에서 전체 구성 파일을 로드한다.

21.2 몽고DB 중지하기

실행 중인 몽고DB를 안전하게 종료하는 일은 시작과 마찬가지로 중요하다. 효과적인 종료 방법 몇 가지를 알아보자.

실행 중인 서버를 중지시키는 가장 명확한 방법은 shutdown 명령 {"shutdown" : 1}을 사용하는 방법이다. 이는 관리자 명령이며 admin 데이터베이스에서 실행해야 한다. 셸의 보조자 함수를 사 용하면 쉽게 처리할 수 있다.

```
> use admin
switched to db admin
> db.shutdownServer()
server should be down...
```

프라이머리에서 실행 중일 때, shutdown 명령은 서버가 중지하기 전에 프라이머리를 강등한 후 세컨더리가 따라잡도록 대기한다. 이는 롤백 가능성을 최소화하지만 중지 성공을 보장하지는 않는다. 몇 초 만에 따라잡을 수 있는 세컨더리가 존재하지 않으면 shutdown 명령은 실패하고 (이전) 프라이머리는 중지하지 않는다.

```
> db.shutdownServer()
{
    "closest" : NumberLong(1349465327),
    "difference" : NumberLong(20),
    "errmsg" : "no secondaries within 10 seconds of my optime",
    "ok" : 0
}
```

force 옵션을 사용하면 프라이머리를 중지시키도록 shutdown 명령을 강제할 수 있다.

```
db.adminCommand({"shutdown" : 1, "force" : true})
```

이는 SIGNIT 또는 SIGTERM 시그널을 보내는 것과 동일하다(세 가지 옵션은 모두 명확한 중지를 이끌지만, 복제되지 않은 데이터가 있을 수 있다). 서버가 터미널에서 포그라운드 프로세스로 실행 중이면 SIGNIT은 Ctrl + C 로 보낼 수 있다. 혹은 kill 명령으로 해당 시그널을 보낼 수 있다. mongod의 PID가 10014라면 kill -2 10014 명령(SIGNIT)이나 kill 10014 명령(SIGTERM)을 사용한다.

mongod는 SIGNIT이나 SIGTERM을 받으면 안전하게 종료된다. 이 명령은 현재 실행 중인 작업이나 파일 사전 할당이 종료할 때까지 대기했다가(시간이 조금 걸릴 수 있다) 모든 연결을 닫고, 메모리에 남아 있는 데이터를 디스크에 쓴 후 종료한다.

21.3 보안

몽고DB 서버를 공개적으로 접근할 수 있게 설정하지 말자. 몽고DB와 외부 환경 사이의 연결은 가능한 한 엄격히 제한해야 한다. 가장 좋은 방법은 방화벽을 구성하고 오직 몽고DB만 내부 네트워크 주소에 도달할 수 있게 하는 방법이다. 24장에서는 몽고DB 서버와 클라이언트 사이에 어떤 연결을 허용해야 하는지 다룬다.

구성 파일에 옵션을 추가해 방화벽 이상으로 보안을 강화할 수 있다. 옵션은 다음과 같다.

--bind_ip

몽고DB를 연결할 인터페이스를 지정한다. 일반적으로 내부 IP로 지정한다(애플리케이션 서버와 클러스터의 다른 멤버는 접근할 수 있지만 외부와는 연결되지 않는다). 같은 장비에서 애플리케이션 서버를 실행 중이라면 mongos 프로세스를 localhost로 사용해도 상관없다. 구성 서버나 샤드는 다른 서버가 접근할 수 있어야 하므로 localhost가 아닌 주소를 지정하자.

몽고DB 3.6부터 mongod와 mongos 프로세스는 기본적으로 localhost에 바인딩된다. localhost에만 바인딩되면, mongod와 mongos는 동일한 머신상에서 실행하는 클라이언트의 연결만 허용한다. 따라서 보안되지 않은 몽고DB 인스턴스의 노출을 제한하는 데 도움을 준다. 다른 주소에 바인딩하려면 net.bindIp 구성 파일 설정이나 --bind_ip 명령행 옵션을 사용해 호스트명이나 IP 주소의 목록을 지정한다.

nounixsocket

유닉스 도메인 소켓에서 수신[listening]을 비활성화한다. 파일시스템 소켓을 통해 연결하지 않으려면 수신을 비활성화한다. 애플리케이션 서버를 실행 중인 장비에서만 파일시스템 소켓을 통해 연결한다. 파일시스템 소켓을 사용하려면 로컬에 있어야 한다.

--noscripting

서버 측 자바스크립트 코드가 실행되지 않도록 한다. 몽고DB의 몇몇 보안 문제는 자바스크립트와 관련 있다. 그러므로 (애플리케이션이 허용한다면) 일반적으로 허용하지 않는 편이 안전하다.

> **NOTE_** 몇몇 셸 보조자, 특히 sh.status()는 서버에서 자바스크립트 사용이 가능하다고 가정한다. 자바스크립트가 비활성화된 상태에서 이러한 셸 보조자를 실행하면 오류가 발생한다.

21.3.1 데이터 암호화

데이터 암호화[data encryption]는 몽고DB 엔터프라이즈에서 사용할 수 있다. 몽고DB의 커뮤니티 버전에서는 지원되지 않는다.

데이터 암호화 프로세스는 다음 단계를 포함한다.

- 마스터 키를 생성한다.
- 각 데이터베이스에 대한 키를 생성한다.
- 데이터베이스 키로 데이터를 암호화한다.
- 마스터 키로 데이터베이스 키를 암호화한다.

데이터 암호화를 사용하면 모든 데이터 파일이 파일시스템에서 암호화된다. 데이터는 메모리에 있을 때와 전송 중에만 비암호화unencryption된다. 몽고DB의 모든 네트워크 트래픽을 암호화하려면 TLS/SSL을 사용한다. 몽고DB 엔터프라이즈 사용자는 다음과 같은 데이터 암호화 옵션을 구성 파일에 추가할 수 있다.

--enableEncryption

와이어드타이거 스토리지 엔진에서 암호화를 활성화한다. 이 옵션을 사용하면 메모리와 디스크에 저장된 데이터가 암호화된다. '미사용 암호화encryption at rest'라고도 한다. 암호화 키를 전달하고 암호화를 구성하려면 옵션을 true로 설정해야 한다. 기본값은 false다.

--encryptionCipherMode

와이어드타이거에서 미사용 암호화를 위한 암호 모드cipher mode를 설정한다. AES256-CBC와 AES256-GCM이라는 두 가지 모드를 사용할 수 있다. AES256-CBC는 암호 블록 체인 모드Cipher Block Chaining Mode에서의 256 비트 고급 암호화 표준Advanced Encryption Standard의 약어이다. AES256-GCM은 갈루아/카운터Galois/Counter 모드를 사용한다. 둘 다 표준 암호화 암호다. 몽고DB 4.0부터 윈도우상에서 몽고DB 엔터프라이즈는 AES256-GCM을 더는 지원하지 않는다.

--encryptionKeyFile

키 관리 상호운용성 프로토콜Key Management Interoperability Protocol(KMIP) 이외의 프로세스를 사용해 키를 관리하는 경우 로컬 키파일keyfile의 경로를 지정하자.

몽고DB 엔터프라이즈는 KMIP를 사용한 키 관리도 지원한다. KMIP에 대한 내용은 책의 범위를 벗어나므로 몽고DB에서 KMIP를 사용하는 방법에 대한 자세한 내용은 몽고DB 설명서

(https://oreil.ly/TeA4t)를 참조하자.

21.3.2 SSL 연결

18장에서 살펴봤듯 몽고DB는 TLS/SSL을 사용한 전송 암호화[transport encryption]를 지원한다. 몽고DB 커뮤니티 버전과 엔터프라이즈 버전 둘 다 이 기능을 사용할 수 있다. 기본적으로 몽고DB로의 연결은 비암호화된 데이터를 전송한다. 그러나 TLS/SSL은 전송 암호화를 보장한다. 몽고DB는 운영체제에서 사용할 수 있는 네이티브 TSL/SSL 라이브러리를 사용한다. `--tlsMode` 옵션 및 관련된 옵션을 사용해 TLS/SSL을 구성하자. 자세한 내용은 18장을, 사용자 언어에 따라 TLS/SSL 연결을 만드는 방법은 드라이버 설명서를 참조하자.

21.4 로깅

기본적으로 `mongod`는 자신의 로그를 표준 출력[stdout]으로 보낸다. 대부분의 초기 스크립트는 `--logpath` 옵션을 사용해 로그를 파일로 보낸다. 단일 서버에 여러 몽고DB 인스턴스(예를 들면 `mongod`나 `mongos`)가 있다면, 인스턴스들의 로그는 각기 다른 파일에 저장돼야 한다. 로그의 위치와 더불어 파일 읽기 권한이 있는지 확인하자.

몽고DB는 다량의 로그 메시지를 발생시키지만, 그럼에도 (메시지 발생을 억제하는) `--quiet` 옵션으로 실행하지 않아야 한다. 일반적으로 로그 레벨[log level]을 기본 수준으로 놔두는 것은 적합하다. 로그에 기본 디버깅을 위한 충분한 정보가 있으며(왜 느린지, 왜 시작하지 않는지 등) 공간을 많이 차지하지 않는다.

애플리케이션에서 특정 문제를 디버깅하고 있다면 옵션을 사용해 로그로부터 더 많은 정보를 얻을 수 있다. `setParameter` 명령을 실행하거나, 시작 시 `--setParameter` 옵션을 사용해 로그 레벨을 문자열로 전달함으로써 로그 레벨을 변경한다.

```
> db.adminCommand({"setParameter" : 1, "logLevel" : 3})
```

특정 구성 요소에 대한 로그 레벨도 변경할 수 있다. 애플리케이션의 특정 측면을 디버깅하며 특정 구성 요소에 대한 정보가 더 필요할 때 유용하다. 예제에서는 기본 로그 상세 수준^{verbosity}을 1로 설정하고, 쿼리 구성 요소 상세 수준을 2로 설정한다.

```
> db.adminCommand({"setParameter" : 1, logComponentVerbosity:
    { verbosity: 1, query: { verbosity: 2 }}})
```

디버깅이 완료되면 로그 레벨을 0으로 되돌리는 것을 잊지 말자. 그렇지 않으면 로그가 쓸모없이 요란해진다. 로그 레벨은 5까지 설정할 수 있다. 레벨 5로 설정하면 mongod는 (처리한 요청의 내용을 포함해) 수행한 거의 모든 활동을 보여준다. mongod가 모든 내용을 로그 파일에 써넣으면 수많은 입출력이 일어나 시스템이 느려진다. 따라서 발생하는 모든 연산을 봐야 할 때는 프로파일링을 설정하는 편이 낫다.

기본적으로 몽고DB는 실행 시간이 100밀리초 이상인 쿼리 정보를 로그에 남긴다. 애플리케이션에서 100밀리초가 너무 짧거나 길다면 setProfilingLevel로 임계치를 바꾸자.

```
> // 500밀리초를 초과하는 쿼리만 로그에 남긴다.
> db.setProfilingLevel(1, 500)
{ "was" : 0, "slowms" : 100, "ok" : 1 }
> db.setProfilingLevel(0)
{ "was" : 1, "slowms" : 500, "ok" : 1 }
```

두 번째 줄은 프로파일링을 해제하지만, 첫 번째 줄에서 주어진 밀리초 값은 (모든 데이터베이스에서) 로그 기록 임계치로 계속 쓰이게 된다. 이 매개변수는 몽고DB를 --slowms 옵션으로 재시작함으로써 설정할 수 있다.

마지막으로, 매일 혹은 매주 로그를 순환하는 cron 작업을 설정할 수 있다. 몽고DB가 --logpath 옵션으로 시작했으면 프로세스에 SIGUSR1 신호를 보내 로그를 주기적으로 순환할 수 있다. logRotate 명령도 같은 작업을 수행한다.

```
> db.adminCommand({"logRotate" : 1})
```

몽고DB를 --logpath 옵션으로 시작하지 않았으면 로그를 순환할 수 없다.

## CHAPTER 22

몽고DB 모니터링

배포하기 전에 모니터링 환경을 구성하자. 모니터링을 통해 서버가 무엇을 하고 있는지 추적할 수 있으며, 서버에 무슨 일이 발생했을 때 사용자에게 경고 메시지를 보낼 수 있다. 이 장에서 다룰 내용은 다음과 같다.

- 몽고DB의 메모리 사용을 추적하는 방법
- 애플리케이션 성능 지표를 추적하는 방법
- 복제상의 문제를 진단하는 방법

몽고DB 옵스 매니저의 예제 그래프를 사용해 모니터링할 때 무엇을 찾아야 하는지 살펴본다 (옵스 매니저 설치 설명서는 https://oreil.ly/D4751). 몽고DB 아틀라스(몽고DB의 클라우드 데이터베이스 서비스)의 모니터링 기능은 매우 유사하다. 몽고DB는 독립 실행형 서버와 복제 셋을 모니터링하는 무료 모니터링 서비스도 제공한다. 업로드 후 24시간 동안 모니터링 데이터를 보관하며 작업 실행 시간, 메모리 사용량, CPU 사용량 및 작업 횟수에 대한 대략적인 통계를 제공한다.

옵스 매니저, 아틀라스 또는 몽고DB의 무료 모니터링 서비스를 사용하고 싶지 않다면 다른 유형의 모니터링 도구를 사용하자. 모니터링 도구는 장애가 발생하기 전에 잠재적인 문제를 탐지하고, 문제가 발생했을 때 진단을 돕는다.

22.1 메모리 사용 모니터링

메모리에 있는 데이터에 접근하는 것은 빠르고, 디스크상에 있는 데이터에 접근하는 것은 느리다. 아쉽게도 메모리는 비싸고(디스크는 싸다), 엎친 데 덮친 격으로 몽고DB는 다른 리소스를 사용하기 전에 메모리를 다 써버린다. 이 절에서는 몽고DB와 CPU, 디스크, 메모리 간의 상호작용을 모니터링하는 방법과 무엇을 모니터링할지 살펴본다.

22.1.1 컴퓨터 메모리 소개

컴퓨터는 접근 속도가 빠른 소량의 메모리와 접근 속도가 느린 다량의 디스크로 구성되는 경향이 있다. 디스크에 저장된(아직 메모리에는 존재하지 않는) 데이터의 페이지를 요청할 때, 시스템은 페이지 폴트를 발생시키고 해당 페이지를 디스크에서 메모리로 복사한다. 이때부터 메모리상에 있는 해당 페이지에 매우 빠르게 접근할 수 있다. 프로그램이 더는 해당 페이지를 규칙적으로 사용하지 않고 메모리가 다른 페이지로 가득 차면, 오래된 페이지들은 메모리에서 제거되고 디스크에만 존재하게 된다.

디스크에서 메모리로 페이지를 복사하는 작업은 메모리에서 데이터를 읽는 작업보다 훨씬 오래 걸린다. 그러므로 몽고DB가 데이터를 디스크로부터 복사해오는 빈도가 낮을수록 좋다. 몽고DB가 메모리상에서 거의 모든 연산을 수행하면 데이터에 훨씬 빠르게 접근할 수 있다. 그러므로 몽고DB의 메모리 사용은 추적해야 하는 중요한 통계다.

22.1.2 메모리 사용 추적

몽고DB는 옵스 매니저의 세 가지 메모리 '유형'인 상주 메모리resident memory, 가상 메모리, 대응 메모리mapped memory에 대해 보고한다. 상주 메모리는 몽고DB가 램에서 명시적으로 소유하는 메모리다. 예를 들어 어떤 도큐먼트에 대해 쿼리하고, 그것이 메모리상에 페이징되면, 해당 페이지는 몽고DB의 상주 메모리에 추가된다.

몽고DB는 해당 페이지의 주소를 제공받는데, 이는 램에 있는 페이지의 실제 주소가 아닌 가상 주소다. 몽고DB는 이를 커널kernel에 전달하고, 커널은 페이지가 실제로 어디에 있는지 찾는다. 이런 방식으로, 만약 커널이 페이지를 메모리에서 제거하더라도 몽고DB는 여전히 주소로 페이지에 접근할 수 있다. 몽고DB는 커널에 메모리를 요청하고, 커널은 페이지 캐시를 살펴보고 페이지가 없음을 확인하면, 페이지 폴트를 발생시켜 해당 페이지를 메모리에 복사한 후 몽고DB에 반환한다.

데이터가 완전히 메모리에 들어가는 경우 상주 메모리 크기는 데이터 크기와 비슷해야 한다. 데이터가 '메모리 내에' 있다는 말은 데이터가 램에 있음을 의미한다.

몽고DB의 대응 메모리는 몽고DB가 접근한 모든 데이터(주소가 있는 모든 데이터 페이지)를 포함한다. 일반적으로 데이터셋 크기 정도다.

가상 메모리는 운영체제가 제공하는 추상화로, 물리적 스토리지 세부 사항을 소프트웨어 프로세스로부터 숨긴다. 각 프로세스는 사용할 수 있는 인접한 메모리 주소 공간을 본다. 옵스 매니저에서 몽고DB의 가상 메모리 사용은 일반적으로 대응 메모리 크기의 두 배다.

[그림 21-1]은 메모리 정보에 대한 옵스 매니저 그래프를 나타낸다. 그래프는 몽고DB가 상주 메모리, 가상 메모리, 대응 메모리를 얼마나 사용하고 있는지 보여준다. 대응 메모리는 MMAP 스토리지 엔진을 사용하는 4.0 이전 배포에만 관련된다. 현재는 몽고DB가 와이어드타이거 스토리지 엔진을 사용하므로 대응 메모리 사용량은 0이다. 몽고DB 전용 장비에서(작업 셋 크기가 메모리 정도이거나 더 크다고 가정하면) 상주 메모리는 전체 메모리 크기보다 조금 작아야 한다. 상주 메모리는 물리적 램에 데이터가 얼마만큼 있는지 실제로 추적하는 유일한 통계다. 하지만 통계 자체로는 몽고DB가 메모리를 어떻게 사용하는지에 관련해 많이 알 수 없다.

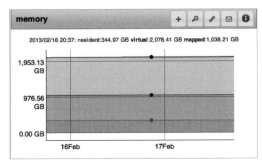

그림 22-1 맨 윗줄부터 차례로 가상 메모리, 대응 메모리, 상주 메모리

데이터가 완전히 메모리에 들어가는 경우 상주 메모리 크기는 데이터 크기와 비슷해야 한다. 데이터가 '메모리 내에' 있다는 말은 데이터가 램에 있음을 의미한다.

[그림 22-1]에서 볼 수 있듯 메모리 지표는 상당히 안정적인 경향이 있지만, 데이터셋 증가에 따라 가상 메모리(맨 윗줄)도 증가한다. 상주 메모리는 이용 가능한 램 크기만큼 증가한 후 고정 상태를 유지한다.

22.1.3 페이지 폴트 추적

다른 통계를 사용해서 몽고DB가 메모리를 얼마나 사용하고 있는지 알 수 있지만, 각 유형의 메모리가 얼마나 사용되는지는 알 수 없다. 유용한 통계인 페이지 폴트 횟수는, 몽고DB에서 찾는 데이터가 얼마나 자주 램에 존재하지 않았는지 알려준다. [그림 22-2]와 [그림 22-3]은 시간 흐름에 따라 발생한 페이지 폴트를 나타낸 그래프다. [그림 22-3]은 [그림 22-2]보다 페이지 폴트 횟수가 적지만, 이 정보 자체는 유용하지 않다. 만약 [그림 22-2]의 디스크가 많은 페이지 폴트를 처리할 수 있고 애플리케이션이 디스크 탐색 지연을 처리할 수 있다면 페이지 폴트가 많이 발생해도 특별히 문제가 되지 않는다. 반면에 애플리케이션이 증가된 지연을 처리할 수 없다면 메모리에 모든 데이터를 저장하는 것(혹은 SSD를 사용하는 것) 외에는 별다른 방법이 없다.

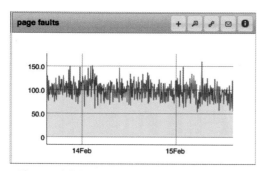

그림 22-2 페이지 폴트가 분당 수백 회 발생하는 시스템

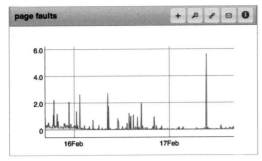

그림 22-3 페이지 폴트가 분당 적은 횟수로 발생하는 시스템

애플리케이션이 얼마나 허용하는지에 관계없이, 디스크가 과부하 상태일 때 페이지 폴트는 문제가 된다. 하나의 디스크가 처리하는 부하의 양은 선형적이지 않은데, 디스크에 과부가 걸리기 시작하면 각 연산은 연쇄 반응을 만들며 긴 시간 동안 대기해야 한다. 보통 디스크 성능이 빠르게 감소하는 티핑 포인트tipping point가 존재한다. 그러므로 디스크가 감당할 수 있는 최대 부하에 가까워지지 않는 것이 바람직하다.

> **NOTE_** 시간 흐름에 따라 페이지 폴트 횟수를 추적하자. 애플리케이션이 특정 횟수의 페이지 폴트에도 정상적으로 동작함을 확인하면, 시스템이 처리할 수 있는 페이지 폴트 횟수에 대한 기준을 세울 수 있다. 페이지 폴트가 서서히 증가하고 성능이 저하되기 시작하면 경고 메시지를 발생시키도록 임계치를 설정할 수 있다.

serverStatus 결과의 `"page_fault"` 필드를 보면 데이터베이스당 페이지 폴트 통계를 확인할 수 있다.

```
> db.adminCommand({"serverStatus": 1})["extra_info"]
{ "note" : "fields vary by platform", "page_faults" : 50 }
```

`"page_faults"`는 (서버 시작 이후로) 몽고DB가 디스크에 접근한 횟수를 알려준다.

22.1.4 입출력 대기

페이지 폴트는 일반적으로 CPU가 디스크를 기다리면서 얼마나 오랫동안 유휴 상태idle인지와 밀접하게 관련되며, 이를 **입출력 대기**I/O wait라 부른다. 일부 입출력 대기는 정상이다(몽고DB는 때때로 디스크로 이동해야 하며, 이동할 때 무엇도 차단하지 않으려 하지만 차단을 완전히 피할 수는 없다). 중요한 것은 입출력 대기는 [그림 22-4]처럼 증가하지 않고 100%에 가깝다는 점이다. 디스크에 과부하가 걸림을 나타낸다.

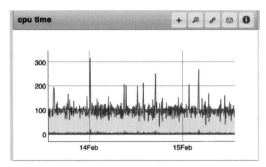

그림 22-4 약 100%에서 맴도는 입출력 대기

22.2 작업 셋 계산

일반적으로 메모리에 데이터가 많을수록 몽고DB는 연산을 더 빠르게 수행한다. 따라서 (가장 빠른 것부터 느린 것 순으로) 애플리케이션은 다음과 같은 작업 셋을 가질 수 있다.

1. 메모리상의 전체 데이터셋. 보유하면 좋지만 종종 너무 비싸거나 실행 불가능하다. 응답 시간이 빨라야 하는 애플리케이션에서는 필수다.
2. 메모리상의 작업 셋. 가장 일반적이다.

   작업 셋은 애플리케이션이 사용하는 데이터와 인덱스다. 이것이 데이터셋의 전부일 수도 있지만, 일반적으로 요청의 90% 이상을 처리하는 핵심적인 데이터셋이 존재한다(예를 들면 사용자 컬렉션과 활동 마지막 달). 이 작업 셋이 램에 적합하다면 몽고DB는 빨라지며, 몇몇 특이한 요청에만 디스크로 이동한다.
3. 메모리상의 인덱스.
4. 메모리상의 인덱스의 작업 셋.
5. 메모리상의 유용하지 않은 데이터의 서브셋. 시스템이 느려지게 하므로 가능한 한 피하자.

작업 셋을 메모리에 보관할 수 있는지 알려면 작업 셋이 무엇이며 얼마나 큰지 알아야 한다. 작업 셋 크기를 계산하는 가장 좋은 방법은 일반적인 연산을 추적해서 애플리케이션이 얼마나 읽고 쓰는지 알아내는 방법이다. 예를 들어 애플리케이션에서 주당 2기가바이트의 데이터를 생성하고 그 중 800메가바이트의 데이터를 규칙적으로 접근한다고 가정하자. 사용자는 1개월 정도 지난 데이터까지 사용하는 경향이 있으며, 그보다 오래된 데이터는 대부분 사용하지 않는다. 이때 작업 셋의 크기는 대략 3.2기가바이트(800메가바이트/주 × 4주)이고, 인덱스에 대한 오차까지 더하면 5기가바이트 정도다.

한 가지 방법을 생각해볼 수 있다. [그림 22-5]처럼 시간 흐름에 따른 데이터 접근을 추적한다. 요청이 90% 감소한 지점에서 잘라내면 [그림 22-6]과 같이 그 시기에 발생한 데이터와 인덱스는 작업 셋이 된다. 그 시간 동안 계산하면 데이터셋이 얼마나 증가했는지 알 수 있다. 이번 예제에서는 시간을 사용하지만(시간이 가장 일반적이다), 애플리케이션에 더 의미가 있는 다른 접근 패턴이 있을 수 있다.

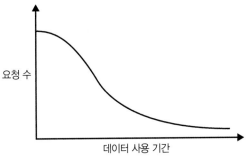

그림 22-5 데이터 사용 기간에 따른 데이터 접근

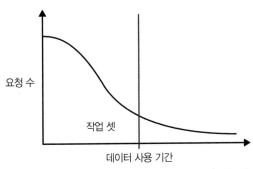

그림 22-6 작업 셋은 '빈번한 요청들'의 차단 지점cutoff(그래프에서 수직선으로 표시) 이전에 해당 요청에서 쓰인 데이터다.

22.2.1 작업 셋 예제

40기가바이트의 작업 셋이 있다고 가정하자. 작업 셋에 대한 적중률은 총 요청의 90%고, 다른 데이터에 대한 적중률은 10%다. 만약 500기가바이트의 데이터와 50기가바이트의 램이 있다면 작업 셋은 전체적으로 램에 알맞다. 애플리케이션이 주로 접근하던 데이터에 접근하게 되면(**예열**preheating이라 한다) 작업 셋을 위해 다시 디스크로 이동할 필요가 없다. 애플리케이션은 덜 자주 접근하는 데이터 460기가바이트를 위한 10기가바이트의 공간이 있다. 물론 몽고DB는 작업하지 않는 셋의 데이터를 위해 거의 항상 디스크로 이동해야 한다.

반면에 작업 셋이 램에 맞지 않는다고 가정하자. 즉 램이 35기가바이트라고 가정하자. 그러면 일반적으로 작업 셋은 램의 대부분을 차지하게 된다. 작업 셋은 램에 더 자주 접근하므로 램에 머무를 확률이 더 높지만, 어느 시점에는 덜 자주 접근하는 데이터가 작업 셋(혹은 덜 자주 접근하는 다른 데이터)을 퇴거시키며 페이징돼야 한다. 따라서 디스크로부터 끊임없이 오가는 변동이 있으며, 작업 셋 접근에 대한 성능은 예측 불가능해진다.

22.3 성능 추적

쿼리 성능은 일관성을 추적하고 유지하는 데 중요하다. 몽고DB가 현재 요청 부하로 인한 문제를 겪고 있다면, 몇 가지 방법으로 추적할 수 있다.

CPU는 일반적으로 몽고DB의 입출력 범위I/O bound다(높은 입출력 대기로 표시됨). 와이어드타이거 스토리지 엔진은 다중 스레드이며 추가 CPU 코어를 활용할 수 있다. 이전 MMAP 스토리지 엔진과 비교할 때 CPU 메트릭 전체에서 사용량 수준이 더 높다(효율적으로 사용). 하지만 사용자 또는 시스템 시간이 100%에 접근한다면(혹은 100%에 CPU 개수를 곱한 것), 자주 사용하는 쿼리에 대한 인덱스가 누락된 것이 가장 흔한 원인이다. 모든 쿼리가 정상적으로 수행 중인지 확인하려면(특히 애플리케이션의 새 버전을 배포한 후에) CPU를 추적하는 것이 좋다.

[그림 22-7]의 그래프를 보면 쿼리 성능과 CPU 상태가 양호함을 알 수 있다. 페이지 폴트 횟수가 적으면 입출력 대기는 다른 CPU 활동에 비해 매우 낮게 보일 수 있다. 이는 인덱스가 제대로 구성되지 않은 활동이 서서히 증가할 때 발생한다.

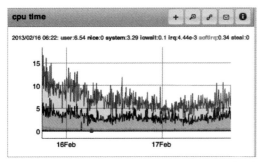

그림 22-7 최소한의 입출력 대기 시간을 갖는 CPU. 맨 윗줄은 사용자이고 그 아랫줄은 시스템이다(다른 통계는 0%에 가깝다).

비슷한 지표로 큐잉^queuing이 있다. 큐잉은 몽고DB에 의해 처리되기를 기다리는 요청이 얼마나 많은지 나타낸다. 요청은 읽기나 쓰기를 수행하는 데 필요한 락을 획득하려고 대기할 때 큐로 간주된다. [그림 22-8]은 시간 흐름에 따른 읽기와 쓰기 큐의 그래프를 나타낸다. 바쁜 시스템에서는 연산이 적합한 락을 얻으려고 잠시 기다리는 일은 드물지 않다.

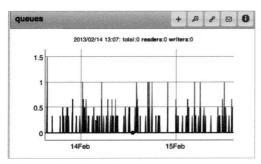

그림 22-8 시간 흐름에 따른 읽기와 쓰기 큐

와이어드타이거 스토리지 엔진은 도큐먼트 수준의 동시성을 제공하며, 이는 동일한 컬렉션에 여러 개의 쓰기가 동시에 일어나도록 허용한다. 따라서 동시 작업의 성능이 크게 향상됐다. 티켓팅 시스템은 기아 상태^starvation를 피하려고 사용 중인 스레드 수를 제어한다. 읽기 및 쓰기 작업(기본적으로 각각 128개씩)에 대한 티켓을 발급한다. 이후 새로운 읽기나 쓰기 작업은 큐^queue에 추가된다. serverStatus의 wiredTiger.concurrentTransactions.read.available과 wiredTiger.concurrentTransactions.write.available 필드는 사용 가능한 티켓 수가 0에 도달하는 시점을 추적하는 데 사용하며, 이때부터 각 작업은 대기하게 된다.

큐에 추가된 요청 수를 보면 요청이 쌓이고 있는지 확인할 수 있다. 일반적으로 큐 크기는 작아야 한다. 크기가 크고 항상 존재하는 큐는 mongod가 부하를 따라갈 수 없음을 나타낸다. 가능한 한 빨리 해당 서버의 부하를 줄여야 한다.

22.4 여유 공간 추적

디스크 사용량disk usage은 모니터링하는 데 기본적이지만 중요한 지표다. 때때로 사용자가 디스크를 어떻게 다룰지 생각하기 전에 디스크 공간이 바닥나버린다. 디스크 사용량과 여유 디스크 공간을 모니터링함으로써 현재 드라이브가 얼마나 오랫동안 충분히 유지되는지 예측할 수 있으며, 충분하지 않아지면 어떻게 할지 계획을 세울 수 있다.

공간이 부족해지면 다음 옵션을 사용한다.

- 샤딩을 사용한다면 또 다른 샤드를 추가한다.
- 사용하지 않는 인덱스가 있으면 제거하자. 특정 컬렉션에 대해 집계 $indexStats를 사용해 식별할 수 있다.
- 압축compaction 작업을 실행하지 않았다면 세컨더리에 압축을 수행하고 도움이 되는지 확인하자. 이 방법은 보통 많은 양의 데이터나 인덱스가 컬렉션에서 제거돼 교체되지 않는 경우에만 유용하다.
- 복제 셋의 각 멤버를 (한 번에 하나씩) 종료시키고 데이터를 큰 디스크로 복사한 후 마운트시킨다. 멤버를 다시 시작하고 다음으로 진행한다.
- 복제 셋의 멤버를 큰 드라이브를 갖는 멤버로 대체한다. 오래된 멤버를 제거하고 새로운 멤버를 추가해, 새 멤버가 복제 셋의 나머지 멤버를 따라잡도록 한다. 복제 셋의 각 멤버에 대해 이를 반복한다.
- directoryperdb 옵션을 사용하며, 특히 빠르게 커지는 데이터베이스가 있으면 자신의 드라이브로 이동한다. 그리고 해당 볼륨을 데이터 디렉터리에 디렉터리로 마운트시킨다. 이 방법은 나머지 데이터는 이동하지 않는다.

어떤 방법을 선택하든 애플리케이션에 미치는 영향을 최소화하도록 미리 계획을 세우자. 백업을 수행하고, 복제 셋의 각 멤버를 차례로 수정하고, 이곳저곳에서 데이터를 복제하는 데 시간이 필요하다.

22.5 복제 모니터링

복제 지연replication lag과 oplog 길이를 추적하는 것은 중요하다. 지연은 세컨더리가 프라이머리를 따라잡을 수 없을 때 발생한다. 지연은 '프라이머리에 마지막으로 적용된 연산 시각'에서 '세컨더리에 마지막으로 적용된 연산 시각'을 빼서 계산한다. 예를 들어 세컨더리가 오후 3시 26분 0초에 연산을 적용하고 프라이머리가 오후 3시 29분 45초에 연산을 적용했다면, 세컨더리는 3분 45초 뒤처진 것이다. 지연은 가능한 한 0에 가까울수록 좋으며 일반적으로 밀리초 정도다. 세컨더리가 프라이머리를 따라잡고 있으면 복제 지연은 [그림 22-9]의 그래프처럼 보인다. 복제 지연은 기본적으로 항상 0이다.

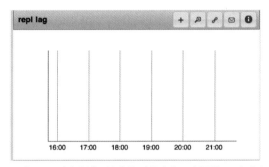

그림 22-9 지연이 없는 복제 셋. 사용자가 보기 원하는 모습이기도 하다.

프라이머리가 쓰기를 수행하는 속도만큼 세컨더리가 쓰기를 복제하지 못하면 지연 값은 0이 아니게 된다. 가장 극단적으로는 복제가 중간에 막히는 경우가 있으며, 세컨더리가 더는 연산을 적용할 수 없을 때다. 이 시점에서 지연은 초당 1초씩 증가하며 [그림 22-10]처럼 급경사를 만들어낸다. 이는 네트워크 문제나 "_id" 인덱스의 누락 때문에 발생한다("_id" 인덱스는 모든 컬렉션에서 복제가 제대로 작동하려면 반드시 필요하다).

> **TIP** 컬렉션에 "_id" 인덱스가 없으면, 해당 서버를 복제 셋에서 꺼내 독립 실행형 서버로 시작하고 "_id" 인덱스를 구성한다. "_id" 인덱스를 고유 인덱스로 생성했는지 확인하자. "_id" 인덱스는 생성되고 나면 (전체 컬렉션을 삭제하지 않고서는) 삭제되거나 바뀌지 않는다.

시스템이 과부하 상태이면 세컨더리는 점점 뒤처지게 된다. 몇몇 복제는 여전히 발생하므로 그래프에서 '초당 1초' 기울기는 일반적으로 나타나지 않는다. 하지만 세컨더리가 피크 트래픽peak traffic을 따라잡지 못하거나 점점 뒤처지는지 인지하는 것이 중요하다.

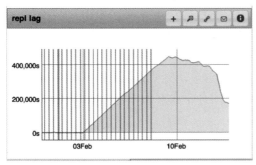

그림 22-10 2월 10일 전까지 복제는 계속 막혀 있었고, 이후에 회복되기 시작했다. 수직선은 서버 재시작을 나타낸다.

프라이머리는 세컨더리가 따라잡도록 쓰기를 조절하지 못하므로 과부하 시스템에서 세컨더리가 뒤처지는 현상은 일반적이다(몽고DB는 읽기보다 쓰기를 우선시하는 경향이 있기 때문이다. 이는 프라이머리상에서 복제가 결핍된 상태로 존재할 수 있음을 의미한다). 쓰기 결과 확인에 "w"를 사용함으로써 프라이머리를 어느 정도 (강제로) 조절할 수 있다. 또한 세컨더리가 처리하던 요청을 다른 멤버로 라우팅해 부하를 제거할 수도 있다.

부하가 매우 낮은 시스템이라면 [그림 22-11]처럼 복제 지연이 갑자기 증가할 수 있다. 그림에 나타낸 것은 실제 지연은 아니며, 샘플링의 변화에 의해 발생했다. mongod는 몇 분마다 한 번씩 쓰기를 처리한다. 지연은 프라이머리와 세컨더리의 타임스탬프 차이로 측정되므로, 프라이머리에 쓰기 직전에 세컨더리의 타임스탬프를 측정하면 몇 분 뒤처진 것처럼 보인다. 쓰기 속도를 증가시키면 이러한 갑작스러운 증가는 사라진다.

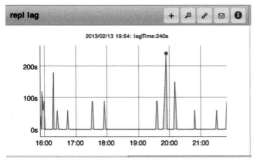

그림 22-11 쓰기 속도가 낮은 시스템은 '유령' 지연을 발생시킨다.

각 멤버의 oplog 길이 또한 추적해야 하는 중요한 복제 지표다. 프라이머리가 될 수 있는 멤버는 oplog가 하루보다 길어야 한다. 한 멤버가 다른 멤버의 동기화 소스라면, 초기 동기화를 완료하는 데 드는 시간보다 더 긴 oplog가 필요하다. [그림 22-12]는 표준 oplog-길이 그래프를 나타낸다. 그래프에서 oplog 길이는 훌륭하다. 한 달 데이터 분량이 넘는 1111시간이다! 일반적으로 oplog는 디스크 공간을 확보할 수 있는 만큼 길게 만들어야 한다. oplog는 기본적으로 메모리를 차지하지 않는다. 긴 oplog는 힘든 운영 경험과 쉬운 경험 간의 차이를 나타낸다.

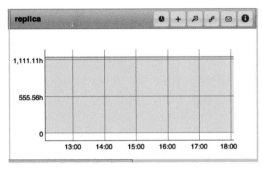

그림 22-12 전형적인 oplog-길이 그래프

[그림 22-13]은 상당히 짧은 oplog와 다양한 트래픽 때문에 발생한 약간 특이한 변화를 나타낸다. 여전히 양호하지만 서버상의 oplog는 아마 매우 짧을 것이다(6~11시간 정도의 유지보수 시간). 기회가 있으면 oplog 길이를 늘리는 것이 바람직하다.

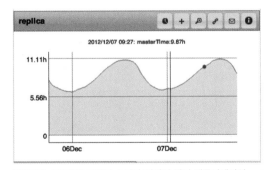

그림 22-13 일일 트래픽 수치가 정점일 때의 애플리케이션 oplog-길이 그래프

## CHAPTER 23

백업

시스템 백업은 규칙적으로 수행해야 한다. 백업은 거의 모든 유형의 실패에 대한 좋은 보호 장치이며, 완전 백업clean backup에서 복원해 해결되지 않는 경우는 거의 없다. 이 장에서는 백업 수행에 대한 일반적인 옵션을 다룬다.

- 스냅샷 백업snapshot backup 및 복원 절차를 포함한 단일 서버 백업single-server backup
- 복제 셋 백업을 위한 특별한 고려 사항
- 샤드 클러스터를 백업하는 방법

백업을 수행했더라도 사용자가 긴급 상황에서 복구 방법을 모르거나 익숙하지 않으면 무용지물이다. 그러므로 어떤 백업 방법을 선택하든 복원 절차에 익숙해질 때까지 백업과 백업으로부터의 복원을 모두 연습하자.

23.1 백업 방법

몽고DB에서 클러스터를 백업하는 방법은 여러 가지가 있다. 공식 몽고DB 클라우드 서비스인 몽고DB 아틀라스는 연속 백업continuous backup과 클라우드 공급자 스냅샷cloud provider snapshot을 모두 제공한다. 연속 백업은 클러스터에 있는 데이터의 증분 백업incremental backup을 수행해, 백업이 운영체제보다 몇 초만 뒤처지도록 한다. 클라우드 공급자 스냅샷은 클러스터의 클라우드 서비스 제공 업체(아마존 웹 서비스, 마이크로소프트 애저, 구글 클라우드 플랫폼 등)의 스냅샷snapshot

기능을 사용해 현지화된 백업 스토리지를 제공한다. 대부분의 시나리오에는 연속 백업이 가장 적합하다.

몽고DB는 클라우드 매니저와 옵스 매니저를 통해 백업 기능을 제공한다. 클라우드 매니저는 몽고DB를 위한 호스팅된 백업^{hosted backup}, 모니터링 및 자동화 서비스다. 옵스 매니저는 클라우드 매니저와 유사한 기능을 하는 온프레미스^{on-premise} 솔루션이다.

몽고DB 클러스터를 직접 관리하는 개인 및 팀이 사용할 수 있는 몇 가지 백업 전략이 있다. 이 장의 나머지 부분에서 간략하게 설명한다.

23.2 서버 백업

백업을 수행하는 방법은 다양하며, 어떤 방법을 사용하든 백업 수행은 시스템에 부하를 발생시킬 수 있다. 일반적으로 모든 데이터를 메모리로 읽어들이게 하기 때문이다. 그러므로 보통 백업은(프라이머리와 대조적인) 복제 셋 세컨더리나 독립 실행형 서버에서 비작동 시간^{off time}에 수행해야 한다.

이 절에서 소개하는 방법은 별도로 언급하지 않는 한 (독립 실행형 서버든 복제 셋 멤버든 관계없이) 모든 mongod에 적용된다.

23.2.1 파일시스템 스냅샷

파일시스템 스냅샷^{filesystem snapshot}은 시스템 수준 도구를 사용해, 몽고DB의 데이터 파일을 보관하는 장비의 복사본을 만든다. 이러한 방법은 신속하게 완료되고 안정적으로 작동하지만 몽고DB 외부에서 추가 시스템 구성이 필요하다.

몽고DB 3.2부터는 와이어드타이거 스토리지 엔진을 사용하는 몽고DB 인스턴스의 데이터 파일과 저널 파일이 분리된 볼륨에 있을 때, 인스턴스의 볼륨 수준 백업을 할 수 있도록 지원한다. 그러나 일관된 백업을 생성하려면 데이터베이스를 잠가야 하며, 백업 프로세스 중에 데이터베이스에 대한 모든 쓰기를 일시 중지해야 한다.

몽고DB 3.2 이전에는 와이어드타이거를 사용해 몽고DB 인스턴스의 볼륨 수준 백업을 생성하려면 데이터 파일과 저널이 동일한 볼륨에 있어야 했다.

스냅샷은 라이브 데이터live data와 특수 스냅샷 볼륨 사이에 포인터를 생성해 작동한다. 이러한 포인터는 이론적으로 '하드 링크hard link'와 동일하다. 작업 데이터가 스냅샷에서 벗어나면 스냅샷 프로세스는 쓰기 시 복사copy-on-write 전략을 사용한다. 결과적으로 스냅샷은 수정된 데이터만 저장한다.

스냅샷을 만든 후 파일시스템에 스냅샷 이미지를 마운트하고 스냅샷에서 데이터를 복사한다. 백업 결과는 모든 데이터의 전체 복사본을 포함한다.

데이터베이스는 스냅샷이 발생할 때 유효해야 한다. 즉 데이터베이스에서 허용하는 모든 쓰기는 디스크에 완전히 기록돼야 한다(저널 혹은 데이터 파일에). 백업이 발생할 때 디스크에 없는 쓰기가 있으면 백업은 변경 사항을 반영하지 않는다.

와이어드타이거 스토리지 엔진의 경우 데이터 파일은 마지막 체크포인트를 기준으로 일관된 상태를 반영한다. 체크포인트는 1분마다 발생한다.

스냅샷은 전체 디스크나 볼륨의 이미지를 생성한다. 전체 시스템을 백업해야 하는 경우가 아니라면 몽고DB 데이터 파일, 저널(해당된다면), 구성을 다른 데이터를 포함하지 않는 하나의 논리 디스크logical disk에 격리하는 것을 고려해보자. 혹은 모든 몽고DB 데이터 파일을 전용 장치에 저장해서 불필요한 데이터를 복제하지 않고 백업할 수 있다.

스냅샷의 데이터를 다른 시스템으로 복사함으로써 데이터를 사이트 장애로부터 안전하게 보호할 수 있다.

mongod 인스턴스에 저널링이 활성화됐으면, 모든 종류의 파일시스템 또는 볼륨/블록 수준 스냅샷 도구를 사용해 백업을 생성할 수 있다.

리눅스 기반 시스템에서 자체 인프라를 관리하는 경우, 리눅스 논리 볼륨 매니저Logical Volume Manager(LVM)를 사용해 시스템을 구성해 디스크 패키지와 스냅샷 기능을 제공한다. LVM을 사용하면 물리적 디스크 파티션disk patition을 유연하게 결합하고 분할할 수 있으므로 파일시스템의 크기를 동적으로 조정할 수 있다. 또한 클라우드/가상화 환경 내에서 LVM 기반 설정을 사용할 수도 있다.

LVM의 초기 설정에서, 먼저 디스크 파티션을 물리 볼륨에 할당(pvcreate)한다. 그리고 그 중 하나 이상을 볼륨 그룹에 할당(vgcreate)한 후 볼륨 그룹을 참조하는 논리 볼륨을 만든다

(lvcreate), 논리 볼륨에 파일시스템을 구축(mkfs)할 수 있으며, 생성 시 마운트(mount)할 수 있다.

스냅샷 백업과 복원 절차

이 절에서는 리눅스 시스템에서 LVM을 사용하는 간단한 백업 프로세스의 개요를 설명한다. 사용하는 시스템에서 도구, 명령, 경로는 (약간) 다를 수 있다.

다음 절차는 백업 시스템과 인프라에 대한 지침으로만 사용하자. 운영환경 백업 시스템은 특정 환경에 고유한 여러 애플리케이션별 요구 사항과 요인을 고려해야 한다.

LVM을 사용해 스냅샷을 생성하려면 root 사용자로 접속해 다음 형식의 명령을 실행하자.

```
# lvcreate --size 100M --snapshot --name mdb-snap01 /dev/vg0/mongodb
```

명령은 --snapshot 옵션으로 LVM 스냅샷을 만든다. 스냅샷은 vg0 볼륨 그룹에 있는 mongodb 볼륨의 mdb-snap01(이름)이며 /dev/vg0/mdb-snap01에 위치하게 된다. 시스템, 볼륨 그룹, 장치의 위치와 경로는 운영체제의 LVM 구성에 따라 약간 다를 수 있다.

--size 100M 매개변수로 인해 스냅샷의 한도는 100메가바이트다. 이 크기는 디스크에 있는 총 데이터 양이 아니라 /dev/vg0/mongodb의 현재 상태와 스냅샷(/dev/vg0/mdb-snap01)의 차이의 양을 반영한다.

명령이 반환되면 스냅샷이 존재하게 된다. 언제든지 스냅샷에서 직접 복원하거나, 새 논리 볼륨을 만들고 스냅샷에서 대체 이미지로 복원할 수 있다.

스냅샷은 고품질 백업을 빠르게 생성하는 데 유용하지만 백업 데이터를 저장하는 형식으로는 적합하지 않다. 스냅샷은 원본 디스크 이미지와 동일한 스토리지 인프라에 의존하며 상주한다. 따라서 스냅샷을 보관archive하고 다른 곳에 저장하는 것이 중요하다.

스냅샷을 생성한 후에는 스냅샷을 마운트하고 데이터를 별도의 스토리지에 복사한다. 혹은 다음 절차와 같이 스냅샷 이미지의 블록 수준 복사본을 만든다.

```
# umount /dev/vg0/mdb-snap01
# dd if=/dev/vg0/mdb-snap01 | gzip > mdb-snap01.gz
```

명령 시퀀스는 다음을 수행한다.

- /dev/vg0/mdb-snap01 장치가 마운트되지 않도록 한다.
- dd 명령을 사용해 전체 스냅샷 이미지의 블록 수준 복사를 수행하고, 결과를 현재 작업 디렉터리의 gzip 파일로 압축한다.

> **WARNING_** dd 명령은 현재 작업 디렉터리에 큰 **.gz** 파일을 생성한다. 이 명령은 여유 공간이 충분한 파일시스템에서 실행해야 한다.

LVM으로 생성된 스냅샷을 복원하려면 다음 명령 시퀀스를 실행하자.

```
# lvcreate --size 1G --name mdb-new vg0
# gzip -d -c mdb-snap01.gz | dd of=/dev/vg0/mdb-new
# mount /dev/vg0/mdb-new /srv/mongodb
```

시퀀스는 다음을 수행한다.

- /dev/vg0 볼륨 그룹에 mdb-new라는 새 논리 볼륨을 생성한다. 새 장치의 경로는 /dev/vg0/mdb-new가 된다. 다른 이름을 사용할 수 있으며, 1G를 원하는 볼륨 크기로 변경할 수 있다.
- mdb-snap01.gz 파일의 압축을 풀고 mdb-new 디스크 이미지에 보관 해제unarchive한다.
- mdb-new 디스크 이미지를 /srv/mongodb 디렉터리에 마운트한다. 몽고DB 데이터 파일 위치(또는 필요에 따라 다른 위치)에 맞게 마운트 지점mount point을 수정한다.

복원된 스냅샷에는 오래된 mongod.lock 파일이 있다. 스냅샷에서 이 파일을 제거하지 않으면 몽고DB는 오래된 락 파일이 비정상 종료를 나타낸다고 간주한다. storage.journal. enabled가 활성화된 상태에서 실행 중이며 db.fsyncLock()을 사용하지 않는다면, mongod. lock 파일을 제거할 필요가 없다. db.fsyncLock()을 사용한다면 락을 제거해야 한다.

압축된 .gz 파일에 쓰지 않고 백업을 복원하려면 다음 명령 시퀀스를 사용하자.

```
# umount /dev/vg0/mdb-snap01
# lvcreate --size 1G --name mdb-new vg0
# dd if=/dev/vg0/mdb-snap01 of=/dev/vg0/mdb-new
# mount /dev/vg0/mdb-new /srv/mongodb
```

결합된 프로세스와 SSH를 사용해 오프시스템 백업off-system backup을 구현할 수 있다. 이 시퀀스는 앞에서 설명한 절차와 거의 동일하지만, SSH를 사용해 원격 시스템에서 백업을 보관하고 압축한다는 차이점이 있다.

```
umount /dev/vg0/mdb-snap01
dd if=/dev/vg0/mdb-snap01 | ssh username@example.com gzip > /opt/backup/ mdb-snap01.gz
lvcreate --size 1G --name mdb-new vg0
ssh username@example.com gzip -d -c /opt/backup/mdb-snap01.gz | dd of=/dev/vg0/mdb-new
mount /dev/vg0/mdb-new /srv/mongodb
```

몽고DB 3.2부터는 와이어드타이거를 사용하는 몽고DB 인스턴스의 볼륨 수준 백업을 수행할 때, 데이터 파일과 저널이 같은 볼륨에 있지 않아도 된다. 그러나 백업의 일관성을 보장하려면 데이터베이스를 잠가야 하며 데이터베이스에 대한 모든 쓰기를 백업 프로세스 중에 일시 중지해야 한다.

mongod 인스턴스가 저널링 없이 실행 중이거나 별도의 볼륨에 저널 파일이 있으면, 디스크에 모든 쓰기를 플러시하고 데이터베이스에 락을 걸어 백업 프로세스 중에 쓰기를 방지해야 한다. 복제 셋 구성이 있다면 읽기를 수신하지 않는 세컨더리(즉 숨겨진 멤버)를 사용하자.

수행하려면 mongo 셸에서 db.fsyncLock() 메서드를 실행한다.

```
> db.fsyncLock();
```

그런 다음 백업 작업을 수행한다.

스냅샷이 완료되면 mongo 셸에서 다음 명령을 실행해 데이터베이스의 락을 해제하자.

```
> db.fsyncUnlock();
```

이 과정은 다음 절에서 자세히 설명한다.

23.2.2 데이터 파일 복사

단일 서버 백업을 생성하는 또 다른 방법으로, 데이터 디렉터리에 있는 모든 것을 복사하는 방법이 있다. 파일시스템 지원 없이 동시에 모든 파일을 복제할 수 없으므로, 복제하는 동안에는 데이터 파일이 변경되지 않게 해야 한다. fsyncLock 명령으로 해결한다.

```
> db.fsyncLock()
```

명령은 추가적인 쓰기를 방지하도록 데이터베이스를 잠근다. 또한 모든 더티 데이터^{dirty data}를 디스크로 플러시(fsync)함으로써 데이터 디렉터리 내 파일이 최신의 일관성 있는 정보를 가지며 변경되지 않도록 보장한다.

명령이 실행되고 나면 mongod는 들어오는 쓰기 작업을 모두 큐에 넣는다. mongod는 락이 해제될 때까지 쓰기를 처리하지 않는다. 이 명령은 (db가 연결된 데이터베이스뿐 아니라) 모든 데이터베이스에 쓰기를 멈춤을 알아두자.

fsynclock 명령이 반환되면 데이터 디렉터리 내 모든 파일을 백업 위치로 복사하자. 리눅스에서 다음과 같은 명령으로 수행한다.

```
$ cp -R /data/db/* /mnt/external-drive/backup
```

데이터 디렉터리에 있는 모든 파일과 폴더를 백업 위치로 확실하게 복사했는지 확인하자. 파일이나 디렉터리가 누락되면 백업이 사용할 수 없게 되거나 손상될 수 있다.

데이터 복제가 끝나면 다시 쓰기를 받아들이도록 데이터베이스 락을 해제한다.

```
> db.fsyncUnlock()
```

데이터베이스는 다시 정상적으로 쓰기 작업을 처리한다.

인증과 fsyncLock에 몇몇 락 문제가 있음을 알아두자. 인증을 사용한다면 fsyncLock과 fsyncUnlock을 호출하는 사이에 셸을 닫지 않도록 한다. 연결이 끊어지면 다시 연결할 수 없으며 mongod를 재시작해야 한다. fsyncLock 설정은 재시작 시 유지되지 않으며 mongod는 항상 락 해제 상태로 시작된다.

fsyncLock 대신 mongod를 종료한 뒤 파일을 복사하고 mongod 백업을 다시 시작해도 된다. mongod를 종료하면 모든 변경 사항이 디스크로 플러시되며, 백업 중 새로운 쓰기가 발생하지 않는다.

데이터 디렉터리의 복제본으로부터 복원하려면, mongod가 실행 중이 아니며 복원하려는 위치의 데이터 디렉터리가 비어 있음을 확인해야 한다. 백업된 데이터 파일을 해당 데이터 디렉터리로 복사하고 mongod를 시작하자. 예를 들어 다음 명령은 앞에서 사용한 명령으로 백업한 파일을 복원한다.

```
$ cp -R /mnt/external-drive/backup/* /data/db/
$ mongod -f mongod.conf
```

부분 데이터 디렉터리 복제에 대한 경고에도 불구하고, 복사할 항목과 위치를 안다면 이 방법으로 --directoryperdb 옵션을 사용해 개별 데이터베이스를 백업할 수 있다. 개별 데이터베이스(예를 들면 myDB)를 백업하려면 myDB 디렉터리 전체를 복사한다. 부분 데이터 디렉터리 복제는 --directoryperdb 옵션을 사용해야만 가능하다.

파일을 정확한 데이터베이스 이름으로 데이터 디렉터리에 복사하는 것만으로 특정 데이터베이스를 복원할 수 있다. 이처럼 단편적인 복원을 하려면 완전한 종료부터 시작해야 한다. 시스템이 갑자기 멈추거나 비정상적으로 종료됐다면 백업으로부터 단일 데이터베이스 복원을 시도하지 않도록 한다. 전체 디렉터리를 교체하고 mongod를 시작해 저널 파일이 재생되도록 하자.

> **WARNING_** 절대로 fsyncLock을 mongodump(23.2.3 'mongodump 사용'에서 설명한다)와 함께 사용하지 말자. 데이터베이스가 잠겨 있으면 데이터베이스가 수행하는 작업에 따라 mongodump는 영원히 멈춘 상태가 될 수도 있다.

23.2.3 mongodump 사용

마지막 단일 서버 백업 방법은 mongodump를 사용하는 방법이다. 마지막으로 설명하는 이유는 몇 가지 단점이 있기 때문이다. mongodump는 백업과 복원을 둘 다 느리게 수행하며, 복제 셋에 관련된 문제가 있다(23.3 '복제 셋 백업하기'에서 설명). 반면에 개별 데이터베이스, 컬렉션, 심지어 컬렉션의 서브셋을 백업하기 좋다는 장점도 있다.

mongodump는 다양한 옵션을 가지며, 옵션은 mongodump --help를 실행해 확인할 수 있다. 여기서는 백업에 가장 유용하게 쓰이는 옵션에 초점을 맞춘다.

모든 데이터베이스를 백업하려면 간단히 mongodump를 실행한다. mongodump가 mongod와 같은 장비에서 실행된다면 mongod가 실행 중인 포트를 명시하자.

```
$ mongodump -p 31000
```

mongodump는 현재 디렉터리에 (모든 데이터의 덤프dump를 포함하는) dump 디렉터리를 생성한다. dump 디렉터리는 데이터베이스와 컬렉션에 의해 폴더와 하위 폴더로 구성된다. 실제 데이터는 .bson 파일(컬렉션에 있는 모든 도큐먼트를 BSON 형태로 포함)에 저장되고 서로 연결된다. 몽고DB에서 제공하는 bsondump 도구를 이용해 .bson 파일을 검사한다.

심지어 서버가 실행 중이 아니어도 mongodump를 사용할 수 있다. --dbpath 옵션으로 데이터 디렉터리를 지정할 수 있고, mongodump는 데이터 파일을 사용해 데이터를 복제한다.

```
$ mongodump --dbpath /data/db
```

mongod가 실행 중이면 --dbpath 옵션을 사용해서는 안 된다.

mongodump의 문제는 순간 백업instantaneous backup이 아니라는 점이다. 해당 시스템은 백업이 수행되는 동안에도 쓰기를 수행할 수 있다. 예를 들어 다음과 같은 상황이 생길 수 있다. 사용자 A가 백업을 시작해 mongodump가 데이터베이스 A를 덤프하지만, 동시에 사용자 B는 A를 삭제한다. 그러나 mongodump가 이미 A를 덤프했으므로 데이터의 스냅샷은 원래 서버의 상태와 다르게 찍히게 된다.

이를 피하려면 (mongod를 --replSet 옵션과 함께 실행 중이라면) mongodump의 --oplog 옵션을 사용한다. 옵션은 덤프가 발생하는 동안 해당 서버에서 발생하는 모든 연산을 추적하고, 연산들은 백업이 복원될 때 재생된다. 따라서 원본 서버 데이터의 일관된 특정 시점 스냅샷point-in-time snapshot을 얻는다.

mongodump에 복제 셋 연결 문자열replication set connection string을 전달하면(예를 들면 **"setName/seed1, seed2, seed3"**) 문자열은 덤프할 프라이머리를 자동으로 선택한다. 세컨더리를 사용하려면 읽기 선호도를 지정하자. 읽기 선호도는 --uri 연결 문자열, uri readPreferenceTags 옵션 또는 --readPreference 명령행 옵션으로 지정한다. 설정 및 옵션에 대한 자세한 내용은 mongodump와 관련된 몽고DB 문서(https://oreil.ly/GH3-0)를 참조하자.

mongodump 백업으로부터 복원하려면 mongorestore 도구를 사용한다.

```
$ mongorestore -p 31000 --oplogReplay dump/
```

데이터베이스를 덤프하는 데 --oplog 옵션을 사용했으면, 특정 시점의 스냅샷을 얻으려면 mongorestore와 함께 --oplogReplay 옵션을 사용해야 한다.

실행 중인 서버의 데이터를 교체할 계획이라면, 복원하기 전에 컬렉션을 삭제하는 --drop 옵션을 사용할 수도(또는 사용하지 않을 수도) 있다.

mongodump와 mongorestore의 동작은 시간이 지남에 따라 변해왔다. 호환성 문제를 해결하려면 두 유틸리티를 동일한 버전으로 사용하자(mongodump --version과 mongorestore --version을 실행해 버전을 확인할 수 있다).

> **WARNING_** 몽고DB 4.2 이후 버전에서는 샤드 클러스터를 백업하는 데 mongodump나 mongorestore를 사용할 수 없다. 이러한 도구는 샤드 전체에 걸쳐 트랜잭션의 원자성을 유지하지 못한다.

mongodump와 mongorestore로 컬렉션과 데이터베이스 이동하기

덤프를 수행한 곳이 아닌 완전히 다른 데이터베이스와 컬렉션으로 복원할 수도 있다. 여러 환경이 서로 다른 데이터베이스명(예를 들면 dev와 prod)과 같은 컬렉션명을 사용할 때 유용하다.

.bson 파일을 특정 데이터베이스와 컬렉션으로 복원하려면 다음과 같이 명령행에서 대상을 명시한다.

```
$ mongorestore --db newDb --collection someOtherColl dump/oldDB/oldColl.bson
```

또한 이러한 도구를 SSH와 함께 사용하면, 해당 도구의 보관 기능을 사용함으로써 디스크 입출력 없이 데이터 마이그레이션을 수행할 수도 있다. 이렇게 하면 세 단계를 하나의 작업으로 간소화할 수 있다(이전에는 디스크에 백업하고, 백업 파일을 대상 서버에 복사한 다음, 서버에서 mongorestore를 실행해 백업을 복원해야 했다).

```
$ ssh eoin@proxy.server.com mongodump --host source.server.com\ --archive
¦ ssh eoin@target.server.com mongorestore --archive
```

이러한 도구의 보관 기능과 압축을 결합하면, 데이터 마이그레이션을 수행하는 동안 전송되는 정보의 크기를 더욱 줄일 수 있다. 다음 예제는 동일한 SSH 데이터 마이그레이션에 보관 및 압축 기능을 사용한다.

```
$ ssh eoin@proxy.server.com mongodump --host source.server.com\ --archive
--gzip ¦ ssh eoin@target.server.com mongorestore --archive --gzip
```

고유 인덱스의 관리적 문제

어떤 컬렉션에 ("_id" 이외의) 고유 인덱스가 있다면 mongodump/mongorestore가 아닌 다른 종류의 백업을 고려해야 한다. 고유 인덱스를 사용하면, 데이터를 복제하는 동안 데이터가 '고유 인덱스 제약 조건'을 위반하는 방식으로 변경되지 않아야 한다. 가장 안전한 방법은 데이터를 'freeze'시킨 후 백업을 수행하는 방법이다.

만약 mongodump/mongorestore를 사용하기로 결정했다면 백업으로부터 복원할 때 데이터에 전처리preprocess를 수행해야 한다.

23.3 복제 셋 특정 고려 사항

복제 셋을 백업할 때 추가로 고려할 사항은, 배포의 정확한 특정 시점 스냅샷을 생성하려면 데이터뿐 아니라 복제 셋의 상태도 캡처해야 한다는 점이다.

일반적으로 사용자는 세컨더리에서 백업을 수행한다. 그러면 프라이머리의 부하를 덜고, 애플리케이션에 영향을 주지 않으며(애플리케이션이 해당 세컨더리로 읽기 요청을 보내지 않는 한) 세컨더리에 락을 걸 수 있다. 복제 셋 멤버를 백업하는 데 이전에 설명한 세 가지 방법을 사용할 수 있지만, 그 중에서 파일시스템 스냅샷과 데이터 파일 복제를 권장한다. 두 방법 모두 수정 없이 복제 셋 세컨더리에 적용될 수 있다.

복제가 활성화 상태일 때 mongodump는 사용하기가 간단하지 않다. 먼저, mongodump를 사용한다면 --oplog 옵션으로 백업을 수행해 특정 시점 스냅샷을 얻어야 한다. 그렇지 않으면 백업 상태가 클러스터 내 어떤 멤버의 상태와도 일치하지 않게 된다. 또한 mongodump 백업으로부터 복원할 때 oplog를 생성해야 하며, 그렇지 않으면 복원된 멤버는 어디와 동기화됐는지 알 수 없다.

mongodump 백업에서 복제 셋 멤버를 복원하려면, 대상 복제 셋 멤버를 빈 데이터 디렉터리를 갖는 독립 실행형 서버로 시작한 후 (23.2.3 'mongodump 사용'에서 설명한) --oplogReplay 옵션으로 mongorestore를 실행한다. 이제 데이터의 완전한 복제본을 갖지만 여전히 oplog가 필요하다. createCollection 명령을 사용해 oplog를 생성하자.

```
> use local
> db.createCollection("oplog.rs", {"capped" : true, "size" : 10000000})
```

컬렉션의 크기를 바이트 단위로 지정한다. oplog 크기 조정에 대한 내용은 13.4.6 'oplog 크기 변경하기'를 참조한다.

이제 oplog를 채우자. 가장 쉬운 방법은 덤프에 있는 oplog.bson 백업 파일을 local.oplog.rs 컬렉션으로 복원하는 방법이다.

```
$ mongorestore -d local -c oplog.rs dump/oplog.bson
```

이는 oplog 자체의 덤프(dump/local/oplog.rs.bson)는 아니지만 덤프하는 동안 발생한 oplog 연산의 덤프임을 알아두자. mongorestore가 완료되면 서버를 복제 셋 멤버로 재시작할 수 있다.

23.4 샤드 클러스터 특정 고려 사항

이 장의 접근 방식으로 샤드 클러스터를 백업할 때 추가로 고려할 사항이 있다. 샤드가 활성 상태일 때만 일부를 백업할 수 있다는 점과, 샤드 클러스터가 활성 상태인 동안 '완벽하게' 백업을 수행하기는 불가능하다는 점이다. 어느 한 시점에서 클러스터 상태 전체의 스냅샷을 얻을 수 없기 때문이다. 하지만 클러스터가 커질수록 백업으로부터 모든 것을 복원해야 하는 상황이 적어진다. 그러므로 샤드 클러스터 백업을 다룰 때는 구성 서버와 복제 셋을 개별적으로 백업하는 일에 초점을 맞추자. 전체 클러스터를 특정 시점으로 백업하는 기능이 필요하거나 자동화된 솔루션을 선호한다면 몽고DB의 클라우드 매니저나 아틀라스 백업 기능을 사용한다.

샤드 클러스터에서 백업이나 복원을 수행하기 전에 밸런서를 *끄자*. 청크 단위로 움직이는 상황에서는 일관된 스냅샷을 얻을 수 없다. 밸런서를 켜고 *끄는* 명령은 17.4 '데이터 밸런싱'을 참조한다.

23.4.1 전체 클러스터 백업 및 복원

클러스터가 아주 작거나 개발용이라면 모든 것을 덤프하고 복원하고 싶을 수도 있다. 밸런서를 *끄고* mongos를 통해 mongodump를 실행함으로써 수행할 수 있다. 그러면 mongodump가 어떤 서버에서 실행되든, 해당 서버상 모든 샤드의 백업이 생성된다.

이러한 백업으로부터 복원하려면 mongos와 연결된 mongorestore를 실행한다.

혹은 밸런서를 끈 후 각 샤드와 구성 서버에 대한 파일시스템 또는 데이터 디렉터리의 백업을 수행할 수도 있다. 그러나 불가피하게 각각의 복제본을 약간씩 다른 시간에 얻게 되는데, 이는 문제가 될 수도 있다. 또한 밸런서를 켜자마자 마이그레이션이 발생하면, 하나의 샤드로부터 백업한 일부 데이터가 더는 그곳에 없게 된다.

23.4.2 단일 샤드 백업 및 복원

대부분의 경우 클러스터 내에서 하나의 샤드만 복원하면 된다. 아주 까다롭지만 않다면, 해당 샤드의 백업으로부터 복원하는 데 (방금 설명한) 단일 서버 백업 방법을 사용하면 된다.

한 가지 문제를 알아둬야 한다. 월요일에 클러스터를 백업한다고 가정하자. 목요일에 디스크가 고장 나는 바람에 백업으로부터 복원해야 하는 상황이 생겼다. 하지만 월요일과 목요일 사이에 새로운 청크가 해당 샤드로 이동했을 수도 있다. 월요일에 수행한 백업은 새로운 청크를 포함하지 않는다. 구성 서버 백업을 사용하면 청크가 월요일에 어느 위치에 있었는지 파악할 수 있지만, 단순히 샤드를 복원하는 일보다 훨씬 어렵다. 대부분의 경우 샤드를 복원하고 청크 내 데이터는 잃는 편이 낫다.

mongos를 통과하는 대신 샤드에 직접 연결해 백업을 복원할 수 있다.

## CHAPTER 24

몽고DB 배포

이 장에서는 실제 서비스에서 쓰이는 서버 설정에 대한 권장 사항을 설명한다. 다음과 같은 내용을 다룬다.

- 구입할 하드웨어를 고르고 설정하는 방법
- 가상화 환경virtualized environment 사용
- 중요한 커널과 디스크 입출력 설정
- 네트워크 설정. 누가 누구에 연결해야 하는가?

24.1 시스템 설계

일반적으로 데이터의 안전성과 빠른 접근성을 갖도록 시스템을 최적화하는 것이 바람직하다. 이 절에서는 디스크, RAID 구성, CPU, 그 밖의 하드웨어와 저수준 소프트웨어 구성 요소 등을 선택하는 최선의 방법을 설명한다.

24.1.1 저장 매체 선택

다음과 같은 장치에 데이터를 저장하고 검색한다(선호도 높은 순으로 나열).

1. 램
2. SSD
3. 회전 디스크

아쉽게도 대부분의 사람은 예산이 한정적이므로, 데이터를 전부 램에 저장할 수 없고 SSD는 너무 비싸다. 따라서 배포는 일반적으로 (총 데이터 크기에 비례해) 램은 적고 회전 디스크 공간은 충분하다. 이런 입장이라면 작업 셋은 램보다 작으며, 작업 셋이 커지면 확장을 준비해야 한다.

원하는 하드웨어를 구매할 만큼 예산이 충분하다면 램과 SSD를 많이 사면 된다.

램으로부터 데이터를 읽는 데는 나노초^{nanosecond} 단위의 시간이 걸린다(100나노초라 하자). 반면 디스크로부터 읽는 데는 밀리초 단위 시간이 걸린다(10밀리초라 하자). 두 값에 동일한 수를 곱해 확장해보자. 램에 대한 접근이 1초가 걸린다면 디스크에 대한 접근은 하루가 걸린다!

- 100나노초 × 10,000,000 = 1초
- 10밀리초 × 10,000,000 = 1.16일

대략적인 계산이지만(물론 디스크는 좀 더 빠르고 램은 좀 더 느릴 수도 있다) 차이의 정도는 크게 다르지 않다. 그러므로 가능한 한 디스크에 덜 접근하면 좋다.

24.1.2 권장되는 RAID 구성

RAID는 여러 디스크를 마치 하나의 디스크처럼 다루게 해주는 하드웨어 혹은 소프트웨어다. 신뢰성이나 성능(혹은 둘 다)을 위해 사용한다. RAID를 사용하는 디스크 셋을 RAID 배열^{RAID array}이라고 한다(RAID는 저렴한 디스크의 중복 배열^{redundant array of inexpensive disks}의 약어이므로 뜻이 다소 중복된다).

RAID를 구성하는 방법은 사용자가 원하는 기능에 따라 여러 가지가 있다. 일반적으로는 속도와 결함 허용^{fault tolerance}의 조합으로 구성된다. 일반적인 방법은 다음과 같다.

RAID0

성능 향상을 위해 디스크를 스트라이핑^{striping}하는 방식이다. 몽고DB의 샤드와 유사하게 각 디스크는 데이터의 일부를 가진다. 기본 디스크가 여러 개이므로 동시에 많은 데이터를 디스크에 기록할 수 있다. 이는 쓰기 처리량을 높인다. 그러나 디스크에 오류가 생겨 데이터가 손실되면 복제본은 존재하지 않는다. 또한 일부 데이터 볼륨이 다른 것들보다 느리면 느린 읽기를 발생시킬 수 있다.

RAID1

신뢰성 향상을 위해 미러링^{mirroring}하는 방식이다. 데이터 복제본이 배열의 각 멤버에 기록된다. 한 멤버의 디스크가 느리면 전체 쓰기를 느리게 할 수 있기 때문에 RAID0보다 성능이 좋지 않다. 하지만 디스크에 오류가 생기더라도 배열의 다른 멤버에는 여전히 데이터의 복제본이 존재한다.

RAID5

디스크를 스프라이핑한다. 또한 저장한 다른 데이터에 대한 추가 데이터 조각을 보관함으로써 서버 오류에 의한 데이터 손실을 방지한다. 기본적으로 RAID5는 고장 난 하나의 디스크를 처리할 수 있고 오류를 사용자로부터 숨길 수 있다. 하지만 나열한 어떤 RAID 구성보다도 느리다. 데이터를 기록할 때마다 이러한 정보 조각들을 계산해야 하기 때문이다. 몽고DB에서는 일반적인 워크로드가 소규모 쓰기를 많이 수행하므로 특히 비용이 크다.

RAID10

RAID0과 RAID1의 조합이다. 데이터는 속도를 위해 스트라이핑되고 안정성을 위해 미러링된다.

RAID10 사용을 권장한다. RAID10은 RAID0보다 안전하며, RAID1에서 발생 가능한 성능 문제를 매끄럽게 해결한다. 몇몇 사람들은 복제 셋에서 RAID1은 지나치다고 생각해 RAID0을 선택한다. 개인마다 선호도가 다르며, 성능을 위해 위험을 어느 정도까지 감수할 것인지에 관한 문제다.

RAID5는 너무 느리니 사용하지 말자.

24.1.3 CPU

몽고DB는 역사상 CPU에 매우 가벼웠지만, 와이어드타이거 스토리지 엔진을 사용한 후로는 그렇지 않다. 와이어드타이거 스토리지 엔진은 다중 스레드 방식이며 추가 CPU 코어를 활용할 수 있다. 사용자는 메모리와 CPU 사이에서 균형을 맞춰야 한다.

속도와 코어 개수 중에서는 속도를 선택하자. 몽고DB는 병렬화가 증가할 때보다 단일 프로세서에서 사이클이 늘어날 때의 장점을 더 잘 활용한다.

24.1.4 운영체제

몽고DB가 최적의 상태로 실행되는 운영체제는 64비트 리눅스다. 가능하다면 맛보기로 사용해보자. 센트OS^{CentOS}와 레드햇 엔터프라이즈 리눅스^{RedHat Enterprise Linux}가 가장 많이 사용되며, 다른 종류도 잘 작동한다(우분투^{Ubuntu}와 아마존 리눅스^{Amazon Linux}도 흔히 사용된다). 오래되고 오류가 있는 패키지나 커널은 때때로 문제를 일으키니 가장 최신의 안정적인 버전을 사용하자.

64비트 윈도우도 잘 지원된다. 유닉스의 몇몇 종류는 잘 지원되지 않는다. 솔라리스^{Solaris}나 BSD의 변형된 형태를 사용한다면 주의하며 진행하자. 이러한 시스템을 위한 구축에는 역사상 꽤 많은 문제가 있었다. 몽고DB는 2017년 8월 솔라리스 지원을 명시적으로 중단하며 사용자들의 채택이 부족하다는 점을 지적했다.

상호 호환성^{cross-compatibility}에 관한 중요한 사항이 있다. 몽고DB는 모든 시스템에 같은 와이어 프로토콜을 사용하고 데이터 파일을 동일하게 펼쳐놓으므로, 여러 운영체제의 조합에도 배포할 수 있다. 예를 들어 윈도우에서 실행되는 mongos 프로세스와, 리눅스에서 실행되는 (mongos의 샤드인) mongod를 가질 수 있다. 또한 호환성 문제 없이 윈도우로부터 데이터를 복제해 리눅스로 옮길 수 있고, 그 반대도 가능하다.

버전 3.4부터 몽고DB는 32비트 x86 플랫폼을 지원하지 않는다. 32비트 시스템에서 몽고DB 서버를 실행하지 않도록 주의하자.

몽고DB는 리틀 엔디언^{little-endian} 아키텍처들과 하나의 빅 엔디언^{big-endian} 아키텍처인 IBM zSeries에서 작동한다. 대부분의 드라이버는 리틀 엔디언 시스템과 빅 엔디언 시스템을 둘 다 지원하므로 둘 중 하나에서 클라이언트를 실행할 수 있다. 하지만 서버는 일반적으로 리틀 엔디언 장비에서 실행된다.

24.1.5 스왑 공간

메모리 한계에 도달해 커널이 몽고DB를 죽이는 상황을 방지하려면 스왑 공간swap space을 소량 할당해야 한다. 몽고DB는 일반적으로 스왑 공간을 사용하지 않지만, 극한 상황에서는 와이어드타이거 스토리지 엔진이 스왑 공간을 사용할 수도 있다. 이런 상황이 발생하면 시스템의 메모리 용량을 늘리거나 워크로드를 검토해서 성능과 안정성에 문제가 생기지 않게 해야 한다.

몽고DB가 사용하는 메모리는 대부분 유동적이며 안전하지 못하다. 이는 시스템이 다른 용도로 공간을 요청하는 즉시 디스크로 플러시되고 다른 메모리로 교체된다. 그러므로 데이터베이스 데이터를 스왑 공간에 기록해서는 안 된다(다시 디스크로 플러시된다).

그러나 간혹 몽고DB는 데이터를 정렬하도록 요청하는 연산에 대해 스왑 공간을 사용한다(인덱스 구축 혹은 정렬). 이러한 연산에 너무 많은 메모리를 쓰지 않으려 하지만, 연산을 동시에 많이 실행함으로써 스와핑을 강제로 수행할 수도 있다.

애플리케이션이 몽고DB가 스왑 공간을 사용하게 한다면, 애플리케이션을 재설계하거나 스와핑 서버의 부하를 줄이는 것을 고려해야 한다.

24.1.6 파일시스템

리눅스의 경우, 와이어드타이거 스토리지 엔진이 있는 데이터 볼륨에는 XFS 파일시스템만 권장된다. 와이어드타이거와 함께 ext4 파일시스템을 사용할 수도 있지만 성능 문제가 있다(예를 들어 와이어드타이거 체크포인트에서 중단될 수 있다).

윈도우에서는 NTFS나 FAT가 좋다.

> **WARNING_** 몽고DB 스토리지를 위해 네트워크 파일 스토리지Network File Storage(NFS)를 직접적으로 마운트하지 말자. 일부 클라이언트 버전은 플러시를 방치하고, 페이지 캐시를 임의로 리마운트remount하고 플러시하며, 배타적 파일 락exclusive file locking을 지원하지 않는다. NFS를 사용하면 저널에 손상이 생길 수 있으므로 무슨 수를 써서라도 피해야 한다.

24.2 가상화

가상화는 값싼 하드웨어를 얻고 빠르게 확장하는 좋은 방법이다. 하지만 예측할 수 없는 네트워크와 디스크 입출력이 단점이다. 이 절에서는 가상화 관련 문제를 다룬다.

24.2.1 메모리 오버커밋

메모리 오버커밋overcommit 리눅스 커널 설정kernel setting은 프로세스가 운영체제로부터 너무 많은 메모리를 요청할 때 발생하는 상황을 조절한다. 커널 설정에 따라, 메모리를 실제로 사용할 수 없음에도 커널은 해당 메모리를 프로세스에 제공할 수 있다(프로세스에 메모리가 필요한 시점에 사용 가능해질 것으로 기대한다). 이를 **오버커밋**이라고 하며, 커널은 실제로 존재하지 않는 메모리를 프로세스에 약속한다. 이 운영체제 커널 설정은 몽고DB에서 잘 작동하지 않는다.

vm.overcommit_memory의 값은 0, 1, 2가 될 수 있다. 각각의 뜻은 다음과 같다.

- 0 : 얼마나 많이 오버커밋할지 커널이 추측한다.
- 1 : 메모리 할당이 항상 성공한다.
- 2 : 스왑 공간에 오버커밋 비율의 일부를 더한 것보다 많은 가상 주소virtual address 공간은 커밋하지 않는다.

값 2는 복잡하지만 이용 가능한 최선의 선택지다. 설정하려면 다음을 실행한다.

```
$ echo 2 > /proc/sys/vm/overcommit_memory
```

설정을 바꾼 후 몽고DB를 재시작할 필요는 없다.

24.2.2 미스터리한 메모리

때때로 가상화 계층virtualization layer은 메모리 프로비저닝memory provisioning을 제대로 처리하지 않는다. 따라서 가상 머신virtual machine이 100기가바이트 램이 있다고 주장하지만, 60기가바이트 정도만 사용하도록 허용할 수도 있다. 반대로 20기가바이트 메모리만 갖도록 돼 있던 사람들이 100기가바이트 데이터셋을 램에 집어넣는 것도 보게 된다.

운이 좋지 않다면 사용자가 할 수 있는 조치는 거의 없다. 운영체제 미리 읽기 기능readahead이 올바르게 설정돼 있고 가상 머신이 사용해야 할 메모리를 모두 사용하지 않는다면, 가상 머신을 전환해야 할 수도 있다.

24.2.3 네트워크 디스크 입출력 문제 처리하기

가상화된 하드웨어를 사용하는 데 가장 큰 문제는 일반적으로 디스크를 다른 이들과 공유한다는 점이다. 모두가 디스크 입출력을 하려고 경쟁하므로 디스크 속도 저하가 더욱 심해진다. 따라서 가상화된 디스크는 성능을 예측할 수 없다. 공유하는 이들이 실행하는 작업이 많지 않을 때는 잘 작동하지만, 누군가가 디스크에 큰 영향을 주는 활동을 시작하면 갑자기 느려진다.

또한 이러한 스토리지는 종종 몽고DB가 실행 중인 서버에 물리적으로 연결되지 않으므로, 디스크를 독차지하더라도 입출력이 로컬 디스크로 실행할 때보다 느리다는 문제도 있다. 몽고DB 서버와 데이터 간의 네트워크 단절 또한 일어날 수 있다(확률은 높지 않다).

아마존 일래스틱 블록 스토어Elastic Block Store (EBS)는 가장 널리 사용되는 네트워크로 연결된 블록 저장소networked block store다. EBS 볼륨은 일래스틱 컴퓨트 클라우드Elastic Compute Cloud (EC2) 인스턴스와 연결되며, 어떤 양이든 디스크를 즉시 장비에 제공할 수 있다. EC2를 사용한다면 (인스턴스 유형에 사용할 수 있으면) AWS Enhanced Networking을 활성화해야 하며, 동적 전압 및 주파수 스케일링dynamic voltage and frequency scaling (DVFS), CPU 절전 모드, 하이퍼스레딩hyperthreading을 비활성화해야 한다.

EBS를 사용하면 백업이 쉽다는 장점이 있다(세컨더리에서 스냅샷을 만들고, 다른 인스턴스에 EBS 드라이브를 마운트한 후 mongod를 시작). 반면에 성능이 일관적이지 않다는 단점이 있다.

예측 가능한 성능을 원한다면 몇 가지 방법이 있다. 하나는 자신의 서버에 몽고DB를 호스팅하는 방법이다. 그러면 누구도 성능을 느리게 할 수 없다. 하지만 모두가 이 방법을 사용할 수는 없다. 차선책으로 특정 초당 입출력 연산 횟수I/O Operations Per Second (IOPS)를 보장하는 인스턴스를 이용하는 방법이 있다. http://docs.mongodb.org에서 호스팅 제공에 대한 최신 권장 사항을 확인하자.

앞의 두 방법을 선호하지 않고, 과부하된 EBS 볼륨이 견딜 수 있는 양보다 많은 디스크 입출력이 필요하다면 해결 방법이 있다. 사용자는 몽고DB가 사용 중인 볼륨을 계속 모니터링할 수 있다. 혹시라도 볼륨이 느려지면 즉시 해당 인스턴스를 죽이고 다른 데이터 볼륨을 갖는 새로운 인스턴스를 투입한다.

다음 통계를 유심히 살펴보자.

- 명백한 원인으로 인한 입출력 사용률의 급격한 증가(클라우드 매니저/아틀라스에서는 '입출력 대기'에 해당).
- 페이지 폴트 비율의 급격한 증가. 애플리케이션 작동 상태의 변화는 작업 셋의 변화를 일으킨다는 점을 알아두자. 애플리케이션의 새 버전을 배포하기 전에, 이러한 훼손을 일으키는 스크립트를 사용하지 않도록 설정한다.
- TCP 패킷 손실의 증가(아마존은 특히 취약하다. 성능이 저하되기 시작하면 아마존은 TCP 패킷을 여기저기서 빠뜨린다).
- 몽고DB 읽기/쓰기 큐의 급격한 증가(클라우드 매니저/아틀라스 또는 mongostat의 qr/qw 항목에서 확인할 수 있다).

부하가 일 또는 주 단위로 변화한다면 스크립트가 이러한 부하를 고려하는지 확인하자. 통제를 벗어난 cron 잡이 평소와 다른 월요일 아침 러시 때문에 모든 인스턴스를 죽이는 일은 바람직하지 않다.

이는 사용자가 최신 백업이나 상대적으로 동기화하기 빠른 데이터셋을 갖는지에 달렸다. 각 인스턴스에 테라바이트 단위 데이터가 있다면 사용자는 대안을 찾아야 한다. 대안으로 다른 데이터 볼륨을 갖는 인스턴스로 대체하더라도, 새로운 볼륨 역시 부하가 크면 예전 것만큼 느리다.

24.2.4 비네트워크 디스크 사용하기

> **NOTE_** 이 절에서는 아마존에 특화된 용어를 사용한다. 하지만 다른 서비스에도 적용할 수 있다.

임시 드라이브ephemeral drive는 사용자의 가상 머신이 실행되는 물리적 서버에 연결된 실제 디스크다. 따라서 네트워크 스토리지networked storage에서 나타나는 수많은 문제는 임시 드라이브에서 나타나지 않는다. 로컬 디스크는 여전히 같은 장비 내 다른 사용자로 인해 부하가 높아질 수 있지만, 장비가 크다면 디스크를 너무 많은 사용자와 공유하지는 않는다고 볼 수 있다. 심지어 작은 인스턴스에서도 종종 임시 드라이브는 다른 사용자가 엄청난 IOPS를 소모하는 작업을 수행하지 않는 한 네트워크 드라이브보다 나은 성능을 제공한다.

단점은 이름에서 찾을 수 있다. 이러한 디스크는 임시적이다. EC2 인스턴스가 다운되면 인스턴스를 재시작할 때 같은 장비에서 처리된다는 보장이 없으며, 그러면 사용자의 데이터는 사라지게 된다.

그러므로 임시 드라이브를 사용할 때는 주의해야 한다. 디스크에 중요한 데이터나 복제되지 않은 데이터를 저장하지 않아야 한다. 특히 임시 드라이브에 저널을 넣거나 네트워크 스토리지에 데이터베이스를 넣어서는 안 된다. 임시 드라이브를 빠른 디스크보다는 느린 캐시라고 생각하고 적절하게 사용하자.

24.3 시스템 설정 구성

몽고DB가 더욱 원활하게 실행되도록 돕는 시스템 설정system setting이 몇 가지 있다. 시스템 설정은 주로 디스크 및 메모리 접근과 관련 있다. 이 절에서는 각각의 옵션과 조정하는 방법을 설명한다.

24.3.1 NUMA 비활성화하기

장비가 CPU가 하나일 때 모든 램은 기본적으로 접근 시간 면에서 같았다. 하지만 장비가 더 많은 프로세서를 작동하기 시작하면서, 모든 메모리가 각 CPU로부터 동등하게 떨어져 있으면(그림 24-1), 각 CPU마다 가깝고 빨리 접근 가능한 메모리가 있을 때보다 덜 효과적이라는 점이 밝혀졌다(그림 24-2). 이 아키텍처는 비정형 메모리 아키텍처nonuniform memory architecture(NUMA)라고 하며, 각 CPU가 자신만의 '로컬' 메모리를 가진다.

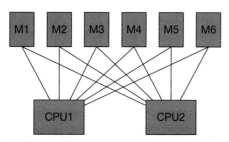

그림 24-1 정형 메모리 아키텍처uniform memory architecture. 모든 메모리는 각 CPU에 대한 접근성이 같다.

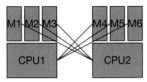

그림 24-2 비정형 메모리 아키텍처. 특정 메모리는 CPU와 붙어 있고, 따라서 CPU는 해당 메모리에 빠르게 접근할 수 있다. CPU는 다른 CPU의 메모리에도 접근할 수 있지만, 자신의 메모리에 접근할 때보다 비용이 크다.

NUMA는 많은 애플리케이션에서 잘 작동하는데, 각 프로세서는 서로 다른 프로그램을 실행하므로 서로 다른 데이터가 필요하다. 일반적으로 데이터베이스는 다른 유형의 애플리케이션과 접근 패턴이 너무 다르기 때문에, 특히 몽고DB에서는 일반적으로 NUMA가 (심하게) 잘 작동하지 않는다. 몽고DB는 엄청난 양의 메모리를 사용하며, 다른 CPU의 '로컬' 메모리에 접근해야 한다. 하지만 많은 시스템에서 기본 NUMA 설정은 이를 어렵게 만든다.

CPU는 자기와 붙어 있는 메모리를 선호하고, 프로세서는 여러 CPU 중에서 하나를 선호하는 경향이 있다. 따라서 메모리가 고르지 않게 채워지며, 하나의 프로세서가 로컬 메모리를 100% 사용하고 다른 프로세서는 메모리의 일부만 사용하게 된다. [그림 24-3]을 참조하자.

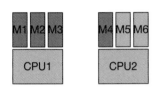

그림 24-3 NUMA 시스템에서의 메모리 사용량 예시

[그림 24-3]의 CPU1이 아직 메모리에 없는 데이터가 필요하다고 가정하자. CPU1은 아직 '거주지'가 없는 데이터를 위해 로컬 메모리를 사용해야 하는데, 로컬 메모리는 가득 찬 상태다. 그러므로 (CPU2에 붙어 있는 메모리에 충분한 공간이 남아 있는데도) 로컬 메모리에 있는 데이터의 일부를 제거해서 새로운 데이터를 위한 공간을 마련해야 한다. 필요한 메모리의 일부만을 사용할 수 있기 때문에 이 과정은 몽고DB가 예상보다 훨씬 느리게 작동하게 한다. 몽고DB는 적은 데이터에 매우 효율적으로 접근하기보다, 덜 효율적이더라도 많은 데이터에 접근하기를 선호한다.

NUMA 하드웨어에서 몽고DB 서버와 클라이언트를 실행할 때는 호스트가 비NUMA 방식으로 동작하도록 메모리 인터리브 정책memory interleave policy을 구성해야 한다. 몽고DB는 리눅스와 윈도우 장비에서 배포되면 시작할 때 NUMA 설정을 확인한다. NUMA 구성이 성능을 저하시킬 수 있는 경우 몽고DB는 경고를 출력한다.

윈도우에서는 바이오스^{Basic Input/Output System}(BIOS)를 통해 메모리 인터리빙이 활성화돼야 한다. 자세한 내용은 시스템 설명서를 참조하자.

리눅스에서 몽고DB를 실행할 때는 다음 명령 중 하나를 사용해 `sysctl` 설정에서 영역 회수^{zone reclaim}를 비활성화해야 한다.

```
echo 0 | sudo tee /proc/sys/vm/zone_reclaim_mode
sudo sysctl -w vm.zone_reclaim_mode=0
```

그런 다음 `numactl`을 사용해 `mongod` 인스턴스(구성 서버, `mongos` 인스턴스, 클라이언트 포함)를 시작한다. `numactl` 명령이 없으면 운영체제 설명서를 참조해 `numactl` 패키지를 설치하자.

다음 명령은 `numactl`을 사용해 몽고DB 인스턴스를 시작하는 방법을 보여준다.

```
numactl --interleave = all <경로> <옵션>
```

<경로>는 시작중인 프로그램의 경로이고 **<옵션>**은 프로그램에 선택적으로 전달할 인수다.

NUMA 동작을 완전히 비활성화하려면 두 작업을 모두 수행해야 한다. 자세한 내용은 설명서 (`https://oreil.ly/cm-_D`)를 참조하자.

24.3.2 미리 읽기 설정하기

미리 읽기는 운영체제가 실제로 요청받은 것보다 더 많은 데이터를 디스크로부터 읽어 제공하는 최적화다. 컴퓨터가 다룰 수 있는 부하는 대부분 순차적이므로 미리 읽기는 유용하다. 예를 들어 영상에서 첫 20메가바이트를 로드하고 나면 아마 다음 부분을 받고 싶을 것이다. 이에 대비해 시스템은 사용자가 실제로 요청하는 양보다 많은 데이터를 읽고 메모리에 저장한다.

와이어드타이거 스토리지 엔진의 경우 스토리지 미디어 유형(회전 디스크, SSD 등)에 관계없이 미리 읽기를 8과 32 사이로 설정해야 한다. 값을 더 높게 설정하면 순차 입출력 작업에 도움이 되지만, 몽고DB 디스크 접근 패턴은 일반적으로 무작위이므로 미리 읽기 값이 높을수록 이점이 덜하고 성능이 저하될 수도 있다. 대부분의 워크로드에서는 미리 읽기를 8~32 사이로 설정하면 최적의 몽고DB 성능을 얻는다.

높은 값의 이점을 테스트를 통해 반복적으로, 어느 정도 확실하게 확인하지 않는 한, 미리 읽기를 8~32 범위 내에서 설정해야 한다. 몽고DB 프로페셔널 서포트^{MongoDB Professional Support}는 0이 아닌 미리 읽기 구성에 대한 지침을 제공한다.

24.3.3 Transparent Huge Pages(THP) 비활성화하기

THP는 미리 읽기 값이 높을 때와 비슷한 문제를 야기한다. 다음 상황을 제외하고는 사용하지 말자.

- 모든 데이터가 메모리에 맞는다.
- 데이터가 메모리를 초과할 만큼 커지지 않는다.

몽고DB는 많은 메모리 조각을 페이징해야 하므로 THP를 이용하면 더 많은 디스크 입출력이 발생할 수 있다.

시스템은 데이터를 디스크에서 메모리로 옮기고, 페이지별로 다시 디스크로 옮긴다. 페이지는 보통 2킬로바이트 정도다(x86 페이지는 기본적으로 4096바이트). 장비에 기가바이트 단위 메모리가 있다면, (상대적으로 작은) 이 페이지들을 각각 기록하는 작업은 적은 수의 큰 단위 페이지를 추적하는 작업보다 느릴 수 있다. THP는 (IA-64 아키텍처에서) 256메가바이트 이하의 페이지를 갖도록 허용하는 솔루션이다. 그러나 THP를 사용한다는 것은, 메모리에 있는 디스크의 한 부분으로부터의 메가바이트 단위 데이터를 보관함을 의미한다. 디스크로부터의 큰 조각을 교체해 넣으면 메모리가 빠르게 데이터로 채워지며, 데이터가 램에 맞지 않으면 그 데이터는 다시 교체돼야 한다. 또한 디스크가 킬로바이트가 아닌 메가바이트 단위의 '더티' 데이터를 기록해야 하므로 변경 사항을 디스크로 플러시하는 작업이 느려진다.

THP는 데이터베이스에 도움이 되도록 개발됐으므로, 숙련된 데이터베이스 관리자는 이것이 의외라고 생각할 수 있다. 하지만 몽고DB는 관계형 데이터베이스보다 순차 디스크 접근^{sequential disk access}을 훨씬 덜 수행하는 경향이 있다.

24.3.4 디스크 스케줄링 알고리즘 선택하기

디스크 컨트롤러disk controller는 운영체제로부터 요청을 받고, 스케줄링 알고리즘scheduling algorithm에 의해 결정된 순서에 따라 요청을 처리한다. 이 알고리즘을 변경하면 때때로 디스크 성능이 향상된다. 디스크 외의 하드웨어와 워크로드 성능은 바뀌지 않을 수 있다. 어떤 알고리즘을 쓸지 결정하는 데는 워크로드상에서 자체적으로 테스트하는 방법이 가장 좋다. 데드라인deadline과 완전히 공정한 큐잉completely fair queueing(CFG) 둘 다 좋은 선택지다.

몇몇 상황에서는 눕 스케줄러noop scheduler('noop'은 'no-op'의 약어)가 가장 좋다. 가상화 환경이라면 눕 스케줄러를 사용하자. 눕 스케줄러는 가능한 한 빨리 내부 디스크 컨트롤러를 통해 연산을 통과시킨다. 이는 가장 빠른 방법이며, 필요한 순서 변경reordering을 모두 실제 디스크 컨트롤러가 처리하게 한다.

마찬가지로 SSD에서도 일반적으로 눕 스케줄러가 가장 좋다. SSD는 회전 디스크에서 나타나는 지역성 문제가 없다.

마지막으로 RAID 컨트롤러를 캐시와 함께 사용한다면 눕을 사용하자. 캐시는 SSD처럼 동작하며, 디스크에 효과적으로 쓰기를 전파한다.

가상화되지 않은 물리 서버에 있다면 운영체제는 데드라인 스케줄러deadline scheduler를 사용해야 한다. 데드라인 스케줄러는 요청당 최대 지연 시간을 제한하고, 디스크 집약적인 데이터베이스 애플리케이션에 적합한 합리적인 디스크 처리량을 유지한다.

부팅 구성boot configuration에서 --elevator 옵션을 설정해 스케줄링 알고리즘을 변경할 수 있다.

보통은 모든 알고리즘이 꽤 잘 작동하므로, 알고리즘마다 차이는 크지 않다.

24.3.5 접근 시간 추적 비활성화하기

기본적으로 시스템은 파일이 언제 마지막으로 접근됐는지 추적한다. 몽고DB가 사용한 데이터 파일은 트래픽이 매우 높으므로 추적 기능을 비활성화하면 성능이 향상된다. 리눅스상에서 /etc/fstab에서 atime을 noatime으로 바꿔서 비활성화한다.

```
/dev/sda7 /data xfsf rw,noatime 1  2
```

변경 사항을 적용하려면 장치를 재마운트해야 한다.

새로운 커널은 기본적으로 덜 적극적으로 갱신되는 realtime을 사용하지만, 오래된 커널(예를 들면 ext3)의 atime은 약간 문제가 있다. 또한 noatime을 설정하면 mutt이나 백업 도구처럼 파티션을 사용하는 프로그램에 영향을 미칠 수 있다는 점에 유의하자.

유사하게 윈도우에서는 disablelastaccess 옵션을 설정해야 한다. 다음을 실행해 마지막 접근 시각 기록을 비활성화한다.

```
C:\> fsutil behavior set disablelastaccess 1
```

설정을 적용하려면 재부팅해야 한다. 이를 설정함으로써 원격 스토리지 서비스에 영향을 미칠 수 있지만, 데이터를 다른 디스크로 자동으로 옮겨주는 서비스를 사용하지는 않는다.

24.3.6 제한 수정하기

몽고DB가 타격을 받을 수 있는 두 가지 제한이 있는데, 프로세스가 만들어내도록 허용된 스레드 수와, 프로세스가 열어보도록 허용된 파일 기술자[file descriptor] 수다. 두 제한 모두 일반적으로 무제한으로 설정해야 한다.

몽고DB 서버는 연결을 받아들일 때마다, 연결상에서의 모든 활동을 처리할 스레드를 만들어낸다. 따라서 데이터베이스에 3천 개의 연결이 있으면, 데이터베이스는 3천 개의 실행 중인 스레드를 갖게 된다(클라이언트와 관련 없는 작업을 처리하는 몇몇 스레드를 포함). 애플리케이션 서버 구성에 따라 클라이언트는 몽고DB에 대한 연결을 십여 개에서 수천 개까지 만들어낸다.

트래픽이 증가함에 따라 클라이언트가 동적으로 자식 프로세스^{child process}를 더 만들어낸다면 (대부분의 애플리케이션 서버는 이렇게 한다) 자식 프로세스 수가 몽고DB에서 정한 한도에 도달하지 않도록 해야 한다. 예를 들어 애플리케이션 서버가 20개라면, 각 서버는 100개의 자식 프로세스를 만들도록 허용되며, 각 자식 프로세스는 몽고DB에 연결하는 스레드 10개를 만들어낼 수 있다. 즉 최고 트래픽에서 2만 개($20 \times 100 \times 10 = 20{,}000$)의 연결을 만들 수 있다. 몽고DB에서 수만 개의 스레드를 만들어내는 것은 좋지 않고, 프로세스당 스레드 수를 다 채우게 되면 새로운 연결을 거부한다.

또한 몽고DB가 열 수 있도록 허용된 파일 기술자 수도 수정해야 한다. 모든 들어오는 연결과 나가는 연결은 파일 기술자를 사용하므로, 방금 설명한 상황에서 2만 개의 개방 파일 처리^{open filehandle}가 생성된다.

mongos는 특히 많은 샤드에 연결을 생성하는 경향이 있다. 클라이언트가 mongos에 접속하고 요청을 만들면 mongos는 요청을 만족하는 데 필요한 모든 샤드에 연결을 생성한다. 예를 들어 클러스터에 100개의 샤드가 있고 클라이언트가 mongos에 연결해 클러스터의 모든 데이터에 쿼리를 시도하면, mongos는 100개의 연결을 생성해야 한다(각 샤드에 대한 연결). 따라서 이전 예제에서 생각할 수 있듯 연결 개수가 급격히 증가한다. 자유롭게 구성된 애플리케이션 서버가 mongos 프로세스에 수백 개의 연결을 만들었다고 가정하자. 들어오는 연결 100개에 샤드 100개를 곱하면 샤드에 대한 연결은 1만 개가 된다(각 연결에 대해 비타겟 쿼리를 가정하므로 다소 극단적인 예다)!

그러므로 몇 가지를 조정해야 한다. 많은 사람들이 의도적으로 maxConns 옵션을 사용해 정해진 개수만큼만 연결을 허용하도록 mongos 프로세스를 구성한다. 이는 클라이언트가 잘 동작하게 하는 좋은 방법이다. 또한 파일 기술자의 기본값(일반적으로 1024)은 너무 낮으므로 더 큰 수치로 설정해야 한다. 파일 기술자의 최댓값을 무한(https://oreil.ly/oTGLL), 혹은 우려된다면 2만으로 설정하자. 제한을 바꾸는 방법은 시스템마다 다르지만, 일반적인 경우 hard limit와 soft limit를 모두 바꿔야 한다. hard 제한은 커널에 의해 적용되며 관리자에 의해서만 바뀔 수 있다. 반면에 soft 제한은 사용자 구성이다.

연결 수를 1024로 놔두면 클라우드 매니저는 호스트 목록에서 호스트를 노란색으로 표시해 경고한다. 제한이 낮아서 경고가 발생했다면 'Last Ping' 탭은 [그림 24-4]와 같은 메시지를 보여준다.

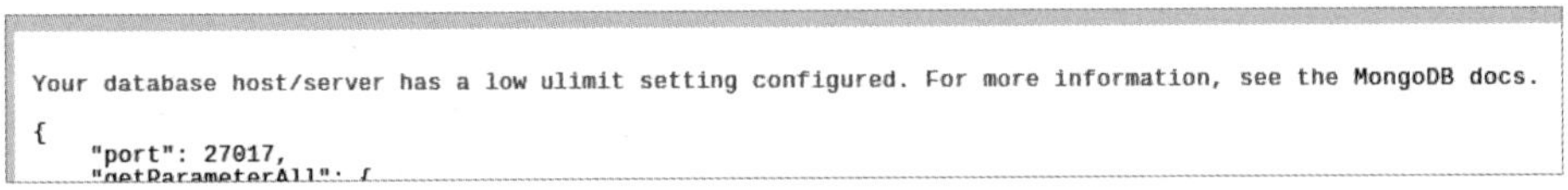

```
Your database host/server has a low ulimit setting configured. For more information, see the MongoDB docs.
{
    "port": 27017,
    "getParameterAll": {
```

그림 24-4 클라우드 매니저의 낮은 ulimit(파일 기술자) 설정 경고

비샤드 구성이고 애플리케이션이 연결을 적게 사용하더라도 hard 제한과 soft 제한을 최소 4096까지 증가시키는 것이 좋다. 그러면 몽고DB는 제한에 대한 경고 메시지를 더는 나타내지 않고 사용자에게 숨 쉴 틈을 준다.

24.4 네트워크 구성

이 절에서는 어떤 서버가 어떤 서버와 연결돼야 하는지 다룬다. 종종 네트워크 보안 문제로(그리고 정서적인 문제로) 몽고DB 서버의 연결connectivity을 제한하고 싶을 수도 있다. 다중 서버 몽고DB 배포 시에는 네트워크가 분할되거나 다운되는 현상을 처리할 수 있어야 하지만, 일반적인 배포 전략으로는 권장하지 않는다.

독립 실행형 서버에서 클라이언트는 mongod에 대한 연결을 만들 수 있어야 한다.

복제 셋 멤버는 다른 모든 멤버에 연결을 만들 수 있어야 한다. 클라이언트는 모든 숨겨지지 않고 아비터가 아닌 멤버와 연결할 수 있어야 한다. 네트워크 구성에 따라 멤버는 자기 자신에게 연결을 시도할 수도 있으므로, mongod가 자신에 대한 연결을 생성하도록 허용해야 한다.

샤딩은 좀 더 복잡하다. mongos 서버, 샤드, 구성 서버, 클라이언트로 구성된다. 연결은 다음 세 가지로 요약된다.

- 클라이언트는 mongos에 연결할 수 있어야 한다.
- mongos는 샤드와 구성 서버에 연결할 수 있어야 한다.
- 샤드는 다른 샤드와 구성 서버에 연결할 수 있어야 한다.

전체 일람은 [표 24-1]을 확인하자.

표 24-1 샤딩 연결

연결	출발 서버 종류			
도착 서버 종류	mongos	샤드	구성 서버	클라이언트
mongos	불필요	불필요	불필요	필요
샤드	필요	필요	불필요	권장 안 함
구성 서버	필요	필요	불필요	권장 안 함
클라이언트	불필요	불필요	불필요	몽고DB와 관련 없음

표를 보면 값의 종류는 세 가지다. '필요'는 샤딩이 설계대로 작동하려면 두 구성 요소가 연결돼야 함을 뜻한다. 몽고DB는 네트워크 문제로 연결을 잃게 되면 자연스럽게 스스로를 강등하지만 일부러 그렇게 구성하지는 말자.

'불필요'는 두 구성 요소가 해당 방향으로 통신할 일이 없음을 의미한다. 따라서 어떤 연결도 필요하지 않다.

'권장 안 함'은 두 요소가 서로 통신하지 않지만 사용자 오류 때문에 통신할 수도 있음을 의미한다. 예를 들어 클라이언트는 샤드가 아니라 mongos에만 연결을 만들도록 권장된다. 그러면 클라이언트가 실수로 샤드에 직접적으로 요청을 수행하지 않는다. 마찬가지로 클라이언트가 실수로 구성 데이터를 수정하는 일이 없도록, 구성 서버에 직접 접근할 수 없어야 한다.

mongos 프로세스와 샤드는 구성 서버와 통신하지만, 구성 서버는 어떤 서버와도(심지어 서로와도) 연결을 만들지 않음을 알아두자.

샤드는 마이그레이션 중에 서로 통신해야 한다. 샤드는 서로 직접 연결해 데이터를 전송한다.

샤드를 구성하는 복제 셋 멤버끼리 서로 연결할 수 있어야 한다.

24.5 시스템 관리

이 절에서는 배포 전에 알아야 할 흔한 문제를 다룬다.

24.5.1 시간 동기화하기

일반적으로 시스템 클록을 서로 1초 이내로 유지해야 가장 안전하다. 내부에 시스템 클록을 두면 매우 안전하며, 복제 셋은 거의 모든 클록 오차clock skew를 처리할 수 있어야 한다. 샤딩은 오차 일부를 처리할 수 있지만(몇 분 이상이 되면 로그에서 경고 메시지가 보이기 시작한다), 오차는 최소화하면 가장 좋다. 또한 내부 동기화 클록in-sync clock이 있으면, 어떤 일이 일어나고 있는지 로그를 통해 파악하기 쉽다.

윈도우에서는 w32tm 도구를, 리눅스에서는 ntp 데몬을 이용해 클록을 동기화된 상태로 유지한다.

24.5.2 OOM 킬러

몽고DB는 아주 가끔 out-of-memory(OOM) 킬러(메모리가 부족하면 특정 작업을 종료한다)의 대상이 될 충분한 메모리를 할당한다. 특히 인덱스를 구축할 때 발생하는 경향이 있는데, 몽고DB의 상주 메모리가 시스템에 부하를 주는 유일한 경우이기 때문이다.

로그상에 오류나 종료 메시지 없이 몽고DB 프로세스가 갑자기 다운되면 /var/log/messages(혹은 커널이 이러한 메시지를 기록하는 곳 어디든)를 확인해, mongod 종료에 대한 메시지가 있는지 살펴보자.

메모리의 과다한 사용으로 인해 커널이 몽고DB를 강제 종료했으면 커널 로그에서 다음과 같은 메시지를 보게 된다.

```
kernel: Killed process 2771 (mongod)
kernel: init invoked oom-killer: gfp_mask=0x201d2, order=0, oomkilladj=0
```

저널링을 활성화한 채 실행 중이었다면 간단히 바로 mongod를 재시작하면 된다. 그렇지 않다면 백업으로부터 복원하거나 복제 셋으로부터 데이터를 재동기화한다.

스왑 공간이 없고 메모리가 부족해지기 시작하면 OOM 킬러가 특히 예민해지므로 적절한 양의 스왑 공간을 구성하자. 몽고DB가 사용할 일은 절대 없지만 이렇게 하면 OOM 킬러가 안정된다.

OOM 킬러가 mongos를 강제 종료하면 그냥 다시 시작하면 된다.

24.5.3 주기적인 작업 비활성화하기

cron 잡, 바이러스 백신 스캐너, 데몬이 주기적으로 발생해 리소스를 점유하지 않는지 확인하자. 예를 들어 패키지 관리자의 자동 갱신을 살펴보자. 이러한 프로그램은 엄청난 램과 CPU를 사용한 후 사라지므로 실제 서비스용 서버에서 실행되면 좋지 않다.

몽고DB 설치

몽고DB 바이너리는 리눅스, 맥 OS, 윈도우, 솔라리스에서 동작한다. 대다수의 플랫폼상에서, 몽고DB 다운로드 페이지(`https://www.mongodb.com/download-center`)에서 아카이브 파일을 내려받고, 수정하고, 바이너리를 실행할 수 있다.

몽고DB 서버는 데이터베이스 파일을 쓸 디렉터리와 연결을 수신할 포트가 필요하다. 부록 A에서는 윈도우와 기타 플랫폼(리눅스/유닉스/맥 OS)에 몽고DB를 설치하는 전반적인 과정을 다룬다.

'몽고DB 설치'에 관해서는 일반적으로 핵심 데이터베이스인 mongod 설정에 대해 이야기한다. mongod는 독립 실행형 서버 혹은 복제 셋 멤버로 사용할 수 있다. 대부분의 경우 우리가 사용하는 몽고DB 프로세스는 mongod다.

A.1 버전 고르기

몽고DB는 꽤 단순한 버전 체계를 사용한다. 짝수 포인트 릴리스는 안정화 버전, 홀수 포인트 릴리스는 개발 버전이다. 예를 들어 4.2로 시작하는 모든 버전, 가령 4.2.0, 4.2.1, 4.2.8은 안정화 버전이다. 그리고 4.3으로 시작하는 4.3.0, 4.3.2, 4.3.12은 모두 개발 버전이다. 4.2와 4.3 릴리스를 예로 들어 버전의 타임라인이 어떻게 작동하는지 살펴보자.

1. 몽고DB 4.2.0이 릴리스됐다. 메이저 릴리스이며 광대한 체인지로그를 가진다.

2. 개발자들이 4.4 버전(다음 메이저 안정화 버전)을 위한 마일스톤^{milestone}에 작업을 시작하고 4.3.0 버전을 릴리스한다. 새로운 개발 브랜치^{branch}인 4.3.0은 4.2.0과 비슷하지만 기능 한두 가지가 추가되며, 버그가 있을 수 있다.

3. 개발자들이 계속 기능을 추가하면서 4.3.1, 4.3.2 등 버전을 릴리스한다. 이러한 릴리스는 실제 운영 배포에는 사용되지 않는다.

4. 일부 가벼운 버그 개선^{bug fix}은 4.2 브랜치로 역포팅^{backporting}되고, 4.2.1, 4.2.2 등의 버전이 릴리스된다. 개발자들은 역포팅된 버전에 보수적인 입장을 취한다. 새로운 기능은 안정화 버전에 거의 추가되지 않는다. 일반적으로 버그 개선만 포팅^{porting}된다.

5. 모든 주요 마일스톤이 4.4.0에 도달한 후, 4.3.7(혹은 최신 개발 버전)은 4.4.0-rc0으로 전환된다.

6. 4.4.0-rc0을 광범위하게 테스트한 후에도, 보통은 가벼운 버그가 몇 가지 남아 있다. 개발자는 버그를 수정하고 4.4.0-rc1을 릴리스한다.

7. 새로운 버그가 나타나지 않을 때까지 개발자는 6단계를 반복한다. 그 뒤에 4.4.0-rc2(혹은 최신 개발 버전)가 4.4.0으로 명명된다.

8. 개발자들은 1번 단계부터 다시 시작하고 모든 버전은 0.2씩 증가한다.

몽고DB 버그 트래커^{MongoDB bug tracker}(`http://jira.mongodb.org`)에 있는 핵심 서버 로드맵을 검색해서 실제 운영 버전의 릴리스가 얼마나 가까운지 확인할 수 있다.

실제 운영 환경에서 몽고DB를 운영 중이라면 반드시 안정화 버전을 사용해야 한다. 개발 버전을 운영 환경에서 사용할 계획이라면, 먼저 메일링 리스트나 IRC에 문의해 개발자의 조언을 얻자.

프로젝트에서 막 개발을 시작한다면 개발 버전을 사용하는 것이 나을 수 있다. 실제 서비스에 배포할 무렵에는 아마 같은 기능을 갖는 안정화 버전이 있을 것이다(몽고DB는 12개월마다 주기적으로 안정화 릴리스를 배포하려고 노력한다). 물론 (새로운 사용자를 실망시킬 수 있는) 서버 버그의 가능성을 고려해야 한다.

A.2 윈도우에 설치하기

윈도우에서 몽고DB를 설치하려면 몽고DB 다운로드 페이지(`https://oreil.ly/nZZd0`)에서 윈도우용 `.msi` 파일을 내려받는다. A.1 내용을 참조해 적절한 몽고DB 버전을 선택하자. 링크를 클릭하면 `.msi` 파일을 내려받게 된다. `.msi` 파일 아이콘을 더블클릭해 설치 프로그램을 시작하자.

이제 몽고DB가 데이터베이스 파일을 기록할 디렉터리를 만들어야 한다. 기본적으로 몽고DB는 현재 드라이브의 \data\db 디렉터리를 데이터 디렉터리로 사용한다(예를 들어 윈도우상에서 C:에서 mongod를 실행 중이라면 C:\Program Files \MongoDB\Server\&<버전>\data를 사용한다). 디렉터리는 설치 프로그램에 의해 자동으로 생성된다. \data\db가 아닌 다른 디렉터리를 사용하려면 몽고DB를 시작할 때 원하는 경로를 지정해야 한다. 이에 대해서는 이어서 설명한다.

이제 데이터 디렉터리가 있으니 명령 프롬프트를 연다(cmd.exe). 몽고DB 바이너리 파일의 압축을 푼 디렉터리를 찾아서 다음을 실행한다.

```
$ C:\Program Files\MongoDB\Server\&<버전>\bin\mongod.exe
```

C:\Program Files\MongoDB\Server\&<버전>\data 외의 디렉터리를 선택했다면 해당 경로를 --dbpath와 함께 명시해야 한다.

```
$ C:\Program Files\MongoDB\Server\&<버전>\bin\mongod.exe \
    --dbpath C:\Documents and Settings\Username\My Documents\db
```

더 일반적인 옵션은 21장을 참조한다. 혹은 mongod.exe --help를 실행해서 모든 옵션을 볼 수 있다.

A.2.1 서비스로 설치하기

윈도우상에서 몽고DB를 서비스로 설치할 수 있다. 공백 없이 --install 옵션을 사용해 전체 경로를 명시해서 실행해보자. 예를 들어 다음처럼 실행한다.

```
$ C:\Program Files\MongoDB\Server\4.2.0\bin\mongod.exe \
--dbpath "\"C:\Documents and Settings\Username\My Documents\db\"" \
--install
```

그러면 제어판에서 시작하고 중지할 수 있다.

A.3 포직스(리눅스와 맥 OS X)에 설치하기

A.1 '버전 고르기'에서 설명한 내용을 토대로 몽고DB의 버전을 고르자. 몽고DB 다운로드 페이지(https://oreil.ly/XEScg)에서 운영체제에 맞는 버전을 선택한다.

> **WARNING_** 맥을 사용하며 맥 OS 카탈리나macOS Catalina 10.15+를 실행한다면 /data/db 대신 /System/Volumes/Data/db를 사용해야 한다. 이 버전은 루트 폴더를 읽기 전용으로 만들고, 재부팅 시 재설정하도록 변경했으며, 이로 인해 몽고DB 데이터 폴더가 손실될 수 있다.

이제 데이터베이스 파일을 보관할 디렉터리를 생성해야 한다. 기본적으로 데이터베이스는 /data/db를 사용하지만 다른 디렉터리를 지정할 수도 있다. 기본 디렉터리를 생성한다면 올바른 쓰기 권한이 있어야 한다. 다음처럼 실행해서 디렉터리를 생성하고 권한을 설정한다.

```
$ mkdir -p /data/db
$ chown -R $USER:$USER /data/db
```

mkdir -p는 디렉터리를 생성하고, 필요시 디렉터리의 모든 부모를 생성한다(/data 디렉터리가 존재하지 않으면 /data 디렉터리를 생성한 후 /data/db 디렉터리를 생성한다). chown은 /data/db의 소유권을 변경해 사용자가 해당 위치에 쓰기를 수행할 수 있게 해준다. 권한 문제를 피하려면 홈 폴더에 디렉터리를 생성하고, 데이터베이스를 시작할 때 몽고DB가 그 디렉터리를 사용하도록 명시한다.

몽고DB 다운로드 페이지에서 내려받은 .tar.gz 파일의 압축을 푼다.

```
$ tar zxf mongodb-linux-x86_64-enterprise-rhel62-4.2.0.tgz
$ cd mongodb-linux-x86_64-enterprise-rhel62-4.2.0
```

이제 데이터베이스를 시작한다.

```
$ bin/mongod
```

다른 데이터베이스 경로를 사용하고 싶다면 --dbpath 옵션과 함께 명시한다.

```
$ bin/mongod --dbpath ~/db
```

bin/mongod --help를 실행해 가능한 옵션을 모두 볼 수 있다.

A.3.1 패키지 관리자를 이용한 설치

몽고DB를 설치하는 패키지 관리자는 다양하다. 패키지 관리자를 사용하려면 레드햇, 데비안 Debian, 우분투를 위한 공식 패키지뿐 아니라 기타 여러 시스템을 위한 비공식 패키지도 있으니 활용하자. 비공식 패키지를 사용한다면 (상대적으로) 최신 버전을 설치하는지 확인하자.

맥 OS에는 홈브루Homebrew와 맥포트MacPorts를 위한 비공식 패키지가 있다. 몽고DB 홈브루 탭 (https://oreil.ly/9xoTe)을 사용하려면 먼저 탭을 설치한 다음 홈브루를 통해 필요한 몽고DB 버전을 설치한다. 다음 예제는 몽고DB 커뮤니티 에디션의 최신 운영 버전을 설치하는 방법이다. 맥 OS 터미널 세션에서 사용자 정의 탭을 추가한다.

```
$ brew tap mongodb/brew
```

그런 다음 몽고DB 커뮤니티 서버의 최신 운영 버전(모든 명령행 도구 포함)을 설치한다.

```
$ brew install mongodb-community
```

맥포트를 사용한다면 주의하자. 몽고DB의 전제 조건인 부스트Boost 라이브러리를 모두 컴파일 하는 데 몇 시간이 걸린다. 내려받기 시작하고 밤새 놔두자.

어떤 패키지 관리자를 사용하든 문제가 생기면 로그 파일을 살펴봐야 하므로 몽고DB 로그 파일의 위치를 파악해두자. 문제가 실제로 발생하기 전에 로그 파일이 제대로 저장되는지 확인하는 것이 중요하다.

몽고DB 내부

몽고DB의 내부를 이해하는 것이 몽고DB를 효과적으로 사용하는 데 필수는 아니다. 하지만 도구를 이용해 작업하고, 몽고DB에 기여하고, 내부 엔진이 어떻게 동작하는지 이해하고 싶은 개발자라면 관심을 가질 만하다. 부록 B에서는 몇 가지 기본 사항을 다룬다. 몽고DB 소스코드는 깃허브(https://github.com/mongodb/mongo)에 있다.

B.1 BSON

몽고DB에서 도큐먼트는 추상적인 개념이다. 도큐먼트의 구체적인 표현은 사용하는 드라이버/언어에 따라 달라진다. 몽고DB에서 도큐먼트는 소통을 위해 광범위하게 사용되므로 몽고DB 생태계의 모든 드라이버, 도구, 프로세스에 적용되는 표준적인 도큐먼트 형식이 필요하다. 그 형식을 '바이너리 JSON' 또는 BSON이라 한다.

BSON은 어떤 몽고DB 도큐먼트든 바이트 문자열로 표현할 수 있는 경량 바이너리 형식이다. 데이터베이스는 BSON을 이해할 수 있으며, BSON은 도큐먼트가 디스크에 저장되는 형식이다.

삽입하거나 쿼리로 사용할 도큐먼트가 드라이버에 주어지면, 드라이버는 도큐먼트를 서버에 보내기 전에 BSON으로 인코딩한다. 마찬가지로 서버에서 클라이언트로 반환되는 도큐먼트는 BSON 문자열로 전송된다. 이 BSON 데이터는 클라이언트로 반환되기 전에 드라이버에 의해 기본 도큐먼트 표현으로 디코딩된다.

BSON 형식에는 세 가지 주요 목표가 있다.

효율성

BSON은 공간 낭비를 줄여 데이터를 효율적으로 표현하기 위해 고안됐다. 최악의 경우 JSON보다 약간 덜 효율적이며, 최선의 경우(예를 들어 바이너리 데이터나 큰 수치를 저장할 때) JSON보다 훨씬 더 효율적이다.

횡단성

때때로 BSON은 형식을 쉽게 탐색할 수 있도록 공간 효율성을 희생한다. 예를 들어 문자열 값은 문자열의 끝을 나타내는 종결자에 의존하지 않고 길이가 접두사로 붙는다. 횡단성은 몽고DB 서버가 도큐먼트를 자체적으로 살펴볼 때 유용하다.

성능

BSON은 빠르게 인코딩하고 디코딩하도록 설계됐다. 유형에 C 스타일 표기법을 사용하는데, 이는 대부분의 프로그래밍 언어에서 빠르게 작동한다. 정확한 BSON 명세서는 `http://www.bsonspec.org`를 확인한다.

B.2 와이어 프로토콜

드라이버는 경량 TCP/IP 와이어 프로토콜을 사용해 몽고DB 서버에 접근한다. 프로토콜은 몽고DB 문서 페이지(`https://oreil.ly/rVJAr`)에 있으며, 기본적으로 BSON 데이터를 감싸는 얇은 래퍼 형태다. 예를 들어 삽입 메시지는 20바이트의 헤더 데이터header data(삽입을 수행하라고 서버에 알리는 코드와 메시지 길이를 포함)와 삽입할 컬렉션의 이름, 삽입할 BSON 도큐먼트의 리스트로 이루어진다.

B.3 데이터 파일

몽고DB 데이터 디렉터리(기본적으로 /data/db/로 설정) 내부에는 각 컬렉션과 각 인덱스에 대해 별도의 파일이 저장된다. 파일명은 컬렉션이나 인덱스의 이름과 일치하지 않지만, mongo 셸 내의 stats를 사용해 특정 컬렉션과 관련된 파일을 식별할 수 있다. "wiredTiger.uri" 필드는 몽고DB 데이터 디렉터리에서 찾을 파일의 이름을 포함한다.

movies 컬렉션에 대해 sample_mflix 데이터베이스의 stats를 사용하면 "wiredTiger.uri" 필드에서 "collection-14--2146526997547809066"을 얻는다.

```
>db.movies.stats()
{
    "ns" : "sample_mflix.movies",
    "size" : 65782298,
    "count" : 45993,
    "avgObjSize" : 1430,
    "storageSize" : 45445120,
    "capped" : false,
    "wiredTiger" : {
        "metadata" : {
            "formatVersion" : 1
        },
        "creationString" : "access_pattern_hint=none,allocation_size=4KB,\
        app_metadata=(formatVersion=1),assert=(commit_timestamp=none,\
        read_timestamp=none),block_allocation=best,\
        block_compressor=snappy,cache_resident=false,checksum=on,\
        colgroups=,collator=,columns=,dictionary=0,\
        encryption=(keyid=,name=),exclusive=false,extractor=,format=btree,\
        huffman_key=,huffman_value=,ignore_in_memory_cache_size=false,\
        immutable=false,internal_item_max=0,internal_key_max=0,\
        internal_key_truncate=true,internal_page_max=4KB,key_format=q,\
        key_gap=10,leaf_item_max=0,leaf_key_max=0,leaf_page_max=32KB,\
        leaf_value_max=64MB,log=(enabled=true),lsm=(auto_throttle=true,\
        bloom=true,bloom_bit_count=16,bloom_config=,bloom_hash_count=8,\
        bloom_oldest=false,chunk_count_limit=0,chunk_max=5GB,\
        chunk_size=10MB,merge_custom=(prefix=,start_generation=0,suffix=),\
        merge_max=15,merge_min=0),memory_page_image_max=0,\
        memory_page_max=10m,os_cache_dirty_max=0,os_cache_max=0,\
        prefix_compression=false,prefix_compression_min=4,source=,\
        split_deepen_min_child=0,split_deepen_per_child=0,split_pct=90,\
        type=file,value_format=u",
```

```
      "type" : "file",
      "uri" : "statistics:table:collection-14--2146526997547809066",
    ...
  }
```

그런 다음 몽고DB 데이터 디렉터리에서 파일의 세부 정보를 확인한다.

```
ls -alh collection-14--2146526997547809066.wt
-rw------- 1 braz staff 43M 28 Sep 23:33 collection-14--2146526997547809066.wt
```

집계 프레임워크로 특정 컬렉션의 각 인덱스에 대한 URI를 찾는다.

```
db.movies.aggregate([{
    $collStats:{storageStats:{}}}]).next().storageStats.indexDetails
{
  "_id_" : {
  "metadata" : {
      "formatVersion" : 8,
      "infoObj" : "{ \"v\" : 2, \"key\" : { \"_id\" : 1 },\
      \"name\" : \"_id_\", \"ns\" : \"sample_mflix.movies\" }"
  },
  "creationString" : "access_pattern_hint=none,allocation_size=4KB,\
  app_metadata=(formatVersion=8,infoObj={ \"v\" : 2, \"key\" : \
  { \"_id\" : 1 },\"name\" : \"_id_\", \"ns\" : \"sample_mflix.movies\" }),\
  assert=(commit_timestamp=none,read_timestamp=none),block_allocation=best,\
  block_compressor=,cache_resident=false,checksum=on,colgroups=,collator=,\
  columns=,dictionary=0,encryption=(keyid=,name=),exclusive=false,extractor=,\
  format=btree,huffman_key=,huffman_value=,ignore_in_memory_cache_size=false,\
  immutable=false,internal_item_max=0,internal_key_max=0,\
  internal_key_truncate=true,internal_page_max=16k,key_format=u,key_gap=10,\
  leaf_item_max=0,leaf_key_max=0,leaf_page_max=16k,leaf_value_max=0,\
  log=(enabled=true),lsm=(auto_throttle=true,bloom=true,bloom_bit_count=16,\
  bloom_config=,bloom_hash_count=8,bloom_oldest=false,chunk_count_limit=0,\
  chunk_max=5GB,chunk_size=10MB,merge_custom=(prefix=,start_generation=0,\
  suffix=),merge_max=15,merge_min=0),memory_page_image_max=0,\
  memory_page_max=5MB,os_cache_dirty_max=0,os_cache_max=0,\
  prefix_compression=true,prefix_compression_min=4,source=,\
  split_deepen_min_child=0,split_deepen_per_child=0,split_pct=90,type=file,\
  value_format=u",
    "type" : "file",
    "uri" : "statistics:table:index-17--2146526997547809066",
  ...
```

```
    "$**_text" : {
...
      "uri" : "statistics:table:index-29--2146526997547809066",
...
    "genres_1_imdb.rating_1_metacritic_1" : {
...
      "uri" : "statistics:table:index-30--2146526997547809066",
...
    }
```

와이어드타이거는 각 컬렉션 또는 인덱스를 임의의 큰 파일 하나에 저장한다. 파일시스템 크기
제한만이 파일의 잠재적인 최대 크기에 영향을 미친다.

와이어드타이거는 도큐먼트가 갱신될 때마다 도큐먼트 전체의 새 사본을 작성한다. 디스크
상에 있는 이전 복사본은 재사용을 위해 플래그가 지정되며, 나중에(일반적으로 다음 체크
포인트 동안) 덮어쓰게 된다. 이는 와이어드타이거 파일 내에서 사용된 공간을 재활용한다.
compact 명령을 실행해 이 파일 내의 데이터를 처음으로 이동하고 끝에 빈 공간을 남길 수 있
다. 일정한 간격으로 와이어드타이거는 파일을 잘라 이 초과된 공간을 제거한다. 압축 프로세
스가 끝나면 초과 공간이 파일시스템으로 반환된다.

B.4 네임스페이스

각 데이터베이스는 와이어드타이거 파일에 매핑되는 네임스페이스로 구성된다. 이는 몽고DB
쿼리 계층에서 스토리지 엔진의 내부 세부 정보를 분리한다.

B.5 와이어드타이거 스토리지 엔진

몽고DB의 기본 스토리지 엔진은 와이어드타이거 스토리지 엔진이다. 서버가 시작되면 데이터
파일을 열고 체크포인팅checkpointing과 저널링 프로세스를 시작한다. 운영체제와 함께 작동하며,
운영체제는 데이터를 디스크로 플러시하는 것뿐 아니라 데이터를 안팎으로 페이징하는 데 중
점을 둔다. 이 스토리지 엔진에는 몇 가지 중요한 속성이 있다.

- 압축은 컬렉션과 인덱스에 대해 기본적으로 설정돼 있다. 기본 압축 알고리즘은 구글의 스내피snappy다. 혹은 페이스북의 Zstandard(zstd)나 zlib을 사용하거나, 압축을 사용하지 않는다. 압축은 데이터베이스의 스토리지 사용을 최소화하는 대신 추가적인 CPU 요구사항이 있다.

- 도큐먼트 수준의 동시성은 컬렉션에 있는 여러 클라이언트의 서로 다른 도큐먼트를 동시에 갱신할 수 있게 한다. 와이어드타이거는 다중 버전 동시성 제어MultiVersion Concurrency Control(MVCC)를 사용해 읽기와 쓰기 작업을 격리함으로써, 작업 시작 시 데이터의 일관된 특정 시점 뷰를 클라이언트가 볼 수 있게 한다.

- 체크포인팅은 데이터의 일관된 특정 시점 스냅샷을 생성하며 60초마다 발생한다. 스냅샷의 모든 데이터를 디스크에 쓰고 관련 메타데이터를 갱신하는 작업이 포함한다.

- 체크포인팅을 사용하는 저널링은 mongod 프로세스 실패 시 데이터가 손실되는 시점이 없게 한다. 와이어드타이거는 수정 사항을 적용하기 전에 저장하는 로그 선행 기입(저널)을 사용한다.

INDEX

INDEX

INDEX

쿼리 모양   130

쿼리 셀렉터   203

쿼리 패턴   122

쿼리 플랜   130

클라우드 매니저   359, 548

클라이언트 인증서   494, 503

클러스터 구성   374, 390

키워드 쿼리   205

ㅌ

타임스탬프   51

타임아웃   115, 512

텍스트 검색   207

트랜잭션   268, 298, 514

트리 패턴   283

특정 시점 스냅샷   555, 557, 592

ㅍ

페이지 폴트   486, 534, 536

프라이머리   296, 304

프라이머리 샤드   379, 452

필드 경로   237

필터 표현식   183, 247

ㅎ

하트비트   323, 334

확장 참조   287

확장된 참조 패턴   283

accumulator   231

ACID compliance   270

ACID-compliant transaction   269, 270

aggregation pipeline   29, 223

aggregation query   228

approximation pattern   283

arbiter   323, 326, 335

arithmetic expression   231

array element operator   250

array expression   231

array operator   76

atomicity   87, 270

attribute pattern   281

authentication   37, 489

authorization   37, 489

automatic failover   314

automatic splitting   456

balancer   376, 402, 404

Basic Input/Output System   571

batch insert   62

boolean expression   231

bucket pattern   282

bulk insert   62

C

callback API   271

capped collection   29, 212

INDEX

INDEX